세계해탈을 위한

붓다 프로젝트

buddha project

일러두기

- 고따마 붓다의 생애에 관한 내용은《부처님의 생애》(조계종 출판사, 2010)를 참고했다.
- 한국빠알리성전협회에서 간행한 5부 니까야, 즉《쌍윳따니까야》,《앙굿따라니까야》,《맛지마니까야》,《디가니까야》,《쿳다까니까야》와 대림 스님의《맛지마니까야》(초기불전연구원, 2012)와 각묵 스님의《니까야 강독》(초기불전연구원, 2013)을 참고했다.
- 본서에서는 모든 인명과 지명을 빠알리어로 표기했다.

세계해탈을 위한

붓다 프로젝트
buddha project

원담 지음

민족사

차례

머리말 | 10

1장. 붓다 프로젝트의 시작

인생반조와 세계반조 | 16
부부는 소울 메이트다 -싯다르타와 야소다라의 전생 | 21

2장. 이 사람을 보라!

싯다르타의 탄생 -보디삿따의 하강 | 32
잠부나무 아래서 고뇌하는 소년 | 43
남을 해치지 말라 -싯다르타의 눈뜸 | 47
열반은 허무주의인가, 현실로 체험하는 경지인가? | 51
싯다르타는 어떻게 선정에 들었는가? -호흡 알아차리기 수행 | 53
암탉은 달걀이 또 다른 달걀을 만드는 수단이다 | 62
안수정등岸樹井藤, 살 길을 찾아라! | 71

싯다르타가 설국열차를 타면 어떻게 될까? | 76

행복한 몸에 행복한 정신이 깃드는 법 -수자따의 공양 | 82

싯다르타의 마지막 유혹 | 87

오, 집짓는 자여, 그대가 보였다 -싯다르타의 깨달음 | 97

성도 후 49일 -연기게송 | 105

법을 설하옵소서! -하느님의 부탁 | 110

3장. 세상이 불타고 있다

싯다르타는 매트릭스를 어떻게 해체할까? | 116

귀 있는 자 들어라 -초전법륜경과 무아상경 | 119

야사여, 잔치는 끝났다 -길을 찾아라! | 131

쾌락을 완전히 만족시킨다는 것이 가능한가? | 137

가라, 세상 속으로 -전도선언 | 139

세상이 불타고 있다 -산상설법 | 143

4장. 고통의 세계에서 함께 벗어나자

최초의 절 죽림정사 | 152

오라, 비구여! -사리뿟따와 마하목갈라나의 귀의 | 155

고결한 출가자여, 은처승은 부처님 몸을 파먹는 벌레다! | 163

마하깟사빠의 출가인연 | 166

영웅의 귀환 -야소다라와의 재회 | 169

호수로 돌아온 백조 -양들의 침묵을 깨우다 | 176

난다의 출가 -제 이마의 화장이 마르기 전에 돌아오세요 | 181

고락등가苦樂等價 법칙 -괴로운 만큼 즐겁고, 즐거운 만큼 괴롭다 | 185

부처님의 유산상속 -라훌라의 출가 | 190

내 법은 바다와 같다 -우빨리의 출가 | 198

잠자지 않은 눈 -아누룻다 | 203

아누룻다의 50년 장좌불와 | 205

영원한 보시 -수닷따 장자 | 207

기원정사의 건립 | 211

5장. 진리가 너희를 자유롭게 하리라

왕에게 주는 조언 -꼬살라 국왕에게 | 220

바른 식사正飮에 대한 가르침 | 224

진리대로 되라고 기도하라 | 229

꽃잎은 찬란해도 지고야 마는 것 -숫도다나 왕의 임종 | 233

비구니 승가의 탄생 | 239

미모로 한몫 보려 하지 말라 -케마 왕비 | 244

악기를 연주하듯 수행하라 -소나꼴리위사 비구 | 250

부부는 서로에게 무문관이다 -노부부의 인연 | 254

몸은 아파도 마음은 아프지 않다 | 258

6장. 이웃의 고통이 바로 나의 고통이니

로히니 강의 물싸움 | 264

싯다르타와 체 게바라는 어디까지 동행할 수 있을까? | 266

부처님의 반전시위 –사꺄족의 멸망 | 270

코뿔소의 외뿔처럼 혼자서 가라 –꼬삼비 승가의 불화 | 276

승가의 분열을 종식시키는 법 | 284

깨달은 사람은 가르침의 대가를 바라지 않는다 | 290

복 짓는 기회를 놓치지 말라 | 297

행복과 파멸의 문–천신에게 하신 설법 | 301

자식 잃은 어머니의 슬픔 –끼사고따미의 경우 | 306

7장. 절대반지를 거부하라

아난다의 갸륵한 섬김 | 314

진리의 어머니 위사카 –우먼파워의 보시 | 316

고요한 사자후 –아란야행자 사리뿟따 | 325

살인자도 깨달을 수 있다 –앙굴리말라 | 329

제자야, 스스로를 천하게 여겨서는 안 된다 –니디와 쭐라빤타까 | 337

데와닷따의 반역 | 343

절대권력자의 참회–아자따삿뚜의 경우 | 349

붓다는 왜 반지의 제왕이 되기를 거부했는가? | 355

8장. 붓다의 마지막 여로

피안을 향하여 마지막 빚을 갚다 -사리뿟따의 죽음 | 360

좋은 정치는 어떤 것인가? -왓지연맹의 경우 | 372

무상한 세월의 힘에도 파괴되지 않는 보물은? -암바빨리의 진심 | 380

마지막으로 바라보는 웨살리 성 | 387

자신의 전부를 다 주시고 가신 임 -쭌다의 공양 | 392

두 그루 살라 나무 아래서 -법을 보는 것이 진정한 공양이다 | 394

아난다여, 너와 함께 하여 행복했노라 | 400

한 사람도 버리지 않는다 -마지막 제자 수밧다 | 404

무엇이든 물어라 -붓다의 마지막 말씀 | 409

부처님, 불 들어갑니다! | 412

9장. 세계해탈을 향해

승가의 반석을 놓다 -칠엽굴 결집 | 422

아난다 존자의 경행 | 426

여시아문 -이와 같이 들었습니다 | 430

세계불교의 소통과 실용주의적 접근 -일미법을 향하여 | 433

머리말

인간이 지구에 발자국을 찍기 시작했을 때 '아트만 프로젝트'는 시작되었다

한 인간으로서 '나'는 확실하고 분명하게 실재한다. '나'는 다른 존재와 구분되는 특별하고 유일한 존재이며, 세상은 '나'를 중심으로 돌아간다. '나'는 세상에서 제일 먼저이며 최고로 귀하다. 내 육체와 정신이 바로 '나'다. '나'라는 존재의 욕구는 지금 여기에서 다른 존재들보다 먼저 충족되어야 한다. '나'의 존재와 욕구를 통틀어 '아트만Atman', '영혼Soul', '자아Self', '에고Ego'라 하자.

인간은 '나'의 고통을 피하고, 쾌락을 추구하며 증장시키는 장치를 개발한다. '나'와 이익을 같이하는 '비슷한 나'끼리 뭉친다. 타자로부터 '나-우리'의 이익을 최대한 확보하여 유지하기 위해 군집생활과 계급투쟁을 한다. 경찰과 형벌, 군대와 권력, 의료와 주택, 자선과 복지, 연예와 예술, 마약과 종교, 이 모든 것이 '나'의 고통을 줄이고 행복을 증대시키기 위해 고안된 기술적·사회적 장치다. 이것을 '아트만 프로젝트'라 부르자. 이는 트랜스퍼스널 심리학자이며 불교 수행자인 켄 윌버가 만든 말이다.

인류 문명은 '나'를 위한, '나'에 의한, '나'의 세계-에고중심ego-centric의 전개였다. 이것은 '자기보존욕구에 갇힌 에고'의 한계상황이다. 요즘 지구 생태계의 파괴 때문에 이런 전개가 지속가능하지 않다는 위기감이 대두되었다. 이것이 아트만 프로젝트의 첫 번째 파탄이다.

잘 고안된 사회적 장치 안에서 에고는 잠시 동안 안주한다. 그러나 시간에서 자유롭지 못한 에고는 자기를 희생하면서까지 영원성을 보장받는 장치를 개발하려고 한다. 에고의 자기초월, 에고의 과대망상이 그것이다. 에고를 무한히 확장해서 '신적인 나神我', '우주적인 나梵我', '영원불사의 나'를 누리고자 한다. 이런 추구가 극에 달하면 에고는 정신분열증에 시달리거나 과대망상에 빠지고, 자살로써 자기를 소멸시키기까지 한다.

자기 소멸적 행위에는 두 종류가 있다. 허무주의적 행위와 창조적인 행위가 그것이다. 허무주의적 자기 소멸 행위에는 자살, 마약중독, 사디즘과 마조히즘적 변태 행위가 있다. 여기서 주목하는 것은 창조적인 자기 소멸 행위다. 이는 불교 수행 전통에서 전수되어 왔다.

에고의 조망 내에서는 절대로 에고를 넘어설 수 없다.

에고를 관조하는 눈이 열려야만 존재와 에고를 동일시하지 않는 차원에 들게 된다.

에고의 소아병적인 행태를 지속적으로 관조할 때, 에고는 이해되고 해체된다.

에고는 에고를 넘어선 경지를 이해할 수 없으며, 그 경지는 에고의 언어로 전달될 수 없다.

에고가 사라져야만 에고가 추구하던 완벽한 평화가 온다.

에고의 해체가 무아無我an-atman다. 이것이 붓다의 가르침이다!

이것이 아트만 프로젝트의 두 번째 파탄이다.

아트만 프로젝트의 완전한 파탄이 해탈이다. 그것은 모든 갈등과 초조, 애씀과 자기 소모, 헛된 열정과 투쟁이 완전히 끝장난, 고요하고 청량한 지복이다. 여기서 인류의 실험은 새로운 단계로 접어든다.

이름하여 붓다 프로젝트[1].

이 실험은 부처님으로부터 시작되었으며 지금도 계속되고 있다. 승가僧伽Sangha(부처님 제자들의 공동체)는 부처님이 가신 후부터 지금까지 붓다 프로젝트 사업을 지상에서 지속적으로 수행하고 있다. 승가의 일원인 '원담圓潭'은 '도과선원道果禪院Path & Fruit Meditation Center'이라는 현장에서 붓다 프로젝트의 꽃씨를 뿌리고 있다.

21세기는 명상과 환경의 시대다. 명상과 환경 친화적 소양eco-literacy은 붓다 프로젝트의 키워드다. 이 프로젝트는 호흡명상, 즉 아나빠나사띠[2]로부터 시작된다. 호흡은 언제 어디서나 나를 떠나지 않는 친구다. 호흡을 친밀하게 느끼는 것이 명상의 시작이다. 호흡을 알아차리면 마음이 안정되어 고요해진다. 고요해지면 맑아지고, 맑아지면 밝아지고, 밝아지면 비추게 된다. 이것을 일러 '마음이 깨어난다.'고 한다. 깨어난 마음은 가족과 주변 인간관계를 잘 살펴 부족함이나 넘침이 없이 주의를 고루 줄 수 있다. 자기 마음의 평화가 주변으로 퍼져나가 가족과 직장, 이웃과 사회를 부드럽고 윤택하게 해준다. 이것이 '붓다와 함께 깨어나기'다. 붓다 프로젝트에 동참한 이들에게 사랑과 지혜가 날로 늘어나길 간절히 바란다.

2016년 2월, 백매향에 하얗게 날 샌 아침, 진주 도과선원
원담 합장

| 주 |

1) 붓다 프로젝트Buddha project: 켄 윌버(Ken Wilber, 1949~)의 아트만 프로젝트Atman project에서 아이디어를 빌려와 내가 만들어낸 말이다.

* '아트만 프로젝트Atman Project자아계획自我計劃'란 아트만(에고)이 자기의 본질을 찾기 위해 밖으로 달려나가 무한 시공간을 연출하면서 모든 것을 창조해 내는 것을 말한다. 인간이 건립한 문명과 역사, 창조와 탐구가 전부 아트만의 투사이다. 그 결과는 공포와 고뇌, 소외였다. 아트만은 무익한 투사를 그만두고 빛나는 가슴으로 돌아올 때 영원한 안식을 얻을 수 있다.

* 켄 윌버는 이 시대의 석학 가운데 한 사람으로, 23세의 나이에《의식의 스펙트럼-닫힌 의식의 문을 여는 스펙트럼 심리학》(박정숙 역, 범양사, 2006)을 저술한 이래 자아 초월 심리학Transpersonal Psychology이란 분야를 개척하여 심리학의 패러다임을 바꾸었다. 지금까지 20여 권의 저서를 통해 심리학과 철학, 인류학, 동서양의 신비주의, 포스트모더니즘 등을 총망라하며 인간 의식의 발달과 진화에 대한 특유의 통합 이론을 제시했다. 이는 프로이트나 융, 윌리엄 제임스의 업적에 비견되기도 한다.

2) 아나빠나사띠anapanasati: 부처님은 이 수행법을 통해 깨달음을 얻었고, 제자들에게도 이 수행법을 주로 가르쳤다. '아나ana安'는 들숨이고, '아빠나apana般'는 날숨이며, '사띠sati守意'는 마음을 챙겨서 알아차리는 것이다. 들숨날숨 알아차리기, 호흡 알아차리기, 호흡 명상mindfulness of breathing으로 알려져 있다. 아나빠나사띠를 '안반수의安般守意'로 한역한 사람은 후한後漢시대의 안세고安世高 스님이다. 그는 CE 148~170년 사이에 〈불설대안반수의경佛說大安般守意經〉을 번역했다. 이 경전은 초기 선종과 중국의 도가道家에 지대한 영향을 주었다. 토납법吐納法, 태식법胎息法, 성명쌍수性命雙修 등은 이 경전에서 영감을 받은 것이다.

* 사띠sati: 염념念mindfulness으로 한역된다. 주의가 흩어져 밖으로 나가지 않고 자신으로 돌아오도록 매순간 하나의 대상(몸身 · 느낌受 · 마음心 · 법法)에 주의를 기울여 선명하게 알아차리는 행위가 사띠다. 지금 자신의 몸과 마음에 무엇이 일어나고 있는지 현재를 알아차린다(이제今+마음心=念). 이것은 마음에게

이 순간을 깨어서 알아차리는 일을 시키는 행위다. 수동적 주의집중, 단지 바라볼 뿐, 순수한 주의집중bare attention, 취사(선택) 없는 주의집중choiceless attention, non-judgemental awareness, 반응 없는 주의집중non-reactive awareness이라 한다.

* 안세고(安世高, ?~CE 168)는 지금의 인도 서북부와 이란에 걸쳐 있던 나라인 안식국(安息國, Arsacid Empire / 파르티아 제국Parthian Empire: BCE● 238~CE 226)의 왕자였으나 왕위를 버리고 불교에 귀의하였다. 세고世高는 자字다. 안安씨는 그의 출신국인 안식국을 나타낸 것이다. 그는 상좌부불교의 경전인 아비달마와 선경禪經에 정통하였다.

● 공통기원전(BCE)에 대하여: 현재 한국에서 많이 쓰이는 BC(Before Christ, 기원전)와 AD(Anno Domini, 기원후)는 기독교 중심적인 서양식 표기다. BC는 '그리스도 이전'이며, AD(Anno Domini)는 라틴어로 '우리 주님 예수 그리스도의 해'라는 뜻이다. 종교학자들은 기독교 중심주의적인 표현인 BC와 AD 대신에, BCE(Before Common Era, 공통기원전)와 CE(Common Era, 공통기원)를 쓰기 시작했다. 이러한 연도 표시는 종교와 지역을 따지지 않고 모든 지역에서 쓰이고 있기 때문에, 공통기원(Common Era)이라 한다. BCE와 CE는 종교에 중립적인 표현이기에, 공적인 문서를 비롯한 많은 책에서 이 표현을 쓰고 있다.

1장　　　붓다 프로젝트의 시작

붓다의 탄생 부조 ｜ 마야 왕비의 옆구리에서 태어난 아기 붓다가 선 채로 오른손으로 하늘을 가리키고 있다. 이 부조는 그레코 로만 양식의 영향을 받았는데, 고대 간다라 왕국(페샤와르)의 이름에서 유래된 간다라 양식으로 불린다. © Alexander Caddy

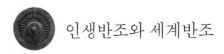# 인생반조와 세계반조

이제까지 살아온 대로 살아간다면 그 끝은 어떻게 될까?

내일을 꿈꾸며 살아간다지만 그 내일의 끝은 무엇인가?

세상 사람이 살아가는 대로 살아간다면 그 끝은 어떻게 되는가?

죽음의 순간 모든 것이 사라질 때 내가 의지할 수 있는 것은 무엇인가?

모든 것이 바뀌고 사라져도 내게 남아 있는 것은 무엇인가?

모든 것을 다 이루고, 모든 것을 다 가지게 되면 완전히 행복해질까?

모든 것을 다 가지더라도 해소되지 않는 갈증과 불안은 어떻게 할 것인가?

어떤 것이 진정한 행복인가?

모든 고통이 사라진 항구적이고 영원한 행복은 가능한가?

내가 진정 바라는 것은 무엇인가?

나는 어떻게 살 것인가?

나는 무엇을 위해 사는가?

내 삶에 어떤 의미가 있는가?

아무리 덮어두고 아무 일 없는 듯이 살아가려 해도 위와 같은 의문은 각자의 마음 한 구석에 항상 도사리고 있다. 이런 의문을 '실존적 관심' 혹은 '궁극적 관심'이라 한다. 인간은 반성적 동물이기에 자기에게 이런 질문을 던질 수 있다. 자기 삶에서 이와 같은 질문을 하지 않는 사람은 세뇌된 대로 살아가는 기계일 뿐 지성이 있는 사람이 아니다. 이런 질문에 대해 민감하게 깨어있는 정신은 의문에 대한 답을 찾기 시작한다. 그는 세상과 다른 방식의 삶을 모색한다. 이런 사람을 일러 구도자, 수행자라고 해야 하리라. 그들은 바닷가에 널브러져 있는 죽은 고기를 뜯어먹으려고 서로 다투는 갈매기의 무리를 벗어나 하늘을 높이 날아오르는 조나단 리빙스턴 시걸(소설《갈매기 조나단》[1]의 주인공)처럼 군중을 떠나 새로운 길을 찾아 나선다.

삶의 근원적인 느낌은 불편, 불여의不如意(내 뜻대로 되지 않음), 불안, 불만족, 환멸이다. 모든 것을 다 가지고, 모든 것을 다 이루어도 그 끝에는 언제나 알 수 없는 무상감과 허무감, 고독이 있다. 알렉산더 대왕(BCE 356~323)도 그랬고, 칭기즈칸(1162?~1227)[2]도 그랬다. 스탈린(1878~1953)은 절대권력의 꼭대기에서 인간을 경멸했고, 임종을 앞둔 록펠러(1839~1937)는 죽음 앞에 절망했다. 우리는 무엇을 더 갖고, 무엇을 더 이루고, 얼마나 더 많이 성공해야 이 허무와 불안을 이겨낼 수 있을까? 허무한 삶과 무상한 세계는 불가항력적인 인간의 조건인가, 아니면 인간적인 약점을 초극하여 향상의 길로 나아가게 하는 다리인가?

이 사람을 보라! Ecce Homo(에케 호모)! 여기에 한 사람이 있다. 싯다르타, 그는 인간으로서 누릴 수 있는 최고의 것을 다 가졌었다. 강인한 몸과 수려한 외모, 고귀한 가문과 혈통, 최고의 학문과 무예, 왕세자의 권력과 재력. 그리고 세속에서 즐길 수 있는 오욕락五欲樂(재물욕, 섹스에 대한 욕망, 식도락, 명예욕, 수면욕)을 만족할 만큼 즐겼다. 누구도 그보다 더 호화스럽고 유복하게 지낼 수는 없었을 것이다. 세상 사람 모두가 선망하고 희구해 마지않는 것을 모두 다 소유했던 그에게 무슨 불만이 있을 수 있었겠는가?

그랬던 그가 왕좌를 비롯한 모든 것을 내던지고 정든 곳을 떠났다. 여기에서 인류의 실험은 끝났다. 싯다르타의 버림과 떠남은 외면적―그것이 물질 환경적이든 사회 정치적이든―인 조건을 아무리 완벽히 갖춘다 해도 궁극적 의문이나 실존적 관심은 해결되지 않는다는 것을 웅변해준다. 싯다르타가 가지고 누렸던 그 모든 것이 그의 실존적 질문에 대한 답을 줄 수 없었다는 것이 드러났다. 그런데 오늘 우리는 싯다르타가 아낌없이 버렸던 것을 다시 주우면서 헛된 행복을 꿈꾸고 있는 것이 아닌가? 꽉 쥐면 허무밖에 남지 않을 그 무엇을 움켜쥐고 행복해질 것이라고 여기고 있는 것은 아닌가? 그대가 지금 놓지 못하는 것은 싯다르타가 이미 다 버렸던 것임을 알라. 무엇인가 더 가져야 미래에 닥칠 불안을 예방하고 안전을 확보하리라는 생각에서 그대는 싯다르타가 버렸던 것들을 다시 줍고 있구나. 언제 그를 따라 집을 떠날 수 있으랴? 문 안에 갇혀서 문 밖의 세계를 두려운 마음으로 엿보는 그대여!

결국 세계라는 울타리를 넘어서야만 그 해결이 보인다. 그래서 싯다르타는 정들고 편안하여 안락했던 영토를 떠나 전인미답의 불모지로 탈주했다. 세계를 넘어서, 체제를 넘어서, 영토를 버리고 정신의 변경지대로 달려갔다. 그야말로 구도자의 전형이요, 수행자의 모범이다. 그를 일컬어 정신적인 파이오니아Pioneer(개척자)이며, 깨달은 전사라 한다. 인류의 새로운 실험이 시작됐다. 이름하여 '붓다 프로젝트', 인류가 함께 깨어나기다!

자, 세계를 반조해보자. 세상은 자본주의 일색으로 세계화가 진행되어 무한 경쟁, 무한 소비, 무한 환경 파괴로 치달려가고 있다. 그 끝은 자명하다. 환경 재앙과 기술 실업[3], 깊어가는 빈부 격차와 끝없는 국지전, 투쟁과 파멸이다. 이것에 기인하여 영화 〈2012년〉, 〈2075 세계멸망World End〉, 〈투모로우〉, 〈그날 이후The Day After〉, 소설 〈파피용〉 등 대재난과 제2의 지구를 찾아가는 스토리가 유행하고 있다.

니체(Friedrich Nietzsche, 1844~1900)는 '영겁회귀'를 말하면서 인간의 운명이 아무리 비극적이라 해도 크게 긍정하고 오히려 사랑하라(그것을 '운명애amor fati'라 한다)고 했다. 누가 인간을 사랑하여, 누가 인간의 고통을 해결할 것인가? 여기 세계를 벗어난 차원에서 세계 문제를 해결할 답을 찾은 사람이 있다. 그런 사람을 니체는 위버멘쉬Übermensch Overman초인超人이라 했고, 싯다르타가 그런 사람이다. 그래서 그는 깨달은 영웅이라 불린다.

우리의 영웅 싯다르타는 새로운 길을 찾아 나선다. 다른 길을 찾아라! 이것은 모든 구도자가 갔던 길이며, 유행遊行과 구도의 길이요, 유목민 정신이다. 싯다르타는 깨달은 유목민이요, 깨달은 소식을 가지고 우리에게로 온 메신저다. 그래서 우리도 그 길을 같이 가보기로 하고 길을 떠난다. 우리가 그의 시대로 들어가서 그의 관점으로 세상을 보고, 그의 처지에 서서 공감해보자. 싯다르타처럼 느껴보고, 싯다르타처럼 살아보자. 그러면 무엇이 어떻게 달라지는가? 그분을 따라 가는 것이 오늘을 살아가는 우리에게 어떤 도움이 되며, 우리 삶이 어떻게 바뀔 것인가? 이것이 우리가 부처님의 생애를 같이 배우는 이유다.

싯다르타는 이렇게 말했다.

"이 병을 치유할 의사는 없을까? 병이 있다면 그 병을 치유할 방법도 있으리라. 모든 고통에서 벗어난 안온한 세계는 없을까? 길이 있으리라. 아니, 있어야만 한다. 나는 그 길을 찾으리라."

부처님이 간 길을 함께 따라가보자.

| 주 |

1) 《갈매기 조나단Jonathan Livingstone Sea-gull》: 한국에서는 《갈매기의 꿈》이란 제목으로 출판된 리처드 바크(Richard Bach, 1936~)의 소설이다. 3부로 구성되어 있으며, 일반적으로 우화로 평가되고 있다. 책에는 갈매기 사진이 곳곳에 삽입되어 있다. 1970년에 미국에서 출판된 당시 히피 문화와 함께 입소문으로 서서히 퍼져, 1972년 6월 이후에 대히트했다. 1973년에는 영화화되었다. 1980년, 민주화 운동으로 찬란했던 서울의 봄, 낙원상가 4층 '헐리우드 극장'에서 그 영화를 보았던 기억이 있다.

2) 칭기즈칸의 고백: 정복 전쟁과 세계 경영에서 은퇴한 말년의 칭기즈칸은 손자인 쿠빌라이의 손을 잡고 산책하기를 좋아했다. 손자에게 존경하는 인물이 있느냐고 묻자 쿠빌라이는 칸이 세상에서 제일 위대하며, 칸을 최고로 존경한다고 했다. 칸이 말했다. "난 이제 늙은 할아비일 뿐이야. 유라시아 대륙을 모두 정복했지만 지금 내 발밑의 땅만 밟을 수 있지 않니. 사람은 땅과 하늘을 정복할 수 없어. 평화가 정복보다 나아." 그러나 야심만만한 어린 왕손의 귀엔 늙은 지혜의 말이 들어올 리 없었다.

3) 기술실업: 기술혁신으로 말미암아 노동 의존도가 줄어듦으로써 대규모 실업이 발생한다. 케인즈가 예언했다.

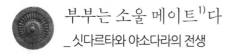

부부는 소울 메이트[1]다
_싯다르타와 야소다라의 전생

부부로 맺어진 인연만큼 가깝고도 끈질긴 관계가 또 있을까. 평생의 반려자와 함께 백년해로하는 것은 인생의 즐거움이다. 그러나 지금이런 즐거움을 누리는 사람들이 얼마나 될까. 서로를 헐뜯고 상처주면서 마지못해 사는 부부들도 많다. 겉으로만 행복해 보이는 '쇼윈도 부부'도 있다. 지금의 아내에게 당신의 남편을 내생에서 다시 만나 같이 살겠느냐고 묻는다면 아마도 상당수가 '아니요'라고 하거나 '미쳤어요, 그 인간을 다시 만나게'라는 답이 돌아온다. 평생 동안 몸과 마음으로 부딪히며 쌓은 인연치고는 너무 허망하지 않은가? 부부관계, 그 끝은 어디인가? 부부인연은 이혼하거나 죽으면 끝나는 일회용인가? 뭔가 깊은 의미는 없는 것인가? 이런 질문이 나오는 게 당연하다.

석가모니 부처님과 야소다라 공주의 전생 이야기는 부부관계가 승화된 최상의 모델을 보여준다. 부처님의 전생 이야기는 《자따까Jataka本生譚》라는 경전에 들어 있다. 대승불교에서 석가모니 부처님이라고 하는 분을 남방불교南方佛教(태국, 미얀마, 라오스, 스리랑카에 전해오는 불교, 상좌부불교, 테라와다Theravada라고 한다)에서는 고따마 붓다[2]라고 부른다. 고따마 붓다가 과거 연등 부처님 시대에 수메다Sumedha선혜善慧 선인으로 수행했던 기록이 《붓다왕사Buddhavamsa불종성경佛種姓經》에 잘 나와 있다.

* 고따마 붓다와 야소다라 공주의 전생 인연: 수메다 선인과 수밋따 여인

과거 디빵까라Dipamkara연등불燃燈佛 부처님 시절의 이야기다. 디빵까라 부처님이 수많은 아라한과 함께 람마와띠Rammavatti 시내에 있는 숫다사나 사원으로 온다는 소식이 퍼졌다. 사람들이 시내를 깨끗하게 청소하기 시작했다. 도시 미관을 어느 정도 갖춘 다음에 신작로를 특별히 정돈하기 시작했다. 흐르는 물로 생긴 구멍과 골을 흙으로 메우고 또 고르지 못한 땅은 진흙을 뿌려서 평평하게 만드는 평탄 작업을 했다. 그다음에 백진주처럼 흰 모래로 길 위를 덮었다. 땅을 바짝 마르게 해야 부처님과 스님들이 맨발로 다닐 수 있으니 말이다.

수메다는 부처님이 오신다는 소문으로 듣고 이렇게 생각했다. '나의 수행을 완성하기 위해 디빵까라 부처님이라는 땅에 최고로 수승한 공덕의 씨앗을 심어야 되겠다. 부처님이 출현하는 성스러운 순간을 목격한다는 것은 진실로 희유하고 어려운 일이다. 그런데 그런 행복한 순간이 나에게 왔다. 이것을 결코 헛되이 지나쳐서는 아니 될 것이다.' 이렇게 생각한 뒤에 수메다는 도시로 들어가 길을 닦고 있는 사람들에게 부탁했다. "여러분, 만일 여러분이 부처님을 맞이하기 위해 길을 닦고 있다면 나에게도 길 한쪽을 내어주십시오. 저 역시 길을 정비하는 작업에 동참하고 싶습니다." 사람들은 그에게 수렁이 깊고 매우 울퉁불퉁하여 정리하기가 쉽지 않은 길을 내주며 정비하라고 했다. 수메다는 혼신의 힘을 다해 평탄 작업을 진행했으나 일이 미처 끝나기도 전에 부처님 일행이 자기 앞에 당도했다. 그때 수메다는 눈도 깜박이지 않고 똑바로 서서 연등 부처님을 응시했다. 일생일대의 조우, 정신의 충돌이 일어나

는 순간이었다. 간담상조랄까, 둘은 서로의 속내를 알아봤다. 그때 수메다는 이렇게 결심했다. '오늘 내 생명을 부처님께 바치고자 한다. 부처님께서는 진흙을 밟아도 안 되며 불편함을 겪어서도 안 된다. 부처님과 아라한들께서는 다리를 놓을 때 쓰는 루비 빛의 넓은 판을 밟고 지나가는 것처럼 나의 등을 밟으면서 걸어가야 한다. 부처님과 아라한들이 내 몸을 길처럼 사용한다면 그것은 나에게 오래도록 행복을 가져다줄 것임에 틀림없다.' 그러면서 묶고 있었던 자기의 머리를 풀어 길게 늘어뜨리고 몸을 쭉 뻗어 땅 위에 누웠다.

바로 그 순간 브라만 계급의 수밋따Sumitta라는 여인 역시 부처님 앞에 모인 군중 가운데에 있었다. 수밋따는 부처님께 공양하고자 활짝 핀 일곱 송이의 연꽃을 가지고 있었다. 그녀는 수메다가 부처님을 만나 엎드려 눕는 바로 그 순간, 군중 가운데에서 수메다를 보게 되었다. 사람들에게 둘러싸인 채 부처님을 친견하는 수메다 현자를 보자마자 수밋따는 가슴이 벅차오르는 깊은 연정을 품게 되었다. 그에게 무언가 선물을 하고 싶었으나, 그녀가 가진 것은 일곱 송이 연꽃뿐이었다. 그래서 수밋따는 그에게 "존경하는 수행자님, 연꽃 다섯 송이를 드릴 테니 당신 몫으로 부처님께 공양하도록 하세요. 저는 나머지 두 송이를 부처님께 공양하겠습니다."라고 말한다. 그렇게 다섯 송이 연꽃을 수메다에게 건네주고는 자신의 소원을 말했다.

"존경하는 수행자님, 당신이 부처를 이루기 위해 바라밀parami(공덕을 짓는 행위)을 완성하는 긴 세월 동안에 저는 당신과 인생을 함께 하는 짝이 되고자 합니다." 이것이 수밋따의 청혼이었다. 임께서 성불할 때까지 걸리는 기나긴 세월 동안 인생을 함께 하는 짝이 되는 것이 자기 소원이라 고백하는 수밋따 여인! 멋지다.

　수메다 선인이 연등 부처님을 만나고 난 뒤 사 아승지 십만 겁[3]이란 긴 세월동안 출가할 때도 있었고, 재가자로 살 때도 있었으며, 원숭이나 사슴 등 여러 형태로 환생을 거듭할 때도 있었다. 그러나 재가자로서 결혼을 하게 된다면 반드시 수밋따라는 여인의 환생과 함께 하는 운명적인 만남이 이루어졌다.

　수밋따로부터 연꽃을 건네받은 수메다는 앞에 와 계신 디빵까라 부처님에게 연꽃을 바쳤다. 그러면서 위없는 바르고 원만한 깨달음을 얻겠노라고 발원했다. 수메다와 수밋따 사이에서 깃든 사연을 목격한 부처님은 대중 앞에서 이렇게 예언한다.

　"수메다야, 수밋따라는 이 여인은 세세생생 그대와 인생을 함께 하는 짝이 되어 그대가 부처가 될 수 있도록 그대와 똑같은 열정과 행동으로 그대를 보필할 것이다. 수밋따는 생각과 말과 행동 그 어느 것에 있어서도 그대를 기쁘게 할 것이니, 용모는 사랑스럽고 말씨는 달콤하며 마음은 뜨거울 것이다. 그대가 최후의 삶을 맞을 때, 곧 부처를 이룰 때 수밋따는 그대의 제자가 되어 아라한과[4]라고 하는 그대의 정신적인 재산을 상속받을 것이며, 초자연적인 정신적 능력을 갖추게 될 것이다."

　참으로 아름다운 수기授記(예언)이지 않은가? 디빵까라 부처님은 수메다에게 다가가 그의 머리맡에 섰다. 그리고 자신의 초월적인 능력 중 하나인 숙명통(미래를 보는 정신적인 능력)을 발휘해서 부처가 되려는 의도를 가지고 진흙 위에 엎드려 누워 있는 수메다가 앞으로 원력을 성취할 수 있을지 없을지를 살펴보았다. "지금부터 사 아승지 십만 겁이 지난 뒤에 수메다는 고따마라고 하는 부처님이 될 것이다." 그리하여 부처님은 게송을 설하면서 수기를 주었다. 게송[5]으로 된 수기의 내용은 이렇다.

"비구들아 혹독한 고행을 닦고 있는 이 머리 묶은 고행자를 보아라. 은둔 수행자인 이 수메다는 헤아릴 수 없는 시간 즉, 사 아승지 십만 겁이 지난 뒤에 범천과 천신과 인간의 스승이신 부처님이 될 것이니라."

어떻습니까? 수메다와 수밋따가 서로 부부의 인연을 맺은 계기가 바로 보리심[6]이었으며, 그 인연의 완성은 바로 '부부가 함께 성도成道하는 것'입니다. 여기에 계신 여러분의 부부관계도 그러하다고 할 수 있습니다. 보리심을 발한 인연으로 맺어진 불자 부부는 먼 내생에 기필코 성불합니다. 그러니 보리도의 길을 함께 가면서 서로 격려하고 이끌어주세요. 처음 맺은 그 언약을 잊지 마세요. "존경하는 수행자님, 당신이 열반을 실현하기 위해 바라밀을 완성하는 긴 세월 동안에 저는 당신과 인생을 함께 하는 짝이 되고자 합니다."

모든 남편과 아내들이여, 아득한 옛적 부처님 앞에서 이렇게 서로 프러포즈해서 지금 다시 만나 부부로 맺어졌다는 것을 기억하세요. 이 성스러운 인연을 소중이 가꾸세요. 그것이 '부부로 사는 도道'입니다.

서로에게 한량없이 너른 마음을 쓰도록 훈련하세요. 한량없는 마음, 경계를 뛰어넘은 마음이 되도록 '마음을 확장시키는 명상', 사무량심을 닦읍시다.

① 사무량심四無量心Four Immeasurable이란 네 가지 한량없는 마음이다. 그것은 자애심, 연민심, 수희심, 평정심이다.

　　㉠ 자애심慈愛心metta은 남에게 사랑을 주고, 잘되도록 도와주고 안락을 주려는 마음.

ⓒ 연민심憐愍心 karuna은 남의 괴로움을 같이 아파하고 없애주려는 마음.

ⓒ 수희심隨喜心 mudita은 다른 사람이 잘 되는 것을 같이 기뻐해주고 축하해주는 마음.

ⓔ 평정심平靜心 upekkha은 남을 미워하지도 집착하지도 않고, 기쁨과 슬픔에 흔들리지 않는 한결같은 마음.

② 마음을 확장시키는 명상

당신이 행복하며 행복의 원인을 짓기를.

당신이 고통에서 벗어나며 고통의 원인을 짓기 않기를.

당신이 다른 사람이 잘 되는 것을 따라서 기뻐하며 시기와 질투심에서 벗어나기를.

당신이 가까이 있거나 멀리 있는 사람을 미워하거나 애착함이 없이 크나큰 평정 속에서 쉬기를.

모든 생명이 행복하며 행복의 원인을 짓기를.

모든 생명이 고통에서 벗어나며 고통의 원인을 짓기 않기를.

모든 사람이 다른 사람이 잘 되는 것을 따라서 기뻐하며 시기와 질투심에서 벗어나기를.

모든 사람이 가까이 있거나 멀리 있는 사람을 미워하거나 애착함이 없이 크나큰 평정 속에서 쉬기를.

③ 서로의 존재를 느끼고 존중하기

내 존재는 소중합니다.

'나'는 세상에서 가장 사랑스럽고 고귀한 존재입니다.

그리고 내 옆에는 항상 남이 있습니다.

나와 남 사이에는 하나 될 수 없는 간격이 있는 듯이 느껴집니다. 순간적으로 하나가 된 기쁨을 맛볼 때도 있지만 이내 나누어져 각자의 몸으로 돌아가게 됩니다. 나는 나이고, 남은 남으로 남습니다. 그렇습니다. 나도 남에게는 남입니다. 나는 모든 사람에게 남입니다. 나를 둘러싸고 있는 남들이 나를 구속하기도 하지만, 도와주기도 합니다. 내가 남을 위하는 만큼 남도 나를 위해줍니다. 남에게 준대로 돌려받습니다. 남의 존재를 발견합시다. 남의 존재를 인정합시다. 옆 사람이 나에게 남이듯, 나도 옆 사람에게 남입니다. 남을 발견합시다. 남을 인정합시다. 남이 없다면 나도 없습니다. 남이 있기에 내가 있습니다. 남에게서 대접받고 싶은 대로 남을 대접합시다. 나와 남은 나누어질 수 없는 한 공간 속에 살고 있으며 지구의 대기를 함께 숨 쉬고 있습니다. 당신이 내쉰 숨이 내 콧구멍으로 들어옵니다. 당신이 보고 있는 산과 하늘, 새와 꽃을 나도 봅니다. 우리는 모두 같은 세상에 살아가고 있는 하나의 생명 가족입니다.

| 주 |

1) 소울 메이트Soul mate: '영혼의 동반자'라는 뜻. 정신적인 교감을 나눌 수 있는 친구를 멋있게 불러서 소울 메이트라 한다. 《갈매기의 꿈》의 저자 리차드 바크 Richard Bach의 자전적인 소설 《A Bridge Across Forever》는 한국에서 《소울 메이트》(류시화 역, 제일출판사, 1999)라는 책으로 출간되었다. 법정스님이 추천한 책이라 유명해졌다.

2) 고따마 붓다(Gotama Buddha, BCE 624~544): 인도 북부, 현재 네팔 영토에서

태어나 스스로의 노력에 의해 큰 깨달음을 얻어, 많은 사람들을 깨어나게 했던 인류의 스승. 남에게 해를 끼치지 않고 평화롭게 사는 길, 죽음과 태어남이 반복되는 윤회에서 벗어나는 길을 찾기 위해 집을 떠나 홀로 수행을 하여 깨달음을 얻었다. 산스끄리뜨어 동사 budh(알다, 깨닫다)의 명사형이 Buddha이다. 그래서 Buddha(붓다)란 '아는 자', '깨달은 자'라는 말이다. 붓다를 각자覺者the Enlightened One, 눈뜬 자the Awakened One라 쓰기도 한다. '붓다'를 중국 사람들은 한자로 '불타佛陀'로 음사하여 읽는다. 우리나라 사람들은 부처, 부처님이라고 한다.

붓다의 종족은 사꺄Sakka석가釋迦족이며, 산스끄리뜨어로는 Shakya이다. 그래서 석가모니Shakyamuni샤카무니라는 말은 '석가족의 성자'라는 뜻이다. 붓다의 성씨는 고따마Gotama구담瞿曇이다. 대승불교에서 석가모니 부처님이라 하는 분을 상좌부불교에서는 고따마 붓다라고 한다. 본문에서는 맥락에 맞추어 '붓다'나 '부처님'으로 사용한다.

3) 사 아승지 십만 겁: '아승지阿僧祇'는 산스끄리뜨어 아상끼야asamkhya의 음사로 '헤아릴 수 없음불가산不可算'이란 뜻이며, 10^{51}이다.

현재의 우주가 파괴되어 먼지로 돌아가고, 텅 빈 상태에서 다시 먼지가 일어나기 시작해 새로운 우주가 건립되는 무한한 시간을 '겁劫깔빠kalpa'이라 한다. 하나의 우주가 생성 소멸하는 시간을 일 겁이라 하며, 무수한 겁 동안 무한한 우주가 성주괴공成住壞空을 반복한다는 것이 불교의 우주관이다.

4) 아라한阿羅漢: 불교 수행자가 몸과 마음을 잘 닦아 성취하는 최고의 성스러운 경지이다. 불교가 지향하는 성자의 경지에는 네 가지가 있다.

㉠ 수다원須陀洹소따빤나sotāpanna: 예류預流 또는 입류入流라고 번역된다. 잘못된 견해와 미혹을 끊고 성자의 흐름에 들어선 단계를 말한다.

㉡ 사다함斯陀含사카다가민sakadāgāmin: 일래一來로 번역된다. 욕계에 한 번만 태어나면 다시 윤회하는 일이 없는 사람. 탐욕과 악의가 엷어짐으로써 도달되는 단계를 말한다.

㉢ 아나함阿那含아나가민anāgāmin: 불환不還이라 번역된다. 욕계의 번뇌를 모두 끊어 욕계에 다시 돌아오는 일이 없는 성자의 단계이다.

㉣ 아라한阿羅漢arahat: 응공應供 또는 무학無學으로 번역된다. 완전한 깨달음에

이른 경지를 가리킨다. 처음에는 부처님도 자신을 아라한이라 불렀다. 그런데 부처님을 신격화하는 경향으로 인해 아라한보다 더 높은 지위에 있는 존재로 여기게 되었다. 그분은 헤아릴 수 없는 과거전생부터 온갖 이타행利他行을 쌓았기에 부처의 경지에 이를 수 있었던 반면, 그 제자들은 다만 그분의 가르침을 듣고성문聲聞 수행함으로써 아라한이 된다는 것이다. 한 걸음 더 나아가 모든 사람이 장구한 세월 동안 선업과 수행을 닦았던 싯다르타처럼 살아간다면 성불할 수 있다는 믿음이 생겨났다. 이런 마음을 일으켜 수행하는 사람을 '보살菩薩보디삿따bodhisatta'이라 한다. 이것을 강조한 불교가 대승이다.

5) 게송偈頌: 산스끄리뜨어 '가따gatha'를 번역한 말. 부처님의 가르침을 시의 형식으로 표현한 것. 노래로 부를 수 있게 운율과 장단이 맞춰져 있다. 외우기 쉽고 전하기 쉬워 불교 초창기에는 주로 장로게, 장로니게 하는 식으로 부처님의 가르침을 게송으로 전했다.

6) 보리심菩提心보디찟따bodhicitta awakening-mind: 모든 중생을 윤회의 고통으로부터 벗어나게 하여 흔들리지 않는 행복으로 인도하리라는 숭고한 의도를 보리심이라 한다. 보리심을 실천하여 완성을 향해가는 사람을 보디삿따(보살)라 한다.

2장

이 사람을 보라!

고따마 싯다르타 왕자의 위대한 출가 (부조) | 안드라 프라데쉬Andhra Pradesh 주 출토. 기메 뮤지엄Guimet Museum 소재.
© Ddalbiez

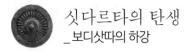

싯다르타의 탄생
_보디삿따의 하강

부처님이 세상에 온 이유는 무엇인가? 중생을 윤회[1]에서 벗어나도록 이끌어주기 위해 오셨다. 불교가 보는 우주란 삼계육도三界六途를 돌고 도는 윤회이며, 윤회하는 시공간을 경험하는 영역이다. 삼계三界는 욕계, 색계, 무색계로 이루어진다. 감각의 즐거움欲까마kama에 얽매인 존재 영역인 욕계欲界까마다뚜kama-dhatu, 정묘한 물질(청정하고 미세한 물질)로 이루어진 영역인 색계色界루빠다뚜rupa-dhatu, 물질을 초월하여 무형의 인식만 존재하는 영역인 무색계無色界아루빠다뚜 arupa-dhatu가 우주를 구성한다. 다시 말해 식욕과 성욕에 얽매인 욕계중생, 감각적 욕망을 초월한 신들의 세계, 무형상의 정신적 존재 영역, 이 세 가지 존재의 영역이 우주다. 육도六途는 지옥, 아귀, 축생, 인간, 아수라, 천상세계라는 여섯 가지로 생존하는 삶의 과정이다. 이는 부처님의 깨달은 눈으로 확인한 우주와 생명의 실상이다.

불교우주론에서 사용하는 천문학적인 시간을 겁劫깔빠kalpa이라 한다. 우주가 형성되는 기간을 성겁成劫, 유지되는 기간을 주겁住劫, 소멸되는 기간을 괴겁壞劫, 소멸상태가 지속되는 기간을 공겁空劫이라 한다. 성주괴공을 반복하는 우주의 순환 가운데 주겁 초기의 인간은 84,000세를 산다. 그러나 점차로 타락하여 수명이 10세로 줄어든다. 여기에 소요되는 시간을 1소겁小劫이라 한다. 우주의 성주괴공成住壞空 과정에서 각각의 기간은 20소겁씩이니, 도합 80소겁이 된다. 한 우주가 태어났다 파괴되고, 다음 우주가 태어날 때까지의 시간을 1대겁大劫이라 한다. 1대겁은 80소겁이다.

삼계라는 시공연속체 가운데 삶을 영위하는 존재들은 어떻게 살아가는가? 업력과 인과대로 생멸을 반복한다. 다람쥐 쳇바퀴 돌 듯 올라갔다 내려가기를 반복할 뿐이다. 이것을 윤회전생輪回轉生이라 한다. 여기에는 탈출구가 없다. 천상의 신들도 예외 없이 윤회한다. 하느님도 제우스도, 브라흐마도 제석천왕도, 윤회하는 중생에 불과하다.

니체가 말한 '영겁회귀'를 떠올린다. 유한한 숫자가 이리저리 뒤섞이면서 조합을 만들며 한 점을 지나갈 때, 무한한 시간이 흐르면 똑같은 조합이 한 번은 다시 돌아오기 마련이다. 이것을 일러 '영원한 시간永劫 속에서 똑같은 것이 다시 되돌아온다回歸.'고 한다. 삶이 윤회한다는 사실을 니체는 이렇게 이해한 것이다. 그러면 니체는 이것을 어떻게 받아들이며, 어떻게 살라고 했는가? 그는 영겁회귀의 삶은 필연적으로 권태로우며 비극적인 것이라 했다. 인간의 창조 작업이 결국 파괴되고 마는 제행무상(인위적으로 만들어진 모든 것은 변한다)이란 사실 앞에 인간은 지상의 삶에서 은퇴하여 신의 영광을 기리는 초월을 꿈꾸어야만 할까? 지상의 삶을 버리고 저 높은 곳에서 내려올 신의 은총만 우러러봐야 할까?

아니다. 여기 한 사람이 있어, 이 비극적인 상황을 긍정하면서 권력의지를 북돋아 인간적 운명을 초극한다. 그 사람은 위버멘쉬초인이다. 평범한 사람이 하루아침에 초인처럼 살 수는 없다.

그런데 '권력의지Der Wille zur Macht(힘에의 의지)'란 욕망의 표출이기에 그것으로는 욕계를 벗어날 수 없다. 그러니 니체의 위버멘쉬도 자만에 찬 손오공에 불과하다. 우리는 먼저 윤회한다는 사실을 바로 보자. 윤회는 탈출구가 없는 감옥이다. 윤회하는 삶의 기본적인 느낌은 불안, 욕구 불만, 불완전, 권태와 환멸이다. 이것을 '둑카dukkha고苦'라 한다. 이런 고통을 절절히 느끼면서 벗어날 길을 찾는 사람은 윤회의 내적인 요인이 되는 맹목적 생존의지와 이기적 충동, 공격성과 자동화된 행동 방식(이것이 심리적인 독소가 되는 세 가지 충동인 탐진치貪瞋癡)을 완전히 놓아버린다. 놓아버림으로써 윤회의 사슬에서 풀려난다. 탐진치로 굴러가는 삶을 놓아버림으로써 자비와 지혜로 살아가는 길이 열린다. 이것이 불교 수행의 요점이다.

이제 수행자 앞에는 두 갈래의 길이 있다. 하나는 곧바로 윤회에서 해탈을 향해 나아가는 아라한의 길이다. 부처님은 제자들이 이 길로 곧장 가기를 원했다. 오늘날 상좌부불교2)가 이 길을 가고 있다. 그리고 다른 하나는 대승불교3)에서 내세운 보살의 길이 있다. 보살은 끝없이 윤회하는 동안 인간의 비극적 상황에서 탈출하려는 원력(願力: 이것이 바로 '권력의지'가 승화된 형태이다)을 성숙시키는 기회로 삼는다. 길고 긴 윤회가 고해를 건너는 지혜를 닦고, 타인에게 봉사하기 위해 자기를 희생하며 자비를 실천하는 수련 기간이 되지 않겠는가? 대승불교에서는 그러한 이상을 가지고 삶을 살아가는 사람을 일러 보살이라 한다. 한국불교, 티베트불교, 중국불교, 일본불교는 대승보살의 길을 걷고 있다. 한편 상좌부불교에서는 싯다르타를 일컬어 '보디삿따'라 했으니, 대승에서 유행시킨 '보살'이란 개념은 바로 싯다르타의 본생담에서 유래한다.

아득한 시간 전에 보살의 서원을 세워 사 아승지 십만 겁이란 세월 동안 수행한 우리의 희망 싯다르타는 이제 그 공덕의 결과가 무르익어 바야흐로 부처를 이룰 때가 다가왔다. 그 전에는 어디에 계셨던가? 도솔천뚜시따Tusita 내원궁에 조띠빨라Jotipala호명護明 보살로 계셨다. 도솔천은 선행을 많이 닦은 이들이 태어나는 세계다. 그 세계에 사는 천인들은 모두 큰 키에 아름답고 빛나는 외모를 가지고 있다. 생각만 하면 옷과 음식이 눈앞에 나타나는데, 그 옷은 매미의 날개처럼 가볍고 부드럽다. 그들이 함께 어울려 노래하고 춤출 때면 미묘한 하늘 음악이 저절로 울린다. 인간세계의 사백 년이 그들에겐 하루이며, 그런 세월을 사천 천상년天上年(인간의 시간으로는 5억 7천 년에 해당)을 산다. 그들 중에서 복이 더 뛰어난 천인들은 내원궁內院宮에 사는데, 그곳의 주인이 조띠빨라 보살이다. 조띠빨라 보살이 인간 세상에 내려갈 때가 다가온 것을 직감한 천인들은 울부짖는다. "존자여, 더 이상 자비로운 모습을 뵐 수 없고, 지혜로운 말씀을 들을 수 없는 저희는 어쩌란 말입니까?"

조띠빨라 보살은 도솔천인에게 마지막 법문을 한다.

"슬퍼하지 마세요. 화려하고 아름다운 꽃도 지고야 맙니다. 깊은 정과 사랑을 나눈 그대들과 이제 이별할 시간입니다. 무상한 삶과 죽음의 거센 물살 앞에서 손을 놓지 못하고 울부짖는 건 애착과 어리석음 때문입니다. 그대들이 누리는 행복과 기쁨 역시 언젠가 손아귀에서 빠져나갈 것입니다. 임종이 다가올 때 비탄과 공포로 떨지 않으려면 육신의 허망함과 마음의 애착을 잘 관찰하십시오. 제가 떠난 자리는 마이뜨레야Maitreya미륵彌勒 보살이 남아 여러분의 좋은 벗이 되어주실 겁니다."[4]

도솔천의 영광과 큰 복으로도 인연의 허무함과 색신色身의 무상함을 이길 수 없다는 사실에 온몸이 떨리지 않는가? 이것이 윤회의 실상이다. 천상의 영화도 타락하고야 만다. 이 우주 안에서 영원한 것은 찾을 수 없다. 애착을 놓으라. 윤회에서 벗어나는 길을 찾으라. 무한한 복을 누리며 오래 사는 하늘 사람도 복이 다하면 별 수 없이 악도惡途(삶의 질이 낮은 영역. 곧 지옥, 아귀, 축생, 아수라)로 떨어지고 마는데, 하물며 너희 인간들이야 말해 무엇 하리.

조띠빨라 보살은 인간 세상을 굽어보면서 자기가 태어날 곳과 부모가 될 사람을 찾았다. 태어날 곳은 바로 수미산Sumeru 남쪽 대륙 남섬부주Jambudipa('염부제'라고 한다)의 사꺄족이 통치하는 까삘라Kapila 성이며, 아버지는 숫도다나Sudhodana 왕, 어머니는 마야Maya 부인이었다. 보디삿따는 귀신별에 달이 모습을 감추는 밤, 사꺄족 숫도다나 왕이 다스리는 까삘라의 마야 왕비 태중에 들었다.

왕비는 여섯 개의 상아와 황금으로 치장한 하얀 코끼리가 허공에서 내려와 허리로 들어오는 꿈을 꾸었다. 태몽이었다. 천하를 통일할 전륜성왕轉輪聖王Chakravartin이 된다는 해몽이 나왔다. '전륜성왕'은 인도인이 바라는 메시아로서 천하를 태평하게 하고 백성을 이롭게 하는 성인 군주를 말한다. 과연 해몽대로 될 것인가, 아니면 다른 길을 가게 될 것인가. 싯다르타의 생애가 그 답을 해줄 것이다.

해산할 날이 다가오자 마야 왕비는 관습대로 자신의 친정집으로 향한다. 해산하러 가는 길이 편하도록 도로가 보수되고 향기로운 꽃들이 심어졌으며 길거리가 단장되었다. 왕비는 까삘라 성 사람들의 전송을 받으면서 친정부모가 계시는 데와다하Devadaha 성으로 향했다. 마야 부인의 행렬은 히말라야의 눈 덮인 다울라기리Dhaulagiri峰(높이 8167m,

붓다가 실제 탄생한 곳
룸비니(네팔)

8000미터를 넘는 히말라야 14좌 가운데 하나) 산이 멀리 보이는 룸비니Lumbini 동산에 다다랐다. 여기에서 하룻밤 머물기로 하였다. 설산에서 발원한 강물이 기름처럼 반들거리며 동남쪽으로 흐르고, 샘과 연못은 거울처럼 맑았다.

     BCE 624년 음력 사월 보름, 샛별이 유난히 반짝이고 동쪽 하늘이 파르스름하게 밝아오고 있었다. 이슬이 영롱한 동산에는 잠을 깬 새들이 합창을 시작했다. 바람은 차지도 덥지도 않았다. 비단처럼 부드러운 풀잎을 밟으며 가볍게 동산을 거닐던 마야 부인은 아소까 나무ashok tree무우수無憂樹(근심과 고통을 없애주는 나무) 아래 걸음을 멈췄다. 싱싱한 초록빛에 비취색과 붉은색이 뒤섞인 나무는 공작의 깃처럼 화려했고, 가벼운 바람에도 하늘사람의 옷처럼 하늘거렸다. 손을 내밀어 무지개처럼 드리운 가지 끝을 잡는 순간, 바람에 밀리는 배처럼 대지가 진동하고 구름 없는 하늘에서 붉고 푸른 꽃비가 쏟아졌다. 왕비는 문득 산기를 느꼈다. 놀란 시녀들이 서둘러 나무 주위로 휘장을 치자 왕비는 산통 없이 선 자리에서 아기를 낳았다. 갓 태어난 아기는 오른손으로 하늘을 가리키고, 왼손은 땅을 가리키며, 사방으로 일곱 걸음을 걸으면서 사자처럼 당당하게 말하였다.

하늘 위 하늘 아래
오직 나 홀로 존귀하나니,
온통 괴로움에 휩싸인 삼계
내 마땅히 안온하게 하리라.[5]

天上天下 唯我獨尊
三界皆苦 我當安之.

이렇게 태어나서 내뱉은 개구일성開口一聲(입을 열어 처음으로 한 말)이 탄생게誕生偈(탄생한 것을 축하하는 노래)[6]이다. 부처님은 세상을 안온하게 하려고 왔다. 중생을 윤회에서 해탈케 하려고 온 것이다. 구세주로 온 것이 아니며, 인도자로 온 것이다. 부처님은 대속에 의한 구원이 아니라 팔정도八正道의 길을 따라 스스로 해탈을 성취하라고 가르친 교육자였다.

대승경전 여러 곳에서 몇 가지의 탄생게가 나온다. 이처럼 다양한 탄생게의 원형은 어떤 것일까? 빠알리어로 쓰인 《마하빠다나-숫따 Mahapadana-sutta大本經》에 나오는 다음의 대목이 탄생게의 원형이라고

붓다의 탄생지 룸비니(네팔)에 세워진 마야 데비 사원 © Cacahuate

한다.

"나는 세상의 제일 앞이다. 나는 세상의 제일 위다.

나는 세상의 최고다. 이것이 나의 마지막 생이다. 이제 다시 태어

남은 없다."

Aggo 'ham asmi lokassa, jettho 'ham asmi lokassa,

악고 하마스미 로깟사 제또 하마스미 로깟사

Settho 'ham asmi lokassa, ayam antima jati, na'atthi 'dani

punabbhavo ti.

세또 하마스미 로깟사 아얌 안띠마 자띠 나아띠 다니 뿌나바오 띠

"나는 세상의 제일 앞이다. 나는 세상의 제일 위다. 나는 세상의 최고다."라고 한 것은 "법은 세상의 제일 앞이다. 법은 세상의 제일 위다. 법은 세상의 최고다."라는 말이다. 유아독존이란 '유법독존唯法獨尊'을 일인칭 독백으로 서술한 것이다.

"이것이 나의 마지막 생이다. 이제 다시 태어남은 없다."라는 것은 '남김이 없는 열반의 세계무여열반無餘涅槃'에 드는 것을 말하는데(전재성 님의 빠알리 탄생게 설명), 이는 아라한의 해탈선언이다. 그러니까 한문게송에 나오는 "삼계개고 아당안지"는 본래 없던 것이다. "삼계가 모두 고통에 헤매니 내 마땅히 이를 편안케 하리라."라는 말은 후대의 대승불교권에서 덧붙여진 것으로 이해할 수 있다.

숫도다나 왕은 늦은 나이에 왕자를 얻은 것이 너무나 감사하고 행복했다. 왕은 자기도 모르게 아기의 두 발에 예배하고, 두 손으로 왕자를 받들었다.

"오, 전륜성왕이여. 왕자의 이름을 싯다르타Siddhartha라고 하리라, 나의 아들이 세상의 주인이 되게 하리라." 싯다르타라는 말은 '모든 것을 뜻대로 이룬다(일체여의성취一切如意成就).'는 의미다. 그런데 인생의 일희일비는 예측불허라, 왕자가 태어난 지 칠일 만에 마야 왕비는 생을 마치고 도리천으로 올라간다. 비탄에 잠긴 왕에게 사꺄족 장로들이 말했다. "대왕이시여, 왕자님을 키울 분은 마하빠자빠띠Mahapajapati(나중에 고따미Gotami라 불리는 비구니가 된다)가 적당합니다. 이모의 사랑도 어머니의 사랑 못지않습니다. 자애로운 마하빠자빠띠라면 왕자님을 깊은 사랑으로 보살필 겁니다." 숫도나다 왕은 왕자를 품에 안고 마야 왕비의 친정댁을 떠나 고향인 까삘라 성으로 돌아온다. 고향에 돌아온 왕이 신들의 축복을 받기 위해 사당 안으로 들어갔을 때 놀라운 일이 일어났다. 사당 안의 모든 신상들이 일제히 왕자를 향해 고개를 숙이며 고꾸라진다.

"이것이 무슨 일인가?"

"놀라지 마소서. 낮은 이는 감히 높은 이의 예배를 받지 못합니다. 신상들이 스스로 아래로 내려온 것을 보면 왕자님은 분명 신들보다 높은 덕을 지닌 분입니다. 왕자님은 하늘 가운데 하늘天中天이십니다."[7]

여기에서 "나는 세상의 제일 앞이요, 제일 위이며, 세상의 최고이다."라고 선언하였던 싯다르타 아기의 말이 증명되었다. 하늘 가운데 하늘인 분이 보여준 길이 우리 앞에 놓여 있다. 이 길은 누구에게나 열려 있다. 길을 갈 수 있는 기회는 완전히 평등하다. 그런데 그대는 왜 지금 즉시 이 길을 수긍하지 못하고 옆길에서 방황하는가?

| 주 |

1) 윤회輪回삼사라samsara : 자아라는 존재를 구성하는 다섯 가지 다발(오온)의 생멸 자체가 윤회다. 생사의 입장에서 보자면 한 생에서의 마지막 마음이 일어났다 멸하고, 이것을 조건으로 하여 다음 생의 재생연결식이 일어나는 것이 윤회다.

사람들은 힌두교의 재육화reincarnation와 불교의 재생rebirth을 정확하게 구분하지 못한다. 힌두교의 재육화는 자아atman의 전변轉變이지만, 불교의 재생은 갈애渴愛를 근본 원인으로 한 다시 태어남이다. 존재는 의식의 흐름citta-santati이다. 존재의 마지막 순간에 일어나는 의식이 사몰심死沒心cuti-citta이다. 존재하고자 하는 갈망을 소멸시킨 아라한은 세연을 다하면 열반에 든다. 그렇지 못한 중생은 새 존재bhava, 태어날 곳gati, 머묾thiti, 거주처nivasa를 찾는다. 이 과정은 끊임없이 반복된다. 이것이 윤회요, 존재의 수레바퀴다. 모든 생명이 그 수레바퀴에 깔려서 고통을 당한다.

헤르만 헤세의 《수레바퀴 밑에서Unterm Rad》라는 소설에 이런 말이 나온다. '지치면 안 돼, 그러면 수레바퀴 밑에 깔리게 될지도 모르니까.' 우리는 이렇게 말하자. '깨어있어야 해, 내 안에서 돌아가는 수레바퀴를 멈추고 부수어야 하거든.'

2) 상좌부불교上座部佛教: 테라와다Theravada라고 한다. 오늘날 미얀마, 태국, 스리랑카, 라오스에 전해오는 비구 250계 전통을 고수하는 불교다. 테라와다라는 말은 '장로長老테라thera들의 길'이란 뜻으로 상좌부라고 한역된다. 상좌부불교에서는 고따마 붓다가 사용한 언어인 빠알리어로 된 경전을 근간으로 하는데, 이는 산스끄리뜨어로 쓰인 대승경전과 대비된다. 붓다의 가르침은 빠알리어로 구전되어 오다가 BCE 80~94년경 스리랑카에서 최초로 문자화되어 빠알리 오경과 빠알리 삼장으로 전해진다.

*빠알리 경전: 산스끄리뜨Sanskrit가 귀족의 언어라면 빠알리어는 민중의 언어다. 붓다의 가르침은 구전으로 전승되어 오다가 스리랑카에서 문자화되었다. 이것이 빠알리 삼장이다. 삼장三藏은 경장, 율장, 논장을 말한다. 경장經藏은 빠알리 오경五經 즉, 5부 니까야Nikaya로 이루어진다. 디가니까야Digha Nikaya 장부長部, 맛지마니까야Majjima N 중부中部, 상윳따니까야Samyutta N 상응부相應部, 앙굿따라니까야Anguttara N 증지부增支部, 쿳다까니까야Khuddaka N 소부小部가 5부 니까야다. 소부에는 〈법구경法句經Dhammapada〉과 〈본생담本生譚Jataka〉이 들어 있다.

3) 대승불교: 산스끄리뜨어 마하야나Mahayana의 번역으로 '크고 넓은 탈 것 maha-yana, great vehicle'이란 의미다. 고따마 붓다가 입적한 후 그 가르침을 전승해 오던 것에 새로운 내용이 첨가되고 확장되어 변용이 일어난다. BCE 1세기 무렵부터 일체중생의 구제를 이상으로 하고 대중 속에 적극적으로 참여하여 자리自利와 함께 이타利他를 설법하는 '보살菩薩Bodhisatta'의 가르침이 차차 융성해졌다. 그리하여 이 실천의 뒷받침이 되는 《반야경》, 《법화경》, 《화엄경》 등의 경이나 《중론中論》, 《섭대승론攝大乘論》 등이 찬술된다. 이런 가르침을 따르는 불자들은 자기네의 가르침을 대승大乘Great Vehicle이라 칭했다. 대승불교는 중국, 한국, 일본, 티베트에서 발전했다.

대승불교는 상좌부를 '소승小乘Lesser Vehicle'이라 부르며 폄하하였다. 그러

나 상좌부불교에 속하는 현재의 스리랑카, 미얀마, 태국의 불자들은 결코 자신
들의 가르침을 소승이라 하지 않는다. 상좌부불교와 대승불교가 세계불교의
양대 축이며, 상좌부와 대승의 상호 이해와 통섭이 세계불교의 미래다.

4)《부처님의 생애》, 대한불교조계종 교육원 부처님의 생애편찬위원회, 조계종출
　판사, 2010, p.32 12행~p.33 6행 참조.

5) 위의 책, pp.28~29에서 옮김.

6) 현재 유통되고 있는 '천상천하, 유아독존, 삼계개고, 아당안지天上天下, 唯我
　獨尊; 三界皆苦, 我當安之.'는《태자서응본기경太子瑞應本起經》,《불본행집경佛
　本行集經》,《비나야잡사毘奈耶雜事》,《선견율비바사善見律毘婆沙》등에 언급
　되어 있다.

7)《부처님의 생애》, p.32 12행~p.33 6행 참조.

 ## 잠부나무 아래서 고뇌하는 소년

'모든 생명 어떤 식으로든지 다른 생명의 희생에 의존하여 살아간
다. 지금 내가 누리는 행운과 안락은 다른 사람의 수고 때문이 아닌가?

지금 내가 누리는 행운과 안락은 다른 사람의 고통과 불운과 어떻
게 연관되어 있는가?

절대 다수가 고통 속에 있는 상황에서 내가 누리는 안락과 행복은
과연 정당한가?

고통스러워하는 이웃에 둘러싸인 나만의 안락과 행복은 어떤 모순
과 긴장을 내포하고 있는가?

어떻게 하면 다른 생명에게 해를 끼치지 않고, 다른 사람을 희생시

키지 않으면서 모든 생명과 함께 평화스럽게 살아갈 수 있을까?

나는 눈물과 고통을 초래하는 저런 탐욕에 사로잡히지 않으리라.

아, 세간의 모든 중생이 생존경쟁을 하면서 서로를 해하고 다투면서 극심한 고통을 받고 있으니 나는 이제 조용하고 한적한 곳을 찾아서 이러한 모든 괴로움을 해결할 방도를 생각해야겠다.'

열세 살 소년 싯다르타는 이런 고민에 빠진다. 타인의 고통에 대한 감수성을 타고난 그는 충분히 그러고도 남았으리라. 태어나서 처음으로 왕궁을 벗어나 농민들이 일하는 현장을 목격한 그는 왕족 신분으로 누리는 자기의 모든 안락과 편의가 백성의 노동과 희생에서 나오는 것임을 똑똑히 알게 되었다. 그는 양심의 가책을 느낀다.

'내가 누리는 안락과 편안함이 타인의 수고와 희생에 의존하고 있었구나!

안락한 내 삶이 내가 잘나서 당연히 누려야 하는 것이 아니었구나!

타인의 수고와 희생에 의존하는 왕궁의 호사와 행복이 얼마나 부조리한가!

나는 백성의 노동과 희생에 의존하여 살아가고 싶지 않다.

나는 내가 살기 위해서 그 누구에게도 해를 끼치지 않으리라.

내가 힘들면 힘들었지, 내가 죽으면 죽었지, 타인에게 해를 끼치면서 타인을 희생시키면서 까지 나의 생존을 구하지 않으리라.'

불상해不傷害아힘사ahimsa. 불살생. 이것은 가슴 깊은 곳에서 들려오는 양심의 소리다. 왜 어떤 사람은 일하지 않으면서 잘 먹고 잘 살고, 왜 어떤 사람은 죽도록 일만 하고 부림을 당해야 하는가? 인간 사회를 지탱하고 있는 부조리 즉, 지배와 피지배, 빈부격차, 계급제도의 비극을 가슴으로 느낀다.

시대가 바뀌고 체제가 변하여도 인간 사회에는 부의 불평등, 지배와 피지배가 존재한다. 사회 물정에 눈뜨는 청소년기는 사회 부조리와 정치경제 체제의 모순이 가슴을 찌르듯이 느껴지는 시절이다. 이때는 반성적 자각이 눈뜨는 시기며, 부정과 반항이 싹트는 시기다. 이 시기는 유년기에서 청년기로 이행하는 질풍노도의 사춘기와 겹친다. 싯다르타는 사회의 실상을 보는 눈이 열리기 시작했다. 더구나 자연을 관찰하는 예리한 눈이 깨어났다. 약육강식의 현실을 직관했다. 강한 놈이 약한 놈을 잡아먹고, 약한 것이 강한 것에 잡아먹히는 자연의 질서에 가슴 애린 고통을 느꼈다. 이는 범상하지 않은 징조다. 보통 사람은 그런 걸 대수롭지 않게 보고 오히려 당연하다고 느낀다. 그게 자연인 걸, 동물들이 다 그렇지 뭐, 이렇게 생각할 텐데 싯다르타는 당연한 것을 당연하게 보지 않는다.

'왜 생명들은 서로에게 해를 끼치지 않으면 생존할 수 없는가? 왜 강한 놈은 약한 놈을 잡아먹어야만 하는가? 약한 놈을 잡아먹고 살아남은 강자의 말로는 무엇인가? 무엇을 위해서 살아남아야 하는가? 왜 '내'가 꼭 살아남아야 한단 말인가? '나'말고 다른 것, 다른 사람이 살아남으면 안 되는가? 먹거나 먹히거나, 살아남거나 죽임을 당하거나 하는 이런 긴장과 불안, 공포와 강박감을 넘어선 평화와 안심의 길은 없는가? 왜 약육강식으로만 생존이 가능하단 말인가? 생명이 서로 해하지 않고 공존하는 길은 없단 말인가?'

싯다르타는 냉혹하고 비정해 보이는 자연의 질서에 근본적인 의문을 던진다. 그것은 동물적인 생존방식에 순응하지 않는 삶의 방식을 모색하겠다는 의지다. '나는 어쨌든 살고 봐야 한다. 남이야 어찌되든 말든 나만은 살아남아야 한다. 세상에 그 무엇보다 나의 생존이 제일 먼저다!' 모든 생명이 이렇게 살고 있다. 인간도 동물도 마찬가지다. 그런데 싯다르타는 여기에 의문을 제기하고 반항한다. '나는 그렇게 살고 싶지 않다. 나는 동물적으로 살고 싶지 않다. 그래서 인간의 무리를 떠난다. 나는 타인의 눈물과 고통을 초래하는 자기만 살겠다는 탐욕에 사로잡히지 않으리라. 아, 세간의 모든 중생이 생존경쟁을 하면서 서로를 해하고 다투며 고통스런 세상을 살고 있구나. 마치 뿌리가 약한 모종을 모판에서 쑥 뽑아내듯 욕계에 뿌리박은 내 삶을 뽑아버려야겠다. 나는 이제 조용하고 한적한 곳을 찾아 모든 괴로움을 해결할 방도를 생각해야겠다.'

그리고 싯다르타는 들판의 한 곁에 서 있는 큰 나무 아래에 앉았다. 다른 생명을 해하려는 악의와 자기중심적인 탐욕을 내려놓으니 마음이 차분해지고 가슴이 서늘해지면서 지극히 선한 의도가 온몸에 가득 찬다. 큰 나무 그늘은 싯다르타를 고요히 감싸며 침묵의 손길로 보호해준다. 서늘한 미풍이 불어오니 싯다르타의 몸과 마음은 청량해진다. 소년의 몸은 안온해지고 생각의 흐름은 고요해져서 이내 끊어진다. 마음 쓰이는 일이 사라져서 호흡이 저절로 알아차려진다. 호흡이 미묘해지고 심신은 날아갈 듯 가벼워져 종내는 존재감이 사라진다. 환희와 행복감이 밀려온다. 이것을 일러 초선정初禪定에 든다고 한다. 열세 살 싯다르타 소년은 생애 처음 자발적으로 초선정을 체험하게 된다. 이 체험은 붓다의 생애에서 극히 중요한 사건이다. 훗날 육 년 고행을 버리고 보리수나무 아래에 정좌해서 자기만의 독창적인 방식으로 수행에 전념하려 할 때 열세 살 때 경험한 것을 회상하고 기억해낸다.

우리는 수행을 시작할 때마다 열세 살 싯다르타의 심정으로 돌아가야 한다. 싯다르타의 고민이 진실로 자기의 가슴을 치면서 자기의 것으로 느껴질 때, 우리에게 어떤 효과가 나타날까? 스스로 체험해보라. 나는 그럴 때마다 가슴이 서늘해지고 몸과 마음이 한없이 녹아내려 지극히 겸허해진다. 낮고 낮아지니 존재를 세울 곳조차 없어진다. 다만 그냥 그렇게 호흡으로 느껴질 뿐이다. 이곳에 우연히 떨어져내린 이파리처럼, 아무렇게나 내던져진 돌멩이처럼, 나는 그렇게 존재한다. 더 이상 그 무엇도 주장하지 않는다. 무엇을 바라지도 않고 무엇을 아쉬워하지도 않는다. 세상에 얽힌 기억과 생각들이 사라진다. 지극한 평화가 온다. 침묵이 된다.

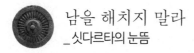

남을 해치지 말라
_싯다르타의 눈뜸

싯다르타는 열세 살 나이에 사회적 부조리에 대하여 고민한다. 그리고 약육강식이란 생명 일반의 실존적 부조리를 자각한다. 싯다르타가 농경제 행사에 참관했을 때 농부가 뙤약볕 아래 힘겹게 쟁기질을 하는 광경을 보고, 자신이 누리는 안락과 호사가 백성의 노고와 희생으로부터 왔다는 사실을 목격한다. 싯다르타는 너무나 미안하여 온몸이 떨려온다.

'나는 이렇게 아무 일 없는 듯이 살 수는 없다. 누군가의 희생으로 나의 안락을 누릴 수는 없다. 왕족으로 태어난 특권을 당연한 듯이 누리며 살 수는 없다. 내가 누리는 권세와 부유함은 어디서 오는가? 왜 왕의 가문에 태어났다는 것만으로 타인의 수고로움을 당연한 듯이 요구하는가? 무엇 때문에 백성은 왕과 귀족에게 복종하며 생산물을 갖다 바치는가? 왕과 귀족은 권력을 가졌기 때문이다. 그 권력은 남을 강제하고, 심하면 해칠 수도 있는 폭력을 행사한다.

그렇다! 백성이 인정 많고 자비로워서 왕과 귀족에게 복종하고 세금을 내는 것이 아니다. 그렇게 하지 않으면 불이익을 당하고 해코지를 당할까봐 복종하는 것이다. 권력은 어느 때라도 폭력으로 변할 수 있다. 그래서 약자인 백성은 폭력에 대한 두려움으로 권력을 가진 강자에게 복종한다. 모든 사람, 모든 생명은 폭력을 두려워한다. 모든 사람, 모든 생명은 힘 가진 자에게 해를 당할까봐 두려워한다. 나 싯다르타도 백성과 동물들에게 두려운 존재로 보이는 것이다. 그래서 어디를 가든지 그들은 내 말을 고분고분 따르며 나를 떠받드는 것이다. 나는 이것을 참을 수가 없다. 왜 인간이 나면서부터 이렇게 불평등한가? 왜 모든 사람이 평등하게 대접받지 못하는가? 왜 계급의 불평등과 신분의 고하를 바탕으로 하여 세상이 돌아가는가? 어떤 사람은 왕으로 살고 어떤 사람은 노예로 살아야 하는가? 사람이 어떤 신분의 부모에게 태어났느냐에 따라 일생의 행불행이 결정되다니, 얼마나 불합리한가? 약한 동물은 강한 동물에게 잡아먹힌다. 강한 동물은 그보다 더 강한 것에 잡아먹힌다. 왜 동물은 다른 것을 잡아먹어야만 생존이 가능하게 되어 있는 것일까? 약육강식이란 자연의 법칙이 약자의 처지에서는 얼마나 불행하고 두려운 일인가?'

새끼들에게 줄 풀벌레 잡아오던

지빠귀를 새매가 나꾸어 갔다

가까스로 허물 벗고 날개 말리던

잠자리를 물총새가 꿀꺽 삼켜버렸다

오전에 돋은 새싹을 다람쥐가 갉아 먹는다

그러나 어느 유족도 복수를 꿈꾸지 않는다

다 먹은 죄가 있기 때문이다

한없이 슬퍼도 적막한, 푸른 숲 속의 일이다

〈먹은 죄〉, 반칠환(1964~, 시인)

먹이 사슬에 얽매인 삶은 내가 살기 위해서 남의 몫을 뺏어야 하는 것이 불가피하다. 인간의 고통은 '먹은 죄'에서 온다. 어느 누구도 예외가 없다. 다른 생명을 취해야 살아갈 수 있다는 것은 모든 생명의 슬픈 운명이다. 이런 세계를 일러 '욕계欲界kama-loka(욕망의 세계)'라 한다.

싯다르타는 약한 자, 낮은 자, 가난한 자의 처지에 서서 세상을 보았다. 그렇게 해서 생명 일반의 고통에 대한 진실에 눈을 뜨게 된다. 훗날 이 진실을 '고성제苦聖諦'라고 명명하였다. 여기에서 말하는 '고'는 개인의 실존적인 고통이면서도 사회관계에서 발생하는 부조리다. 이는 지상에 생존하는 생명 일반의 보편적인 고통이다. 욕계에 얽매인 중생은 고통의 늪에 빠져서 허우적거린다. 움직일수록 더 빠져든다.

싯다르타는 권력자로 태어났고, 권력을 사용하는 법을 다 배웠기 때문에 권력이 잘못 사용되면 어떤 고통을 가져오는지 잘 알았다. 그래서 이런 생각을 하게 된다. '남을 해치지 말라. 남을 다치게 하지 말라. 남의 몸과 마음에 상처를 주지 말라. 너의 몸짓 하나, 너의 말 한 마디, 너의 한 생각으로도 남을 해치지 말라. 생명을 죽이지 말라. 사람뿐만 아니라 동물도 해치지 말며 죽이지 말라.' 이것이 바로 '남을 해하지 말라, 남에게 어떤 식으로든지 상처를 주지 말라'는 불상해不傷害법Dharma[1]이다. 나아가 남에게 두려움을 주는 몸짓이나 말이나 생각조차도 일으키지 말라. 남을 죽이지 않으면 안 될 상황이라면 차라리 네 생명을 던져라. 네가 죽어 타인을 살릴 수 있다면 네 생명을 내려놓으라. 나아가 모든 생명을 살려주어라방생放生. 죽게 된 상황에 빠진 생명을 구해주어라. 사람을 널리 이익 되게 하라. 생명에게 이익을 베풀어라.

우리가 욕계를 싫어하여 떠남출리出離nekkhamma과, 성냄을 버림무에無患avyapada과, 폭력을 떠남불해不害avihimsa을 사유하면 온몸에서 미세한 전율을 느낀다. '나는 한 생명이라도 해하지 않으리라. 내 발자국, 내 숨소리, 내 그림자조차도 다른 생명을 두렵게 만들거나, 해를 끼치지 않으리라. 생존경쟁의 세상에서 나를 주장하는 짓을 모두 그만두리라. 나의 곱고 순결한 양심에 때를 묻히지 않으리라.' 그러면 양심이 지극히 고결해지고 숙연해진다. 나의 의도가 투명해진다. 공평무사한 심경이 된다. 지공무사至公無私가 이런 경지일까. 마음이 지극히 선해진다. 지극히 선한 마음, 남을 해하려는 일체의 악의가 사라진 마음, 생명에 대한 경외심으로 떨리는 마음이 된다.

이렇게 하면 다섯 가지 장애五障(감각적 쾌락, 악의, 들뜸과 회한, 나태와 혼침, 회의)가 사라지면서 삼매에 든다. 그렇게 열세 살 싯다르타는 잠부나무 밑에서 초선정에 들게 된다. 그리고 이것은 그를 닙바나[2]로 인도한다. 닙바나는 갈애와 무명이 완전히 사라져, 고가 해결된 평화다. 닙바나는 최상의 축복이다.

| 주 |

1) 다르마Dharma: 산스끄리뜨어 표기로 '다르마', 빠알리 표기로 '담마dhamma'.
   한역하여 '법法'으로 표기. 종교적인 가르침, 보편적인 원리, 현상phenomena
   이나 사실fact, 상태, '해야만 하는 것' 등으로 해석된다. 본문에서는 '다르마'와
   '담마'를 경우에 따라 섞어서 쓴다.
2) 닙바나nibbana: 산스끄리뜨어 표기로 '니르바나nirvana', 빠알리어 표기로 '닙
   바나nibbana', 한역하여 '열반涅槃'이라 표기. 의역하여 적멸寂滅, 취멸吹滅, 원
   적圓寂, 불사不死. 타오르는 번뇌의 불꽃을 지혜의 바람으로 불어 꺼, 모든 고뇌
   가 사라진 지극히 평화로운 상태가 된 것이다. 닙바나는 탐욕과 고통과 근심을
   초월한 경지이기 때문에 그 어떠한 말로써도 제대로 표현할 수가 없다. 체득한
   자만이 수용한다. 이 경지는 살아서 체험하고 누린다. 본문에서는 '열반'과 '닙
   바나'를 문맥에 맞춰서 번갈아 쓰기로 한다.

 열반은 허무주의인가
현실로 체험하는 경지인가?

  닙바나열반는 허무주의인가? 닙바나는 말이나 글로써 표현하여 이
해시킬 수 없다. 오직 스스로 체험해봐야 이해된다. 가르침의 지향점을
설명하기 위해 어쩔 수 없이 세간의 언어를 빌어 설명할 뿐이다. 붓다는
괴로움의 반대말로써 닙바나를 설명하려 했다. 괴로움의 소멸, 늙음과
죽음의 소멸, 슬픔이 없는 상태. 또 번뇌라는 정신적 오염원의 반대말로

써 설명했다. 탐욕·성냄·어리석음의 제거, 탐욕 없음, 갈애의 사그라짐, 이기심의 탈락, 자만심의 해체, 허영심의 소멸. 닙바나는 모든 조건 지어진 것에서 벗어났을 때, 모든 오염원이 제거되었을 때 얻어진다. 부정적인 용어를 사용하는 이유가 거기에 있다. 이 부정적인 용어를 잘못 이해하면 허무주의로 오해하게 된다. 이 잘못을 바로잡기 위해서 붓다는 긍정적인 용어를 사용했다. 지극한 행복, 해탈, 자유, 홍수에 휩쓸려가지 않는 안전한 섬, 늙음과 죽음이라는 바다에 빠져 파도에 휩쓸려가는 중생에게 가장 안전한 피난처, 늙음과 죽음의 위험으로부터 지켜주는 안전한 성채, 탐욕·성냄·어리석음의 불을 꺼버린 고요한 상태.

붓다는 말한다. "몸과 마음으로 느낄 수 있을 때에는 말의 길, 글의 길, 개념의 길, 이해의 길이 있다. 몸과 마음으로 느낄 수 없을 때에는 말의 길, 글의 길, 개념의 길이 끊어졌다. 마음은 생각할 수 없는 것을 생각할 수 없고, 추측할 수 없는 것을 추측할 수 없다."

태국불교가 자랑하는 스승인 아잔 문(아잔 문 부리닷따 Ajahn Mun Bhuridatta, 1870~1949) 선사가 여기에 대해 아주 쉽게 법문하셨다.

'함이 없는 것무위無爲'이란 생각하고 무엇을 조작해내는(분별과 형성, 식識과 행行) 그런 세계가 끝나는 지점이다. 함이 없는 것이란 '1 2 3 4 5 6 7 8 9 0'이라는 숫자를 썼다가, 1에서 9까지는 지우고 0만 남겨놓고 더 이상 쓰기를 그만 두는 것과 같다. 이때 남겨진 것을 '제로-영'이라 읽는다. 그러나 그것은 어떤 내용을 담고 있는 숫자는 아니다. 사람들은 숫자에다가 0을 더하거나 빼거나 곱하거나 나누거나 하지는 않을 것이다.

그러나 알려질 수 있는 모든 현상제법諸法에 대하여 지혜롭게 사유할 수 있을 때까지 훈련이 되어야만 마음이 0 상태로 돌아온다. 0 상태의 마음, 그것은 텅 비어 있고, 열려 있으며 모든 분별과 이름을 넘어선 청정함이다. 그것은 중생이 살아가는 9가지 거주처 즉, 육도와 삼계에 머물지 아니한다. 그것은 생각하고 무엇을 만들어냄이 없다. 그 본래적인 속성은 0이며, 함이 없음이다.

생각으로 무엇을 조작해내는 활동이 마음에서 완전히 사라지면 '함이 없음'만 남는다. 이것이 빛나는 마음, 청정한 법이다. 그것이야말로 죽음이 없음을 아는 불사의 경지다.

싯다르타는 어떻게 선정에 들었는가?
_호흡 알아차리기 수행

싯다르타 태자는 어떤 수행법으로 깨달음을 성취했을까? 그는 29살에 출가하여 당시 최고의 도인이었던 알라라깔라마의 '무소유처정無所有處定'과 '웃다까라마뿟따의 비상비비상처정非想非非想處定'을 체험하고도 이렇다 할 만한 해탈을 얻지 못했다[1]. 싯다르타는 자신이 실제 체험해보고 우리에게 이야기 해준다. 두 스승의 경지는 당시로서는 최고의 선정이었지만, 바른 선정이 아니었다. 왜 그런가? 그들은 선정을 욕탐의 대상으로 삼아 고행을 통하여 성취했다. 욕탐에 기인한 몰입으로 일정시간 동안 선정 상태에 들었더라도 그 선정 상태를 벗어나면 원래의 상태로 돌아온다. 그런 선정으로는 번뇌가 정화되거나 심신이 해탈되지 않는다. 그것은 고의 소멸로 가는 길이 아니다. 바른 선정이 아니며 무익하다.

구도자가 두 스승을 떠나려 하자 그들은 교단을 다스리는 권력을 줄 테니까 자기들과 같이 살자고 붙잡는다. 왕의 자리도 버리고 나온 분이 어찌 일개 수행자 집단의 지도자 자리를 탐내겠는가? 싯다르타는 스승을 미련 없이 떠난다.

구도자는 네란자라Neranjara 강가의 고행림으로 가서 당시에 유행하던 모든 종류의 고행을 감행했었다. 그것은 먹는 것을 절제하여 단식에까지 이르는 고행이며, 숨을 오래 참고 길게 늘이는 고행이며, 목욕을 하지 않고, 털도 깎지 않는 고행이며, 한 자리에 오래 앉아 있는 고행이며, 잠을 자지 않는 고행이며, 이러저러한 온갖 종류의 고행이었다. 그것의 상당 부분은 자이나교2)의 고행과 비슷했다. 동료 수행자들은 싯다르타의 놀랄 만한 고행에 감동하여 그의 추종자가 될 정도였다. 그러나 싯다르타는 수행에 임하는 태도 역시 실용적이고 합리적이었다. 그는 고행이 해탈에 도움이 되지 않는다는 것을 알게 되었다. 도반들이 그의 고백을 들으면 그에게 실망하여 떠나버릴 것이 분명했지만 그는 자기 양심에 정직했다.

그는 고백했다. "나는 양심을 걸고 말합니다. 그대들이 수행하는 고행으로는 고의 완전한 종식과 해탈을 이룰 수 없습니다. 나는 이제 고행을 버리고 여기를 떠나겠습니다." 그리고 그는 네란자라를 건너 보리수 아래 자리를 깔고 앉았다.

'나는 궁중에서 익힌 안락을 추구하는 생활방식도 버렸다. 감각적 쾌락을 추구하는 쾌락주의적인 태도를 버렸다. 그리고 나는 그 반대인 몸과 마음을 괴롭히는 고행주의도 버린다. 이제까지 전해 내려오는 모든 수행법을 내가 다 체험해봤지만 해탈을 가져오지 못했다. 이제 나는 어떤 수행법을 택할 것인가? 그래, 바로 그것이다! 내가 열세 살 때 잠부나무 아래에서 체험한 그 경험으로 돌아가자. 그때 경험한 그 희열과 평화를 두려워할 필요가 없다. 내가 감각적 쾌락이나 악하고 불건전한 상태와는 관계없는 즐거움에 대하여 두려워할 필요가 있을까? 그것이 깨달음의 입구다. 거기서부터 시작하자.'

그는 열세 살 농경제 때 경험한 초선정의 기쁨을 떠올리고 즉시 아나빠나사띠를 시작한다. 그러자 몸과 마음이 고요해지며 일찍이 체험했던 그 선정의 경지로 들어간다. 이렇게 초선정에 들자 차례로 이선정, 삼선정, 사선정 그리고 숙명통宿命通(과거전생을 아는 능력)과 천안통天眼通(중생의 죽고 태어나는 모습을 낱낱이 앎)이 열리고 누진통漏盡通(모든 번뇌가 말끔히 사라진 경지. 이 세 가지 신통을 '삼명三明'이라 한다)을 얻어 닙바나를 경험한다.

눈을 떴다. 샛별이 마지막 빛을 사르는 동녘 하늘에 태양이 솟고 있었다. 구도자는 가장 높고 바른 깨달음을 성취했다. 이 땅에 오신 지 35년, 진리를 찾아 집을 나선 지 6년째인 BCE 589년 음력 4월 15일에 일어난 일이었다. 이로써 고행자 싯다르타는 고따마 붓다로 거듭나게 된다.

| 주 |

1) 알라라깔라마Alarakalama와 웃다까라마뿟따Uddakaramaputta는 당시 인도에서 선정을 닦았던 수행자 가운데 최고의 경지를 성취하였지만 싯다르타는 그들을 떠났다. 왜 그랬을까?
"그의 가르침은 싫어하여 떠남, 사라짐, 소멸, 적정, 지혜, 올바른 깨달음, 열반으로 이끌지 못한다(《맛지마니까야 》26)." 그들은 사마타samatha 수

행의 최절정을 이루었으나, 탐진치의 미세한 흐름을 보고 끊는 위빠사나 vipassana(통찰지 계발수행)가 없었다. 그러기에 지견청정知見淸淨냐나닷사나위숫디ñannadassanavisuddhi에 이르지 못했다. 싯다르타는 통찰지를 계발하기 위한 아나빠나사띠를 수행하게 된다.

부처님의 수행법은 지止samatha와 관觀vipassana을 균형 있게 닦는 지관쌍운止觀雙運samatha-vipassana yugananda이다. 이것은 부처님이 발견한 독창적인 수행법이다. 지관쌍운은 다시 정혜쌍수定慧雙修라는 용어로 정립된다. 불교라는 큰 틀 안에서 수행되는 모든 수행법은 모두 지관쌍운, 정혜쌍수로 정리된다.

2) 자이나교Jainism: 불교와 같은 시대에 인도에서 창시된 종교. 자인 다르마ज्ञन धर्मJain Dharma로 알려져 있다. 교조인 와르다마나Vardhamana는 붓다와 동시대 사람으로 왕족 출신이다. 그는 30세에 출가하여 13년의 고행정진 끝에 크게 깨달아 지나Jina勝者 또는 마하비라Mahavira大勇(혹은 大雄)라고 일컬어졌다. 브라만 사제들의 동물 희생제에 반대하며 불살생 · 고행주의를 실천한다.

● 아나빠나사띠 실습

● 수행을 시작하기 전에 갖추어야 할 것

① 부처님의 가르침을 바르게 이해하여 법에 대한 신뢰를 확립한다.

② 일정 기간 동안(3일, 7일, 한 달 등) 출가한다는 마음으로 세상인연을 내려놓는다.

③ 조용한 수행 장소를 찾는다.

④ 계를 지키며 불필요한 행동을 절제한다.

⑤ 주어진 환경에서 생활에 만족함을 안다.

⑥ 감각의 문을 단속한다.

● 들숨날숨에 마음 챙기는 수행법

① 세상에 대한 탐욕과 싫어함을 버리고 초연함에 머문다.

② 몸과 마음을 지금 여기 이 자리에 편안히 내려놓으라. 호수에 던져진 돌멩이가 물밑으로 가라앉듯, 몸과 마음을 내려놓으라. 상체를 똑바로 하여 척추를 바로 세운다. 몸의 무게 중심을 낮게 하라. 마음을 가장 낮은 곳으로 내려놓는다는 기분으로 앉으라. 가부좌는 자신의 몸에 제일 편한 자세를 취한다. 두 발을 겹치지 않고 가지런하게 두는 평좌도 좋다.

③ 턱을 안으로 조금 끌어당겨 목뼈가 똑바로 서도록 한다. 머리를 마치 척추라는 장대 위에 가볍게 올려놓은 공처럼 살짝 얹어놓은 기분으로 앉는다. 입은 가볍게 다물고 미소를 짓는다. 가슴을 활짝 펴고 양어깨는 어느 한쪽으로 기울어지지 않게 한다. 손은 편하게 둔다.

④ 몸에 깃들어 있는 긴장과 방어하는 몸짓을 모두 내려놓으라. 근육에 걸린 긴장을 풀어라. 세포 하나하나까지 긴장을 풀고 자유로운 상태가 된다고 생각하라. 지금 여기 앉은 자리는 누구도 엿볼 수 없는 나만의 공간이다. 모든 것을 내려놓는 마음의 안식처다.

⑤ 몸과 마음을 완전히 내려놓으면 의도를 가지고 조작할 필요 없이 호흡이 저절로 느껴진다. 들숨날숨에 주의를 주고 단순히 지켜본다.

⑥ 들이쉬고 내쉴 때 몸에서 실제로 느껴지는 감각을 알아차려라. 호흡이 코밑이든지, 가슴이나 배, 몸의 어느 부위에서 느껴지든지 장소는 상관할 것이 없다.

⑦ 호흡이 길면 긴 줄 알면서 들이쉬고 내쉰다. 호흡과정을 처음부터 끝까지 끊임없이 느낀다는 말이다.

⑧ 호흡이 짧으면 짧은 줄 알면서 들이쉬고 내쉰다. 호흡이 안정되면 미세하게 느껴진다. 마음은 처음보다 훨씬 고요해진다.

⑨ 호흡은 항상 현재다. 과거의 호흡은 이미 지나갔고, 미래의 호흡을 미리 쉴 수 없다. 호흡을 알아차리고 있는 한 의식은 현재에 있다. 이것이 '현재에 깨어있기'다.

⑩ 이렇게 호흡이 지속적으로 관찰되다가 어느 순간 '훅' 하면서 호흡이 온몸으로 느껴지게 된다. 온몸을 경험하면서 호흡을 주시한다. 이때 호흡관찰은 아무 노력을 들이지 않더라도 저절로 유지된다.

⑪ 온몸의 평온을 경험하면서 호흡을 주시한다.

⑫ 호흡은 있되 호흡하는 자는 없다. 호흡은 '나의 것'이 아니며, '나'가 아니며, '나의 자아'가 아니다. 호흡은 저절로 굴러가는 과정이며 텅 비었다. 이런 통찰이 주는 효과는 몸과 마음에 일어나는 현상을 '나의 것'이라 동일시하는 습관에서 벗어나게 해준다. 세상을 경험하되 경험에 빠져 힘들어 하지 않게 된다. 삶의 과정을 담담하게 바라볼 수 있게 되어 일상 가운데에서 허우적거리지 않고 제 정신을 차리고 살 수 있게 해준다. 이것이 '일상 가운데 알아차림 유지하기'다.

싯다르타 태자는 열세 살 때 경험한 초선정의 기억을 상기하고 그때의 기억을 떠올리며 들숨날숨을 알아차렸다. 이내 다섯 가지의 장애[●]를 차례로 극복하면서 근접삼매³⁾에 들었다가, 이어서 초선정에 든다.

● 다섯 가지 장애

① 마음이 감각적 쾌락에 물듦

② 마음속에 불쾌한 감정, 싫음, 미워함, 짜증, 화, 악감정이 있음

③ 나태와 혼침

④ 들뜸과 후회

⑤ 의심: 삼보[4)]와 가르침에 대해 회의하는 마음

싯다르타는 농경제 때 농부의 수고로움을 목격하고 너무도 미안한 마음이 들었다. 그래서 왕족으로서 쾌락을 누리는 생활 태도를 버려야겠다는 결심이 섰다.

'귀족의 횡포 아래 백성들이 두려움에 떠는구나. 아, 나는 타인의 수고로움과 희생으로 얻어지는 안락함을 받아들일 수 없다. 나는 왕족의 쾌락주의를 포기하노라.'

그리고 자연의 생존법칙인 약육강식의 부조리에도 저항했다.

'나는 약자에게 눈물과 고통을 초래하는 저런 강자의 탐욕에 사로잡히지 않으리라. 나는 남을 해하지 않으리라. 남을 해하게 될지도 모르는 일체의 권력을 탐하지도 않을 것이며, 권력자의 지위에 오르지 않으리라.'

이런 심경이었으니 자연히 다섯 가지 장애 가운데 앞의 두 가지가 저절로 사라졌다. 나머지 두 가지는 왕자수업王子修業의 영향으로 쉽게 벗어날 수 있었다. 평소에 문무의 덕을 골고루 닦았기에 몸 안을 흐르는 쁘라나prana生氣가 잘 조절되어 나태와 혼침, 들뜸과 회한이 자연히 사라져 평정을 유지하게 되었다. 이렇게 네 가지의 장애가 극복되니 싯다

르타의 정신은 너무도 고결하고 경건해졌다. 그리고 그는 인생전반을 두루 관통하는 진리 즉, 다르마에 대해 추호도 의심하지 않았다. 그리하여 '오, 내 모든 것을 내려놓으니, 진리대로 되어지소서. 법대로 이루어지소서.' 이런 심경이 된다. 자신을 완전히 비운 곳에 자연스레 모든 것이 선물처럼 채워지니, 선정의 축복●이 밀물져 온다.

● 선정이란 축복의 다섯 가지 요소

① 위따까vitakha尋와 위짜라viccara伺: 위따까는 '일으킨 생각, 사유尋', 위짜라는 '지속적인 고찰伺'이라고 할 수 있다. 주의를 집중하려는 노력에서 기인한 마음의 미세한 동요를 의미한다.

② 환희piti: 온몸에 밀물져 오는 환희.

③ 행복감sukha: 표현할 수 없는 안락, 지복.

④ 심일경성心一境性citta-ekaggata: 오롯한 일념에 집중되어 흩어지지 아니함.

⑤ 경안輕安passadhi: 몸과 마음이 가을바람에 날리는 명주실같이 가벼워지고 고요해진다.

아직 본격적인 선정에 들어가지 못했더라도 위의 다섯 가지 요소가 다소간 느껴지면 근접삼매에 도달한 것이며, 거기에서 좀 더 나아가면 초선정에 들게 된다. 이것은 색계 사선정色界 四禪定의 첫 단계다. 부처님은 네 가지 선정은 현생에서 누릴 수 있는 천상의 거처라고 하면서 늘거기에 머물렀다. 부처님은 네 가지 선정을 닙바나의 한 종류로 비유하면서 찬탄했다.

농경제 행사에 분주하던 숫도다나 왕과 대신들은 태자가 사라진 것을 알게 되었다. 그들은 커다란 잠부나무 아래 고요히 앉아 있는 태자를 발견했다. 깊은 강물처럼 고요한 태자의 얼굴에는 알 수 없는 평온함이 넘쳐흘렀다. 잠부나무도 태자의 선정을 방해하고 싶지 않았는지 기우는 햇살에도 그림자를 옮기지 않고, 일산처럼 그늘을 드리우고 있었다. 태자의 근엄한 모습에 숫도다나 왕은 자신도 모르게 몸을 낮춘다.

"사랑하는 아들아, 내가 너에게 절을 하게 되는구나."

| 주 |

3) 선정에 들기 직전과 선정에서 나온 직후의 상태를 '근접삼매upacara samadhi'라고 부른다. '선정의 바로 이웃'이란 뜻이다. 이 상태에서 다섯 가지 장애는 몇 시간 또는 훨씬 오랫동안 완전히 활동을 멈춘다. 알아차림이 엄청나게 강력해서 쉽게 초점이 맞춰지며, 두려움이 없어진다. 부처님이 '마음이 청정해지고 밝고 오점이 없고 불완전함이 제거되고 부드럽고 다루기 쉽고 안정되고 평온함에 도달했다.'(《맛지마니까야》 4.27)고 하는 상태다. 여기에서 깊은 통찰이 일어날 수 있다.
4) 삼보三寶: 불교에서 말하는 세 가지 보물. 붓다佛, 담마法, 상가僧.

암탉은 달걀이 또 다른 달걀을
만드는 수단이다

1) 생존기계는 유전자의 명령에 복종한다.

모든 생물은 매일같이 격렬한 생존투쟁을 벌인다. 먹느냐 먹히느냐, 죽느냐 살아남느냐는 절체절명의 순간을 끊임없이 겪는 것이 생물의 삶이다. 그러나 그들은 자신의 조건을 비극적 운명이라고 생각하지 않는다. 그들의 생존욕구는 그냥 본능적이고 원초적이며 무의식적이다. 인간도 예외가 아니다.

대부분의 생물체는 자신의 죽음을 예견할 만한 지적 능력이 없다. 그들에게는 개별적 의지라는 게 충분히 발달되지 않았으니까. 그러면 개체의 죽음을 넘어서 종족을 보전하게 만드는 진화의 원인은 무엇일까? 개별적 의지를 초월한 보편적인 기제mechanism가 작동한다고 봐야 한다.

진화생물학에 의하면 아주 오래 전에 끊임없이 자기를 복제할 수 있는 놀라운 능력을 가진 분자덩어리가 등장했다. 리처드 도킨스(Richard Dawkins, 1941~ , 영국의 동물행동학자, 진화생물학자)는 이것을 '생존기계survival machine'라 명명했다. 이것이 진화를 거듭하여 오늘날의 DNA가 되었다.

DNA는 지구상의 모든 생명체를 만들어내는 유전 명령을 담고 있다. 초기의 DNA가 우연한 기회에 획기적인 복제 방법을 발견했다. 그것은 복제에 복제를 거듭하여 세포를 만들었다. 세포는 가혹하고 변화무

쌍한 외부 환경에서 자신을 보호하기 위해 세포막을 만들었고, 음식물을 섭취하고 소화한 후 에너지로 전환시켜 복제를 더욱 효율화하는 방법을 발견했다. 그것은 번식이었다. 이것이 다양한 생존기계를 만들어냈다. 세포와 세포가 결합하여 더 복잡한 복제를 만들었다. 이후 38억년 동안 시행착오를 거치면서 수백만 종의 생물체를 창조해냈다. 이런 진화과정의 예상치 못했던 결과물이 바로 우리 인간 호모 사피엔스다.

영국의 시인 새뮤얼 버틀러(Samuel Butler, 1835~1902, 영국의 소설가 및 사상가)는 "암탉은 달걀이 또 다른 달걀을 만드는 수단이다."라고 말했다. 이런 관점에서 보면 인간은 물론 지구상의 모든 생명체가 그토록 생존에 집착하는 것이 단순히 개인적으로 죽음을 회피하거나 자기 자손을 더 많이 퍼뜨리려는 욕망 때문이 아님을 알 수 있다. 우리는 우리가 의식하지 못하는 사이에 우리 몸속을 휘젓고 다니며 최대한 자기복제를 추구하는 DNA의 작업에 동원된 일종의 정교한 도구다.

진화생물학적인 관점에서 보면 개별 생물체의 삶과 죽음은 대수롭지 않은 일이다. 개별자의 생사보다도 오히려 종의 생존과 번식이 최고의 지상명제다. 이럴 때 개체란 한낱 유전을 위한 도구tool나 방편vehicle에 지나지 않는다. 개인의 생로병사란 인류라는 종의 보전을 위해 희생되는 것에 불과하다는 말이다. 유전의 간교한 계책이라고 해야 할까? 한 개인이 제아무리 날고 긴다 해도 결국은 종의 보전을 위해 봉사하다 갈 뿐이다. 38억 년 진화의 역사 동안 무수한 개인이 유전의 도구로 사용됨으로써, 인류라는 종은 성공한 생존기계로서 지상 최강의 승자로 살아남았다. 오늘도 우리는 달걀을 만드는 암탉 노릇을 대견스레 잘해내고 있다. 그리고 우리가 남긴 달걀이 또 다른 달걀을 낳으며,

내가 퍼뜨린 종자가 영원히 번성할 것을 믿으면서 죽어갈 것이다.

2) 메타의식은 유전자의 명령에 의문을 제기한다.

그런데 인간은 종의 보전을 위해 자기 스스로 희생한다는 것을 알고 있다. 이것이 인간이 다른 동물과 다른 점이다. 우리는 자신의 의식을 반조하는 능력이 있다. 이는 진화의 정점을 달리는 인간의 뇌신경회로망이 획득한 경이로운 능력이다. 이것을 '메타인지'[1]라 한다. 인간은 자신의 생각을 객관화해서 바라보고, 자신의 삶을 타자화해서 관찰할 수 있다. 그래서 전에 몰랐던 것을 알고, 전에는 보이지 않았던 것이 보이고, 전에는 당연하다고 여겼던 것에 의문을 던진다.

'생존기계로 살아가는 한 나는 생존경쟁에서 벗어날 수 없겠지.'

'그런데 나는 왜 생존기계를 '나의 자아'라고 여기며 그것을 붙들고 살아가는가?'

'내가 살기 위해 애쓰고 성공하려는 것은 유전자의 명령에 따른 것이다.'

'나의 시행착오, 성공과 실패, 생로병사는 인류라는 종을 보전하는 데 기여한다.'

'이것은 유전의 간계요, 유한자의 비애다.'

'꼭 이런 식으로 살아가야만 하나?'

'나는 종의 보전에 기여하는 하나의 소모품일 뿐인가?'

'종족을 보전하라는 유전자의 명령에 복종하기 위해 나의 삶을 소비하고 말 것인가?'

'그와 같이 부조리해 보이는 삶을 거부하지 못하고 당연한 듯이 살고 있는 나의 현실은 또 무엇인가?'

3) 싯다르타는 암탉으로 살기를 거부한다.

여기 유한자의 부조리를 자각한 사람이 나타났다. 유전의 간계를 간파하고 그것이 강제하는 생존기계로서의 삶을 거부하는 청년이 나타났다. 그는 싯다르타! 싯다르타는 궁전을 넘어 저잣거리로 나왔다. 그는 아무 일 없는 듯이 만사가 순조롭게 잘 포장된 궁궐을 빠져나왔다. 싯다르타의 호기심과 순수한 열정은 생생한 삶의 현장을 목도하도록 부추겼다. 그는 혼돈과 불안, 비탄과 고통이 만연한 뒷골목과 시장 바닥에서 생의 현실을 보게 된다. 순수하고 호기심 많았던 청년은 가장된 천하태평의 거짓을 벗겨버리고, 알몸으로 드러난 현실과 마주했다.

이 청년의 몸짓은 오늘 우리에게 일상성의 감옥에서 벗어나라는 메시지를 전해준다. 겉으로 잘 포장된 안정된 일상과 무사안일에 안주하는 삶을 거부하라고 말한다. 안정과 무관심으로 가라앉고 편리함과 안락함에 취한다면, 당신은 종의 번식에 봉사하는 유전의 도구로서 한 생을 소비할 뿐이라고, 싯다르타가 속삭이는 소리가 들리지 않는가?

마부 찬나Channa는 싯다르타를 태운 수레를 몰고 동문東門을 지난다. 싯다르타는 궁정에서 느끼지 못했던 '늙음이 있다'라는 사실을 목격한다. 궁전 안이라고 해서 늙지 않는 사람이 어디 있겠는가? 부왕도 늙었고, 대신 가운데도 늙은 사람이 있었으련만, 그들은 모두 잘 먹고 잘사는 유한계급이기에 그들에게서는 늙음이 주는 고통을 알아차릴 수가 없었다. 싯다르타 자신도 늙는다는 사실을 인식하기에는 너무 젊었다. 그래서 벌거벗은 진실을 대면하기 위해서는 진실을 은폐하고 있는 울타리 밖으로 나가야 했다.

성 밖의 현실에서 싯다르타가 마주친 첫 번째 사건은 무엇인가?

'흰머리에 검버섯이 잔뜩 핀 얼굴, 근육은 바싹 말라 가죽과 뼈만 앙상하고, 몽땅 빠진 이빨에 눈물과 콧물로 범벅이 된 몰골. 지팡이에 의지해 굽은 허리를 펴지도 못한 채 비실거리며 걸어오는 저 물건은 무엇이냐? 사람인가, 동물인가?'

갈 곳 몰라 불안스레 흔들리며 초점을 잃어버린 잿빛 시선이 싯다르타와 마주쳤다.

'저것은 무엇인가? 내 눈이 저 광경을 담기에는 너무 생경하구나. 왜 저런 물건이 내 눈에 띄어 나를 불편하게 만드는가. 저게 사람들이 말하던 그 '늙음'이란 것인가? 이제 늙음이 내 앞에서 정체를 드러냈구나! 늙는다는 것, 참으로 서글픈 일이구나. 생기를 잃어버리고 비틀거리는 모습을 다들 피하고 싫어하는구나. 사람으로 태어난 이는 누구도 늙음을 피할 수 없다. 나도 저렇게 늙는 것을 피할 수 없으리라. 나 또한 초라하게 늙어 사람들의 조롱과 혐오를 피할 수 없으리라. 그런 내가 저 노인을 비웃고 업신여길 수 있으랴? 봄날처럼 짧은 젊음을 과시하고 자랑할 수 있으랴?'[2]

꿈이면 깨어나야 하고, 환상이면 버려야 한다. 그러나 인생이 일장춘몽이라는 말들은 하지만 과연 누가 그 꿈을 깨려 할까? 오히려 춘몽이 깨질까 봐 이불 속으로 기어들어 가는 사람들을 보라. 싯다르타는 봄꿈에서 깨어나려고 다시 성문을 나섰다. 동쪽 문에서 보았던 노인네의 비참한 몰골이 각인되어 내내 떠나지 않았다.

"'늙음'이란 추악한 사건이 내 몸에 시시각각 진행되고 있는데 어찌 이리도 안일하게 하루하루를 보낼 수 있단 말인가. 내 몸이 나날이 늙어서 결국에는 어떻게 된다는 말인가. 나는 또 남문南門으로 나가봐야겠다."

그리고 남문에서 병든 사람을 보았다.

'저 사람인들 아픔을 상상이나 했을까. 저 사람 역시 지난날엔 젊고 건강했으리라. 찬란한 미래를 꿈꾸고, 많은 이들의 기대를 받으며, 넘치는 의욕으로 하루를 살았으리라. 허나, 보라. 밤손님처럼 들이닥친 병마에 저리 쉽게 스러지지 않는가. 저 사람에게 아직도 내일의 꿈이 남아 있을까? 병든 사람을 남의 일로 보는 사람들은 자기는 결코 저리 되지 않을 것처럼 생각하겠지. 나 역시 저렇게 병드는 것을 피할 수 없으리라. 그런 내가 어찌 저 사람의 신음소리를 흘려버리고 태평세월을 노래할 수 있으리.'[3]

뭐라도 붙들려는 듯 허공을 더듬는 병자의 손끝을 스친 태자는 고개를 들 수 없었고, 웃음을 잃어버렸다. 젊음에 취해 있을 때는 천하가 모두 눈 아래로 보이고, 세상에서 벌어지는 모든 일들을 제 손바닥 보듯이 환히 알 것 같은 기고만장에 빠지기도 한다. 그런 젊음에 '인생무상'이니 '생로병사'라는 사실이 눈에 들어오겠는가? 설령 그런 것을 안다 해도 의식의 한쪽 곁으로 제쳐두고, 나와 상관없는 일이라 여기리라. 그러나 유연한 뇌를 가지고 조숙한 의식을 지녔던 싯다르타는 서문西門에서 '죽음이라는 사실이 있다'는 것을 목격했다.

"슬픈 일이다. 피할 수만 있다면 얼마나 좋을까. 허나 누가 죽음을 피할 수 있단 말인가. 내가 사랑하는 이들은 모두 저렇게 내 곁에서 떠나가리라. 나 역시 애타는 울음을 뒤로 하고 홀로 죽음의 강을 건너야 하리라. 내일도 오늘처럼 살아 있으리라고 과연 장담할 수 있을까."[4]

생로병사의 진실을 목격한 이래 태자는 어떻게 하면 그 굴레에서 벗어날 수 있을지를 고민하고 있었다. 스물아홉 살 되던 해, 호숫가에서 홀로 사색에 잠겨있던 태자는 부왕의 권유에 못 이겨 사촌 마하나마 Mahanama와 아난다Ananda를 데리고 봄나들이를 나갔다. 마차의 행렬이 북문北門을 지날 무렵 예전에 보지 못했던 하나의 광경이 태자의 눈길을 사로잡았다. 때론 스쳐가는 한 장면이 인생의 행로를 송두리째 바꾸기도 한다. 무엇을 보았기에 싯다르타의 눈에 새로운 희망의 빛이 반짝였는가? 머리와 수염을 깨끗이 깎은 수행자가 거친 옷을 입고 걸어가고 있었던 것이다. 그의 눈빛은 너무나 강렬하였고, 부드러운 걸음걸이는 강물처럼 고요했다.

"사문[5]이여, 어디로 가십니까?"

"바람이 머무는 곳은 정해져 있지 않고, 새들은 두 날개가 가진 것의 전부이듯, 나 또한 옷 한 벌과 발우 하나로 자유롭게 세상을 떠돌 뿐입니다."

"그렇게 떠도는 이유는 무엇입니까?"

"지난날 생로병사라는 삶의 고통을 직접 겪고 모든 것이 덧없음을 깨달았습니다. 저는 가족이나 친척, 친구들의 울타리를 벗어나 참된 진리를 찾아 해탈의 길을 따라 한걸음 한걸음 나아갈 뿐입니다."

"훌륭하십니다, 훌륭하십니다."[6]

태자는 밝게 웃으며 가벼운 발걸음으로 동산을 거닐다가, 붉은 노을이 다 저물도록 먼 하늘을 바라보았다.

4) 영웅은 정든 곳을 떠난다.

이것이 싯다르타의 인생에서 중대한 전기가 되는 사문유관四門遊觀이다. 그것이 싯다르타에게는 인생 수업이요, 현실 수업이었다. 이는 구도의 여행을 떠나야겠다는 결심을 일으키는 동기가 되었다. 모든 영웅은 정든 고향을 떠나 어둠이 깃든 숲으로 들어가서 악마와 독룡을 퇴치하고 보물을 얻어 잠든 공주를 깨우기 위해서 다시 돌아온다. 싯다르타는 안락과 편안이 보장된 기득권을 버리고 영혼의 변경지대로 정신적 모험을 떠날 결심을 굳힌다. 이제 싯다르타는 생로병사라는 사실을 보고 알았다. 궁중에서 전해 들었던 간접정보와 걸러진 정보는 가공된 이차정보라 사실을 사실대로 보지 못하게 한다. 그는 직접 현장에 나가 가공되지 않은 일차정보를 접했다. 바른 정보가 들어오면 바른 판단을 내리게 된다. 그가 내린 판단은 이렇다.

'생존기계로서 살아가는 한 생로병사의 고통을 피할 수 없다.

이것은 유한한 삶을 살다 가는 사람이 피할 수 없는 고통이다.

내가 생존기계로서 살아가기를 선택한다면 나도 여느 사람처럼 생로병사를 피할 수 없다.

나는 생로병사를 끝도 없이 반복해야 하는 이런 삶에 권태를 느낀다.

이것은 너무나 진부하고 덧없으며 고통스럽다. 이번 생을 이런 식으로 살다가 죽으면 다음 생에도 똑같은 과정을 반복할 것이다. 앞으로 얼마나 더 이런 삶을 되풀이해서 살아야 할까?

생로병사의 악순환은 탈출구가 없는 감옥이며, 이것을 당연한 듯이 받아들인다는 것은 끔찍한 일이다. 가족에, 나랏일에 얽매여 산다는 건 너무도 답답한 일이다. 나는 태자로서, 가장으로서의 지위를 버리고 수행자로서 자유로운 삶, 청정한 삶을 살리라.'

| 주 |

1) 메타인지meta-cognition란 자신의 '인지활동에 대한 인지' 즉, 자신의 인지능력에 대해 알고 이를 조절할 수 있는 능력을 말한다. 다시 말하면 자신이 무엇을 모르고 무엇을 아는가를 아는 인지능력이다. 한 단계 높은 차원을 의미하는 '메타meta'와 어떤 사실을 안다는 뜻의 '인지認知cognition'를 합친 용어이다. 메타인지는 불교 수행에서 '통찰하다위빠사띠vipassati'로 이해할 수 있다.
2) 《부처님의 생애》, p.50 11행~p.51 4행 참조.
3) 위의책, p.51 18행~p.52 4행 참조.
4) 위의 책, p.52 15행~19행 옮김.
5) 사문沙門samana: 빠알리어 'samaṇa'에서 유래하는 음사어로서 '노력하는 사람', '출가 수행자'를 의미한다. 비구比丘와 같은 뜻으로 쓴다. 원래 사문은 고대 인도의 전통적인 웨다veda성전이나 브라만의 권위를 인정하지 않는 비전통적인 사상가였으며, 자유사상가free thinker라 할 수 있다. 싯다르타도 이런 사문 중의 한 사람이었다. 현재는 '스님'과 같은 뜻으로 쓰인다.
6) 《부처님의 생애》, p.55 5행~p.56 2행 참조.

안수정등岸樹井藤, 살 길을 찾아라!

짙은 노을이 드리운 서쪽 하늘에 이제 막 떠오른 초승달의 가냘픈 빛이 싯다르타의 마음을 붙들고 놓아주지 않는다. 그날 밤 아들이 태어났다는 소식을 듣는다. 싯다르타의 입에서 탄식이 새어나온다. 하염없이 하늘만 바라보던 태자가 굳어진 표정으로 말했다.

"라후Rāhu[1])가 태어났다, 족쇄가 채워졌다(라후 자또, 반다남 자땀Rāhu jāto, bandhanam jātam)."

이런 연유로 갓난아이는 라훌라Rahula라는 이름을 얻었다.

"그렇다. 이제 새로운 속박이 생겼다. 이 속박은 나만을 구속하는 것이 아니라, 오랜 시간 손자를 기다려온 아바마마와 아내 야소다라에게는 결코 끊을 수 없는 튼튼한 쇠밧줄이 되겠지. 이 새로운 속박이 그들에게는 위안이 되겠지만 나에게는 장애가 되리로다."

새로운 왕자의 탄생을 축하하는 잔치가 끝나는 날 밤, 태자는 창문 밖으로 스며드는 고요한 달빛을 받으며 생각에 잠긴다.

'한 나그네가 들불이 번지는 광야를 허우적거리다가 코끼리를 만나 도망치고 있었다. 두려움과 공포에 휩싸여 혼신의 힘을 다해 달린다. 숨을 곳을 찾아 내달리다 겨우 발견한 곳이 바닥이 말라버린 우물이라. 우물 곁 등나무 뿌리를 타고 내려가다가 소스라치게 놀랐다. 컴컴한 바닥에 시커먼 독룡이 입을 벌리고 있는 게 아닌가. 그 순간 먹잇감을 노리며 혀를 날름거리는 네 마리 독사가 눈에 들어온다. 대롱대롱 매달린 줄을 붙잡고 다시 올라갈까 생각하는 차에 위를 올려다보니 성난 코끼리가 올라오기만 하면 밟아버릴 기세다. 믿을 것이라고는 가느다란 등나무 뿌리 한 줄기.

그런데 그 뿌리마저 흰 쥐와 검은 쥐가 나타나 번갈아 가면서 갉아 먹고 있으니. 이젠 어떻게 해야 하나, 두려움과 절망에 질린 얼굴 위로 무언가 떨어져 입안으로 흘러든다. 등나무 위의 벌집에서 똑, 똑, 똑, 똑, 똑 다섯 방울의 꿀. 나그네는 죽느냐 사느냐의 절체절명의 순간에 꿀맛에 취해 눈을 감는다. 아, 얼마나 달콤한가, 괴로움을 잠시 동안 잊게 해주는 꿀맛이여, 또 다시 내 입안으로 떨어져다오. 다섯 방울의 꿀맛을 기억하고 다시 맛볼 순간을 기다리며, 이 모든 고통을 잊고 싶구나. 이 얼마나 어리석은 나그네인가? 그러나 나의 삶도 이 나그네와 다를 바 없지 않은가?'[2]

이것이 그 유명한 '안수정등'의 우화다. 이 우화는 인간의 삶을 비유한다. 들판에 번지는 불길은 우리의 삶에서 끊임없이 일어나는 욕망의 불길欲火을 뜻한다. 미친 코끼리는 언제라도 닥칠 수 있는 죽음을 상징하며 무상살귀無常殺鬼라고 한다. 칡넝쿨은 목숨이다. 이 목숨줄을 해와 낮을 뜻하는 흰 쥐와 달과 밤을 뜻하는 검은 쥐가 잠시도 쉬지 않고 하루하루 갉아 먹는다. 우물 밑바닥은 황천이며, 거기에 사는 시커먼 독룡은 죽음을 의미한다. 네 마리의 독사는 우리 몸의 구성요소인 지 · 수 · 화 · 풍의 사대四大를 뜻한다. 사람이 죽으면 네 가지 원소로 돌아간다. 다섯 방울의 꿀은 재물욕, 성욕, 식욕, 명예욕, 수면욕의 오욕락을 상징한다.

결국 이 우화는 인간이 탐진치의 삼독 번뇌에 빠져 순간순간 죽음을 향해 달려가고 있다는 사실을 망각한 채 오욕락의 꿀맛으로 위안을 삼고 거기에 목을 매는 현실을 비유한 것이다. 오욕락, 이제는 물릴 때도 되었건만 다시 또 다시 찾을 수밖에 없는 미끼여! 우리는 오욕락이란 미끼를 물다가 낚시 바늘에 걸린 물고기 신세다.

꿀 다섯 방울이여, 인생을 걸 만한 쾌락인가? 잊을 수 없는 꿀맛이여, 고통을 잊게 해주는 망우주忘憂酒(근심을 잊게 해주는 술)인가? 안수정등은 우리가 추구하는 성공과 출세, 행복과 쾌락, 우리가 피하려고 하는 고통과 죽음이 씨줄과 날줄로 짜인 '인생'이란 한계상황을 직시하게 만드는 우화다.

이 우화가 촌철살인이 되어 싯다르타의 심장을 찌른다. 붓다를 흠모한 러시아의 문호 톨스토이도 이 우화를 읽고, 이제까지 살아온 자기 인생을 되돌아보면서 깨달은 바가 있었다고 그의 《참회록》에 썼다. 자기 인생을 직시할 수만 있다면, 하루하루 아무 생각 없이 사는 삶이 얼마나 덧없는 것인가, 이렇게 살 수는 없다, 어찌 할 것인가라는 절박한 심경에 도달하리라. 지각 있는 사람이 넝쿨을 붙들고 꿀물 한 방울을 달게 느끼면서 생각 없이 살고 싶겠는가? 그러나 오늘도 태연히 살고 있는 우리를 보라.

"등나무 넝쿨에 매달려 꿀방울을 핥는 이 사람이 어떻게 하면 살아나겠는가? 올라갈 수도 없고, 머무를 수도 없고, 내려갈 수도 없는 상황에서 어떻게 하면 빠져나올 수 있는가? 한 마디 일러보라."

암울하던 일제강점기에 도봉산 망월사 천중선원天中禪院에 주석했던 용성(龍城, 1864~1940) 스님이 만공(滿空, 1871~1946), 혜월(慧月, 1862~1937), 혜봉(慧峰, 1874~1956), 보월(寶月, 1884~1924), 고봉(古峰, 1890~1961), 전강(田岡, 1898~1974) 등 쟁쟁한 선지식들에게 이 공안公案(깨달음을 격발시켜주는 문제)을 던졌다. 여러 선사들이 여기에 대해 답을 내놓았다.

만공: 어젯밤 꿈속의 일이니라.

혜봉: 부처가 다시 부처가 되지 못하느니라.

혜월: 알래야 알 수 없고 모를래야 모를 수 없어 염득분명拈得分明('그것'을 분명하게 드러냈구나!)이다.

보월: 누가 언제 우물에 들었던가?

고봉: 아야, 아야!

질문을 던진 용성 스님은 이렇게 자답했다.

"박꽃이 울타리를 뚫고 나와 삼밭에 누웠느니라(瓠花穿籬出 臥在麻田上)."

용성 스님은 그 자리에 없는 전강이라는 제자의 대답이 궁금했다. 당시 전강 스님은 엿판을 등에 짊어지고 엿장수로 떠돌고 있었다. 설봉 스님(雪峰鶴夢, 1890~1969)이 스승의 질문을 품고, 엿장수 가위질을 하는 전강 스님을 찾아가 물었다.

"우물 속에 갇힌 나그네가 어떻게 하면 출신활로出身活路(위험한 상황에서 몸을 빼내어 살길을 찾는 것)를 얻겠는가?"

손에 든 엿장수 가위를 번쩍 들며 전강 스님 왈,

"달다!"

촌철살인의 한마디다.

그런데 지금 젊은 스님들에게 물으면 뭐라고 답할까? 수행자는 떨어지는 꿀방울을 보고 '봄'이라 알아차리고, 입안에 떨어졌을 때 '닿음'이라 알아차리고, 맛이 느껴질 때 '맛봄'이라 알아차리고, 단맛이 느껴질 때 '단맛'이라고 알아차린다. 알아차림이 분명하면 일어난 법이 사라지는 것을 본다. 일어나고 사라지는 현상生滅法은 집착할 게 못 되며, '나의 것'이 아니고, '나'가 아니며, '나의 자아'가 아니라고 안다. 놓아버리면 집착할 게 없고, 더 이상 바라지도 않는다. 그래서 벗어나고, 벗어났음을 안다. 이렇게 맛에 대한 탐착을 놓아버린다.

맛에 대한 탐착이 어찌 꿀방울에만 국한되리오. '단맛'이란 것은 탐진치로 굴러가는 세상과 나의 몸과 마음, 내 삶이다. 이것을 놓아버린 것이 해탈이며 해탈지견이다. 거기엔 잡고 매달릴 등넝쿨도 없고, 매달린 사람도 없다. 다섯 방울의 꿀도 없고, 맛보는 사람도 없다. '안수정등'이라는 한 생각이 일어났다 사라졌을 뿐이다. 예나 이제나 부처님의 제자들이 닦는 법은 한 맛이다. 해탈이라는 맛.

싯다르타는 까삘라 성 안의 사람들이 모두 잠든 한밤중, 성을 넘어 국경선 밖으로 달려 나갔다. 편안이 보장된 정든 곳, 집과 고향을 떠났다. 이것을 출가라 한다.

"인생이란 홀로 와서 홀로 가는 것. 어찌 영원한 동반자가 있겠는가. 나는 이제 내 길을 갈 것이다. 만나면 헤어짐이 있게 마련. 찬나여, 더 이상 부질없는 연민으로 괴로워 말라. 깐타까Kanthaka(싯다르타의 애마)와 함께 왕궁으로 돌아가 사람들에게 내 말을 전해다오. 싯다르타는 세상의 고통을 벗어나는 길을 찾아 길을 떠났다고."

출가는 다시 돌아오기 위한 떠남이라, 복된 소식을 찾아서 돌아올 그분을 기다려보자. 우리 앞에 펼쳐질 싯다르타의 길을 따라가보자. 태

자는 황금 신발을 벗었다. 맨발로 걸어갔다. 잘 포장된 길이 아니라, 울
퉁불퉁하며, 먼지가 풀풀 날리며, 가시덤불에 긁히고, 돌멩이도 채이며
흙탕물이 튀기는 길을 가리라. 길 위에 있는 모든 것을 피하지 않고 밟
고 지나가리라. 이제 잊어버렸던 전생의 기억이 되살아난 걸까? 싯다르
타는 영원 전에 세웠던 보살의 서원을 이루기 위해 길을 나선다. 길 위
에서 길을 가면서 스스로 길이 되신 분, 여기 맨발로 길을 간다. 그분이
남긴 발자국을 따라 우리도 따라간다. 그분의 발자국에 우리의 발자국
을 포갠다.

| 주 |

1) 힌두 전통에 따르면 라후rahu는 아수라의 잘려진 머리cut-off head of an
   asura라는 의미로서 일식과 월식의 현상을 뜻하기도 한다.
2)《부처님의 생애》, p.60 7행~p.61 11행 참조.

 싯다르타가 설국열차[1]를 타면
어떻게 될까?

'설국열차Snowpiercer'는 윤회하는 세계를 상징한다. 고정된 무한
궤도를 끝없이 맴도는 열차를 타고 있는 우리들. 열차를 움직이는 엔진
은 무엇인가? 윤회를 이끄는 힘은 무엇인가? 맹목적 생존의지와 보호
본능, 군집본능과 권력의지다. 설국열차의 설계자이며 기관사인 윌포드

Wilford도 철판으로 밀폐된 직육면체의 '설국열차'라는 공간에 갇힌 한 낱 승객에 지나지 않는다. 꼬리 칸Tail Section에 탄 사람들에게는 신적인 존재God-like-being인 그도 열차라는 좁은 공간에 갇힌 죄수일 뿐. 열차를 타고 있는 그 누구도 열차를 세울 수 없고 진로를 통제할 수 없다. 열차 안에서 벌어지는 반란과 권력투쟁, 교육과 문화, 진보와 복지조차도 '열차'라는 시스템의 균형을 유지하는 장치일 뿐이다. 열차 안에서 생존하는 일상인의 차원을 벗어나 자유와 해방을 꿈꾸는 자에겐 열차의 엔진을 장악하여 권력을 탈취하는 일과 열차에서 뛰어내리는 일, 이 두 가지 선택지가 놓여진다.

여기에서 권력을 탈취한 반란군 지도자 커티스Curtis를 대하는 월포드의 태도는 유의미하다. 월포드는 반란에 성공한 지도자에게 기득권을 양도한다. 혁명이 일어나든, 선거로 권력이 넘어가든지에 관계없이 지배와 피지배라는 인간 불평등과 권력독점은 어떤 식으로든지 유지된다.

커티스는 어떤 선택을 했는가? 그는 영원하고 무한해 보이는 엔진에 경외감을 느꼈지만, 다섯 살 어린 아이 티미Timmy를 부속품으로 삼아 돌아가는 엔진의 진실을 목격한 후 커티스는 열차 왕국의 계승자가 되기를 포기한다. 커티스는 티미를 구하기 위해 자신의 팔을 희생시킨다. 타인을 위해 자신을 희생시키는 행동으로 인해 동물적인 의식이 인간적인 의식으로 비약한다. 이것이야말로 초인적인 사건이다. 그는 왕이 되기보다는 '인간적인 인간'이 되기를 선택한 것이다. 권력자는 누군가의 희생을 전제로 하는 비인간적인 일을 자행한다. '다수를 위한 소수의 희생'이란 미명 아래.

'출세하라, 높은 자리에 오르라. 을乙을 짓밟는 갑甲이 되라. 성공해

라. 경쟁에서 이겨라'라고 가르치는 사회에서 당신은 권력자가 되고 싶을 것이다. 그러니 조심하라. 당신은 윌포드의 하수인으로 전락해서 양심을 저버리게 될 것이다. 열차를 움직이는 권력을 얻기 위해서 당신은 가슴 속의 다섯 살 동심을 희생시키고 말 것이다. 양심을 저버린 당신은 윌포드가 준 구두를 신게 된다. 윌포드의 하수인 총리 역을 맡은 메이슨 Mason은 이렇게 말한다.

"구두가 발에 있지 않고 머리에 있으면 정상일까? 당연히 아니다. 자기의 위치, 역할을 지키는 게 여러분의 사명이다."

열차 안의 개인은 모두 자기 위치가 결정되어 있고 그 역할을 맡게 되어 있다. 어떻게? 피지배자의 생존본능과 공포, 지배자가 베푸는 세뇌 교육과 폭력을 통해서. 부정하고 싶겠지만 당신이 열차의 삶에 안주하고 있다면 당신은 이미 윌포드에게 세뇌당한 것이다. 더구나 꼬리 칸의 사람보다 더 좋은 자리를 차지하고 있다면 당신은 어떤 식으로든 메이슨의 하수인 역을 맡고 있는 셈이다. 그렇게 해서 열차의 시스템은 그대로 유지된다. 역사가 아무리 흘러도 세계는 아무 일도 없었던 것처럼 끝없이 굴러간다. 한 마디로 세계는 탈출구가 없는, 그 안에서 뱅뱅 도는 존재의 감옥이다. 그래서 폐쇄회로, 윤회라 한다. 당신은 매 순간 선택해야 한다. 열차 안의 질서에 순응할 것인가(체제순응, 윤회에 휩쓸림), 열차에서 벗어나는 일에 주의를 쏟을 것인가(탈체제, 윤회에서 벗어남)? 아니면 열차 안의 질서에 순응하는 것처럼 위장한 채 열차 밖으로 나갈 방책을 강구할 것인가(길을 찾는 사람, 구도자)?

과연 누가 있어 윤회가 고통이라는 통찰과 고통에서 벗어나는 길을 보여줄 수 있을까? 영화에는 보안장치 설계 담당자인 '남궁민수'가

등장한다. 그는 열차 밖으로 나가는 방법과 열차 밖의 세계에 대한 정보를 가지고 있다. 그는 붓다의 지혜의 등불, 법등法燈을 계승받은 전법자임에 틀림이 없다. 왜냐? 세계의 모든 종교와 철학은 모두 열차 안의 일이요, 열차 안에서 안주하라고 가르치는 메시지가 은밀하게 숨겨져 있기 때문이다. 자본주의, 사회주의, 모든 철학, 기독교, 천주교, 이슬람의 천국이나 힌두이즘의 삼매경과 도교의 우화등선羽化登仙과 무위자연無爲自然도 모두 열차 안의 경지요, 윌포드와 길리엄Gilliam의 변형이다. 열차 밖으로 나간다는 상상은 위험하다. 그것은 기존 체제에 대해 총체적인 의문을 제기하면서 체제 유지에 순응하기를 거부하기 때문이다. 남궁민수는 이렇게 생각한다.

"저게 하도 오래 닫혀 있으니깐 이젠 벽Wall처럼 느껴지기도 하는데, 실은 저것도 문Gate이란 말이야!"

굳게 닫혀서 당신을 가두고 있는 벽이 문이 될 수 있음을 착안한 놀라운 발상을 보라! 당신이 갇혀 있고 구속되어 있음을 자각할 때, 문을 찾게 된다. 새로운 상상력은 벽처럼 느껴지는 객실의 벽을 허무는 순간 시작된다. 기차는 파괴되어야 한다. 체제 유지를 위한 음모와 선전, 기득권의 안락에 취한 타락한 영혼들은 사라져야 한다. 열차의 진실을 똑바로 보아야 한다. 사람은 누구나 진실이 아니면 거짓의 양자택일에 서있게 된다. 그 중간에 어정쩡하게 걸쳐 있으면서 중도니 불이不二(둘이 아님)니 하며 자기 양심을 속이지 말라. 당신은 언제나 거짓 아니면 진실의 어느 한쪽에 발을 담그고 있다. 지금 자신에게 물어보라. 나는 체제 유지에 굴종하는 거짓의 세력에 가담하고 있는가, 불안과 위험을 감수하더라도 진실을 향하고 있는가? 어떤 불이익과 고통이 따르더라도 열차 밖으로 나갈 것을 결심한 사람, 열차란 체제의 진실을 바로 보고 진실을 말하는 사람을 우리는 보리심bodhicitta(깨달음을 지향하려는 숭고한 결심)을 발한 사람이라 한다.

귀하다, 보리심을 발한 이여! 그가 바로 '남궁민수'요, 남궁민수가 싯다르타. 그는 벽에서 문을 찾고, 윤회에서 나가는 열쇠를 가진 사람이다. 그래서 그는 월포드에게는 가장 위험한 인물이 된다. 월포드에 정면으로 반기를 든 사람이라면 당신은 남궁민수-싯다르타. 세계로부터의 해탈, 세계해탈로 가는 사람이란 말이다.

열차 밖으로 나가본 사람, 그리고 다시 돌아와 열차 밖으로 나가는 길을 보여준 사람은 오직 붓다 한 분이다. 그래서 붓다를 세계의 눈Eye of the World이라 일컫는다.

윤회하는 세계는 고통이라고 꿰뚫어 보는 성스러운 지혜가 있다苦 聖諦.

고통의 원인을 제거하는 성스러운 지혜가 있다集聖諦.

고통의 원인을 완전히 소멸한 경지에 대한 지혜가 있다滅聖諦.

고통의 원인의 완전한 소멸로 인도하는 길에 대한 지혜가 있다道聖諦.

이것이 붓다가 가르친 사성제다.

석가모니 붓다는 열차 안의 삶은 부조리한 고통이요, 불만족스런 허위구조라는 것을 밝힌 인류 최초의 인간이다. 그는 우리를 열차 밖으로 데리고 나간다解脫. 열차 밖으로 나가는 일에 주의를 쏟으며 나아가는 소수의 그룹을 승가Saṅgha(수행공동체)라 한다. 마침내 열차가 폭파되고, 윤회는 끝난다. 영화는 윤회가 끝난 경지, 열차 밖으로 나간 경지를 새하얀 눈의 세계로 표현한다.

윤회가 끝난 경지를 열반이라 한다. 그것은 생명이 죽어버린 빙하기가 아니다. 지극한 평화, 최고의 행복summum bonum, 청정한 기쁨 santi sukha, 온화함soracca, 속박으로부터 안온함yoga-khema, 모든 슬픔의 화살을 뽑아버린 곳이다.

자, 불자들이여. 설국열차를 폭파시키자. 윌포드와 길리엄을 제거하고, 남궁민수의 가이드를 받아 커티스를 열차 밖으로 인도해내자. 열차 밖의 세계는 열차에서 나가본 사람만이 안다. 열반 이후의 일을 언어로 더럽히지 말자. 말할 수 있는 것만 말하고, 말할 수 없는 것은 말하지 말 것을 철학한philosophiren 비트겐슈타인(Ludwig Josef Johann Wittgenstein, 1889~1951)을 닮자. 윤회하는 세계를 벗어나자. 찬란한 소멸이여, 지극한 행복이어라.

| 주 |

1) 〈설국열차〉는 2013년에 개봉된 봉준호 감독의 작품이다. 이 영화는 장 마르크 로셰트와 자크 로브의 동명의 프랑스 만화 〈설국열차Le Transperceneige〉를 원작으로 한다.

행복한 몸에 행복한 정신이 깃드는 법
_수자따의 공양

싯다르타는 네란자라Neranjara 강변 고행림에서 6년 동안 고행하였던 것이 해탈로 이끌지 않음을 알고 고행을 버린다.[1] 당시 인도에서 가장 높은 정신적 경지에 올랐던 두 스승 알라라깔라마와 웃다까라마뿟따도 그의 의지처가 되지 못했다. 이제는 누구에게도 의존함이 없이 혼자의 힘으로 깨달음의 길을 가야 한다. 그는 지난날의 수행 경험을 낱낱이 반조해봤다. 보살은 열세 살 때 잠부나무 그늘 아래에서의 선정 체험을 떠올렸다. '그때 나는 애욕과 선하지 못한 것들을 떠나 깊은 사색에 잠겼었지. 바르고 차분하게 사유를 하여 애욕을 떠났을 때 기쁨과 즐거움이 찾아왔었지. 바로 그것이 깨달음으로 향한 입구가 아닐까? 그렇다. 그것이 깨달음의 입구다. 애욕과 선하지 못한 것들을 떠나면 즐거움이 일어난다. 나는 그 즐거움을 두려워해서는 안 된다.'[2]

싯다르타는 깨달음을 향한 입구를 찾았다. 누구도 걷지 않았던 새 길을 발견한 것이다.[3] 선정에서 오는 청정한 기쁨santisukha이 그것이다. 얼마나 고귀하고 희유한 일인가! 전 인류가 축하하고 경탄해야 할 일이다. 욕계에 붙들린 인간이 드디어 윤회를 벗어나는 출구를 발견한 것이다.

보살은 오랜 시간 극심한 고통을 겪은 몸으로는 선정의 즐거움을 감당할 수 없음을 알고, 몸을 보살펴야겠다는 의도를 일으킨다. 이 기쁜 소식을 알아챈 토지신이 우루웰라Uruvella 마을에 사는 장군의 딸 수자따Sujata에게 현몽하여 공양을 올리게 한다. 수자따는 정성스레 우유죽을 마련하여 진흙발우에 바쳐 올린다. 보살은 우유죽이 든 발우를 들고 네란자라의 샛강 숩빠띳티따Suppatitthita로 갔다. 강기슭에서 오랜 세월 동안 다듬지 않았던 머리와 수염을 말끔히 자르고, 강에 들어가 몸을 씻었다. 자기 스스로에게 주는 관정灌頂의식이라 해도 좋을 듯하다. 은둔 고행자가 몸과 마음의 평온을 회복하여 다시 태어났다.

세상에 흔히 알려진 뼈와 가죽만 남은 싯다르타의 고행상은 경외심을 일으키기도 하지만 불교가 염세주의와 고행주의가 아닐까 하는 의구심을 불러일으킬 수도 있다. 고행은 부처님의 일생 중 한 장면에 지나지 않는다. 고행상으로 부처님을 상징하거나 불교를 대표하게 하는 일은 유익하지 않다. 오히려 행복한 미소를 지으며 설법하시는 전법륜상을 불교의 상징으로 삼아야 한다. 보살은 목욕을 해서 청정하고 상쾌해진 몸으로 우유죽을 맛있게 먹는다. 기슭에 우거진 나무들이 그늘을 드리운다. 청명한 햇살과 시원한 바람이 보살을 어루만진다. 지극한 축복이 온 공간에 가득하다. 하늘과 땅도 행복하다. 보살은 자연스럽게 주어지는 행복을 누린다. 행복한 몸에 행복한 정신이 깃드는 법이다.

> 조각구름인 듯 몸은 쾌활하고
> 밝은 달인 듯 정신은 청한하다.
> 한 발우의 밥과 한 벌의 누더기 옷으로
> 새처럼 천만의 산을 나르네.
>
> 片雲身快活, 霽月性淸閑; 一鉢一殘衲, 鳥飛千萬山.

진각혜심(眞覺慧諶, 1178~1234, 고려)

보살은 대자연의 축복을 흔쾌히 누리며 몸과 마음을 조화롭게 하였다. 천지인화해天地人和諧, 즉 자연과 사람이 어울리는 우주적인 조화는 해탈을 이루기에 좋은 환경이 된다. 심신의 건강을 완전히 회복한 싯다르타는 최상의 깨달음을 이루리라는 서원을 하면서 전정각산前正覺山으로 발걸음을 향한다. 위없는 지혜를 이룰 것이라 기대하며 경외심을 품었던 동료 다섯 수행자는 보살의 행보에 크게 실망하여 북쪽으로 떠난다. 전인미답의 길은 오직 한 사람만 선택할 수 있다. 진리를 위해 기존의 모든 것을 놓아버릴 수 있는 한 사람.

친구나 주위 사람들을 너무 좋아하여
마음이 그들에게 얽히게 되면
자신이 목적한 바를 이룰 수 없다.
친함에는 이런 부작용이 있다는 것을 관찰하고
저 광야를 가는
코뿔소의 외뿔처럼 혼자서 가라.

숲 속에서 자유로운 사슴이 먹이를 구하러 가듯
지혜로운 이는 그 자신의 길만을 생각하면서
저 광야를 가는
코뿔소의 외뿔처럼 혼자서 가라.

보살은 정각을 이룰 장소를 찾던 중 산기슭에 움푹 들어간 굴을 발견하고 그곳에 가부좌를 하고 앉는다. 그러자 산이 동서남북상하로 흔들린다. 토지신이 보살 앞에 나타나 자초지종을 사뢴다. "보살이시여, 역대의 부처님들께서는 모두 네란자라 강 건너 보리수 아래에서 대각을 이루셨습니다. 이 산은 보살의 큰 깨달음을 감당할 만한 적합한 장소가 아닙니다." 이에 보살은 몸을 일으켜 굴을 나섰다. 그때 토지신이 보살을 떠나보내는 것이 못내 아쉬워 한 가지 소원을 부탁드린다.

"보살이시여. 무엇이라도 좋으니 이곳에 당신의 흔적을 남겨주소서. 그러면 이 산에 당신의 위광을 오래도록 간직하겠습니다."

친절한 보살은 굴속에 당신의 그림자를 남겨둔다. 이 굴은 오늘날 부처님의 그림자가 머무는 굴이라는 뜻으로 '유영굴留影窟'이라 불리며 티베트 승려들이 관리하고 있다. 이 굴이 있는 산을 싯다르타가 깨달음을 이루기 전에 다녀갔다 해서 '전정각산'이라 칭한다.

보살은 네란자라 강을 건너 깨달음을 성취할 자리를 찾아 향기로운 숲으로 들어간다. 삡빨라Pippala(보통 보리수나무로 알려져 있다) 나무가 가벼운 바람에 잎을 나부끼고 있다. 시원한 나무그늘 아래 자리를 찾아 앉는다. 마침 풀을 베고 있는 목동에게 공작의 깃털처럼 부드럽고 향기로운 꾸사kusa(길상초) 풀을 여덟 다발 얻어 자리에 깔았다. 여기가 대각을 이룰 자리, 보리수하 금강좌! 대각을 이룰 만반의 조건이 다 갖춰졌다. 보살은 보리수나무 주위를 세 바퀴 돌고 나무에게 공손히 합장한 뒤 동쪽을 향해 앉는다. 몸을 곧게 세우고 호흡을 고른다. 서원을 발한다.

여기 이 자리에서

내 몸은 말라버려도 좋다

가죽과 뼈와 살이 없어져도 좋다

어느 세상에서도 얻기 어려운

저 깨달음에 이르기까지

이 자리에서 죽어도

결코 일어서지 않으리라.[4]

| 주 |

1) 싯다르타가 고행을 버렸다는 것에 대한 사유: 쾌락에는 '권태'란 애인이 따라 다닌다. 쾌락이 화려하게 앞에서 설칠 때 권태는 숨어서 보이지 않는다. 쾌락이 시들기 시작하면 권태가 모습을 드러낸다. 쾌락주의자는 권태를 이기려고 광기를 부려보지만 결국 파멸하고 만다. 그래서 돈 후안Don Juan은 천 명의 여자를 섭렵했고, 양소유楊少遊(구운몽의 주인공)는 팔선녀를 거느렸으며, 싯다르타에게 삼시궁三時宮의 미녀들이 주어졌다. 결국 돈 후안은 총 맞아 죽고, 양소유는 춘몽에서 깨어났고, 싯다르타는 야밤에 성을 넘어 출가해버렸다.

싯다르타의 출가는 권태로부터의 탈출인가, 아닌가? 쾌락에는 권태가 따른다는 사실에 환멸을 느꼈음직도 하다. 그리고는 쾌락의 극단인 고행주의로 달려 갔다. 고행에는 반드시 르상티망ressentiment(원한, 원망)이 따라온다. 내가 고행을 이만큼 했는데, 왜 보답이 없는 거냐고 세상이나 하늘에 대해 원한을 품 는다. 고행에 대한 정신적인 대가代價가 흡족할 만큼 충족되지 않으면 분노와 악감정을 세상에 투사한다. 쾌락주의는 도덕적 아노미moral anomie(도덕 불감 증, 도덕기준을 잃어버린 혼돈상태)를 가져오고, 고행주의는 르상티망을 가져온다. 이런 이유에서 싯다르타는 쾌락주의와 고행주의 양극단 모두를 버린다. 양극 단 모두가 마음의 평화를 가져오지 못하기 때문이다. 이것이 초월적 실용주의 Transcendental Pragmatism인 중도中道Middle-Way Majjhimapada이다.

2) 《부처님의 생애》, p.93 8행~18행.

3) 싯다르타가 닦은 지관쌍운止觀雙運은 정신세계의 신기원을 열었으며, 그가 계
발한 사선정은 독창적인 것이다. 불교보다 나중에 나온 파탄잘리Patanjali의
《요가수트라Yogasutra》(요가경전, CE 400~450년 사이에 편찬)에 언급된 요가 8지
칙이나 삼매 부분은 모두 불교의 영향을 지대하게 받았음을 보여준다.
4) 《부처님의 생애》, p.100 1행~8행 옮김.

 싯다르타의 마지막 유혹

　　자고로 성인의 마지막 유혹이란 주제는 극적인 요소가 많아 세간
의 흥미를 불러일으킨다.

　　싯다르타의 마지막 유혹은 어떠한가? 집을 나와 깨달음의 여정을
시작한 이래 늘 내면의 관조를 늦추지 않은 그에게 세상에 얽힌 기억과
망상은 이미 정화되었을 것이다. 그리고 이제 6년 동안의 고행을 접고
금강좌에 앉은 싯다르타에게 드디어 깨달음 문턱에 들어서는 결정적인
순간이 다가온다. 이대로 초선정에 들어 강렬한 구도의 열정이란 추동
력에 의해 높이 던져지는 공처럼 선정의 정점을 향해 솟구치리라.

　　그러나 일대사인연一大事因緣(부처님이 깨달음을 이루는 큰 사건)이 그렇게
쉽게 이루어지면 극적인 재미가 떨어지지 않겠는가? 관객은 마지막 유
혹에 빠진 주인공이 어떻게 벗어나는지 보고 싶어 한다. 우리의 주인공
싯다르타에게도 마지막 유혹이 다가온다. 유혹이란 싯다르타 내면의 심
리적인 현상인데, 경전에서는 마라[1]가 나타나 속삭이는 것으로 표현된

다. 이것은 심리현상을 의인화하는 것으로 신화에서 흔히 쓰는 방식이다. 마라는 우리의 내면세계를 장악하여 뒤흔드는 무자각적인 힘이다. 그자는 예수에게는 사탄으로 나타났고, 파우스트에게는 메피스토펠레스Mephistopheles로 보였다. 그는 욕계 최상층 타화자재천他化自在天이라는 하늘세계의 지배자로서 욕망으로 이루어진 세계를 자기 영역으로 다스리면서 당근과 채찍으로 실력을 행사한다. 누군가 그 욕망을 정화하여 욕계를 벗어나고자 한다면 그에게 병(장애)을 주어 좌절시키고, 약(욕락)을 주면서 유혹한다. 보리수 아래 금강좌에 앉은 보살은 호흡을 가다듬고 주의력을 모았다. 수행을 방해하는 자, 마라가 다가와 위로의 말을 던지며 측은한 목소리로 속삭인다. 이것이 첫 번째 유혹이다.

● 첫 번째 유혹: 세상의 부귀권세를 마음대로 누려라

"당신의 몰골을 보니 죽을 때가 다 된 것 같군요. 살아야 합니다. 목숨이 있어야 좋은 일도 할 수 있잖아요? 그렇게 어려운 깨달음을 구하지 말고, 공덕이나 지어 천상계의 다함없는 복락을 누리심이 어떠하신지요?" 이 말은 고려 충신 정몽주를 회유하려던 이방원(조선 제3대 왕 태종太宗, 1367~1422)의 시를 떠올리게 한다.

이런들 어떠하리 저런들 어떠하리
만수산 드렁 칡이 얽혀진들 어떠하리
우리도 이같이 얽혀져 백 년까지 누리리라.

"그대 게으른 자여, 나에겐 세간의 복락을 구하는 마음이 조금도 없습니다. 나에게는 확신이 있고, 노력이 있고, 지혜가 있습니다. 나는 죽음을 두려워하지 않습니다. 보시오, 내 몸과 마음의 깨끗함을."

이것은 보살의 추상같은 단언.

이 몸이 죽고 죽어 일백 번 고쳐 죽어

백골이 진토 되어 넋이라도 있고 없고

임 향한 일편단심이야 가실 줄이 있으랴.

이것은 포은圃隱(정몽주, 1338~1392) 선생의 단심가丹心歌. 보살이 해탈도에 대하여 일편단심이었다면 포은은 고려 왕조에 대하여 충성했다. 마라는 까마귀가 차돌을 씹는 듯 씁쓸한 표정을 지으며 천궁으로 돌아와 시름에 잠긴다. 웅장하고 화려한 하늘 궁전이 무너질 듯 진동한다. 한 사람이 깨달음을 이룰 징조를 보이면 타화자재천궁이 흔들리고 마라는 머리통이 터지는 고통을 느끼게 된다. 이 세계에 붓다가 탄생하는 순간 욕망으로 건립된 매트릭스Matrix체계가 근저로부터 뒤흔들린다. 한 개인의 의식이 깨어난다는 것은 그 개인이 관계 맺고 있는 사회와 세계에 중대한 영향을 끼친다. 그래서 부처님은 이렇게 말했다.

"벗이여, 지각하고 사유하는 육척 단신의 몸 안에 세계와 세계의 발생과 세계의 소멸과 세계의 소멸로 이끄는 길이 있음을 나는 가르칩니다."

헤르만 헤세(Herman Hesse, 1877~1962)는 《데미안》[2])에서 이렇게 말한다.

"새는 알을 뚫고 나오려고 싸운다. 알은 세계다. 태어나려는 자는
하나의 세계를 깨뜨려야 한다. 알을 뚫고 나온 새는 신에게로 날아간다.
신의 이름은 아프락사스Aphraxas다."

인생을 살아가다 보면 누구나 한 번쯤 흔들리는 때가 있다. 어떤 이
는 사춘기에 겪을 수도 있고 어떤 이는 중년에 소리 없이 우는 갈잎처럼
흔들리기도 한다. 헤세는 자신의 세계가 물러지면서 천천히 붕괴하는
'죽음과 재탄생'의 과정을 겪어야만 자신에게 이를 수 있다고 했다. 싯
다르타가 집을 나와 고행을 감행하며 보리수 아래에 앉기까지는 자신의
삶이 한 번 죽는 과정이었다. 이것은 '힘차게 투쟁하여 한 세계를 깨뜨리
는 과정'이다. 새가 알에서 깨어나기 위해서 껍질은 파괴되어야 한다. 껍
질은 욕망으로 건립된 세계다. 깨어난 새 싯다르타가 향하는 곳은 아프
락사스가 아니라 해탈이요, 닙바나다.

싯다르타여, 날아라. 자유와 평화의 하늘을 날아올라라.

● 두 번째 유혹: 애욕의 미끼를 던져라

욕계에 거주하는 모든 중생은 오욕이라는 미끼를 삼키려다 바늘
에 걸린 고기다. 마라에게는 아주 강력하고도 매력적인 미끼가 있다. 바
로 마라의 세 딸 딴하taṇha(갈애渴愛), 아라띠arati(혐오), 라가raga(정열)이
다. 경전의 다른 곳에서는 까마kama(애욕), 딴하, 라가라고 나온다. 세 천

녀는 인간세상의 절세미녀보다 천 배나 뇌쇄적이었다. 그 유혹에 빠지면 그만큼 치명적이라는 말이다. 마라는 자기 방식의 유혹이 효력이 없자 세 딸에게 그를 유혹하라 명한다. 보리수 아래로 내려간 마왕의 딸들은 갖은 아양을 떨고 교태를 부리며 보살의 귓전에 속삭인다.

"보세요. 봄이랍니다. 춘풍이 불어와 백화가 만발하는 호시절도 한때이며, 청춘도 한때입니다. 당신은 젊고 멋지군요. 자, 저희들의 어여쁜 자태 좀 보아주세요. 저희들의 미색을 당신께 드리겠어요. 쾌락을 같이 즐겨요."

"육체의 쾌락에는 고뇌가 따른다. 세상 사람들은 욕정에 빠져 살지만, 나는 하늘을 지나는 바람같이 자유로운 몸이라 너희들이 붙잡을 수 없으리라."

마라의 딸들은 손으로 보살의 몸을 쓰다듬으며 욕망의 불꽃을 피우려 한다. 마라의 딸들은 이미 사그라져 식어버린 욕망의 불꽃이라도 다시 활활 피워낼 만큼 욕망의 꽃 화살을 보살의 피부 깊숙이 쏘아 박히게 하고 싶었으리라.

"당신은 굳세고 당당한 미남자군요. 저희의 젊음과 아름다움으로 당신의 몸을 덮어드리겠습니다."[3]

이런 종류의 유혹에는 어떻게 대처해야 할까? 보살은 지혜의 칼을 휘둘러 안과 밖을 단칼에 베어버린다. 몸의 본성을 바로 꿰뚫어 보게 한다. 허물어지고야 마는 육신이여. 꽃잎은 찬란해도 지고야 마는 것, 이 세상 그 무엇을 영원하다 하리. 무상하기에 더 아름답게 보이는 것을 비장미悲壯美pathetic라 한다. 그래서 베토벤과 차이콥스키는 비창을 불렀다.

여인이여, 너희는 물처럼 와서 바람같이 사라지리라

잠시 동안 머물며 덧없음을 맛보나니

사막에서 솟아나는 샘물 같은 삶이로다

보라, 허무에서 출발한 유령의 카라반이

허무에 도착했도다, 물러가라, 환영이여.[4]

　미모와 교태는 일순간 허물어지고 세 딸은 쭈그렁 노파로 변해버린다. 미모를 자랑하는 모든 선남선녀들은 결국 늙고 병들고 죽는다. 거부하고 받아들이고 싶지 않은 이 진실이 젊음과 미모로 빛나는 몸속에 이미 입력되어 있다. 그것이 겉으로 드러나는 건 시간 문제. 보살은 이 치명적 사실을 직시하게 만든다. 마라의 딸들은 통곡하며 사라진다.

어리석은 자들이여

연꽃줄기로 산을 부수려 하고

손톱으로 바위산을 파괴하고

이빨로 쇳조각을 씹으려 하네.

태풍의 신이 떨어지는 솜털을 날려버리듯

스승은 그녀들을 물리치셨네.[5]

　금잉어는 미끼를 물지 않는다. 오히려 입으로 낚싯줄을 끌어당겨 낚시꾼을 삼켜버린다. 낚시꾼을 삼킨 잉어는 대붕大鵬이 되어 구만리장천九萬里長天을 날아간다. 싯다르타가 그러했다.

● 마지막 유혹-불안과 두려움으로 좌절시켜라

마라의 마지막 수단은 불안과 두려움이다. 이것이 마라의 세 번째 유혹이다. 불안과 두려움은 에고가 끝까지 살아남으려는 책략으로 일으키는 방어기제다. 에고가 해체되기 직전까지 물고 늘어지는 감정이 바로 불안과 두려움이기 때문이다. 마라는 바로 이런 인간의 약점을 알기에 에고에게 가장 큰 도전이 될 만한 수단으로 폭력을 동원한다. 이것이 수행자 싯다르타에게는 두려움과 불안으로 다가왔겠지만, 싯다르타가 만약 사상범이나 정치범으로 구속된 상태에서 당하는 경우라면 협박과 고문, 세뇌와 회유라는 수단이 동원되었을 것이다. 이러한 수단은 인간의 가장 나약한 부분을 건드리면서 수치감과 모멸감을 느끼게 하여 급기야 불가항력적인 악의 힘 앞에 주저앉게 만든다. 그러면 곧 자기의 변절을 합리화하는 자기연민과 동정심이 발동한다. 최소한 살아남기 위해선 뜻을 굽힐 수밖에 없었다고 중얼거리면서 머리를 떨군다. 이게 바로 에고가 살아남는 속임수다.

에고가 해체되기 직전에 가장 큰 두려움을 느끼는 법이다. 의식이 깨어날수록 에고의 반동은 심해진다. 깨닫기 직전에 에고의 대반격이 일어난다. 마라는 최후의 일격을 가하기 위해 마라의 군대를 동원한다. 이 장면은 베르톨루치(Bernardo Bertolucci, 1940~ , 이탈리아) 감독의 〈리틀 붓다Little Buddha〉(1993년)에 잘 표현되어 있다. 날아오는 불화살이 꽃잎이 되어 떨어진다. 선정에 들어 있는 보살은 텅 빈 과녁이다. 화살이 꽂힐 과녁이 텅 비었다. 시퍼런 칼날이 봄바람을 벨 수 없듯, 에고가 비워진 사람에게 칼도 화살도 해를 입힐 수 없다. 이것이 자인삼매慈仁三昧의 위력이다. 어둠과 공포는 밝은 태양 아래 힘을 잃어버린다. 마라는 패배를 자인한다. "인간이 누리는 즐거움이 싫다면 하늘나라로 올라오시오. 내가 누리는 환락을 그대와 함께하리다." 이것은 권력을 가진 자가 대항세력의 지도자를 포섭하는 전형적인 수법인 회유와 타협이다.

"마라여, 그대가 누리는 환락은 대단한 것이 아닙니다. 그대는 과거에 공덕을 쌓은 덕분에 지금 욕계의 지배자로 있는 것일 뿐, 그 복은 한계가 있습니다. 당신은 언젠가 삼악도에 떨어져 두려움과 고통 속에서 울부짖을 겁니다."

마라는 불쾌했다.

"좋소, 내 공덕을 우습게 여기는 당신은 어떤 공덕을 쌓았단 말이오? 그대가 쌓은 공덕을 증언할 자 어디 있소?"

보살의 얼굴에는 조금도 긴장하는 기색이 없다. 보살은 천천히 오른손을 뻗어 머리를 쓰다듬고 다리를 어루만지다가 조용히 말한다.

> 만물이 의지하는 이 대지
> 움직이든 움직이지 않든
> 모든 것에게 공평한 이 대지가
> 나를 위해 진실한 증인이 될 것입니다
> 대지여, 나를 위해 증언해주십시오.[6]

손가락 끝으로 가볍게 땅을 누르자(이를 항마촉지인降魔觸地印이라 한다) 대지가 동서남북과 상하로 크게 진동하였다(이를 육종진동六種震動이라 한다). 그러자 보석으로 장식한 화병에 연꽃을 담은 대지의 여신이 땅을 뚫고 솟아올랐다.

"제가 증인이 되겠습니다. 인간세상은 물론이고 하늘세계에서 당신만큼 많은 공덕을 쌓은 분은 계시지 않습니다." 대지의 여신은 마라를 준엄하게 꾸짖는다.

"헤아릴 수 없는 긴긴 세월, 보살께서는 목숨을 보시하며 중생을 보호하셨습니다. 보살이 중생을 위해 흘린 피는 대지를 적시고도 남을 것입니다. 이제 그 과보로 가장 높고 바른 깨달음을 이룰 것입니다. 마라여, 그대는 보살을 괴롭힐 만한 위력을 가지고 있지 못합니다."[7]

대지의 여신을 그리스 신화에서는 가이아Gaia[8]라 한다. 지구 생태계의 훼손이 심각해진 지금, 가이아 여신의 근심은 깊어지고 책임감은 무겁다. 가이아 여신의 근심을 우리가 덜어드려야 한다. 여신을 편히 쉬게 하려면 우리가 대지의 평화를 떠맡아야 한다. 싯다르타가 사 아승지 십만 겁이라는 긴 세월 동안 보살행을 닦은 공덕으로 세상을 풍요롭게 하고 중생을 널리 이롭게 했다는 사실을 누가 알아주랴? 인간들은 몰라준다. 그러나 하늘이 알고 땅이 안다. 하늘은 천신이며 땅은 대지의 여신이다. 오늘 그대가 닦는 보시와 지계, 사소한 선행, 한순간의 선심을 별것 아니라고 여기지 말라. 하늘이 알고, 땅이 안다. 결정적인 순간 대지의 여신이 땅에서 솟아올라 그대의 공덕을 증언해줄 날이 꼭 올 것이다.

| 주 |

1) 마라魔羅Mara: 마라 빠삐야스Papiyas波旬는 욕계의 꼭대기에 있는 제6천의 주인이다. 오음마五陰魔(존재 자체의 장애), 사마死魔(죽음이란 장애), 번뇌마煩惱魔(오염원이라는 장애)와 함께 사마四魔(네 가지 영적인 장애) 중 하나이다. 제육천은 타화자재천他化自在天王이라고도 불린다. 이곳의 왕이기 때문에 타화자재천왕이라 한다. 욕계중생의 뜨거운 번뇌를 빨아먹는 낙으로 즐거움을 삼아 지금까지 욕계의 주인으로 군림한다. 수행자가 수행을 잘해 힘을 얻으면 자신의 궁전이 흔들리며 자기 졸개들이 사라지기 때문에 그들의 수행을 방해하지 않으면 안 된다.

2) 《데미안Demian》: 1919년, 제1차 세계대전 중에 나온 이 작품은 헤르만 헤세 영혼의 전기다. 이 작품을 '청년 운동의 성경'이라고 부른다. 양차 세계대전에 걸쳐 정신적인 공허로 괴로워하던 청년세대와 1960년대 히피세대에게 영적인 계시를 주었던 책이다. 다음은《데미안》에서 가장 유명한 한 마디로, 막스 데미안이 에밀 싱클레어의 책에 꽂아준 쪽지의 내용이다.

새는 알을 뚫고 나오려고 싸운다. 알은 세계다. 태어나려는 자는 하나의 세계를 깨뜨려야 한다. 알을 뚫고 나온 새는 신에게로 날아간다. 신의 이름은 아프락사스다.(Der Vogel kämpft sich aus dem Ei. Das Ei ist die Welt. Wer geboren werden will, muss eine Welt zerstören. Der Vogel fliegt zu Gott. Der Gott heiβt Abraxas.)

3) 《부처님의 생애》, p.102 19행~p.103 9행 참조.

4) 위 시는 오마르 카이얌의 사행시 '루바이야트' 가운데에서 편집하였다. 오마르 카이얌(Omar Khayyam, 1048~1123)은 페르시아의 수학자, 천문학자, 철학자, 작가, 시인이다. 그는 3차 방정식의 기하학적 해석을 연구하였고, 그가 만든 달력은 16세기에 나온 그레고리 달력보다 더 정확했다. 시집《루바이야트 The Rubáiyát of Omar Khayyám》가 있는데, 후에 에드워드 피츠제럴드(Edward Fitzgerald, 1809~1883)가 영어로 번역하여 세계적으로 유명해졌다.

5) 《쌍윳따니까야》 4:25(3-5) 〈악마의 딸들에 대한 경〉, 전재성 역.

6) 《부처님의 생애》, p.106 4행~8행 참조.

7) 위의 책, p.106 13행~17행 참조.

8) 가이아Gaia는 고대 그리스인들이 숭배하던 모신母神이다. 꿈을 꾸게 하고
   식물과 어린아이들을 양육하는 신이다. 지구를 신격화하여 가이아 여신이
   라 한다. 이것에 착안해서 러브록(James Lovelock, 1919~ , 영국의 과학자)은
   가이아 이론을 제창했다. 그는 지구란 단순히 공기에 둘러싸인 암석덩이에
   불과한 것이 아니라 생명체가 사는 터전이며, 생물과 무생물이 상호작용하
   면서 스스로 진화하고 변화해 나가는 하나의 생명체이자 유기체임을 강조했
   다. 이 이론은 하나의 가설에 불과하지만 지구 온난화 현상과 환경문제와 관
   련해 주목받고 있으며, 환경주의와 관련해서 끊임없이 회자되고 있다.

오, 집짓는 자여, 그대가 보았다
_싯다르타의 깨달음

보드가야 보리수[1] 아래 금강좌[2]에 앉은 싯다르타는 감각적 욕망
欲과 선하지 못한 감정惡意을 떠난다. 욕을 떠남으로 환희喜와 행복감樂
이 생겨난 선정의 첫 단계(초선정)에 도달한다. 마음이 단일화된 상태(일
념집중)에서 다만 알아차림의 미세한 움직임인 위따까vitakka(일으키는 사
유)와 위짜라vicara(지속적인 고찰)가 있을 뿐이다. 고요함에서 생겨난 환희
와 행복이 가득한 선정의 두 번째 단계(이선정)에 도달한다. 이어 환희에
대한 욕을 내려놓으니 지극한 행복감으로 충만해진다. 선정의 세 번째
단계(삼선정)에 도달한다. 호흡이 중지되자 무한히 맑고 깨끗한 평정, 완
벽한 평화가 온다. 이것은 선정의 네 번째 단계(사선정)이다. 싯다르타 보
살은 물질과 몸의 장애를 받지 않아 맑고, 고요하며, 부드럽고 자유로워

졌다심해탈心解脫. 이제 보살은 강력하고 고요하며 부동인 알아차림으로 입처入處(의식공간)를 관조한다.

① 초야初夜(오후 6시~밤 10시)에 일어난 일

밤이 어둠의 장막을 드리우자 보살은 샛별처럼 빛나는 마음을 돌이키면서 보름달처럼 은은하게 반조하기 시작한다.

'삶의 모든 고통과 즐거움은 원인이 있다. 원인이 되는 지난날은 어떠했을까?' 보살은 전생의 삶을 기억하는 앎을 얻기 위해 자유롭고 흔들림 없는 마음을 쏟고 기울였다. 그러자 갖가지 형태로 살았던 지난 삶들이 선명히 눈앞에 펼쳐졌다. 어둠이 사라지고 첫 번째 빛이 밝아졌다. 보살은 마음을 자유자재로 움직여 자기와 다른 중생들의 무수한 과거 생을 아는 숙명통宿命通(숙명지宿命智라고도 한다)을 얻었다.

② 중야中夜(밤 10시~새벽 2시)에 일어난 일

밤이 깊었다. 북두칠성이 뒤집어져 은하수를 쏟아낸다.

'모든 삶에는 결과가 있다. 중생들은 죽어 어떻게 되는 걸까?' 보살은 하늘의 눈으로 죽음 너머의 영역을 살펴본다. '저 중생은 온갖 악행을 저지르고, 험한 말과 못된 마음씨를 쓴 까닭에 힘든 삶을 받는구나. 저 중생은 선한 행동을 하고, 곧고 부드러운 말씨로 따뜻하게 마음을 쓴 까닭에 좋은 삶을 받는구나.'

어둠이 사라지고 두 번째 빛이 밝았다. 보살은 한밤중에 맑은 거울에 비친 자신의 얼굴을 들여다보는 듯 중생계의 죽고 태어나는 모습을 낱낱이 아는 천안통天眼通(생사지生死智라고도 한다)을 얻었다.

③ 종야終夜(새벽 2시~아침 6시)에 일어난 일

새벽 밤하늘에 유성이 흐른다. 먼동이 터온다. 날이 희끗하게 밝아온다.

'고통스런 생사의 굴레에서 끝없이 윤회하며 중생들이 벗어나지 못하는 까닭은 바로 번뇌 때문이구나.' 보살은 번뇌를 없애는 앎을 얻기 위해 맑고, 고요하고, 더러움 없고, 부드럽고, 자유롭고, 흔들림 없는 마음을 쏟고 기울였다.

'이것은 괴로움이다'라고 사실 그대로 바로 알고,

'이것이 괴로움의 일어남이다'라고 사실 그대로 바로 알고,

'이것이 괴로움의 사라짐이다'라고 사실 그대로 바로 알고,

'이것이 괴로움의 사라짐에 이르는 길이다'라고 사실 그대로 바로 알았다.

그리하여 애욕의 번뇌에서 마음이 해탈하고, 존재의 번뇌에서 마음이 해탈하고, 어리석음의 번뇌에서 마음이 해탈하고, 모든 번뇌에서 해탈했다는 것을 스스로 알았다解脫知見.

어둠이 사라지고 세 번째 빛이 밝았다. 번뇌와 고통은 사라졌다. 청정한 삶은 완성되었다. 보살은 모든 더러움이 말끔히 사라진 누진통漏盡通(누진지漏盡智라고도 한다)을 얻었다.

눈을 떴다. 샛별이 마지막 빛을 사르는 동녘 하늘로 붉은 태양이 솟아오르고 있었다.

"나는 가장 높고 바른 깨달음을 성취하였다."

싯다르타가 세상에 온 지 35년, 진리를 찾아 집을 나선 지 6년째인 기원전 589년 음력 4월 보름날(이 날을 웨삭데이Vesak Day[3]라 한다)의 일이

었다.

이 복된 소식이 천상계에 전해지자 무수한 천인들이 남섬부주의 보드가야, 깨달음을 이룬 자리로 몰려든다. 모두 손에 천화天華(하늘 꽃)를 들고 보살이 계신 곳을 향해 뿌린다. 깨달음을 얻은 부처님은 아침 햇살로 붉게 물든 대지 위에서 사자처럼 당당하게 선언한다.

태어남은 부서졌고
청정한 삶은 이루어졌다,
해야 할 일은 다 마쳤으니
더 이상 윤회하지 않는다.

Khina jati   키나 자띠
Vusitam brahmacariyam, 우시땀 브라흐마짜리얌
Katam karaniyam 까땀 까라니얌
Napam itthattaya. 나빰 이탓따야[4)]

나는 흔들림 없는 마음의 해탈을 이루었다,
이것이 최후의 태어남이며
이제 다시 태어남은 없다.

Akuppa me cetovimutti, 아쿱빠 메 쩨또위뭇띠
Ayamantima jati   아야만띠마 자띠
Natthidani punabbhavoti. 낫티다니 뿌나바오띠[5)]

마하보디 사원 | 인도 보드가야의 마하보디 사원. 왼쪽에 있는 나무가 보리수, 전 세계에서 가장 많은 불교도가 순례하는 곳이다. © Bpilgrim

이것이 '아라한의 선언'이다.

이어서 부처님의 가슴에서 노래가 저절로 울려나왔다.

부처님의 오도송悟道頌bodhi gatha

　수없는 생을 윤회하면서

　이 집(오온) 지은 자를 찾으려 방황하였네,

　괴로움은 거듭 거듭 태어나는 것

　오, 집짓는 자(갈애)여, 그대가 보였다.

　그대 다시는 집을 짓지 못하리.

보드가야의 마하보디 나무 ㅣ 인도 보드가야의 마하보디 사원 앞의 보리수, 부처님 성도 당시의 보리수 후예로 알려져 있다. © FlickreviewR

그대의 서까래(번뇌)는 부서졌고
그대의 대들보(무지)는 다 흩어졌으니
마음은 조건 지어지지 않음(닙바나)을 얻었으며
갈애의 부서짐을 성취하였네.

Anekajati samsaram 아네까자띠 삼사랑
Sandhavissam anibbisam 산다윗상 아닙비상
Gahakarakam gavesanto 가하까라캉 가웨산또
Dukkha jati punappunam 두카자띠 뿌납뿌낭

Gahakaraka dittho'si 가하까라까 딧 토 시
Punageham na kahasi 뿌나게항 나 까하시
Sabba te phasuka bhagga 삽바 떼 파수까 박가
Gahakutam visamkhatam 가하꾸땅 위상카땅
Visamkharagatam cittam 위상카라가땅 찟땅
Tanhanam khayamajjhaga. 딴하낭 카야맛자가

온 세상에 드리운 그늘이 사라져 찬란한 빛으로 가득 찼다. 대지와 강물은 기쁨으로 요동치고, 구름처럼 모여든 천인들은 일제히 꽃을 뿌린다. 부처님 머리 위에 천상의 일산이 받혀지고, 흩날린 꽃잎이 무릎까지 쌓인다. 허공에 감도는 미묘한 향기, 하늘나라 악사인 간다르바gandharva건달바乾闥婆(음악의 여신)의 연주와 다키니dakini(수행을 돕는 여성호법신)들의 우아한 춤. 천재일우의 일대 장관을 연출한다.

깊으신 지혜, 음성마저 아름다워라
가장 높고 바른 깨달음 얻어
최고의 가르침 말씀하시니
저희들이 공손히 예배합니다
이 세상을 위해 자비심 일으켜
등불이 되고 의지할 곳 되시고자
깊이 박힌 독화살을 스스로 빼고
다시 이 세상 훌륭한 의사 되셨네
먼 옛날 디빵까라 부처님 뵙고

큰 자비심 일으켜 일체를 위하시니

세존은 세상의 연꽃 같아

삼계의 진흙에도 물들지 않으셨네

마라도 견고한 마음 훼방하지 못했네

높고 넓은 수미산 같으셨네

금강과도 같아 부술 수 없어라

가을날 보름달처럼 깨끗하셔라[6]

| 주 |

1) 보리수菩提樹Bodhi Tree: 보드가야에 있는 보리수는 부처님을 상징하기에 불
교도들의 공경을 받는다. 원래의 보리수는 불교를 박해했던 왕들에 의해 몇
번 베어졌다. 그때마다 다시 소생하다가 결국 고사했다. 다행히 아소카(Asoka,
BCE 304~232년) 대왕의 딸 상가밋따Sanghamitta 비구니가 스리랑카로 불교
를 전하러 갈 때 원래의 보리수의 오른쪽 가지를 가져다 스리랑카에 심어 놓았
었다(BCE 288). 그 나무는 '자야 스리 마하보디Jaya Sri Mahabodhi'라는 명예
로운 이름으로 불리며, 현재 스리랑카 아누라다뿌라의 스리 마하보디 사원Sri
Mahabodhi Temple, Anuradhapura에 푸르게 서 있다. 그리고 나중에 스리랑
카의 보리수 묘목을 보드가야로 가져와 다시 심었다(CE 1881). 그래서 보드가
야에 있는 현재의 보리수는 원래 나무의 손자인 셈이다.
　또 현재 기원정사에 아난다 보리수가 있다. 당시 불자들은 부처님이 정사에 안
계실 때 그분을 그리워하면서 여래를 상징하는 보리수를 옮겨 심자고 했다. 그
래서 목갈라나 존자가 원래 보리수의 씨앗을 기원정사로 가져오고 아난다 존
자가 묘목을 키워 땅에 심었다. 그래서 '아난다 보리수'라 불린다. 1913년 스리
랑카의 위대한 포교사 다르마팔라(Anagarika Dharmapala, 1886~1933) 거사
는 하와이 왕국의 왕족이었던 메리 포스터Mrs. Mary Foster 여사가 보시한 정

원에 보리수를 심었다. 현재 하와이 포스터 식물원Foster Botanical Garden에 있다.

2) 금강좌金剛座Vajra-asana: 인도 보드가야의 보리수 아래 부처님이 앉아서 깨달음을 성취한 장소. 고대 그리스인들은 델포이를 지구의 배꼽옴팔로스 Ompahalos이라 여겼지만, 불교도에겐 여기가 바로 지구의 배꼽빠따위 나비 pathavi nabhi이다. 전 세계 불자에게 성지로 여겨진다. 거기에는 돌에 찍혀진 부처님의 발자국佛足石이 있다.

3) 부처님 오신 날에 대해: 한국에서는 음력 4월 초파일을 부처님 오신 날로 알고 있다. 이제까지 남방불교나 중국, 일본불교에서 지키는 부처님 오신 날이 서로 달랐다. 국제화된 시점에 같은 날로 정하자는 요구가 생겨났다. 1999년 11월 12일 제54기 유엔총회General Assembly(UN)에서 음력 4월 15일을 웨삭데이 Vesak Day, 부처님 오신 날로 공식화하자고 결의하였다. 남방불교권에서는 탄생일, 성도일, 열반일이 모두 같은 날, 웨삭데이다.

4) S 6.3 〈브라흐마숫따〉, 전재성 역.

5) S 56.11, 전재성 역.

6) 《부처님의 생애》, p.111 16행~p.112 8행 옮김.

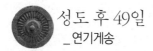

성도 후 49일
_연기게송

천인들과 보살들의 찬탄을 받은 부처님은 보리도량 금강좌 주변에서 일주일 씩 일곱 번, 49일 동안 해탈의 즐거움을 누리시며 깨달은 바를 명료하게 사유했다.

첫 번째 칠일 동안에는 연기緣起paticcasamupada(조건에 의한 발생)의 이치를 사유하였다.

이것이 있으므로 저것이 있고, 이것이 일어나므로 저것이 일어난다.

이것이 없으므로 저것이 없고, 이것이 사라지므로 저것이 사라진다.

Imasmim sati, idam hoti; imassa uppada, idam uppajjati;

이마쓰밍 사띠 이당 호띠 이마싸 우빠다 이당 우빠자띠

Imasmim asati, idam na hoti; imassa nirodha, idam nirujjhati.

이마쓰밍 아사띠 이당 나 호띠 이마싸 니로다 이당 니루자띠

此有故彼有, 此生故彼生; 此無故彼無, 此滅故彼滅.

연기의 법칙은 고통의 조건과 고통의 소멸이라는 결과를 밝히는 지혜다. 연기법은 약이어서 먹으면 고통이란 병이 낫고, 금강저이므로 번뇌를 파괴하고, 감로이므로 마시면 불사의 경지에 들게 해준다. 위 게송에서 '이것'은 (고통의) 조건이고, '저것'은 (고통이라는) 결과다. 조건이 있으므로 결과가 있다. 조건을 사라져 없어지게 하면 결과는 소멸한다.

이것을 우리 삶에 적용시켜보자. 삶의 총체적 경험, 즉 노병사우비고뇌老病死憂悲苦惱는 고통이다. 무엇이 있기에 고통이 있게 되었는가? 무엇이 바탕이 되어 고통이 생겨났는가? 여기에 대해 보통 사람들은 업장이 무거워, 원죄를 지었기 때문에, 영혼이 타락해서라거나, 어쩔 수 없는 인간의 운명 때문이라 생각한다. 혹은 자본주의 구조적 모순과 사회 부조리 때문에 고통이 초래됐다고 여긴다. 이렇게 사유하면 고통의 근원적 해결은 불가능하다.[1] 인간고의 문제에 대해 부처님은 완전히 다른 방식으로 접근하셨다. 고통의 원인을 세상 밖에서 찾지 않고 고통을 경

험하는 인식 차원에서 찾았다.[2] '누가' 고통을 경험하는가? '자아('나'라는 것)'가 고통을 느낀다. 사람은 몸과 마음을 '자아'라고 여긴다. '나라는 것'이 생겨났기 때문에 늙고 병들고 죽는 고통이 있다.

그러면 자아가 '생겨남生jati'의 조건은 무엇이며, 무엇에 의해 유지되는가? 이런 식으로 사유를 깊게 해나가면 자아를 생기게 하여 붙들고 있는 뿌리가 드러난다. 그것은 자아에 대한 집착我執이다. 아집은 자아가 실재한다實我는 견해와 대상이 실재한다實法는 착각에서 기인한다. 이것은 자아와 대상이 무자성, 무실체임을 모르는 근본무지다. 이것을 무명無明avijjā이라 한다.

12연기의 열두 가지 고리는 고통스런 삶이 어떤 원인에 의해 끌려왔는지 그 과정을 역추적하는 사유다. 고통의 최종적인 원인은 진실에 대한 무지다. 자아도 대상도 연기적 현상이어서 무자성, 무실체이다. 이런 진실제에 대한 무지가 자아와 대상이 실재한다는 착각을 일으킨 것이다. 이제 자아를 생기게 하여 고통을 경험하게 만든 원인이 무명임을 밝게 알게 되었다.

그래서 결론은 이렇다.

무명으로 인하여 행이 일어나고, 행으로 인하여 식이 일어나고, 식으로 인하여 명색이 일어나고, 명색으로 인하여 육입이 생겨나고, 육입으로 인하여 촉이 생겨나고, 촉으로 인하여 수가 일어나고, 수로 인하여 애가 일어나고, 애로 인하여 취가 일어나고, 취로 인하여 유가 일어나고, 유로 인하여 생이 일어나고, 생으로 인하여 노병사우비고뇌라는 괴로움의 무더기苦聚가 일어난다. 이것이 우리가 어떻게 해서 고통스런 삶을 살게 되는지를 깨닫게 해주는 유전연기流傳緣起다. 고통이란 현상의 원인이 규명되었으니, 이제 그 조건을 없애면 결과는 자연적으로 사라질 것이다. 그래서 무명이 사라지면 행이 사라지고, 행이 사라지면 식이 사라지고, (……) 생이 사라지면 노병사우비고뇌라는 괴로움의 무더기가 사라진다. 이것이 고통스런 삶에서 벗어나게 해주는 환멸연기還滅緣起다.

두 번째 주에는 깨달음의 자리를 만들어준 보리수에게 감사하는 마음으로 나무를 응시하면서 법열에 잠겼다.

세 번째 주에는 보리수 주변을 경행하였다.

네 번째 주에는 '보배의 방'에 머물면서 아비담마abhidhamma[3]를 명상하였다.

다섯 번째 주에는 폭풍이 불고 폭우가 쏟아졌다. 나무에 깃들어 살던 무짤린다Mucalinda 용왕이 나타나 똬리를 틀어 부처님의 몸을 감싸고 머리를 부채처럼 펴서 보호하였다. 폭풍우가 지나자 하늘은 구름 한점 없이 다시 맑아졌다. 부처님의 몸을 보호한 공덕인가, 용왕이 똬리를 푸는 즉시 뱀 몸을 벗고 청년의 모습으로 바뀐다. 합장을 하고 부처님 앞에 서자, 부처님께서 따스한 목소리로 말씀하신다.

"법을 깨달아 마음이 기쁜 자는 홀로 있어도 행복하다. 이 세상 어떤 생명에게도 적의를 품지 않고 자비로운 마음을 갖는 자는 행복하다. 모든 욕망의 굴레에서 벗어나 '나'라는 교만한 마음을 놓아버린 사람은 견줄 수 없는 행복을 누리리라."[4]

뱀 몸에 깃든 공격성과 분노의 기운이 순간 눈 녹듯 사라진다. 자인

삼매慈仁三昧는 천하무적이다.

여섯 번째 주에는 라자야따나Rajayatana 나무(반얀 나무banyan tree)
아래에서 법열을 즐겼고, 일곱 번째 주에는 다시 아자빨라 나무 아래에
서 보냈다.

| 주 |

1) 인간의 본질과 고통에 대한 견해로는 다음 세 가지가 있다. 다양한 요소의 요
소가 이합집산한 결과로 보는 우연론, 이미 결정된 숙명으로 보는 숙명론, 초월
자인 신에 의해서 인간의 운명이 결정된다는 존우론尊祐論. 부처님은 이 세 가
지를 삼종외도라 비판했다.

2) 인간의 본질과 고통에 대해 정사유한 결과, 부처님은 일체 현상이 입처入處
ayatana(의식의 場, 장소, 영역)에서 발생한다고 자각했다. 이것은 인간 사유의 코
페르니쿠스적인 대변혁으로서 부처님의 독창적인 발견이다. 일체의 본질에 대
한 문제를 일체에서 찾지 않고, 그 문제를 사유하는 인간의 의식에서 찾은 것
이다. 일체는 인식된 일체이며, 인식되지 않는 존재는 무의미하다. 신이 있다거
나 우연, 숙명이라고 생각하는 것도 인간의 인식활동이다. 자아가 고통을 느끼
는 것은 입처를 바탕으로 발생한 것이니, 입처가 해체되면 고통은 소멸한다.

3) 아비담마abhidhamma: 부처님의 가르침을 정리·주석·연구·요약한 논서
를 가리킨다. 이런 논서들은 CE 2세기 무렵부터 찬술되기 시작해 많은 분량이
모여져 논장論藏이 성립되었으며, 경장과 율장을 포함한 삼장이 갖추어졌다.
이후 '삼장'은 불교 경전을 아우르는 말이 되었다. 삼장에 통달은 스님을 삼장
법사라 한다. 흔히 현장(玄奘, CE 602~664년, 중국 구법승, 역경사)을 삼장법사라 한
다.《서유기》에 나오는 '삼장법사'라는 말도 여기서 유래했다.

4)《부처님의 생애》, p.116 5행~8행 옮김.

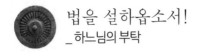

법을 설하옵소서!
_ 하느님의 부탁

부처님은 성도 후 49일을 법열에 잠겨 있다가 나와서 진리를 설파할 의도를 냈다. 그러나 한 순간 의혹이 일어났다. "이 진리는 깊고 깊어, 보기 어렵고, 깨닫기 어렵고, 섬세하고, 고상하고, 단순한 사려를 넘어서는 것이다. 지혜로운 이라야 알 수 있는 것인데 과연 받아들일 만한 사람이 있을까? 세상 사람들은 집착을 즐기고 기뻐한다. 그런 그들이 집착을 떠나고, 없애고, 사라지게 하는 진리를 이해하고 받아들일 수 있을까? 세상과 반대되는 나의 가르침을 그들은 비방하지 않을까?"

부처님은 무슨 이유로 세상 사람들이 자기의 가르침을 받아들이기 어려울 거라 생각했을까?

불교에서는 우주를 모든 생명체를 담는 그릇이라는 뜻으로 '기세간器世間'이라 한다. 기세간은 거기에 사는 중생의 인식 차원에 따라 욕계, 색계, 무색계로 나뉜다. 인간은 그중에서 가장 낮은 단계인 욕계에 산다. 욕계 중생은 욕欲kama에 갇혀 있다. 욕의 상태에서 보고, 듣고, 냄새 맡고, 맛보고, 피부로 느끼는 모든 것은 착각이며, 이러한 착각에 의하여 인식하고 사유하고 분별하는 모든 것 역시 착각이다. 인간들은 욕계라는 매트릭스[1]에 길들여져 떠나려 하지 않는다. 나는 분명히 본다. 욕계의 본질과 그 폐해를. 그들은 욕계를 떠나야 한다. 나는 욕계를 떠나는 길을 발견했고, 그 길로 인간을 인도하려 한다. 그런데 인간에게 들을 귀가 있는가, 볼 눈이 있는가? 인간은 자기들이 경험하는 모든 대상들이

상한 음식인 줄 알아 토해내고 입을 씻고 다시는 입에 대지 않을 수 있는가? 부처님은 여기에서 인간의 한계를 절감한다. 그래서 망설인다. 경전에서는 이 대목에서 마라의 속삭임이 있었다고 기록된다.

"길고 긴 고행으로 이제 부처의 경지를 이루었으니, 이제 편히 반열반[2]에 드소서."

마라의 속삭임에 대해 부처님은 어떻게 대응하였는가?

"마라여, 너는 열반의 뜻을 잘못 이해하였다. 열반이란 중생을 교화하지 않고 침묵하는 것이 아니다. 중생에게 유익한 일을 하지 않은 채 죽음에 드는 것은 열반이 아니다."

부처님의 내면에서 두 가지의 생각이 교차한다. 중생이 내 가르침을 이해하기 어려울 것이다, 그러니 이대로 반열반에 드는 것이 좋을까, 그런데 중생에게 아무런 이익을 주지 못하고 반열반에 든다면 나의 깨달음이 무슨 소용이 있을 것인가?

이때 부처님의 일거수일투족을 지켜보고 있는 천상세계가 동요하기 시작한다. 이 우주에 부처님 한 분이 나타나기까지 우리는 얼마나 많은 세월을 기다려왔던가. 이제 다행하게도 남섬부주 보리수 아래에서 싯다르타가 깨달음을 얻어 부처님이 되셨다. 그런데 그 부처님이 설법하실 것을 망설이고 계신다. 부처님께서 설법하시도록 우리가 무슨 대책을 강구하지 않으면 안 되겠다. 자, 사주세계를 감찰하는 제석천왕은 적절한 조치를 취해주시오. 이에 도리천의 주인인 제석천왕이 부처님께 내려와 간청한다.

"자, 어서 일어나십시오. 지혜의 빛으로 세상의 어둠을 비추소서."

이 정도의 청으로는 세존의 마음을 움직일 수 없었다. 마음이 답답해진 대범천왕 사함빠띠Mahabrahma Sahampati가 한쪽 어깨에 상의를 걸치고 오른쪽 무릎을 꿇은 다음 합장하고 간청하였다.

"부처님이시여, 법을 설하소서. 여래시여, 법을 설하소서. 세존께서 법을 설하시지 않으면 탐욕의 강물에 떠밀리고 분노의 불길에 휩싸인 이 세상은 파멸로 치닫고 말 것입니다. 세존이시여, 이 세상에는 그래도 때가 덜 묻은 이들이 있습니다. 선과 진리 앞에 진실한 사람들이 있습니다. 그들을 버리지 마소서. 그들마저 기회를 놓치는 것은 참으로 슬프고 애석한 일입니다."

범천은 여전히 침묵을 지키시는 부처님께 간절한 마음으로 노래한다.

가장 현명하신 분이시여, 모든 것을 보시는 분이시여, 슬픔을 없앤 분이시여.

진리의 누각에 올라 태어남과 늙음과 슬픔에 빠져 있는 사람들을 굽어보소서.

영웅이시여, 승리자이시여, 일어나소서.

진리를 설파해주소서. 분명 이해하는 이가 있을 겁니다.[3]

부처님은 하느님(전재성 님은 범천을 '하느님'으로 번역한다)의 간절한 부탁과 중생에 대한 연민으로 다시 세상을 살펴본다. 세상이 연못이라면 중생은 그 속에서 피어나는 연꽃과 같구나. 어떤 연꽃은 물속에 잠겨 썩어버리고, 어떤 연꽃은 수면 가까이에 잠겨 있고, 어떤 것은 물 위로 솟아올라 꽃을 피우고 열매를 맺는다. 수면 가까이에 있는 연꽃봉오리에 아침 햇살이 비치면 꽃봉오리는 물 위로 솟아올라 꽃을 피운다. 수면 가까이에 있는 연꽃봉오리같이, 때가 덜 묻은 중생에게 아침 햇살 같은 가르침을 주면 그들이 물 위로 솟아올라 꽃을 피우지 않겠는가? 그러면 그화려한 빛깔과 은은한 향기로 주변을 아름답게 하지 않겠는가? 내가 지혜와 사랑으로 연꽃을 피우는 정원사가 되는 것이 어떠한가? 아득한 과거 생부터 지금에 이르기까지 나는 무얼 위해서 수행하고 도를 이루려고 하였던가? 일체중생의 완전한 행복을 위해 바르고 완전한 깨달음을 이룰 것을 서원하지 않았던가? 부처님께서는 마침내 세상을 향해 사자처럼 늠름하게 선언한다.

내 이제 감로의 문을 여나니
귀 있는 자는 들어라!
낡은 믿음을 버리고.[4]

산에서 내려온 차라투스트라는 세상을 향해 이렇게 말했다.

"나는 사랑한다, 넘쳐흐르는 영혼을 가지고서 자기 자신을 잊고, 모든 것들이 자기 안에 있는 사람을. 이렇게 해서 모든 것은 그의 아래로-감下降이 된다.
나는 사랑한다, 인류의 머리 위에 드리워진 검은 구름에서 한 방울씩 떨어져 내리는 무거운 빗방울과 같은 모든 사람들을. 그들은 번개가 칠 것을 알려주고, 예고자로서 역시 땅으로 간다.
보라, 나는 번개의 예고자요, 구름에서 떨어지는 무거운 빗방울이다."

장차 큰 비를 내릴 구름은 오랫동안 참으면서 가슴 속에 번개의 씨앗을 심는다. 이제 때가 왔다. 드디어 법의 구름法雲에서 빗방울이 떨어지고 번개가 치며 천둥이 울린다.

| 주 |

1) 매트릭스Matrix: 1999년 5월 15일 개봉된 SF 액션 영화로 워쇼스키 형제 Wachowski Brothers가 제작하였다. 컴퓨터 그래픽을 사용한 신선한 영상으로 영화계에 혁명을 일으키면서, 은유나 암시로 가득 찬 스토리로 세계구속과 해탈이라는 의미심장한 주제를 표현하였다. 매트릭스란 욕계라는 가상현실을 설계한 인공지능을 말한다.

2) 반열반般涅槃Parinibbana: 경전에서는 부처님이 돌아가신 것을 '반열반(완전한 열반)에 들어가셨다'라고 표현한다. 스님들의 죽음을 가리키는 '입적했다, 원적에 들었다, 열반했다'는 말도 여기에서 연유한다. 그러나 열반의 본래 의미는 죽음이 아니다. 그것은 마음을 오염시키는 열 가지 오염원十結을 철저히 소멸시킨 결과로 누리는 평화의 경지다. 그리고 열반은 현실을 떠난 어떤 장소가 아니다. 그것은 살아서 이 몸으로 체험할 수 있는 경지, 지극히 순수하고 고결한 삶이다. 그래서 '현세열반現世涅槃ditthadhammanibbanapatto/attained Nibbana in this very life'이라고 한다.

*십결十結: 중생을 윤회에 결박시키는 열 가지 오염원. 욕탐, 악의, 유신견, 계금취견, 의심, 색계에 대한 탐착, 무색계에 대한 탐착, 자만, 들뜸, 무명.

3) 《부처님의 생애》, p.119 13행~p.120 12행 옮김.

4) 위의 책, p.121 15행~17행 옮김.

3장   세상이 불타고 있다

보리수 밑에서 수행하는 싯다르타를 유혹하는 마라 (부조) | 안
드라 프라데쉬Andhra Pradesh 주 출토. 기메 뮤지
엄Guimet Museum 소재. ⓒ Ddalbiez

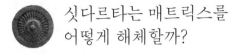

싯다르타는 매트릭스를
어떻게 해체할까?

영화 〈매트릭스〉의 여자 주인공 트리니티Trinity가 남자 주인공 네오Neo에게 말한다. "깨어나세요, 네오. 매트릭스가 당신을 장악했어요. 흰 토끼White Rabbit(깨달음으로 안내하는 선생)를 따라가세요. 토끼 굴Rabbit Hole로 들어가세요."

토끼 굴로 들어가면 자기가 어떻게 해서 매트릭스가 설계한 가상현실에 갇혀 살게 되었는지 깨닫게 된다. 토끼 굴은 수행센터 도과선원이다.

매트릭스란 무엇인가? 가상현실을 설계한 인공지능(A. I.)으로 인간은 그 시스템의 지배 아래 살아간다. 자신이 보고 듣고 경험하고 사유하는 일체가 매트릭스 체계에 동력을 주고 있다. 바퀴에 올라탄 다람쥐가 바퀴에서 벗어나려고 빨리 달릴수록 바퀴는 오히려 더 잘 돌아가듯. 매트릭스는 다람쥐 쳇바퀴요, 늪이다. 늪에 빠진 사람은 움직일수록 더 깊이 빠진다. 인간의 몸과 마음, 세상과 환경이 모두 매트릭스가 투사된 가상현실 즉, 환상이다. 불교적으로 해석하면 매트릭스란 인간이 던져져 있는 실존적 한계상황이다. 그것은 삼계다. 욕계, 색계, 무색계이다. 매트릭스는 윤회다. 그리고 그것은 고苦다.

그러면 어떻게 매트릭스에서 빠져나올 것인가? 매트릭스 내에서 진정한 깨우침에 이르는 마지막 단계가 시온Zion의 전사(가르침을 전승해온 성스런 승가Ariya Saṅgha)들이 제시하는 빨간 약과 파란 약 중 하나를 선택하는 것이다.

빨간 약은 가짜 현실 세계(인큐베이터, 다시 태어난 인간에게 욕계의 자양분을 공급해주며 길들여서 성체로 만드는 장치)에서 깨어나게 하는 약이고, 파란 약은 매트릭스 내에서의 삶에 눌러 앉아 그냥 그대로 만족하며 살겠다는 선택이다.

그대는 파란 약을 먹을 것인가, 빨간 약을 먹을 것인가? 빨간 약은 욕계를 떠나리라는 결단離欲과 알아차림sati이다. 파란 약은 욕망과 무명이다.

자기를 매트릭스에서 구원해줄 '그the One'는 누구인가? 그는 바로 낮에는 컴퓨터 회사의 평범한 직원(보통사람)이지만, 밤에는 천재 해커(욕계를 해체하는 사띠수행)로 활동하는 앤더슨Anderson(익명의 보통사람)이다. 그의 아이디는 네오Neo다. Neo는 One이 재배열된 단어로 '새로운 자初心者'란 뜻이다. 그는 욕계에 발을 담그고 있지만 욕계를 떠날 것을 결심하고 그를 끝장내는 길End-making에 뛰어든 학생Neophyte이다. 그는 해탈의 흐름에 새로 합류한 자入流(수다원Stream-enterer)다. 네오는 컴퓨터 망(생활현장)을 돌아다니며, 세상에 대한 알아차림이 점점 강해져서 그것이 가상현실이라는 것을 꿰뚫어 보게 된다. 네오는 매트릭스와 싸우면서 능력이 점점 커지는데(능수능란한 알아차림), 자신이 바로 자신을 구원할 사람, the One이라는 사실을 인식하게 된다.

의식이 점점 깨어난 네오는 매트릭스 체제에 심각한 위험요소가 된다. 마치 욕계를 지배하는 마왕 빠삐만Mara Papiyas이 싯다르타를 두려워하는 것처럼. 매트릭스 요원과 한판 대결을 벌이다 네오는 죽음을 맞는다. 이것은 무엇을 의미하는가? 알아차림이 지속적이고 섬세해져 세계와 몸에 대한 기억과 생각을 떨쳐버린 사선정에 들었음을 의미한다. 마음이 '몸'이라는 새장, 몸이라는 늪에서 빠져나온 것이다. 마치 알을 깨고 나온 새가 하늘을 날아가듯. 사선정에 들어 색온色蘊과 수온受蘊을 벗어버린 것을 '죽음'에 비유한다면, 네오는 거기에 머물지 않고 사무색정을 거쳐 멸진정에 이르러 마지막 무명을 파하고 열반을 성취한다. 이것을 일러 '부활'이라고 할 수 있다. 이것은 죽음과 부활이라는 기독교 신화에 근거한 해석이다. 영화는 기독교 신화에 기반을 두고 스토리가 전개된다. 그래서 매트릭스 요원에 의해 살해되어 쓰러진 네오에게 그의 소울 메이트 트리니티가 키스를 하며 속삭인다. "네오, 당신을 죽일 수 없어요. 내가 선택한 사랑이기 때문에 죽일 수 없어요. 일어나세요. 당신이 세상을 구원할 사람이에요."

네오를 살려낸 트리니티는 누구인가? 자기의 영적인 도반이며, 소울 메이트다. 네오가 싯다르타라면 트리니티는 야소다라다. 다른 관점으로 본다면 사여의족四如意足이 자기의 소울 메이트다. 사여의족이란 네 가지 성취수단이다. 진리를 사랑하여 헌신적으로 진리를 향해 나아가는 열의熱意chanda, 정진viriya, 마음의 계발citta, 그리고 검증vimamsa이다.

매트릭스가 해제되면 해탈이요, 열반이다. 그때야 안다. 애초에 매트릭스를 설계한 아키텍트Architect(설계사)가 바로 자기의 업과 무명이었다는 것을. 설계한 자가 해체하는 법이다. 자기가 자신을 묶었다는 사실을 아는 사람만이 그 묶임을 풀 수 있다. 자신을 늪에 빠지게 한 사람이 바로 자신이라는 것을 깨달을 때 온몸에 힘을 빼고 허우적거림을 멈춘다. 그리고 사랑하는 소울 메이트의 키스와 같은 아름다운 호흡을 느낀다. 세상을 잊고 몸을 잊는다. 어느덧 늪에서 빠져나와 언덕에 닿았음을 안다. 여기가 피안彼岸(열반)이다.

웰컴 투 리얼 월드 Welcome to Real World. 진리의 세계無爲界에 오신 것을 환영합니다!

귀 있는 자 들어라
_ 초전법륜경과 무아상경

현대의 우주론에 의하면 우주의 나이는 137.98±0.37억 년이다. 이 우주 안에서 한 생명이 완전한 깨달음을 얻기까지 그만한 세월이 흘렀다는 것이다. 그러므로 장구한 우주의 진화과정에서 붓다가 출현하는 사건은 우주적인 드라마의 클라이맥스다. 인간세계를 굽어보는 천상세계의 존재들은 당연히 붓다의 출현에 열렬한 관심을 보이면서 이제부터 일어날 일에 대해 은밀하게 간여한다. 이제 부처님은 사람을 찾는다. 귀 있는 자 들어라, 눈 있는 자 보라고 법륜을 굴릴 것을 선언하셨기 때문이다. 이 땅 위에 살아 있는 사람으로서 부처님의 개구일성開口一聲(처음 입 벌려 하시는 한 말씀) 최초설법을 들을 준비가 된 자, 그 누구냐? 천안통으로 두루 살펴보니 고행림에서 같이 수행하였던 다섯 수행자가 떠오른다.

그들은 와라나시Varanasi 사슴 동산(녹야원)에서 여전히 고행하고 있었다. 보리수에서 녹야원까지 200km를 부처님은 맨발로 걸어서 가셨다. 아마도 일주일은 걸렸으리라. 스승이 제자를 찾아서 걸어가신 것이다. 무엇 때문인가? 자기를 추종하는 무리를 모으기 위해서인가? 자기가 깨달았다는 것을 사람들에게 알려 인정받으려 하심인가? 아니다. 그들은 오랜 수행으로 말미암아 많은 번뇌가 가라앉아 조금만 건드려 주면 곧 깨달을 것이라는 예감과 확신이 있었기 때문이다. 그들에게 무가지보의 선물을 주기 위해서 걸어간 것이다. 우주의 진리는 사유할 수도 없고 거래할 수도 독점할 수도 없는 천하 공유다. 오직 무상으로 보시할 뿐이다. 이것이 부처님의 행이다. 값없는 청풍명월은 집집마다 드나들건만 창문을 열어야 비로소 시원한 바람과 교교한 달빛을 맞을 수 있듯, 부처님의 선물은 마음이 열린 사람이어야 받을 수 있다.

그러나 여기 아지위까ajivika(숙명론자) 우빠까Upaka를 보라. 그는 진리에 눈뜬 분을 눈앞에 마주하고도 알아보지 못하고 지나쳐버린다. 황금 같은 기회가 눈앞에서 사라져 가는 데도 알지 못한다. 현생에서 다행히 불법을 만난 우리가 부처님이 가르치신 대로 행하고 닦지 않는다면 우빠까와 다를 게 무엇인가? 무늬만 불자라면 당나귀 귓가에 스치는 바람이요, 쇠귀에 경 읽기다. 하늘과 땅 사이에 고고하게 홀로 가시는 임의 모습이 맑고도 고귀하여 푸른 하늘을 나는 고고한 학野鶴靑雲과 같고, 눈 쌓인 소나무와 그윽한 난초雪松幽蘭 같으시니 눈이 열려 있고 귀가 뚫린 자라면 가까이 다가와 묻지 않을 수 없으리라.

"당신은 누구십니까?"

"나는 모든 속박에서 벗어난 사람, 모든 것을 아는 사람입니다. 나는 무엇에도 더럽혀지지 않고 모든 욕심과 애착에서 해탈한 사람입니다."

"당신의 스승은 누구입니까, 당신은 어떤 법을 배웠습니까?"

"스스로 깨달은 자에게는 스승이 없습니다. 나와 같은 사람은 없습니다. 홀로 깨달음을 얻은 나는 마음이 고요하고 평화롭습니다."

눈이 빛나고 가슴에 피가 흐르는 사람이라면 바로 이마를 땅에 대고 무릎을 꿇어 법을 청했어야 마땅하리라.

"오, 눈뜬 임이여. 자비를 베푸시어 저에게 당신의 깨달음을 가르쳐주소서."

그러나 우매한 우빠까는 "그럼 어디로 가는 길입니까?"라는 멍청한 질문밖에 할 수 없었다. 베드로가 부활한 예수가 나타난 것을 보고 "주여, 어디로 가시나이까?(쿼 바디스 도미네)"라고 한 것과 같은가, 다른가? 우빠까는 왜 부처님을 알아볼 수 없었을까? 왜 설법을 청할 줄 몰랐을까? 나도 수행할 만큼 해봤다는 자만심 때문인가, 다른 사람이 깨달았다는 것을 인정하기 싫은 마음 때문인가? 자기 것만 옳고 다른 사람 수행은 틀렸다는 고정관념 때문인가? 이제까지 쭉 해온 대로 하면 되지 새삼스레 공부 방법을 바꿀 필요가 있겠느냐는 타성 때문인가, 지금 당신이 깨달은 것처럼 보이지만 조금 있으면 당신도 여느 성자처럼 변질되고 말 거라는 냉소주의 때문인가?

부처님과의 만남이라는 천재일우의 기회를 흘려보낸 사람을 무연중생無緣衆生(인연이 없는 중생)이라고 한다. 우빠까도 그런 사람일까? 머리를 절레절레 흔들며 가던 길을 재촉해서 가는 우빠까의 모습은 무연중생처럼 보인다. 그런데 경전에 보면 우빠까는 많은 세월이 흐른 뒤 결국 부처님에게로 다시 돌아와 그분의 제자가 되어 도를 이루었다고 한다. 그러면 그렇지. 옷깃을 스쳐도 오백생의 인연이 있다고 했는데, 부처님이 설법하러 가시는 길에 최초로 마주친 우빠까에게 법의 인연이 없을 리가 있겠는가.

부처님이 친히 자신들을 만나러 온다는 소식을 접한 다섯 수행자들은 마음이 두 갈래로 갈라진다. 하나는 고행을 버린 사람이니 못 본 척하자는 방관자적인 태도이고, 다른 하나는 깨달은 사람에게서 풍겨나는 알 수 없는 카리스마에 끌려가는 태도였다. 다섯 수행자들은 부처님이 그들에게 다가오자 불붙은 조롱 속의 새처럼 안절부절못하면서, 누가 먼저랄 것도 없이 발우를 받아 들고, 앉을 자리를 펴 드리며, 발 씻을 물을 가져오면서 반갑게 맞이하였다.

"어서 오십시오, 고따마. 먼 길에 얼마나 고생이 많았습니까? 벗이여[1], 이 자리에 편히 앉으십시오."

"그대들은 여래如來(진리의 표본이 되는 분)를 고따마라고 불러서는 안 된다. 완전히 깨달은 사람을 벗이라 불러서는 안 된다."

부처님은 이렇게 자신의 위상을 세우고, 스승의 자리에 앉는다. 그분이 자신을 높이고자 그러했겠는가. 제자들로 하여금 법에 대하여 간절하고 진실한 마음을 일으키기를 바랐기 때문이다. 다섯 수행자는 부처님의 위엄에 감동하여 믿음의 등불이 타올랐다. 오랜 침묵이 흐르고 저녁이 찾아왔다. 보름달이 하늘 가운데에서 온 세상을 훤히 비출 때였다. 부처님은 법의 수레바퀴法輪dhammacakka를 굴리기 시작한다.

이와 같이 나는 들었다.

어느 때 세존께서는 와라나시 근처의 이시빠따나선인처仙人處의 사슴 동산에 계셨다. 거기서 세존께서는 다섯 수행승에게 말씀하셨다.

"수행승이여, 출가자가 따라서는 안 되는 두 가지 극단이 있다. 그것은 저열하고 통속적이고 범속하고 성스럽지 못하고 이익을 주지 못하는 감각적 욕망에 대한 쾌락의 탐닉에 몰두하는 것이며, 괴롭고 성스럽

붓다의 최초 설법지 녹야원 ┃ 인도 바라나시에서 북동쪽 13km 거리에 위치하는 사르나트 Sarnath에 부처님의 최초 설법지인 녹야원을 기념하기 위해 BCE 249년에 아소카 왕이 세운 거대한 탑(다메크 스투파Dhamek Stupa)이 서 있다. ⓒ Neo954

지 못하고 이익을 주지 못하는 자기 학대에 몰두하는 것이다. 비구들이 여, 이러한 두 가지 극단을 따르지 않고 여래는 중도를 완전하게 깨달았 나니, 이 중도는 눈과 지혜를 생기게 하며 고요함과 높은 지혜와 깨달음 과 열반으로 인도한다.

수행승이여, 그러면 어떤 것이 여래가 완전하게 깨달았으며, 눈과 지혜를 생기게 하며 고요함과 높은 지혜와 바른 깨달음과 열반으로 인 도하는 중도인가? 그것은 바로 성스러운 팔정도로 바른 견해正見, 바른 사유正思惟, 바른 말正語, 바른 행동正業, 바른 생계正命, 바른 정진正精進, 바른 알아차림正念, 바른 집중正定이다. 비구들이여, 여래는 참으로 이 중도를 통하여 완전하게 깨달았으며, 눈과 지혜를 생기게 하며 고요함과 높은 지혜와 바른 깨달음과 열반을 얻었다."

쾌락주의와 고행주의라는 양극단을 여읜 중도[2]를 천명하신 것이다. 중도는 다름 아닌 팔정도이니, 이것이 불교의 핵심이다.

이어서 사성제를 설하신다.

① "이것이 바로 괴로움의 성스러운 진리苦聖諦다. 태어남도 괴로움이요, 늙음도 괴로움이요, 죽음도 괴로움이다. 슬픔, 비탄, 육체적 고통, 정신적 고통, 절망도 괴로움이다. 좋아하지 않는 대상과 만나는 것도 괴로움이요, 사랑하는 대상과 헤어지는 것도 괴로움이다. 원하는 것을 얻지 못하는 것도 괴로움이다. 요컨대 취착의 대상이 되는 오온五取蘊이 바로 괴로움이다.

② 이것이 괴로움의 일어남의 성스러운 진리苦集聖諦다. 그것은 바로 갈애이니, 다시 태어남을 가져오고 즐김과 탐욕이 함께 하며 여기저기서 즐기는 것이다. 즉 감각적 욕망에 대한 갈애欲愛[3], 존재에 대한 갈애有愛, 존재하지 않음에 대한 갈애無有愛가 그것이다.

③ 이것이 괴로움의 소멸의 성스러운 진리苦滅聖諦다. 그것은 바로 그러한 갈애가 남김없이 빛바래어 소멸함, 버림, 놓아버림, 벗어남, 집착 없음이다.

④ 이것이 괴로움의 소멸로 인도하는 도의 성스러운 진리苦滅道聖諦다. 그것은 성스러운 팔정도로 바른 견해, 바른 사유, 바른 말, 바른 행동, 바른 생계, 바른 정진, 바른 알아차림, 바른 집중이다.

이제 사성제에 대하여 세 가지로 번갈아 깊게 사유한다. 이것을 세

가지 양상轉과 열두 가지 형태相로 확실하게 사유하고 명증하게 체험했다 해서 삼전십이행상三轉十二行相이라 한다.

① 고성제에 대하여: 나에게는 '이것이 괴로움의 성스러운 진리다'라는 확실한 이해가 생겨났다. 이런 진리가 있노라며 펼쳐 보인다示轉.

② '이 괴로움의 진리를 철저하게 알아야 한다빠린냐parinna/should be known.'라는 확실한 결단과 수행이 일어났다. 이렇게 철저히 알게 된 진리를 닦는다勸轉.

③ '이 괴로움의 진리는 철저하게 알았다have been known.'라는 명쾌한 확신이 일어났다. 철저히 알게 된 것을 닦아 마치고, 닦아 마친 것을 마땅히 실현한다證轉.

④ 집성제에 대하여: 나에게는 '이것이 괴로움의 일어남의 진리다'라는 확실한 이해가 생겨났다.

⑤ '이 괴로움의 일어남의 진리는 버려져야 한다빠하나pahana/should be abandoned.'라는 확실한 결단과 수행이 일어났다.

⑥ '이 괴로움의 일어남의 진리는 버려졌다have been abandoned'라는 명쾌한 확신이 생겼다.

⑦ 멸성제에 대하여: 나에게는 '이것이 괴로움의 소멸의 진리다'라는 확실한 이해가 생겨났다.

⑧ '이 괴로움의 소멸의 진리는 실현되어야 한다사치끼리야sacchi-kiriya/should be realized.'라는 확실한 결단과 수행이 일어났다.

⑨ '이 괴로움의 소멸의 진리는 실현되었다have been realized'라는 명쾌한 확신이 생겼다.

⑩ 도성제에 대하여: 나에게는 '이것이 괴로움의 소멸로 인도하는

도의 진리다'라는 확실한 이해가 생겨났다.

⑪ '이 괴로움의 소멸로 인도하는 도의 진리를 닦아야 한다바와나 bhavana/should be practiced.'라는 확실한 결단과 수행이 일어났다.

⑫ '이 괴로움의 소멸로 인도하는 도의 진리를 닦았다have been practiced.'라는 명쾌한 확신이 생겼다.

이리하여 전에 들어보지 못한 법들에 대한 눈眼cakkhu이 생기고, 지혜智nana가 생기고, 통찰지慧panna가 생기고, 명지明智vijja가 생기고, 광명光明aloka이 생겼다. 이것이 '확실하게 깨달았다郭徹大悟'는 부처님의 표현방식이다. 그리고 온갖 천상세계의 신들이 알아듣도록 천명하신다.

"나의 해탈은 확고부동하다. 이것이 나의 마지막 태어남이며, 이제 더 이상의 다시 태어남은 없다'라는 지와 견解脫知見이 나에게 일어났다."

이것이 아라한의 선언이다. 더 이상 윤회에 태어남이 없기에 무생법인無生法忍이라 한다. 다시 태어나지 않으므로 죽을 일도 없다. 그래서 무생無生은 불사不死다. 모든 아라한은 무생불사다.

이렇게 법이 설해졌을 때 꼰단냐 존자에게 '일어난 법은 그 무엇이든 모두 사라지게 되어 있다(Yam kinci samudayadhammam, sabbam tam nirodhadhammam).'라는 티 없고 때 묻지 않은 법의 눈法眼이 생겼다. 이에 세존께서는 감탄을 한다. "참으로 꼰단냐는 완전하게 알았다. 실로 꼰단냐는 완전하게 알았다." 이로 인해 꼰단냐는 '안냐따꼰단냐 Annatakondanna(아야교진여阿若憍陳如)'라는 이름을 얻게 되었다.

그 찰나, 그 짧은 순간에 범천의 세상에 이르기까지 그 소리가 퍼져 나갔다. 그리고 일만 세계는 흔들렸고 강하게 요동쳤으며, 한량없는 찬란한 빛이 나타났으니 그것은 천인들의 광채를 능가하였다.

꼰단냐가 얻은 깨달음은 수다원(깨달음의 첫 단계 예류도預流道)이었다. 이것을 선종에서 말하는 돈오頓悟라고 할 수 있을까? 만약 그렇다고 본다면 이제부터 오후悟後(열반을 체험한 다음)의 보임保任(미세한 탐진치를 알아차리는 수행)이 필요하다. 이 보임수행을 점수漸修(열 가지 번뇌 중 남은 일곱 가지를 제거해가는 수행)라고 할 수 있다. 수다원에서 사다함, 아나함, 아라한의 도과道果로 향상하는 것은 수다원과를 얻기 전의 수행에 비해 힘이 들지 않는다無功用. 그래서 다섯 제자가 모두 수다원의 경지를 얻은 것을 아신 부처님은 최상의 깨달음으로 향상시키기 위해 〈무아상경〉을 설하셨다.[4]

"이와 같이 나는 들었다. 한때 세존께서 와라나시 시의 이씨빠따나에 있는 미가다야(녹야원)에 계셨다.

물질色은 내가 아니다. 수행승들이여, 만약 이 물질이 나라면 이 물질色에 질병이 들 수가 없고 이 물질에 대하여 '나의 물질은 이렇게 되라. 나의 물질은 이렇게 되지 말라'라고 말할 수 있을 것이다. 물질은 내가 아니므로 수행승들이여, 이 물질은 질병이 들 수가 있고 이 물질에 대하여 '나의 물질은 이렇게 되라. 나의 물질은 이렇게 되지 말라'라고 말할 수 없는 것이다.

감수受는 (……) 지각想은 (……) 형성行은 (……) 의식識은 내가 아니다. 수행승들이여, 만약 이 의식이 나라면 이 의식에 질병이 들 수가 없고 이 의식에 대하여 '나의 의식은 이렇게 되라. 나의 의식은 이렇게 되지 말라'라고 말할 수 있을 것이다. 의식은 내가 아니므로 수행승들이여, 이 의식이 질병이 들 수가 있고 이 의식에 대하여 '나의 의식은 이렇게 되라. 나의 의식은 이렇게 되지 말라'라고 말할 수 없는 것이다."

부처님은 인간의 몸과 마음을 다섯 무더기五蘊로 해체한다. 곧 물질色(몸), 감수受(느낌), 지각想(인식), 형성行(의지), 의식(識). 이 다섯 무더기는 '나의 것이 아니며, 나가 아니며, 나의 자아가 아니다(netaṃ mama, nesohamasmi, na me so attā)'라고 사유하고 깨달아 확실하게 체험하라고 한다. 이것은 몸과 마음, 정신과 물질현상을 '나'로 동일시하지 말고非同一視dis-identification 떨어져서 바라보라는 것이다. 그리고 부처님 특유의 대화 방식으로 제자들을 구석으로 몰아 부친다. 불편한 진실을 받아들일 수밖에 없는 궁지로 몰아넣는 것이다. 완전히 승복하여 관점이 확 바뀔 때까지. 이런 대화법은 소크라테스의 산파술5)과 같은 맥락이다.

　　"수행승들이여, 그대는 어떻게 생각하느냐? 물질은 (……) 감수는 (……) 지각은 (……) 형성은 (……) 의식은 영원한가, 무상한가?"
　　"세존이시여, 무상합니다."
　　"그러면 무상한 것은 괴로운 것인가 즐거운 것인가?"
　　"세존이시여, 괴로운 것입니다."
　　"무상하고 괴롭고 변화하는 법을 '이것은 내 것이고 이것이야말로 나이며 이것은 나의 자아다.'라고 하는 것은 옳은 것인가?"
　　"세존이시여, 그렇지 않습니다."
　　그러므로 수행승들이여, 어떠한 감수이든, 지각이든, 형성이든, 의식이든 '이것은 나의 것이 아니고 이것이야말로 내가 아니고 이것이 나의 자아가 아니다.'라고 올바른 지혜로써 관찰해야 한다.

수행승들이여, 이와 같이 보고 잘 배운 고귀한 제자는 물질에서도 싫어하여 떠나고 감수에서도 싫어하여 떠나고 지각에서도 싫어하여 떠나고 형성에서도 싫어하여 떠나고 의식에서도 싫어하여 떠나며, 싫어하여 떠나서 사라지고 사라져서 해탈한다. 해탈하면 '나는 해탈했다'는 지혜가 생겨나서 '태어남은 부서지고 청정한 삶은 이루어졌다. 해야 할 일을 다 마치고 더 이상 윤회하지 않는다.'라고 그는 분명히 안다."

여기서 부처님의 설법의 요강이 다 밝혀졌다. 오취온五取蘊(중생이 오온을 자아라고 착각하여 붙들고 있는 것)을 놓아버리고放下著, 싫어하여 떠나며厭惡[6], 탐욕이 빛바래어 사라지고離欲, 해탈했으며, 해탈했다고 안다解脫知見.

부처님이 이와 같이 말씀하시자 다섯 명의 수행승들은 환희하여 기뻐했다. 그리고 이러한 설법이 행해지는 동안에 다섯 명의 수행승들의 마음은 털끝만한 집착도 없어져 미세한 번뇌에서 해탈했다. 색色과 수受와 상想이 고요해진 것이다想受滅定. 마지막 무명이 부서지자 다섯 제자들은 모두 아라한의 경지를 얻었다. 그들은 '부처님의 최초의 제자 오비구[7]'라는 영광스러운 이름으로 경전에 올라 있다. 다섯 비구는 꼰단냐Annata Kondanna, 왑빠Vappa, 밧디야Bhaddiya, 마하나마Mahanama, 앗사지Assaji이다.

이때가 부처님이 법륜을 굴린 지 5일째 되는 날이다. 다섯 제자가 깨달음을 얻자 부처님은 얼마나 기뻐했겠는가? 녹야원에서 일어난 사건은 초신성수퍼노바Supernova의 폭발과도 같은 사건이다. 수퍼노바는 물질 우주를 밝히는 등대가 되는 반면에 녹야원의 전법륜은 인간 정신이 지향할 바를 가리키는 향도성嚮導星이 된다.

| 주 |

1) 동등한 스님들끼리 서로 '벗이여! 아유소Avuso'라고 호칭한다. 자기보다 선
배 스님에게는 '존자여! 반떼Bhante'라고 한다.(SN* 56:11, 〈초전법륜경初轉法輪經
Dhammacakkappavattana Sutta〉, 전재성 역)

*SN: 상윳따니까야Samyutta Nikaya의 약어.

2) 중도: majjhima patipada를 변역한 말이다. majjihima중간+pati길을+pada
걸어간다. 양극단을 여의는 길을 간다는 말. 그러면 따르지 않고 떠나야 할 양
극단은 무엇인가? 다섯 가지가 있다. 첫째, 고락苦樂중도. 둘째, 일이一異중도.
셋째, 단상斷常중도. 넷째, 자작타작自作他作중도. 다섯째, 유무有無중도. 중도를
깨달았다는 것은 모든 사견을 소멸시키고, 연기법을 깨달은 것이며, 이것이 바
로 정견이다.

3) 애愛의 세 가지: 욕유欲有(욕계의 존재를 구성하는 성분들)에 대한 갈애를 욕애欲愛,
색유色有(색계의 존재를 구성하는 성분들)에 대한 갈애를 색애色愛, 무색유無色有(무색
계의 존재를 구성하는 성분들)에 대한 갈애를 무색애無色愛.

4) SN 22:59, 〈무아상경Anattalakkhana Sutta〉, 전재성 역.

5) 산파술産婆術: '영혼산파술'이란 '대화술(변증법)'과 함께 소크라테스의 중요한
교육방법이다. 인간은 이데아의 세계로부터 왔으나 망각의 강Lethe을 건너면
서 진리에 대한 기억을 잊었다는 것이 소크라테스의 생각이었다. 그래서 기억
을 스스로 되살릴 수 없는 사람들이 기억을 되살릴 수 있도록 도와주는 것을
교육이라고 했다. 상대에게 끊임없이 질문을 던지고 답하게 함으로써 스스로
진리에 눈뜨게 만드는 대화를 말한다.

6) 염오厭惡는 빠알리어 '닙비다nibbida'의 한역어로 '싫어하여 떠나다'는 뜻이고,
이욕離欲은 빠알리어 '위라가viraga'의 한역어로 '탐욕이 빛바래어 사라지다'는
뜻이다.

7) 비구比丘bhikkhu: 250계를 지키는 남자 스님. 비구니比丘尼bhikkhuni는 358계
를 지키는 여자 스님을 말한다. 부처님 당시에 비구와 비구니 승가가 건립되어

오랫동안 유지되다가, 상좌부에서는 비구니 계맥이 단절되었고, 대승권의 한국, 중국, 대만, 일본에는 비구니 계맥이 아직도 전승되고 있다. 최근 스리랑카와 태국, 호주에도 비구니 사원이 생겼다. 티베트불교에서도 비구니 승가를 만들기로 했다고 까르마빠(Ogyen Trinley Dorje, 17th Karmapa, 1985~) 존자가 말했다. 미얀마나 태국에서는 8계와 10계를 지닌 여자 수행자들이 많다. 이들은 모두 머리를 깎고 나름대로의 승복을 걸치고 있다. 이런 수행녀를 미얀마에서는 시알레이, 띨라신, 태국에서는 매치maechi라 부른다.

야사여, 잔치는 끝났다
_ 길을 찾아라!

쾌락의 끝은 어디인가?

권력과 부를 향해 질주하는 삶의 끝은 무엇인가?

방황의 끝은 어디인가?

부처님 당시 최고로 번성했던 부유한 도시 와라나시Varanasi에 한 청년이 있었다. 그는 부와 권력이 허락하는 모든 혜택을 다 누리면서 안락하고 유쾌한 인생을 살고 있었다. 오늘날의 유한계급[1])에 해당하는 삶을 살았다. 의식주를 위해서 노동할 필요가 없는 그는 24시간이 온통 여가 시간이었다. 게다가 모든 종류의 쾌락을 만족시킬 수 있는 수단을 다 가지고 있었다. 눈과 귀를 기쁘게 하고, 코와 입을 즐겁게 하며, 애인의 살결이 주는 감촉과 탐미적인 감각, 향락적인 상상을 다 만족시킬 수 있었다.

하루 종일 이렇게 살고, 한평생 이렇게 산다면 얼마나 좋을까? 이 것이 부와 권력을 가지고 싶어 하는 이유가 아닌가? 부와 권력에서 소외된 대중은 가진 자들은 모두 그렇게 살 것이라고 믿으면서, 그런 삶을 부러워하고 닮고 싶어 한다. 그러나 부유한 자들에게도 고통은 있다. 쾌락이 보장된 삶에 권태라는 것이 끼어든다. 한때 즐거움을 주던 것들이 시간이 지남에 따라 시들해진다. 쾌락의 한계효용을 체감하는 것이다. 경탄할 만한 경치도 자꾸 보면 단조로운 배경에 지나지 않을 것이며, 심금을 울리는 음악도 오래 들으면 청각을 무디게 만든다. 뇌쇄적인 미인의 섹시미도 자주 보면 시들해지고, 입맛은 까다로워지고, 취향은 세련되어진다. 만족하기가 점점 더 어려워진다. 호사와 사치와 모든 유흥과 향락이 권태로워진다. 쾌락주의의 끝은 권태와 우울이다. 그리고 도덕적 아노미[2]가 온다. 선과 악을 분별할 수 없게 되어, 해야 할 것과 하지 말아야 할 것의 경계를 넘어버린다. 권태를 이기기 위해 전위적이고 극단적인 방식으로 쾌락을 추구한다. 변태성 섹스에 마약까지도. 과도한 쾌락은 심신을 소진시키고, 권태는 정열을 식게 만든다. 삶은 무의미해지고 무력감에 빠진다.

그는 어릴 때부터 부족함을 모르고 살아왔기 때문에 힘든 일을 할 줄 모른다. 누리고 소비하고 즐기는 식으로 살아왔으니 자기 삶의 의미를 찾으려고 한 적이 없다. 그런데 이젠 누리고 즐기는 일조차 심드렁해졌다.

바라나시의 청년 야사Yasa가 이런 지경에 다다라 숲 속을 헤맸다. "아, 싫다. 괴롭다. 정말 비참하구나." 이른 새벽, 어둠이 가시지 않은 녹야원에 낯선 절규가 메아리쳤다. 한 젊은이가 술이 깨지 않은 채 헝클어진 머리로 옷깃을 풀어헤치고 숲 속을 휘젓고 있었다. 고요히 앉아계신 부처님이 나직하게 부른다. "젊은이, 이곳에는 괴로움이 없다네. 비참함도 없다네." 아침 공기처럼 상냥한 목소리에 청년은 놀란다. "놀라지 말게. 마음을 가라앉히고 잠시 여기에 앉게." "무엇이 그토록 싫고 비참한가?" "스스로 행복한 사람이라고 아무리 되뇌어보아도 제 삶은 너무나 비참합니다. 이제는 지긋지긋합니다." "무슨 일이 있었는지 차근차근 얘기해 줄 수 있겠는가?"[3]

부처님은 정신없는 청년을 정신 차리게 하려고 자기가 살아온 과정을 제 입으로 말하도록 유도한다. 자기 이야기를 남의 이야기하듯이 하게 되면 자기를 객관화하여 볼 수 있다. 자기에게 묶였던 주의가 풀어져 좀 더 넓은 관점에서 자기의 삶을 돌아보게 된다. 그것은 고통의 원인을 찾아낼 수 있는 계기가 될 수도 있다. 야사는 쾌락을 일삼던 이제까지의 삶이 싫증이 났고, 역겨워졌으며, 떠나고 싶었던 것이다. 그래서 새로운 삶을 살고 싶었던 것이다. 나름대로 길을 모색했으나 어디에도 길은 보이지 않았고, 홀로 가슴을 썩이며 죽음에 이르는 병을 앓고 있었던 것이다. 그렇다. 쾌락의 끝은 권태, 좌절, 불만족, 공허함, 추락, 자포자기, 죽음이다.

야사여, 잔치는 끝났다.
술 떨어지고, 취한 사람들이 하나둘 쓰러진다
마지막 잔을 비우고 제각기 신발을 찾아 신고 떠나지만
어렴풋이 나는 알고 있다
여기 홀로 누군가 마지막까지 남아

그 모든 걸 기억해내며 뜨거운 눈물을 흘리리란 것을

어쩌면 나는 알고 있다

누군가 이 쓰레기를 주섬주섬 치우며, 새벽이 오기 전에

이 무덤에서 벗어날 길을 찾으리라는 것을.[4)]

"젊은이, 그대가 살고 있는 삶은 끝없는 허전함과 고통을 안겨주고 결국은 그대를 파멸로 이끌 것이네. 그대가 서 있는 곳은 위험하고 불안해. 내가 있는 자리로 오게. 이곳은 안전하고 평온한 곳이네. 그대 발밑을 보게나, 그대의 삶이 허무 속으로 꺼져 들어가는 걸 보라. 모든 환락과 무료와 권태는 허무로 이끈다네. 세상이 주던 환상이 마침내 본색을 드러낸 것이지. 이것을 환멸幻滅이라 하는 게야, 환상이 불러일으키는 헛된 기대가 사라진 것이지. 그러면 비로소 달관하게 되는 거야."

야사의 눈이 번쩍 뜨인다. 개안일성開眼一聲. 눈 뜨자 한 마디.

"성자시여, 평온하고 안전한 곳은 어디입니까?"

이제 야사에게 부처님의 가르침이 다가왔다. 부처님의 설법 방식은 알아듣기 쉽게 차근차근 낮은 단계에서 높은 단계로 이끌어주는 친절 법문이다. 선한 마음으로 보시를 행하면 공덕이 생겨난다. 올바른 계율을 지키면 평온하고 행복한 삶을 살게 된다. 욕을 따라가면 불행과 고통이 온다. 욕을 떠난 생활은 고요하고 맑은 기쁨을 가져온다. 야사의 얼굴에서 취기가 가셔지고 화색이 돈다. 법문이 주는 청정한 기운이 몸을 맑혀서 마음까지 밝게 해준다. 이제 법문의 수준을 끌어올릴 때가 된 것이다. 시계생천施戒生天(보시하고 계를 지키면 하늘나라에 태어나는 복을 받는다)의 수준에서 나아가 사성제를 설하신다. 괴로움과 그 원인, 괴로움이 소멸

한 닙바나의 경지와 그에 이르는 길을 말씀해주신다. 평온하고 안전한 곳. 갈구하지 않아도 스스로 충만한 경지. 무엇을 찾아 헤매지 않아도 곧바로 느낄 수 있는 안락. 지금 여기에서 느낄 수 있는 자존감. 흔들리지 않는 평온과 진부해지지 않는 생동감. 권태와 좌절이 눈 녹듯 사라지는 황홀한 순간. 얼마나 간절히 원했던 것인가! 부처님의 가르침이여. 얼마나 상쾌하고 유익한 처방인가! 총명한 야사는 진리의 눈法眼이 열린다. 환희에 넘쳐 관조의 빛 속에 잠긴다.

> 존귀하신 분에 의해서 잘 설해진 담마!
> 스스로 보아 알 수 있고, 결과는 곧바로 나타나니
> 와서 보라고 초청할 수 있으며, 향상으로 인도되는 진리이며
> 지혜로운 자라면 알아야 하는 진리.
>
> Svakkhato bhagavata Dhammo 스와카또 바가와따 담모
> Sanditthiko akaliko 산딧티꼬 아깔리꼬
> Ehipassiko opanayiko 에히빠씨꼬 오빠나이꼬
> Paccattam veditabbo vinnuhi. 빠짯땅 웨디땁보 윈뉴히

장래가 유망한 외아들을 잃어버린 야사의 아버지는 사방을 찾아다니다가 부처님의 발밑에 공손히 앉아 있는 아들을 발견한다. 빛은 빛을 끌어들이고, 깨달음은 깨달음을 낳는다. 아들을 따라 부처님께로 다가가 법을 듣는다. 눈이 열린 야사의 아버지는 부처님의 두 발에 예배하고 합장한다. "기쁜 일입니다. 부처님, 넘어진 이를 일으키듯, 가려진 것

을 벗겨주듯, 길 잃은 사람에게 길을 가리켜주듯, 어둠 속에서 등불을 비
춰주듯, 당신께서는 여러 가지 방법으로 법을 설해주십니다.”

| 주 |

1) 유한계급有閑階級leisure class: 베블런(Thorstein Veblen, 1857~1929)의 ‘유한계
급론’에서 유명해진 말이다. 사회에 유익한 생산노동에 종사하지 않고 그 위에
기생하면서 자신의 부나 실력을 과시함으로써 사회적 명예와 존경을 얻고자
하는 인간집단이다. 유한계급은 경제적으로 자신을 드러내기 위한 과시적 여
가(시간과 노력의 낭비)와 과시적 소비(재화의 낭비)를 그 특징으로 한다. 유한계급
은 심리적으로 보수적이고 감정적이며, 사회적으로 제도화되고 분화된다.
　베블런이 사회의 모순을 지적한 지 100여 년이 흐른 지금, 한국에서 가장 진보
적일 거라 예상되는 20대 청년들은 높은 등록금, 저임금, 비정규직 아르바이트,
부족한 일자리 등 일상의 생존에 모든 에너지를 쏟아 부어야만 하는 현실 때문
에 오히려 보수적으로 되고 있다. 어떻게? 현 체제는 생존수단에 해당하는 것
중 많은 부분을 하층계급으로부터 박탈함으로써 그들의 소비를 줄이며 그들의
에너지를 소진시킨다. 그래서 학습은 물론 새로운 생각을 할 수 없게 몰아감으
로써 결국 보수적으로 되게 한다. 우리 사회에 던지는 질문, 과연 우리 사회에
‘진보’는 가능한 걸까?
2) 아노미Anomie: 가치관이 붕괴되고 목적의식이나 이상이 상실됨에 따라 사회
나 개인에게 나타나는 불안정 상태. 신의神意와 법의 부재를 뜻하는 그리스어
아노미아anomia에서 유래. 에밀 뒤르켐(Emile Durkheim, 1858~1917)의 《자살
론》(1897)에서 유행하게 됨. 한 사회체제가 아노미 상태에 있을 때는 공통의 가
치관과 의미가 더 이상 이해되거나 받아들여지지 않는다. 더구나 새로운 가치
관이나 의미도 나타나지 않는 상태에서 대다수 사회구성원은 무기력, 목적의
식의 결여, 감정의 공허함과 절망 등을 경험하게 된다.
3) 《부처님의 생애》, p.135 19행~p.136 16행 옮김.
4) 최영미(1961~) 시인의 ‘서른, 잔치는 끝났다’를 조금 바꾸었다.

쾌락을 완전히 만족시킨다는 것이
가능한가?

　　쾌락을 완전히 만족시키는 것은 감각의 세계에서는 가능하지 않
다. 왜냐? 감각이란 게 자극에 따른 반응이기 때문이다. 한계효용체감의
법칙이란 게 있다. 어떤 자극이 쾌감을 불러왔을 때 다음에 다시 똑같은
자극을 가하면 그 쾌감의 효과는 줄어든다. 처음 10그램의 아편을 취해
기분이 좋았다면 다음엔 13그램을 취해야 그만한 기분을 느낄 수 있다.
그런데 문제는 그 쾌감이 자극에 길들여진 반응이란 것이다. 특정한 자
극에 중독된 쾌감이다. 그래서 그만한 자극이 주어지지 않을 때는 불만
족과 고통을 초래한다. 기대하지 않았던 부작용이다.
　　모든 종류의 쾌락과 만족은 대상과 조건에 의존한다. 사람들이 찾
는 즐거움은 어느 정도 중독된 즐거움이다. 즐거움을 주는 대상에 의존
할수록 더 의존하게 되고, 더 의존하게 될수록 더 괴로워지는 악순환이
되풀이된다. 가난한 사람들은 욕구 불만과 불편함으로 고통을 겪고, 유
한계급은 무료함과 권태로 고통을 겪는다. 빈곤층은 욕구의 충족 수단
이 결핍되어 상대적 박탈감으로 불행을 느끼는 반면, 유한계급은 쾌락
을 충족할 수 있는 수단을 확보하였기에 게걸스럽게 감각적 욕망을 추
구한다. 욕망 추구의 끝은 항상 허무와 좌절, 피로와 갈증이다. 뻔한 과
정을 반복하면서도 그만둘 수 없으니 중독된 것이다. 욕망 추구도 의식
수준에 따라 달라지는 법. 똥 속에서 꿀을 아무리 찾아도 찾지 못한다.

찾았다 하더라도 전부 똥이다. 똥 무더기를 빠져나와서 '아, 저게 똥이었네'라는 통찰이 생겨날 때 비로소 똥 무더기를 떠날 수 있다. 그때가 돼야 꿀을 찾을 기회가 온다. 그러니 먼저 감각적 욕망에 빠져 있는 세계가 똥인 줄 깨닫고고성제苦聖諦 거기에서 빠져나올 결단을 해야 한다. 불난 집에서 출구를 향해 뛰어가는 간절한 심정으로 말이다. 그렇지 않으면 세상만사 모두 똥 속의 일이요, 똥 속에서 꾸는 구더기의 꿈일 뿐이다.

'감각'이란 유쾌함과 불쾌함이라는 뗄 수 없는 두 파트너가 서로 부여잡고 춤을 추는 댄스 무대다. 그게 유혹적이며 로맨틱한 것으로 보인다면 당신은 아직 삼류 카바레에서 더 놀아야 한다. 그래서 쾌락의 세계에 대한 환멸을 맛봐야 한다. 쾌락에 대한 갈증은 언제 빛이 바래지려나. 죽을 때나 없어지려나? 그러나 사람은 죽을 때도 호흡에 대한 애착 때문에 호흡을 놓지 않으려고 발버둥 친다. 감각적 갈애가 버려지면 고통에서 벗어나 자유로워진다. 그러면 우리더러 감각이 박탈된 박제된 인형처럼 살라고? 아니! 선정의 기쁨과 지복은 너무도 오묘하고 강렬하여 당신이 그 맛을 한 번만이라도 얼핏 맛본다면 이 세상을 통째로 버리리라. 불교는 세속의 수준 낮고 변덕스러운 쾌락보다는 더 고상하고 지속 가능한 선정의 행복을 찾으라고 권한다. 그래서 불교를 영적인 쾌락주의Spiritual Epicureanism라 할 수도 있다. 그러면 선정 수행의 결과는 무엇인가? 찬란한 소멸, 자족과 평화, 열반과 해탈, 수행의 완성이다. 그래서 이렇게 선언하게 된다. 할 일은 다했다. 이루어야 할 것은 모두 이루었다. 닦아야 할 것은 모두 닦았다. 범행梵行(청정한 삶)은 완성되었다. 이번 생이 중생으로서의 마지막 삶이다.

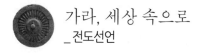

가라, 세상 속으로
_ 전도선언

　　마음이 이미 세상에서 떠난 야사는 출가를 결심하고 있었다. 그러
자 아비의 마음을 잘 헤아리고 있던 부처님은 야사에게 세속에 살면서
도 수행을 하면 출가한 것과 진배없다고 말하며 야사를 달랜다. 그러나
이는 출가하려는 야사의 진심을 한번 떠보는 것이리라. 네가 세상 속에
서도 수행할 수 있는데 그래도 꼭 출가하려느냐? 짐짓 한번 되짚어 보라
는 암시다. 야사는 뜻을 굽히지 않아 마침내 계를 받고 출가 사문의 길
에 들어 여섯 번째 비구가 되었다.

　　야사는 세상의 아무 것에도 집착하지 않는다. 아무 것에도 집착하
지 않고 열망하지 않기에 자기 스스로 닙바나를 수용하여 완전한 평온
에 머문다. 그는 말한다.

　　　다시 태어남은 종식되었고, 청정한 삶은 이루어졌다.
　　　해야 할 일은 해 마쳤고, 더 이상 윤회하지 않는다.

　　남부러울 것 없던 야사가 출가했다는 소문이 와라나시에 퍼져 나
가자 부와 권력을 과시하며 사치스런 나날을 함께 했던 그의 친구들은
충격에 빠진다. 뭔가 잘못된 거라 여기기에는 너무도 당당한 야사의 모
습이 신기하고 경이롭기까지 했다. 그의 절친한 친구 위말라Vimala, 수
바후Subahu, 뿐냐지Punnaji, 가왕빠띠Gavampati는 야사를 설득하러 갔

다가 오히려 감화를 받아 비구의 삶을 선택하고 말았다. 의식이 깨어난 한 사람은 주변의 열 사람을 깨어나게 한다는 말이 있다. 깨달음은 전염된다. 진리의 힘이란 그런 것이며, 또 그러니까 진리라 하는 것이다. 그게 다르마의 덕이다.

부처님과 야사의 기연, 야사의 친구들의 출가 소식은 와라나시를 발칵 뒤집는 센세이션을 일으켰다. 새로운 것에 대한 호기심으로 도시의 청년들이 숲 속으로 모여들었다. 마치 1960년대의 히피들이 불교로 몰려들 듯이. 나중에 오십 명의 와라나시 청년들이 부처님의 설법을 듣고 마음의 해탈을 얻어 출가하게 되었다. 이제 사슴 동산에는 육십 명의 비구들이 머물게 되었다. 이 스님들의 부모와 가족이 모두 와라나시의 대부호여서 후원은 물론 그 영향력도 막강해졌다. 부처님의 승가는 안정된 지지 기반을 확보하였다. 부처님이 깨달음을 이루고 초전법륜을 굴렸던 첫 해의 우기 동안에 육십 명의 비구는 모두 아라한과를 얻었다. 이제 최강 무적의 다르마 군단이 이루어졌다. 비가 그치고, 맑은 하늘이 드러나기 시작했다. 퍼붓는 폭우에 불안해하던 대지의 작은 생명들이 제자리를 찾아갈 무렵, 부처님은 제자들에게 선언한다.

비구들이여, 나는 신과 인간의 굴레에서 벗어났다.
그대들 역시 신과 인간의 굴레에서 벗어났다.
이제 법을 전하러 길을 떠나라.
많은 사람들의 이익을 위해, 많은 사람들의 행복을 위해,
세상을 불쌍히 여겨 길을 떠나라.
마을에서 마을로, 두 사람이 같은 길을 가지 말고 혼자서 가라.

비구들이여, 처음도 좋고, 중간도 좋고 끝도 좋은 법,[1]

조리와 표현이 잘 갖추어진 법을 설하라.

원만하고 완전하며 청정한 행동을 보여주라.[2]

세상에는 때가 덜 묻은 사람들이 있다.

다만 그들은 가르침을 듣지 못하였기 때문에 멀어졌지만

만일 그들이 가르침을 듣는다면 그것을 곧 알아들을 것이다.

비구들이여, 나도 법을 전하러

우루웰라의 세나니 마을로 갈 것이다.[3]

부처님은 제자들을 세상 가운데로 내보낸다. "가라, 세상 속으로. 사자처럼 당당하게 진리를 선포하고, 사슴처럼 온화하게 움직이며, 독수리처럼 민첩하게 대응하라. 진리가 모든 것을 이기나니, 다르마로 세상을 정복하라. 이것이 전법륜이다. 너희는 세상의 눈이요, 진리의 혓바닥이니, 혓바닥에서 불을 뿜어 세상의 어둠을 불살라라. 나는 진리의 왕 法王Dharmaraja이다. 전법륜의 결과는 어떠한가? 대중의 이익과 행복이다. 세간적인 행복과 초세간적인 행복이다. 세간적인 행복은 시계생천이요, 출세간적인 행복은 닙바나다."

불교는 누구를 위한 가르침일까. 당연히 모두를 위한 가르침이다. 불교는 특권을 가진 엘리트들을 위한 가르침이 아니다. 부처님 당시엔 상인계급과 지식인들에게 호소력이 강한 것이 사실이었지만, 원칙적으로 불교는 누구에게나 다 열려 있었다. 불교는 어떤 카스트도 배척하지 않았다. 수드라sudra(노예계급)와 불가촉천민harijan을 차별하지 않았다. 오히려 그들을 받아들이고 대접해주었다.

부처님은 역사상 처음으로 특정한 집단이 아닌, 인류 전체를 대상으로 정신적 각성을 인도한 분이었다. 전도선언이 그 사실을 증명한다. 불교는 우빠니샤드[4]처럼 비의적秘義的인 가르침이 아니다. 불교는 처음부터 마을에서, 도시에서, 무역로 주변에서 퍼져나갔다. 사람들이 곳곳에서 가르침을 듣고 승가에 합류하였다. 그들은 먼지와 때를 완전히 여읜 사람들이었다. 이제까지 잠들어 있던 인간 영역에 눈을 뜬 사람들이 부처님에게로 모여들었다.

오늘날 우리 불자가 해야 할 일은 무엇인가? 바로 전법이다. 법을 전해야 한다. 부처님은 제자들에게 전도를 위해 떠나라고 독촉하면서 자신도 몸소 전도의 길로 앞서 갔다. 당신은 깨달음을 이룬 이후 45년 동안 교화를 위해 길에서 길로 유행했다. 그분은 단 하루도 편안히 쉬지 않고 법을 전하기 위해 끝없이 돌아다녔다. 우리는 부처님을 본받아 그분을 따라가야 한다.

| 주 |

1) 전도선언에 '처음도 좋고 중간도 좋고 끝도 좋으며'라고 설해진 것을 간략히 '초중종初中終의 선善'이라고 부른다. 또 '조리와 표현을 갖추어서 법을 설하라'는 것을 '의문구족義文具足'이라 한다.
2) "원만하고 완전하며 청정한 행동을 보여주라."라는 대목은 전법자가 청정한 범행梵行을 몸소 실천하라는 의미다. 입으로 아무리 조리 있고 표현력을 갖춘 좋은 법을 설했다 할지라도, 몸소 실천하지 않으면 감화시킬 수 없다. 전법자 자신이 남에게 가르치는 대로 살아가야 한다. 실천이 따르지 않는 말은 공허하기에.
3) 《부처님의 생애》, p.141 13행~23행 옮김.

4) 우빠니샤드upanishad는 힌두교의 이론적·사상적 토대를 이루는 철학적 문 헌들의 집성체. 베다의 끝 또는 베다의 결론이라는 뜻에서 베단따vedanta라고 도 불린다. 비이원론不二論advaitanon-duality, 범아일여梵我一如, 환영maya론 은 우빠니샤드에서 유래한다. 플라톤의 이데아와 동굴의 비유, 칸트의 물자체, 쇼펜하우어, 에머슨, 소로우(Henry David Thoreau, 1817~1862)는 우빠니샤 드의 영향을 받았다.

세상이 불타고 있다
_산상설법[1]

부처님은 육십 명의 제자들을 각기 인연 있는 도시와 마을로 보내 고 자신은 우루웰라 마을로 발길을 옮긴다. 당시 그 주변에서 최고로 인 기를 끌며 영향력을 행사하던 종교 지도자를 염두에 두었음에 틀림없 다. 우루웰라는 부처님이 깨달음을 얻기 전 6년간 머물며 고행을 했던 곳이다. 60명의 제자를 거느리며 이제 막 승가의 기초를 형성한 시점에 부처님이 다시 이곳을 찾은 이유는 무엇일까.

당시 우루웰라 마을에는 깟사빠 3형제라는 브라만이 민중으로부 터 큰 존경을 받으며 인기를 누리고 있었다. 깟사빠 3형제란 '깟사빠 Kassapa가섭迦葉'라는 성을 가진 3형제, 즉 장남 우루웰라 깟사빠Uruvela Kassapa, 차남 나디 깟사빠Nadi Kassapa, 막내 가야 깟사빠Gayā Kassapa 를 말한다. 이 3형제는 모두 브라만 출신의 종교 지도자로 우루웰라는

500명, 나디는 300명, 가야는 200명, 도합 1,000명의 제자를 거느린 종교 집단이었다. 이들은 브라만의 전통에 따라 웨다Veda를 읽고, 불을 절대적으로 신성시하며, 불의 신 아그니[2]에게 제사 지내는 것을 주업으로 하는 배화교도였다. 그들은 출가해서 머리를 땋고(결발외도結髮外道라 한다), 고행을 하면서 산야에 머무르고, 불을 섬기는 제사의 중요성을 강조했다. 이들은 특별한 주력呪力의 소유자들로 마가다 국과 그 동쪽에 위치한 앙가Anga 국의 백성들로부터 존경을 받고 있었다. 마가다 국의 빔비사라 왕도 이들에게 신심을 표했다.

부처님은 이 깟사빠 3형제를 교화하기 위해 우루웰라로 왔다. 부처님이 우루웰라에 도착해 처음 방문한 곳은 맏형 우루웰라 깟사빠의 처소였다.

"깟사빠여, 당신의 처소에서 쉬어갈 수 있겠습니까?"

부처님은 깟사빠에게 한 칼을 날린다. 자만심으로 인해 사람 보는 눈이 흐려진 깟사빠는 부처님이 던진 지혜의 칼을 받지 못한다.

"사문에게는 천지가 모두 쉴 곳이거니 어찌 별다른 쉴 곳을 찾으십니까?"

이렇게 상대에게 되물었으면 좋았을 텐데, 깟사빠는 옆길로 샌다.

"그대가 쉴 만한 곳은 없소. 여기 독룡이 살고 있는 사당이 하나 있으니 거기라도 괜찮다면 쉬어 가시오."

과연 그날 밤 용이 독기 가득한 연기와 불꽃을 뿜으며 부처님에게 달려들었다. 부처님은 화광삼매火光三昧에 들어 삼매의 불꽃으로 독룡의 불꽃을 제압했다. 이에 조금 순해진 독룡에게 자존심을 건드리는 제안을 한다.

"네가 몸을 자유자재로 변화할 수 있다고 하니 크게 한번 변해 보거라. 그러면 내가 인정하마."

그랬더니 독룡이 하늘을 가득 채울 만한 몸집으로 변해 하늘을 가린다.

"굉장하구나. 네가 몸을 크게 할 수 있다는 것은 내가 인정하마. 그런 신통력이라면 몸을 작게도 할 수 있을 터이니 나의 발우 속으로 한번 들어와 보거라."

신통력을 인정받아 마음이 우쭐해진 독룡은 부처님의 제안을 덥석 받아들인다. 중생에게 가장 치명적인 유혹은 자존심을 상하게 하거나 자만심을 부추기는 것이다. 독룡은 자기 꾀에 넘어간다. 몸을 벌레만큼 작게 하여 부처님의 발우 속으로 들어가자 부처님은 발우를 손으로 덮어서 독룡을 꼼짝 못하게 가둔다. 그리고는 오른손으로 독룡 몸을 어루만지면서 다음 게송으로 타이른다.

용이 세상에 나오기는 어렵다
항하Ganga의 모래 같은 과거 동안
모든 부처님께서 반열반에 들 때까지도
너는 마침내 법을 만나지 못했구나
그것은 분노의 불 때문이니
여래에 대해 착한 마음을 가지고
그 성내는 독을 빨리 버려라
성내는 독을 버리고 나면
곧 천상에 태어나게 되리라.

다음 날 아침 많은 사람들이 사당으로 몰려들었다. 가여운 젊은 사문이 독룡에게 당했을 거라 여기면서 결과를 지켜보러 왔다. 그러나 아침 햇살을 받으며 당당하게 모습을 드러낸 주인공은 바로 부처님이었다. 마력을 잃어버린 듯 힘없고 초라해 보이는 작은 뱀 한 마리가 담겨져 있는 발우를 우루웰라 깟사파에게 내밀며 부처님은 말했다.

"깟사빠여, 이것이 그대의 독룡이다. 이 독룡의 불꽃은 나의 불꽃에 의해 소멸되었다네."

깟사빠를 따르던 오백 제자와 신도들은 경악했다. 삼십대 청년으로 보이는 부처님이 독룡을 항복시킨 것을 보고 백발성성한 자기들의 스승과 비교하기 시작한다.

부처님은 마가다 국의 거물이었던 깟사빠를 교화하기 위해서 신통의 교화를 썼던 것이다. 큰 고기를 낚는 데는 큰 낚싯대가 필요해서인가? 깟사빠 가문의 맏형을 제도하고 나니 동생 둘은 자동적으로 따라온다. 그리하여 천 명의 수행자들이 한꺼번에 부처님의 품안으로 들어온다.

진정한 배화교도들은 불을 소중히 여긴다. 불은 생명의 온기를 상징한다. 불이 주는 온기를 아끼고 사랑하며 빛을 감사히 여긴다. 불은 빛을 발하며 어둠을 몰아낸다. 세상을 빛과 어둠의 투쟁이라고 보았던 배화교도들은 불의 덕을 칭송하며 화공火供을 올리며 복을 기원한다. 부처님께 귀의한 배화교도들은 이제 진정한 불을 만난 것이다. 그것은 어둠을 불사르는 지혜의 불, 혼돈을 정화하는 삼매의 불, 고통을 태워버리는 해탈의 불이다. 그러나 무엇보다도 배화교도들은 그들의 내면에 타오르는 탐진치 삼독심의 불꽃을 불어서 꺼버린 닙바나nibbana吹滅를 맛보게 될 것이다. 닙바나, 그것은 번뇌의 불꽃이 소멸됨으로써 오는 청정한 행복이다.

　마가다 국의 가장 큰 교단이 부처님께 귀의했다는 것은 미증유한 사건이었다. 이제 부처님은 천하의 인심을 얻어 바야흐로 지존의 영광을 누리게 된다. 그러나 높아질수록 낮아지는 법이니 부처님은 인기를 얻었건 말건 평상심이다. 천 명의 제자를 이끌고 마가다의 수도 라자가하Rajagaha로 향한다. 우루웰라에서 가야로 넘어가는 길목, 코끼리 머리象頭처럼 생긴 바위가 있는 가야산³⁾ 정상에서 잠시 쉬던 때였다. 아래를 굽어보던 부처님이 말했다.

　　"수행자들이여, 온 세상이 불타고 있다."

　　sabbaṃ bhikkhave ādittaṃ.　쌉밤　비카웨　아딧땀

　이것이 유명한 가야 산상설법山上說法Sermon on the　Mount Gaya으로 그 내용은《상윳따니까야》에 나오는 〈연소의 경Ādittapariyāyasutta불의 설법燃燒經Fire Sermon〉에 쓰여 있다. 이것이 부처님이 깨닫고 나서 세 번째로 설한 법문이다. 평생 불을 섬기며 살아온 깟사빠 삼형제는 불에 대하여는 전문가라고 자부하던 터에 부처님이 불을 언급하니 상처가 찔린 듯이 반응한다. 상대의 정곡을 찌르며 해주는 말씀이었다. 불로써 쓰러진 자를 불로써 일으킨 것이다.

　"온 세상이 불타고 있다는 말씀이 무슨 뜻입니까?"

　"비구들이여, 눈이 불타고 있다. 눈에 보이는 빛깔과 형상이 불타고 있다. 눈의 분별眼識이 불타고 있다. 눈과 그 대상의 접촉眼觸이 불타고

있다. 눈과 대상의 접촉에서 생겨나는 즐겁거나 괴롭거나 즐겁지도 괴롭지도 않은 느낌眼受도 불타고 있다. 어떻게 불타고 있는가?

탐욕의 불로, 성냄의 불로, 어리석음의 불로 불타고 있고, 태어남, 늙음, 죽음, 슬픔, 비탄, 고통, 근심, 절망(전체 괴로움의 무더기들)으로 불타고 있다고 나는 말한다. 귀에서도 코에서도 혀에서도 몸에서도 나아가 마음에서도 불길이 훨훨 타오르고 있다.

비구들이여, 이와 같이 관찰할 수 있는 현명한 제자는 눈眼根에 대해서도, 눈으로 보는 빛깔과 형상色境에 대해서도, 눈과 대상의 접촉眼觸에 대해서도, 그 접촉에서 생겨나는 즐겁거나 괴롭거나 즐겁지도 괴롭지도 않은 느낌眼受에서도 싫어하여 떠난다.

그는 싫어하여 떠나 사라지고, 사라져서 해탈한다. 그가 해탈할 때 '해탈되었다'는 궁극의 앎이 생겨나서, '태어남은 부서졌고, 청정한 삶은 이루어졌고, 해야 할 일을 다 마쳤으니, 더 이상 윤회하지 않는다.'라고 분명히 안다."[4]

부처님이 이처럼 말하자 제자들은 만족하며 말씀에 환희하여 기뻐했다. 그리고 이와 같은 가르침이 설해졌을 때에, 천 명의 수행자들의 마음은 집착 없이 번뇌에서 해탈되었다.

우리의 감각기관은 항상 즐길 거리를 찾느라 두리번거린다. 즐길 거리를 찾았다 하면 집착하여 놓지 못하고 중독된다. 즐길 거리를 찾지 못하거나, 찾았다 하더라도 충분히 즐기지 못하면 욕구 불만에 빠진다. 즐길 거리를 찾는 것은 불놀이를 하는 것과 같다. 불을 적당히 즐기면 탈이 없지만 지나치면 불에 데어서 화상을 입는다.

즐길 거리를 밖에서 찾지 말라. 찾더라도 적당한 선에서 만족하라.

그리고 여기에 진정한 즐거움이 있으니 그것은 사람과 사물에 의존하지 않는 즐거움이다. 몸과 마음을 놓아버리고 편안히 앉으라. 들숨 날숨을 일어나는 그대로 알아차려라. 호흡이 고요해지면 마음도 따라서 고요해진다. 고요해질수록 맑아지고, 맑아질수록 밝아진다. 밝아진 알아차림으로 안과 밖이 텅 비었음을 보게 된다. 비었음을 느끼게 되면 현상계에서 놓여나고 벗어남을 체험한다. 그것은 청정한 즐거움, 샨티수카 santisukha이다. 샨티수카의 최상은 닙바나다. 그것은 불이 꺼져버린 시원한 청량지淸涼池다.

남산 타워에서 바라보는 서울의 야경은 휘황찬란하다. 색색가지로 빛나는 불빛이 공간을 꽉 채우고 있어 보석이 박힌 정원처럼 보인다. 찬란하고 장엄해 보이기까지 한다. 하지만 그 야경 속으로 들어가보면 어떤가? 거기에는 온갖 욕망이 투영되어 있으리라. 탐욕과 분노, 시기와 질투, 음모와 배신, 고뇌와 절망의 불빛 아래 불꽃의 열기에 괴로워 몸부림치고 있진 않을까? 화려함과 추악함, 멋짐과 허접함, 빛과 어둠이 뒤섞여 마치 심한 화상을 입은 피부의 수포처럼 보이리라. 만약 부처님이 서울의 야경을 바라보고 있었다면 무슨 말을 하실까? 아마도 "세상이 불타고 있다."라고 말할 것이다. 실제로 부처님은 "세상은 불타고 있다."고 말했다.

부처님이 말하는 세상은 우리가 인식하고 경험하는 세상이다. 눈과 귀 등으로 형상과 소리 등과 접하였을 때 알게 되는 세상을 말한다. 그런 세상이 불타고 있다는 말이 무슨 뜻일까? 부처님은 탐욕의 불, 성냄의 불, 어리석음의 불로 인하여 불타고 있다고 하였다. 뿐만 아니라 태어남, 늙음, 죽음, 우울, 슬픔, 고통, 불쾌, 절망으로 불타고 있다고 하였다. 어떻게 해야 뜨겁게 불타는 집火宅에서 벗어날 수 있을까? 불타는 세상에서 간절히 벗어나고자 하는 사람은 어찌 되었든 살 길을 찾으리라.

| 주 |

1) 엘리엇(T. S. Eliot, 1888~1965, 영국의 모더니즘 시인)의 장편시 〈황무지The Waste Land〉의 제3부는 '불의 설교Fire Sermon'라는 부제가 붙어 있다. 시인은 불모의 도시 런던에서 벌어지는 종말론적인 풍경을 묘사하면서 '뼈들이 서걱거리는 소리'를 등 뒤에서 듣는다. 시인은 욕망은 범람하지만 결심은 하나도 없는 현대인의 상황 그 자체가 황무지임을 보여주면서 인간의 욕망의 불길이 자기 파멸적임을 경고하는 부처님의 〈불의 설법〉을 연상했음에 틀림없다.

2) 아그니Agni: 웨다Veda에 나오는 불의 신. 암흑을 물리치고 부정을 태워 없애며, 제사에서 신과 인간 사이를 매개하며, 신들에게 공물을 가져다주는 가정 및 사자死者의 수호신이다. 불은 매일 다시 켜지기 때문에 아그니는 항상 젊으며 불멸이다.

3) 가야산伽倻山: 인도 비하르Bihar 주 가야Gaya 시에 있는 야산, 그 꼭대기에 코끼리 모양의 바위가 있어서 상두산象頭山이라고 한다. 가야산은 Gayasisa의 한자표기다. 합천, 서산, 광양에 있는 가야산이란 지명은 모두 인도 가야산에서 유래한 것이다.

4) 《부처님의 생애》, p.150 12행~p.151 7행 참조.

4장

고통의 세계에서
함께 벗어나자

붓다에게 중생 교화를 권청하는 제석천 ǀ 2세기
간다라 유물. 쾰른 Ostasiatische Kunst
Museum 소재. © World Imaging

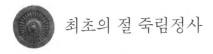
최초의 절 죽림정사

풀잎 하나 건드리지 않고 숲에 들어가며, 파도를 일으키지 않고 물속에 들어간다는 말이 있다. 부처님이 세상 가운데에서 행동하는 모습을 잘 드러낸 표현이다. 세상을 흔들지 않으면서 교화를 펼치는 것이 부드러운 봄바람이 가는 곳마다 꽃을 피우듯 한다. 부처님은 "완전한 깨달음을 성취하거든 가장 먼저 이 도시로 돌아와 저를 깨우쳐주십시오."라고 했던 마가다 국의 빔비사라 왕과의 약속을 지키기 위해 라자가하로 돌아왔다. 부처님은 깟사빠 삼형제를 제도하여 생겨난 일천 명의 제자들과 함께 라자가하 근교의 숲에 머물렀다. 빔비사라 왕과 대신은 호위병을 데리고 부처님의 처소로 행차하였다. 마가다 국 백성들도 평소에 존경하던 우루웰라 깟사빠를 보기 위해 몰려들었다. 사람들은 백발이 성성한 깟사빠와 근자에 깨달았다고 소문이 자자한 사꺄족의 젊은 사문 가운데서 누가 누구의 스승인지 궁금해하였다. 이에 대중의 마음을 헤아린 부처님이 조용히 깟사빠에게 말했다.

"우루웰라 숲에서 불을 섬기며 제사를 지내던 분이시여. 그대는 무슨 법을 보았기에 제사를 그만두었습니까?"

부처님의 심중을 알아차린 깟사빠는 제자의 예를 표하면서 대답하였다.

"많은 공물을 올리며 정성을 바치는 제사는 오욕락을 구하기 위함입니다. 오욕의 즐거움이란 몸에 묻은 때와 같아 부질없음을 깨달았습니다. 저는 제사 지내는 것을 그만두었습니다."

"오욕의 즐거움을 그만두었다면 지금은 어떤 즐거움으로 지내십니까?"

"부처님, 닙바나는 고요합니다. 닙바나에는 욕심의 근거가 되는 몸과 마음에 대한 집착이 없습니다. 그래서 생로병사의 걱정에서 벗어났습니다. 집착에서 벗어나 부처님의 가르침에서 만족을 찾았습니다. 닙바나라는 청정락을 알게 된 지금 저는 제사를 즐기지 않습니다."

자신의 견해를 분명히 밝히면서 부처님의 발아래 머리를 조아린다.

"세존은 저의 스승이시고, 저는 당신의 제자입니다."

흰머리가 뽀얗도록 신을 섬기며 살아온 깟사빠의 고백을 듣고 사람들은 충격에 휩싸인다.[1]

이에 부처님은 대중의 마음을 부드럽게 감싸면서 차제법문을 설한다. 차근차근 모두 다 알아들을 수 있도록 가르치는 교육자의 친절함이다. 먼저 보시할 것과 계율을 지킬 것을 권유하고, 그것을 실천하면 살아서나 죽어서 하늘나라의 즐거움을 얻게 되리라는 인과를 가르친다. 이 법문을 이해하고 실천할 것을 결심한 사람에게 사성제를 가르친다. 세간적인 가르침 위에 출세간적인 가르침이 더해진다. 이런 단계적인 가르침은 사람들로 하여금 법문을 받아들이는 그릇根機을 성숙하게 만들어준다. 그 자리에서 빔비사라 왕은 수다원도에 들었고, 많은 사람들은 지혜의 눈을 떴다開眼.

빔비사라 왕은 부처님과 나이도 같고 출신계급도 같았다. 같은 왕족끼리 통하는 점이 많았으리라. 무엇보다도 빔비사라의 심중에도 세간을 넘어서려는 구도심이 있었다. 그러기에 자기가 버릴 수 없는 것을 버

죽림정사가 있었던 죽림Veluvana | 붓다의 성도 이듬해에 빔비사라 왕의 보시로 최초의 수도원인 죽림정사가 인도 비하르Bihar 주 라즈기르Rajgir 죽림에 세워졌다. 지금은 공원으로 조성되어 순례자를 맞고 있다. © BPG

렸고, 자기가 이루지 못한 것을 이룬 사람인 부처님이 더더욱 존경스러웠으리라. 이에 왕은 부처님께 고백한다. "부처님, 저는 소원을 이루었습니다. 당신의 법은 거룩하고 훌륭합니다. 저를 제자로 기억해주십시오. 목숨이 다하도록 당신을 의지하고 삼보를 받들겠습니다. 내일 아침 제자의 공양을 받아주십시오."[2]

다음날 오렌지색 가사를 걸치고 발우를 든 일천 명의 제자들이 라자가하 거리로 들어섰다. 스님들이 일렬로 줄을 서서 걸어가는 모습을 기러기가 떼를 지어 하늘을 날아가는 것과 닮았다 하여 '안행雁行'이라 한다. 천 명의 비구들이 모두 함께 식사를 하는데 소리 하나 들리지 않을 만큼 고요하고 품위 있는 모습에 감격한 빔비사라 왕은 생각에 잠긴다. '부처님과 비구들이 어디에 머무시면 좋을까? 세속의 번다함과 소음이 없는 적정처가 좋으리라. 그러나 세간과 너무 먼 곳은 좋지 않다. 부처님의 법을 들으려는 사람들이 쉽게 찾을 수 있는 곳이 필요하다. 어디가 좋을까?' 먹이를 주어 다람쥐를 기르던 울창한 대나무 숲이 떠올랐다. "세존이시여, 저에게 깨끗하고 조용한 숲이 있습니다. 그곳을 세존께 바치겠습니다. 제자들과 그곳에 머무소서." 바로 그곳에 죽림정사竹林精舍Veluvanarama가 세워진다. 교단 최초의 도량 죽림정사는 이렇게 탄생하였다.

| 주 |

1) 《부처님의 생애》, p.157 6행~15행 참조.
2) 위의 책, p.158 8행~11행 옮김.

오라, 비구여!
_사리뿟따와 마하목갈라나의 귀의

라자가하로 몰려드는 수행자의 물결을 유심히 바라보는 청년이 있었다. 일찍부터 세상의 고통을 벗어나는 길을 찾기 위해 이곳저곳 이름난 스승을 찾아 도를 묻고 그들의 가르침을 따르면서 몇 년을 보냈다. 그는 날란다Nalanda 지역의 이름난 유지의 아들인 우빠띳사Upatissa와 그 친구 꼴리따Kolita였다. 그들은 한 마음으로 도를 구하고 있었다. 세속적인 삶이란 시간의 강물에 쓸려 가버리는 꿈이라 여기면서 도심을 벗어나 한적한 들녘을 같이 거닐었다.

"두려운 죽음을 벗어날 방법은 없을까? 영원한 삶은 없는 것일까? 죽음이 있듯 죽음에서 벗어나는 법도 있지 않을까? 친구여, 죽지 않는 법을 가르쳐줄 스승을 함께 찾아보자."

과거 전생에 같이 도를 구하던 인연은 이생에 다시 만나 도반이 된다. 도반의 인연은 닙바나를 얻어 윤회를 끝낼 때까지 이어지는 성스러운 인연이다. 두 청년은 산자야 벨라띠뿟따Sanjaya Belatthiputta라는 스승을 만난다. 그는 회의론자로서 일종의 소피스트[1]와 같은 철학자였다. 스승의 견해에 만족할 수 없었던 두 청년은 그를 떠나 이 마을 저 마을로, 이 도시 저 도시로 확신을 주는 스승을 찾아다녔다.

"불사의 길을 발견하면 서로에게 알려주어 함께 도를 닦기로 약속하자."라는 다짐을 했다. 같은 도를 함께 닦으리라同道同修는 도반끼리의 결의는 얼마나 고귀한가?

간절히 두드리는 자에겐 문이 열리는 법. 사실 두드리기 이전에 이미 환히 열려 있었으나 때가 되어야 보이는 법이니, 드디어 우빠띳사의 눈에 한 영상이 비친다. 그의 눈에 한 사문의 모습이 들어왔다.

'저기 한 사문이 걸어간다. 주변의 산만함이 순식간에 사라지고 시간이 멈춰버린 듯하다. 시선을 송두리째 빼앗아버린 사문의 얼굴은 평화의 빛에 감싸여 있다. 손에 든 발우를 응시하며 한 발 한 발 옮기는 그의 걸음걸이는 평화스럽고 고요했다. 세상에 성자가 있다더니만 저 분이 바로 그 성자가 아닐까.'

홀린 듯이 사문의 뒤를 따르던 우빠띳사는 사문이 한적한 곳에 다다라 앉으려고 하자 곧 좌구坐具(깔개)를 깔아드렸다.

"사문이여, 여기에 앉으소서."

식사를 마치기를 기다리고 있다가 병에 물을 따라드리고 예를 표하며 정중하게 인사를 드렸다.

"사문이시여, 당신의 몸가짐은 참으로 침착하고 얼굴은 밝게 빛납니다. 당신의 스승은 누구이며, 무엇을 배웠습니까?"

"벗이여, 저는 사꺄족 출신의 위대한 사문을 제 스승으로 섬기며 그분을 따라 배우고 있습니다."

"당신의 스승, 위대한 사문께서는 어떤 법을 가르치십니까?"

"벗이여, 저는 이제 막 출가한 사람이라, 스승의 가르침을 들은 지 얼마 되지 않았습니다. 스승의 넓고 큰 가르침을 제대로 이해하지 못하기에 제대로 말할 수가 없습니다."[2]

세 치 혀를 놀리며 도를 얻었다 자랑하는 세상에서 저렇게 겸손하게 자기를 낮추며 스승의 가르침을 드높이는 태도는 감동스럽다. 그분 앗사지Assaji 존자는 녹야원에서 세존께서 설하신 〈초전법륜〉과 〈무아상경〉 법문을 듣고 이미 아라한의 경지를 이룬 분인데도 불구하고 저렇듯 겸손하다. 앗사지 존자를 한역경전에서는 '마승馬勝' 비구라 하며, 위의 제일威儀第一이라 칭송하고 있다. 마승 비구의 위의가 두 청년을 제도한 것이니 승려의 몸가짐이 사람에게 미치는 영향은 크다. 난초가 골짝 깊이 숨어 있을지라도 그 향기는 숨기지 못하니 저절로 사람들에게 알려지는 것과 같다.

"저는 우빠띳사입니다. 많은 말씀 바라지 않으니, 저를 가엾이 여겨 요점만이라도 일러주십시오."

존자는 감았던 눈을 천천히 뜨고 구도심 가득한 청년을 바라보면서 게송을 읊는다.

일체는 원인이 있어 생기는 것
여래는 그 원인을 설하시네,
그리고 그 소멸까지도
위대한 사문은 이와 같이 가르치시네.

Ye dhamma hetuppabhava tesam
예 담마 헤뚭빠바와 테삼
Hetum tathagato aha,
헤뚬 타따가또 아하
Tesamca yo nirodho
테삼짜 요 니로도
Evamvadi mahasamano.
에방와디 마하사나노

諸法從緣生, 如來說是因; 彼法因緣盡, 是大沙門說.

여기에 또 다른 한역이 있다.

일체는 조건에 의해 생겨나고
일체는 조건에 의해 사라진다,

나의 스승이신 석가모니께서는
항상 이와 같이 설하신다.

諸法從緣生, 諸法從緣滅; 我師釋迦門, 常作如是說.

앗사지 존자의 게송을 연기게송緣起偈頌이라 한다. 우빠띳사는 그 게송을 듣자마자 번민의 열기가 가시고 눈이 시원해진다. 눈앞이 열렸다. 이것이다! 앗사지 존자가 들려준 한 게송이 눈을 띄워주고, 마음을 열어준다. 이것이 복음, 복된 소식이다.

연기게송을 법신송法身頌이라고도 한다. 연기緣起가 곧 부처님의 몸法身이라는 말이다. 한 번 음미해보자. 세상만사 그 모두가 조건緣에 따른 결과라는 것. 조건 없는 결과 없고, 결과 없는 조건 없다. 조건으로 말미암아 결과가 따라온다. 조건이 유리하거나 불리할 수 있지만 어떻게 대응하느냐에 따라 결과는 달라진다. 우리는 어떤 상황이 도전해오면 창조적 태도로 응전하여 번영과 행복의 결과를 이루어낸다.

지금 괴로운 결과를 받고 있는가? 무엇이 바탕이 되어서, 어떤 조건이 되어 괴로움이 생겨났는지 반성하라. 그 괴로움이 일어난 상황을 찾아 해소시켜라. 그리고 현재의 괴로움을 견디어 내기만 하면 이윽고 지나가리라.

지금 즐거운 결과를 받고 있는가? 무엇이 바탕이 되어서, 어떤 조건이 있어서 즐거움이 왔는지 반조하라. 과거에 얻은 좋은 조건 때문이면 좋은 연을 더 많이 만들라. 좋은 연을 함께 짓자고 이웃에게 권하라. 지금 누리는 복을 낭비하지 말고 넘치지 말라. 복을 아끼고 나누라.

인생에서 경험하는 행복과 불행, 고통과 기쁨을 반조한다. 무엇이 조건이 되어, 어떤 것이 바탕이 되어 행불행과 고락이 일어나는가? 이렇게 사유하고 숙고하면 지혜가 일어난다. 이것을 세상에서는 '철이 든다, 인생의 철리를 깨닫는다.'고 말한다. 그렇게 되면 새옹지마의 노인 같은 심경이 된다. 희비고락이 조건에 따라 일어났다 사라질 뿐이라는 걸 알면 담담해진다. '사라짐'과 '담담함'은 초탈한 범부의 심경이다. 여기에서 더 나아가 불교에서 말하는 '사라짐'과 '담담함'이란 모든 문제의 완벽하고 궁극적인 해결을 말한다. 그것은 '닙바나'다.

일체 법(현상, 사건, 진리)은 조건을 바탕으로 생기고 조건에 의해서 소멸한다. 이것이 일체 현상이 생겨나고 사라지는 원리다. 한 알의 모래에서 광대무변한 우주까지, 털끝 같은 번뇌에서 원대한 사유까지 이 모든 것이 연생연멸緣生緣滅, 조건에 의하여 생겨나고 조건에 의하여 소멸한다. 고통이 생겨나는 조건을 찾아 소멸시켜라. 그것은 고통의 소멸로 가는 길緣滅이다. 행복이 일어나는 조건을 찾아 갖추라. 그것은 행복을 만들어내는 길緣生이다.

윤회에서 열반으로 인도하는 법이 연멸의 원리, 즉 환멸연기還滅緣起요, 열반에서 윤회로 떨어지는 원리가 연생의 원리, 즉 유전연기流轉緣起다. 환멸연기로 나아갈 것인가, 유전연기로 나아갈 것인가? 당신의 선택에 달렸다. '지금 이 순간'이야말로 유전과 환멸이 갈라지는 원점, 제로 포인트Zero point다. 제로 포인트에 완전히 깨어난다면 연기를 보는 눈法眼이 열린다. 부처님이 '법을 보는 자 나를 본다.'고 한 것이 바로 이 대목이다. 법을 보는 수행자는 윤회로 떨어지는 유전연기를 닫고 열반으로 나아가는 환멸연기로 나아간다. 열반을 누리는 사람은 창조주나 절대자, 천지신명이 그의 삶을 엿보거나 간섭하지 못한다. 그는 어디에도 매이지 않고 고귀하게 살아간다.

닙바나의 강물에 몸을 적신 우빠띳사는 기쁨에 넘쳐 소리쳤다.

"대덕이여, 이것으로 충분합니다. 우리의 스승은 지금 어디에 계십니까?"

"죽림정사에 계십니다."

법의 환희로 넘친 우빠띳사는 곧장 죽림정사로 달려가려 했지만 도반과의 약속을 잊지 않고 꼴리따에게 달려간다.

"벗이여, 기뻐하게. 드디어 불사의 길을 찾았네."

두 청년은 이 좋은 소식을 자기들이 섬기던 스승 산자야에게 알렸다. 그러나 자만심과 냉소주의에 물든 산자야는 뱀장어처럼 미끌미끌하게 손에 잡히지 않는 논리를 구사하면서 두 청년을 만류한다. 태양이 높이 떠올랐는데 아직도 잠꼬대를 하고 있으랴. 두 청년은 지체 없이 죽림정사로 달려간다. 부처님은 설법을 멈추고 환한 웃음을 지으며 비구들에게 말한다.

"길을 열어주어라. 저기 나의 훌륭한 두 제자가 오고 있다."

두 청년은 부처님께 예배하며 간청한다.

"저희는 우빠띳사와 꼴리따입니다. 세존이시여, 당신께 출가하여 구족계를 받을 수 있도록 허락해주소서."

"오라, 비구들이여. 나의 가르침 안에서 청정한 범행을 닦아 괴로움에서 벗어나도록 하여라."[3]

'오라, 비구여ehi bhikku!' 한 마디에 곧바로 두 청년의 머리카락이 홀러덩 벗겨지고, 몸에는 가사가 척 걸쳐지며 손에는 발우가 들려진다. 이것을 '선래비구(잘 왔다, 비구여)[4]'라 한다. 숙세에 얼마나 불연佛緣이 깊었으면 이생에 있기 어려운 일이 이리도 쉽게 이루어질까. 두 청년이 바로 부처님의 두 상수제자인 사리뿟따舍利弗와 목갈라나木連존자다. 과연 그들은 승단을 지탱하는 두 기둥이 되었다.

| 주 |

1) 소피스트Sophist: 토론문화가 발달한 그리스 고대 도시국가 아테네를 배경으로 활동했던 직업적 계몽 교사들을 말한다. 그들은 시민들에게 성공과 출세에 유용한 변론술을 가르쳤을 뿐만 아니라, 시민들의 커져가는 문화적 관심을 충족시키고 정치적 문제에 대한 이론적 근거를 제공하기도 하였다. 이후 많은 소피스트가 상대주의와 회의론의 입장을 채택하였으며 이른바 '궤변론자'의 모습을 보였다. 말도 안 되는 논리를 전개하면서 상대로 하여금 말이 막히게 만드는 언어의 마법사라 평가된다.
2) 《부처님의 생애》, p.162 13행~22행 참조.
3) 위의 책, p.165 3행~15행 참조.
4) 선래비구善來比丘라는 말에는 세 가지 의미가 있다.
   ① 그대가 윤회를 벗어나려고 가장 적당한 시기에 잘 왔구나.
   ② 비구가 되기 위해 온 것은 정말로 기쁘고 좋은 일이다.
   ③ 출가하여 비구가 되기 위해 찾아온 것을 기쁘게 맞이하노라.

고결한 출가자여,
은처승은 부처님 몸을 파먹는 벌레다!

"나는 천성이 고아한 것을 좋아한다. 고아한 것을 좋아하다 보니 거만해서 남들에게 굽힐 줄을 모른다. 나는 성품이 깨끗한 것을 좋아한다. 청결함을 사랑하다 보니 속이 좁고 성급해서 남들을 잘 포용하지 못한다. 광자狂者는 옛 인습을 따르지 않고, 지나간 사람의 자취를 밟지 않으며 식견이 높아, 천길 위를 나르는 봉황이니, 누가 당할 수 있으리오!"

이렇게 지조가 고결했던 사람은 누구인가? 탁오 이지. 이지(李贄, 1527~1602)의 원래 이름은 재지載贄, 호는 탁오卓吾이다. 조상은 페르시아인으로 중국의 전통문화 안에서 성장했다. 노장과 선종, 기독교와 이슬람까지 두루 섭렵한 이력으로도 알 수 있듯 그는 시대를 뛰어넘은 자유사상가요, 휴머니스트였다. 나이가 들어서는 불교에 심취하여 62세에 정식으로 출가하여 승려가 되었다. 그는 주자와 성리학을 신랄하게 비판하고, 선비와 위정자들의 위선을 가차 없이 폭로하면서 시대의 이단자를 자처했다. 그의 저서 대부분은 명청明淸 시대에 가장 유명한 금서였다. 그런 이지가 이렇게 말했다.

"출가한 사람은 끝까지 가정을 돌아보지 말아야 한다. 만약 출가하고서도 다시금 가정에 연연해한다면 애당초 출가할 필요가 없다. 출가란 무엇 때문에 하는가? 세속을 벗어나기 위해서다. 세속을 벗어나면 세상과 격리되는 까닭에 출세간의 도를 이룰 수 있게 된다. 출가하면 세속적 욕망이 단절되는 까닭에 비로소 진정한 출가자라고 일컬어진다."

세상을 살 만큼 살아보고 62세란 나이에 출가한 탁오 선생이 말한 출가정신이다.

오늘날 한국 조계종의 현실은 어떤가? 독신으로 살아갈 것을 천명한 조계종단 내에 '은처승隱妻僧'이라는 말이 회자된 지 오래다. 은처승이란 누구인가? 독신으로 살아간다고 부처님과 세상에 서약하고 비구 신분을 얻은 스님이 몰래 여자를 두고 내연의 관계를 가지고 있는 사람을 말한다. 말 그대로 처妻를 숨겨 놓은隱 승려다. 애욕으로 맺어져 있으나 안 그런 척해야 하고, 사실이 밝혀지면 제 이름에 먹칠하니 숨겨야 한다. 은처승의 주의는 늘 숨겨 놓은 처자식에게 가 있어, 절에서 번 돈은 모두 그곳으로 흘러든다. 그래서 은처승은 절집의 재산이 빨려 들어 사라지는 블랙홀이다. 종단의 일부 권력승이나 일부 부유한 스님이 은처승이라는 사실은 종단과 세상을 타락시키는 심각한 요인이다. 은처승은 부처님의 몸속에 기생하며 부처님의 몸을 갉아먹는 벌레다. 비구 계율이 법대로 지켜지는지 사회적으로 검증되는 남방불교에서는 은처승이라는 말이 아예 있을 수 없다. 만약 어떤 스님이 여자와 살고 싶으면 계를 바치고 환계還戒하여 속인의 신분으로 돌아가면 된다.

그러나 계율이 지켜지는지 사회적으로 검증이 안 되는 한국에서는 돈 많은 스님들은 마음만 먹으면 은처승이 될 가능성이 있다. 은처승을 바라보는 대중은 불교에 실망한다. 왕위와 처자식을 초개와 같이 버리고 나온 싯다르타가 그런 모습을 본다면 뭐라고 할까?

"어리석구나. 은처는 세상을 속이는 일이며, 법을 타락하게 만들며, 불법이 세상에서 사라지게 되는 요인이니, 은처승이라는 말이 사라져야 한다. 말세 비구에게 계율은 한 치도 양보할 수 없는 삶의 기준이니, 세상이 고통과 다툼이 없는 평화롭고 안락한 곳이 되기를 바란다면 계율에 의지하여 살아야 하지 않겠는가."

부처님 계실 때와 지금은 시대환경이 달라졌기에 비구계본 그대로는 지킬 수 없었다 하더라도 '이제까지 지키지 못했고, 지금도 지키지 못하는 것'을 부끄러워해야 한다. 그래야 이름뿐인 스님-명자名字비구, 사이비 스님-상사相似비구, 저 혼자 마음대로 사는 스님-자칭비구가 되지 않을 것이다. 스님이라고 모두 비구는 아니다. 비구계를 원칙대로 지키지 않는다면 비구가 아니다.

그러면 오늘 스님들은 어떻게 해야 할까? 이제까지 그래왔듯이 지금 이대로도 먹고 살 만하니까 눈 뜨고 뻔히 보이는 불의에도 침묵한 채 앉아 있어야 할까? 아니면 심산유곡에서 두문불출하고 독야청청해야 할까? 이제까지 설치던 판을 깨고, 놀던 물을 바꿔야 한다. 그렇지 않으면 죽을 때까지 그 판에 박혀, 그 물에서 썩을 것이다.

> 이와 같은 계를 잘 지킴으로써 행복해지고,
> 이와 같은 계를 잘 지킴으로써 부유해지며,
> 이와 같은 계를 잘 지킴으로써 깨달음을 성취하게 되니,
> 이와 같은 계를 청정히 지켜야 합니다.
>
> Sīlena sugatim yanti, sīlena bhogasampadā,
> 실레나 수가띵 얀띠 실레나 보가삼빠다
> Sīlena nibbutim yanti, tasmā sīla visodhaye.
> 실레나 닙부띵 얀띠 따스마 실랑 위소다예

 마하깟사빠의 출가인연

'선래비구' 가운데 제일 극적인 사건은 부처님이 마하깟사빠라는 제자를 만나러 간 일이다. 어느 날 부처님은 발우와 가사를 들고 조용히 죽림정사를 나와 누구에게도 알리지 않고 북쪽을 향해갔다. 그는 길가의 커다란 니그로다 나무 아래 자리를 잡았다. 그리고 많은 행인과 수레가 지나다니는 길목에 보란 듯이 눈부신 빛을 발하면서 선정에 들었다. 어떤 사람을 기다리고 있는 것이 분명했다. 부처님께서 저리도 정성을 들이며 기다리는 그 인물은 과연 누구일까? 한낮 태양이 기울고 대지가 석양에 물들 무렵, 한 나그네가 다가와 부처님의 두 발 아래 예배했다.

"당신은 저의 스승이십니다."

그분은 마가다 국의 부유한 바라문의 아들인 뻽빨리Pippali였다. 그는 귀족 집 자제답게 학문과 교양을 닦아 부모님의 기대에 부응하였다. 그러나 마음속에는 출가 수행자가 되리라는 원을 품고 있었다. 외아들이었던 그는 부모님의 뜻을 받들며 효도를 다한다. 뻽빨리가 스무 살이 되자 부모는 며느리를 맞아들이려 했다. 그는 출가할 마음이었기에 결혼에 뜻이 없다고 부모님께 단호히 말한다. 거듭되는 부모님의 성화에 못 이긴 뻽빨리는 한 가지 꾀를 낸다. 아름다운 황금여인상을 만들어 부모님께 보여드리며 이런 여자라면 결혼하겠다고 한다. 그런데 예상치 않은 일이 일어났다. 부모의 요청을 받은 브라만이 수소문 끝에 마가다 국의 거리에서 황금여인상과 비슷한 아가씨를 발견한 것이다. 꼬시야

Kosiya 집안의 밧다까삘라니Bhaddakapilani라는 아가씨였다. 삡빨리는 어쩔 수 없이 결혼식을 치르게 되었는데 다행히도 그녀 역시 출가에 뜻을 두고 있었다. 서로의 뜻을 확인한 두 사람은 매일 밤 꽃다발을 사이에 두고 잠을 잤다. 십이 년이란 세월 동안 다정한 부부로 살았지만 한 번도 꽃다발이 헝클어진 일이 없었으니, 얼마나 거룩한 일인가? 과거전생에 같이 수행한 도반의 인연이 아니고서야 어찌 이럴 수 있겠는가?

세월이 흘러 부모님이 돌아가시자, 그들은 약속한 것처럼 서로의 머리를 깎아준다. 가진 재산을 전부 하인들에게 나눠주고, 수행자가 되기 위해 길을 나섰다. 세 걸음을 사이에 두고 걷던 두 사람은 갈림길에 접어들자 삡빨리가 말한다. "밧다여, 우리는 수행자가 되었습니다. 이제 그대와 헤어질 시간입니다. 먼저 길을 고르십시오." 이에 밧다까삘라니는 "당신은 남자이니 오른쪽 길을 가십시오. 저는 여자이니 왼쪽 길을 가겠습니다." 마지막 인사를 나누고 멀어지는 아내의 뒷모습을 한참이나 바라보면서 기원하기를 "완전한 지혜를 가진 성자를 꼭 만나리라. 청정한 삶을 반드시 성취하리라!"[1]

삡빨리는 라자가하를 향해 걸어간다. 그때 부처님은 죽림정사에 계셨는데 갑자기 지진이 일어난 것처럼 땅이 흔들리는 것을 느낀다. 부처의 눈佛眼으로 살펴보니 삡빨리와 까삘라니가 굳은 결심을 하고 헤어져서 다른 길을 걷고 있는 것이 보였다. 부처님은 아무에게도 알리지 않고 죽림정사를 나온다. 삡빨리가 지나갈 거리의 나무 밑에 앉아 제자를 기다린다. 이윽고 삡빨리가 나타나 부처님을 한 눈에 알아보고 자기가 찾는 스승을 만났다고 확신한다. 삡빨리는 가슴 깊은 곳에서 용솟음치는 환희를 주체할 수 없었다.

"저는 당신의 제자입니다. 당신은 진정 저의 스승입니다. 저는 영원히 당신의 제자입니다."

"그렇다. 나는 너의 스승이다. 아는 척하거나 본 척하는 거짓된 스승은 그대처럼 진실한 마음을 가진 사람의 예배를 받는다면 그의 머리가 일곱 조각으로 깨어질 것이다. 보아라, 나는 그대의 예배를 받을 자격이 있다. 나는 그대의 스승이고 그대는 나의 제자다."

제자의 인격이 얼마나 고매하였기에 부처님은 제자에게 자기가 스승 될 자격이 있다고 선언해야만 했을까? 부처님과 삡빨리가 맺은 사제 관계는 일반적인 상하관계가 아니고 진리의 동반자, 소울 메이트라고 할 정도였다. 삡빨리는 부처님께 엎드려 머리를 발에 대고 예배하였고, 부처님은 삡빨리를 옆자리에 앉게 한 다음 그를 위해 진리를 설했다. 오랫동안 진리에 목말라 있던 삡빨리는 짧은 시간에 부처님의 말씀을 이해할 수 있었다. 마치 능숙한 기름장수가 병에 들어 있는 기름을 한 방울도 흘리지 않고 다른 병으로 옮기듯 부처님은 제자에게 법의 감로수를 부어주었다.

삡빨리는 부처님의 제자가 된 지 여드레째 되는 날 아라한이 된다. 부처님은 삡빨리를 마하깟사빠Mahakassapa(마하가섭)라 불렀다. 한편 까삘라니는 기원정사 근처에 있는 띳띠야라마Tittiyarama에서 여성 수행자 무리에 섞여 수행하다가 5년 쯤 지나 부처님의 양어머니인 마하빠자빠띠Mahpajapati의 비구니 교단으로 출가하여 합류하였다. 그녀는 수행을 잘하여 '전생을 기억하는 자들 가운데 밧다까삘라니가 으뜸이니라.'라는 부처님의 칭찬을 들었다.

| 주 |

1)《부처님의 생애》, p.170 18행~p.171 3행 옮김.

영웅의 귀환
_ 야소다라와의 재회

　　관습에 갇혀 사는 일상인들의 세계를 떠나 불사의 길을 찾던 우리의 영웅 싯다르타는 드디어 시간을 초월한 경지의 출세간법出世間法과 일상적인 경지의 세간법世間法을 두루 넘나드는 자유를 누린다. 출세간적인 것을 세간으로 가져와 세계에 묶여 사는 존재들에게 새로운 지평을 열어준다. 깨달은 눈을 얻은 그는 우주적인 춤이 되어 한 곳에 붙박여 있지 않고 이곳저곳을 가볍게 떠돌아다닌다. 거대한 불무더기가 움직이며 닿는 곳마다 불을 일으키듯 붓다는 가는 곳마다 푸른 영혼들을 점화시킨다. 묶여 있던 자는 풀려나고, 갇혀 있던 자는 빠져나오며, 보지 못하는 자는 보게 된다. 보라, 눈을 열어주는 자, 새로운 세계를 보여주는 자, 보편타당한 진리를 가르치는 자가 나타났다. 고향을 떠났던 영웅이 다시 돌아왔다. 영웅의 귀환이다.

　　붓다의 나이 37세, 성도 후 2년(BCE 587) 고따마 붓다는 자기를 낳아주고 길러주었던 고향 까삘라 성으로 돌아온다. 그는 무엇을 가지고 고향으로 돌아왔나? 사랑하는 고향 사람들에게 무엇을 주고 싶었을까?

그리고 고향 사람들은 그에게서 무엇을 기대하였을까? 그는 변하였다. 완전히 성숙하였다. 일개 범부였던 구도자가 이제는 완벽하게 깨달은 붓다가 되었다. 애벌레가 변태를 겪어 온전한 나비가 된 것이다. 의식이 철저히 정화되어 성인의 경지에 올랐다. 세계에서 존귀한 존재, 세존世尊Bhagavat이면서 진리 그 자체가 되었다. 그리고 인간과 신들의 정신적 귀의처가 되었다. 그러나 형상만 쫓아가는 눈에 비친 그는 한갓 얻어먹는 수행자, 걸사乞士에 지나지 않았다. 보는 대로 보이는 법. 누가 붓다가 된 싯다르타를 알아볼 것인가? 누가 누덕누덕 기워 입은 누비 아래 황금빛 삼족오三足烏(찬란히 빛나는 지혜를 상징)가 천지를 꿰뚫으며 날고 있음을 알리오?(誰知百孔千瘡裏, 三足金烏徹天飛)

사꺄족 고향 사람들은 붓다를 알아보지 못했다. 아버지 숫도다나 왕도 대신각료들도 친척들도 알아보지 못했다. 붓다와 그 제자들은 까뻴라 성 밖의 니그로다 숲 속에 머물면서 매일 탁발을 하며 성으로 들어가지 않는다. 싯다르타가 왕위를 물려받을 태자 신분으로 당당하게 입성하기를 바랐던 왕족들과 대신들은 기다림에 지쳤다. 아들이 아비에게로 오지 않자 아비가 아들에게로 간다. 숫도다나 왕은 대신각료를 위시하여 사꺄족 대표를 데리고 숲 속으로 간다. 숲은 숨을 쉬지 않는 것처럼 고요하다. 깊이 모를 침묵에 빠진 듯 숲의 공기가 비상한 아우라를 발산한다.

숲은 선정에 들어 있는 수행자들의 현존에 감싸여 명상적인 분위기를 연출한다. 왕을 따라나선 무리는 스님들의 선정에 감화되어 고요히 젖어든다. 붓다와 그 제자들이 자리에서 일어나 예를 표하며 자기들을 영접할 것이라는 기대는 무너졌으나, 서운함이나 실망을 넘어 경외감을 느끼게 된다. 숲 속에 들어간 자여, 토끼 굴[1]로 떨어지면 좋으리라. 거기는 그대들이 겪어야 할 영적인 터널이 될 테니까. 숲의 그늘에 들어간 자여, 그대들은 아늑한 침묵의 방으로 들어가 안식을 얻으리라. 숫도나다 왕이 무릎을 떨구며 붓다의 눈앞에 고꾸라지듯 엎드린다.

"그는 더 이상 내 아들이 아니다. 세상에서 존귀한 분이다. 온 세계와 신들의 경배를 받아 마땅한 분이다. 그는 사꺄족에 속한 내 자식이 아니다."

이에 대신각료와 사꺄족 대표들도 대왕을 따라 무릎을 꿇는다. 보라, 태양의 후예 사꺄족의 아들이 진리의 등불을 밝힌다. 까삘라 성의 어둠은 사라지리라. 생로병사의 슬픔이 걷히리라. 비탄과 절망은 위로 받으리라. 대립과 갈등이 해소되리라. 계급 차별과 인간 불평등이 해결되리라. 붓다는 무엇을 주려 했는가?

> 지혜와 선정은 나의 왕국
> 제자들은 나의 백성
> 일곱 가지 깨달음의 요소는 나의 보물
> 오라, 눈 있는 자는 보라
> 귀 있는 자는 들으라,
> 팔정도가 그대들을 평화와 행복으로 데려가리라.

붓다는 우주적인 선물을 가지고 돌아왔다. 윤회라는 마법의 성을 헤치고 들어가 주술을 풀고 해탈과 닙바나라는 우주적인 선물을 획득하였다. 지혜와 선정이라는 신물神物로 자유와 불사의 경지를 열었다. 누구에게나 와서 보라고 말할 수 있는 가르침이 열렸다. 흔들리지 않는 행복으로 이끄는 다르마가 열렸다. 불사不死의 소식을 알리는 북이 둥둥 울리자 시들어가는 풀들이 봄비를 만난 듯, 뭇 생명이 환희로워한다. 까삘라 성문이 환히 열리고 사람들이 붓다에게로 몰려온다. 궁중의 모든 사람들이 사꺄족 성자를 자랑스러워하며 환희의 찬가를 부른다. 우렁찬 찬탄의 노래가 야소다라[2]의 방까지 울려온다. 두꺼운 휘장으로 사방을 가린 그녀의 방에는 햇빛 한 줄기 들지 않는다. 궁중의 여인들이 달려와 조심스레 말한다.

"태자비님, 그토록 기다리던 태자님이 오셨습니다. 이제 그만 나오셔요."

성안의 모든 사람들은 부처님을 보려고 문 밖으로 얼굴을 내밀거나, 집밖으로 나와 거리에서 기다리지만 오직 야소다라만 문을 닫고 조용히 기다린다. 사랑하는 태자비 야소다라는 기다린다. 붓다가 자기를 찾을 때까지. 어느 한 순간 두 사람에게 이런 생각이 스쳐 지나갔을 것이다.

[야소다라] '시부모와 사꺄족 친지들은 벌써 붓다를 만났다고 시종에게 전해 들었는데 나는 언제쯤 그분을 뵐 수 있을까? 그분이 오늘 처음으로 성안으로 들어오셨다는데 내가 먼저 나가서 만나볼까? 아니야, 내가 왜 그에게로 가야 한단 말인가. 나를 버리고 몰래 나갔던 분이 먼저 나에게로 와야 할 것이다. 나에게로 와 용서를 구하고, 내 가슴에 쌓인 여인의 한을 풀어주어야 할 것이다.'

[붓다] '벌써 내 앞에 나타났을 야소다라가 아직도 보이지 않는구나. 누구보다도 먼저 나에게로 달려오지 못하는 그녀의 심정은 오죽할까? 내가 먼저 그녀에게로 가서 그 마음을 풀어주는 것이 옳다.'

그러자 발우공양이 끝나기를 기다렸던 숫도다나 왕이 아들의 발우를 받아들고 앞장서 간다.

"꼭 가야 할 곳이 있다."

말없이 따라나서는 부처님을 사리뿟따와 마하목갈라나가 뒤따른다. 화려한 문양을 새긴 회랑을 지나 새소리도 들리지 않는 궁중 깊은 곳에서 숫도다나 왕이 걸음을 멈춘다. "들어가 보거라." 야소다라가 있는 방문 앞에 선 부처님은 자랑스런 두 제자, 사리뿟따와 마하목갈라나를 문 밖에 있게 하고 당신 혼자 무거운 문을 열고 들어서며 두꺼운 휘장을 천천히 걷는다. 방 한구석 울음을 삼키는 어두운 그림자가 보인다. 부처님은 조용한 걸음으로 다가가 침상 가까이 놓인 자리에 앉는다. 한참 후 무거운 침묵을 뚫고 흐느낌이 새어나온다. 작은 흐느낌은 이내 통곡이 되어 부처님의 가슴을 친다. 야소다라는 꿈에 그리던 그이의 발아래 쓰러지면서 붉은 연꽃 같은 두 발에 얼굴을 묻고 운다. 쌓이고 쌓였던 여인의 한이 울음으로 풀릴까. 다 울지 못하는 울음이 목에 걸린다. 보고 싶었다고, 왜 이리 늦었냐는 말이 눈물이 되어 당신의 두 발을 흥건히 적신다. 언제쯤 응어리진 가슴이 풀리면서 붓다의 얼굴을 바라볼 것인가. 부처님의 자비가 배인 침묵이 야소다라를 따뜻이 감싼다. 무언가 말할 수 없는, 말로 표현할 수 없는 정이 가슴에서 가슴으로 전해진다.

부처님은 야소다라에게 어떤 말을 했을까? 스물아홉에 집을 나가 서른일곱에 다시 돌아올 때까지 8년 동안의 이별, 그리고 영웅의 귀환, 그리고 재회. 할 말이 침묵으로 녹아들어 다만 가슴속으로 흐를 뿐, 무슨 말이 있을 수 있으랴. 야소다라는 붓다의 자애로운 현존 속으로 용해되어 설움과 짐을 벗어버린다. 붓다는 야소다라에게 이렇게 말해주지 않왔을까.

[붓다] "야소다라여. 만물은 흘러간다. 우리의 인생도 흘러간다. 너와 나의 삶도 흘러간다. 우리의 사랑과 이별도, 젊음과 늙음도, 슬픔과 기쁨도 흘러간다. 꽃잎이 떨어져 강물에 떠내려가듯, 우리의 시간도 떠내려간다. 이 세상 어디에 안온한 곳 있으랴. 야소다라여, 나는 안온하며 안전한 곳을 발견했다. 불사의 경지, 열반을 선물로 가져왔으니 나를 따르라. 나와 같이 흐름을 넘어서 안전한 언덕으로 가자꾸나. 피안의 경지로 같이 가자꾸나. 사랑스런 야소다라여, 당신이 그 힘든 세월을 혼자 잘 견디어 왔다는 걸 잘 알고 있소. 당신은 덕이 있고 현명하기에 나의 길을 이해할 것이오. 지혜와 선정의 축복이 당신에게 곧 주어질 것이오. 당신에게 새로운 인생이 열릴 것이오. 나는 당신의 선택을 존중하오. 당신은 붓다의 길을 가게 될 것이오. 당신과 나는 아득한 옛적부터 다르마를 함께 수행해온 동반자라오. 이제 나는 붓다가 되었고 당신은 야소다라의 역을 맡은 것이라오. 당신께 감사하며 당신의 덕을 찬탄하오."

야소다라는 마음이 열린다. 가슴에 맺힌 것이 풀리면서 따뜻한 기운이 온몸을 휘감아 돈다. 이제 눈이 열리고 귀가 열리며 새로운 지평이 열린다. 야소다라는 예전의 그녀가 아니다. 그녀는 더 이상 남편을 기다리던 아내가 아니라, 부처님의 정신적 동반자로, 붓다 프로젝트의 협력자로 거듭난다.

사실 처음부터 싯다르타와 야소다라는 역할을 분담한 것이다. 싯다르타가 먼저 출가하여 길을 찾을 때까지 야소다라는 뒤에 남아서 아들을 키우며 집안일을 정리하기로 약속했었다. 이제 싯다르타가 길을 찾아 붓다가 되어 돌아왔으니, 둘이 함께 그 길을 가는 것이 두 사람에게 남은 일이다. 그것이야말로 무수한 과거 생 동안 함께 바라밀을 닦았던 것이 아닌가? 이제 야소다라는 부처님을 따라 세상을 뛰어넘어 독수리처럼 날아오르고 사자처럼 위엄차게 활보하게 되리라. 과연 야소다라는 훗날 출가하여 부처님의 교단에 들어와 비구니가 된다.《앙굿따라니까야》에 보면 야소다라는 밧다깟짜나Bhaddakaccānā라는 이름으로 불리는 아라한이 되었다고 한다. 부처님은 "위대한 최상의 지혜를 얻은 비구니들 가운데서 밧다깟짜나가 으뜸이다."라고 칭찬했다.

　야소다라는 교단 안에서도 가장 낮은 곳에 머물면서 온갖 시기와 모함을 이겨냈다. 출가하기 전에 부처님의 부인이었다는 사실이 특혜가 될 수도 있고, 시기와 질투의 원인이 될 수도 있었다. 이런 처지에 놓인 줄 잘 아는 밧다깟짜나 비구니는 부처님으로부터 가장 멀리 떨어진 곳에 살면서 가장 낮은 계급의 여인들만 자기 제자로 거두어들여 보살폈다. 그리하여 '인욕제일 비구니'라는 칭송을 들었다. 야소다라는 비구니 승가 안의 낮은 곳을 보살피는 역할을 맡음으로써 부처님의 교화를 도왔다. 과거전생에 부부로 맺은 인연이 오늘 이렇게 성취되었다. 아, 고귀하고 성스러운 인연이여.

| 주 |

1)《이상한 나라의 앨리스Alice's Adventures in Wonderland》: 영국의 수학자이자 작가인 찰스 루트위지 도지슨이 루이스 캐럴(Louis Carroll, 1832~1898)이라는 필명으로 1865년에 발표한 소설이다. 앨리스가 토끼 굴에 들어가 의인화된 생명들이 사는 환상의 세계에서 겪는 모험 이야기.
2)《소설 연꽃부인》(나라야나 지음, 류시화 옮김, 한일서적, 1991)에 보면, 야소다라의

관점에서 본 싯다르타의 출가와 수행을 이해하게 해준다. 한 여자로서, 동료 수행자로서 야소다라가 바라본 부처님의 일생을 보여주고 있다.

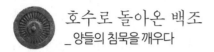

호수로 돌아온 백조
_ 양들의 침묵을 깨우다

까삘라 성의 외곽 니그로다 숲에 붓다와 천 이백 오십 인의 제자들이 머물렀다. 백조의 무리가 비취빛 호수를 찾아오듯, 우아한 날개 짓을 멈추고 순백의 깃을 접어 호수 위로 내린 것이다. 그러나 백조의 아름다움을 알아보지 못하는 범부의 눈에는 먼지를 덮어쓴 털 빠진 닭 떼처럼 보였으리라. 아침 해가 고요하게 비추자 꽃들이 피어나고 새들이 운다. 붓다는 자리에서 일어나 가사를 갖춰 입고 발우를 들고 숲을 나선다. 그 뒤를 비구들이 따른다. 걸음걸음마다 평화가 있다. 침묵의 행진이다. 열반의 평화를 뭇사람들의 눈앞에 실현한다. 보라, 살아 있는 다르마의 증거를! 그러나 보는 눈이 없는 자는 보지 못하고, 들을 귀가 없는 자는 듣지 못한다.

붓다의 일행은 성문 안으로 들어가 집집마다 다니면서 걸식을 한다. 장차 이 나라의 주인이 되어 성안의 모든 것을 다스리실 분, 남에게 밥을 얻어먹은 적이 없으신 분, 부족함이 없으신 분께서 밥을 빌러 다니다니. 성안의 귀족들과 백성들은 경악했다.

"왕세자 싯다르타가 이 집 저 집 밥을 얻으러 다닌다."

싯다르타가 도를 통해 깨달았다고 하더니 겨우 밥 빌러 다니는 걸인 떼를 이끌고 다닌다니. 달리는 말보다 빠른 소문이 야소다라의 귀를 스치자 야소다라는 쓰러지면서 읊조린다.

"황금수레를 타고 위용을 자랑하며 거리를 누비던 분이 맨발로 다니는구나. 금쟁반에 은수저로 산해진미를 즐기시던 분이 흙으로 만든 그릇으로 문전걸식을 하고 계시는구나. 금의환향을 하셔야 할 분이 빈천한 걸식이라니. 그러나 지혜가 비상하신 분께서 저러시는 데는 무슨 까닭이 있겠지."

붓다의 아버지 되는 숫도다나 왕은 원망 어린 슬픔으로 탄식한다.

"아비에게 이런 창피를 주다니, 왕국이 모두 나의 것인데 문전걸식이 웬 말이냐, 내가 네 제자들에게 대접할 만한 여유도 없어 보인다더냐? 끄샤뜨리아 계급의 사꺄족은 예로부터 밥을 얻으러 다닌 자가 없느니라."

"끄샤뜨리아는 당신의 종족입니다. 우리는 붓다의 종족佛種性 Buddha-gotra/Buddha family입니다. 과거에 출현하였던 높고도 거룩하신 부처님들도 한결같이 걸식으로 생명을 이어가셨습니다."

숫도다나는 경악을 금치 못한다.

'나의 아들, 사랑스러운 내 아들이 종족이 다르다고 하다니, 내 아들은 진정 나를 버리고, 나의 왕국도 버리고, 나의 종족까지도 버린 것인가, 너는 나의 손이 닿지 않는 곳에 가 있구나, 내 정신이 가닿을 수 없는 곳으로 가버렸구나, 너는 더 이상 나의 아들이 아니라는 말을 하는구나.'

그렇다. 붓다는 더 이상 숫도다나의 아들 싯다르타가 아니다. 사람이 질적으로 달라졌다. 환골탈태換骨奪胎(중생의 태를 벗고 성인의 경지를 이룸,

완전히 새 사람으로 거듭남)를 한 것이다. 몸은 그대로일지언정 정신의 질은 완전히 변하여 성자가 된 것이다.

위대하여라, 붓다여. 당신은 한 발은 진흙을 밟고 한 발은 연꽃을 밟으며 걸어가고 있습니다. 당신은 이 세상 속에서 세상 밖의 경지를 살고 있습니다. 당신은 절대무한이면서 상대유한입니다. 당신은 무시공無時空이면서 '지금 현재'입니다. 당신은 설산을 자유로 넘나드는 독수리이면서도 일부러 닭장 속으로 들어와 닭들과 어울리면서 닭장 밖의 소식을 전하고 계십니다. '까삘라 성'이라는 닭장의 주인인 숫도다나에게 붓다는 설법한다.

> 일어나 방일치 말고 선행을 닦으십시오.
> 반복되는 일상에 매몰되지 말고 알아차림을 일깨우세요.
> 선법善法은 증장시키고 불선법不善法은 막으십시오.
> 마음을 맑히면 지혜가 생깁니다.
> 지혜가 당신을 자유롭게 할 것입니다.

숫도다나 왕은 붓다와 제자들을 궁중으로 공양청을 하였다. 궁중의 여인네들이 능숙한 솜씨로 음식과 과일을 올리며 부지런히 시중을 들었다. 부처님이 공양을 하는 내내 어머니 마하빠자빠띠가 곁을 떠나지 않는다.

'내가 낳지는 않았지만 내 젖으로 키운 나의 사랑스런 아들이 돌아왔다. 어미를 잊지 않고 돌아온 것이다. 얼마나 보고 싶었던가, 얼마나 자랑스러운가. 남들은 다 네가 왕이 되기를 바라지만 이 어미는 너의 성정을 알기에 네가 출가하여 수행자가 된 것을 이해한단다. 그리고 너는 마침내 부처님이 되어 돌아왔지 않느냐. 너는 승리자다. 너는 숫도다나의 왕국을 물려받은 것보다 더 영광스런 다르마를 물려받은 것이다. 너는 너의 길을 찾은 것이다. 그 길이 우리가 가야 할 길이 될지도 모르기에, 어미가 아들의 마음을 모를 수가 있겠느냐. 나도 너를 따를 것이다. 너의 길, 붓다의 길을.'

훗날 마하빠자빠띠와 며느리 야소다라는 사꺄족의 귀족 집안 여인네들, 서민 여인네들과 함께 부처님의 교단으로 출가하게 된다. 먼지 날리는 몇 천리 길을 걸어 부처님께 귀의한 것이다.

백조로 태어난 자는 닭장 속에 오래 머물 수 없다. 창공을 날아오르게 태어난 백조는 닭처럼 살 수 없는 것이다. 사자 새끼가 아무리 오랫동안 양떼 속에 묻혀 살아도 어느 날 때가 되면 사자후를 하게 된다. 그러면 양들은 놀라 모두 도망가고 홀로 남겨진 사자는 광야를 달리게 된다. 백수의 왕이라는 자리를 다시 찾게 된다. 자기가 본래 사자인 것을 잊고 살아온 세월이 얼마나 어리석었던가? 당신은 도둑이 들어와 한 마리씩 훔쳐가도 두려움에 심장이 쪼그라들어 침묵을 지키는 양(양들의 침묵)[1]이 될 것인가, 천지를 울리는 포효로 도둑을 혼비백산시킬 사자가 될 것인가?

홀로 살면서 방일하지 않는 성자
비난과 칭찬에 흔들리지 않나니
소리에 놀라지 않는 사자처럼
그물에 걸리지 않는 바람처럼

진흙에 물들지 않는 연꽃처럼

남에게 이끌리지 않고 이끄는 이

현명한 이들은 그를 성자로 압니다.[2]

부처님과 제자들은 붓다의 종족이다. 그들은 이미 범부중생의 종자가 아니다. 그들은 종자가 달라졌다. 성자의 흐름에 들어간 것이다入流 sotapanna/stream-enterer. 그들은 세상 속에서 살면서도 세상에 속하지 않는다. 그리고 오늘 법을 듣고 있는 당신은 아리야족이다. 열반의 성에 들어가기로 예약되어 있는 사람이다. 당신은 이 세상에 속하면서도 동시에 이 세상을 떠난 절대의 영역을 살고 있다. 당신은 붓다의 종족이다. 종성이 다르다. 이제 붓다의 종성, 불종성에 들어왔다. 이제 다시는 돌아갈 수 없고 물러설 수 없다. 당신은 이제 곧 불퇴전의 경지에 이를 것이다. 돌아올 수 없는 다리를 건넌 것이다. 그리고 이렇게 외칠 것이다.

보았노라, 길을

걸어왔노라, 팔정도를

닦았노라, 해탈도를

이겼노라, 윤회를

얻었노라, 열반을

이생으로서 삶은 족하다, 더 이상의 생을 받지 않을 것을 내가 안다.

잘 살았다, 그리고 그만이다. 안녕, 모두 안녕, 모두 평안하시게.

부디 삶이 주는 환상에 빠지지 말게, 자기가 지어낸 생각이 도리어

자기를 구속하지 않기를.

1)《양들의 침묵The Silence of The Lambs》: 미국의 범죄 스릴러 소설가인 토머스 해리스가 1988년에 발표한 소설이다. 1991년엔 조너선 뎀Jonathan Demme 감독이 영화로 제작했다. 렉터 박사역의 앤서니 홉킨스와 스탈링 역의 조디 포스터 등이 열연하여 선풍적인 인기를 끌었다. 영화의 마지막 장면에서 렉터 박사가 스탈링에게 전화를 걸어 "Well, Clarice. Have the lambs stopped screaming(클라리스, 양들이 울음소리는 멈추었나)?"라며 끝난다.

2)《부처님의 생애》, p.195 6행~22행 옮김.

난다의 출가
_제 이마의 화장이 마르기 전에 돌아오세요

까삘라에 온 지 사흘 째 되던 날, 성안에는 세 가지 경사가 겹친다. 그날은 부처님의 양모 마하빠자빠띠가 낳은 이복동생 난다가 왕위를 물려받는 대관식이 열리는 동시에 사꺄족 최고의 미녀 자나빠다깔랴니 Janapadakalyani('경국지색'이라는 뜻)와 결혼식을 올리는 날이었다. 또 난다 부부가 신혼살림을 차릴 새 궁전의 낙성식이 있었다. 떠들썩한 잔치가 벌어지지 않을 수 없었다. 최고의 음식이 준비된 자리인 만큼 초대받은 이들 역시 화려한 비단과 보석으로 치장하고 있었다. 농담과 찬사가 어우러져 들뜬 잔칫집에 한 사문이 나타났다. 부처님이었다. 친족들은 애써 예를 갖추었지만 헤진 가사를 걸친 옛 태자의 출현에 당황하고 있었다. 음악이 멈추고 어색한 침묵이 감돌았다. 놀라기는 난다도 마찬가지.

얼마나 그립던 형님이었는데. 그런 형님이 고작 발우 하나만 들고 동생의 잔칫집을 찾은 것이다. 난다는 얼굴이 화끈거린다. 난다는 형님이 있는 쪽으로 걸어가 말없이 형님의 발우를 빼앗아 음식이 놓인 곳으로 가서 음식을 담기 시작한다. 볼품없는 발우에 불만이라도 토로하듯 덥석덥석 집은 음식을 그릇 속으로 내던진다. 마음이 이상하다. 누구도 감히 바로 쳐다볼 수 없던 형님인데, 그 위엄과 기상 앞에 저절로 머리를 숙이게 하던 형님인데, 자신이 아우라는 걸 자랑스럽게 하던 형님이었는데, 그런 형님이 수많은 사람들의 조롱 속에 내동댕이쳐지고 있다고 느낀다. 발우에 넘치도록 음식을 담고 돌아선 난다는 깜짝 놀랐다. 형님이 보이지 않는다. 보고 싶던 형님이 문밖 너머의 거리로 멀어지고 있다. 난다는 가슴이 무너져 내린다. 잠시나마 형을 수치스럽게 여긴 자신이 부끄럽고 미워졌다. 눈물이 떨어지는 발우를 두 손으로 받쳐 들고 난다는 오래오래 담아 두었던 말을 외쳤다.

"형님."

형님의 걸음을 쫓아 문턱을 넘을 때였다. 난다의 발길을 어여쁜 아내의 목소리가 붙잡는다.

"여보."

고개를 돌린 난다에게 자나빠다깔랴니는 애써 미소를 지어보였다. 그녀의 웃음 속에는 두려움이 가득했다.

"제 이마의 화장이 마르기 전에 돌아오셔요."

떨리는 그녀의 목소리가 화살처럼 날아와 심장에 꽂혔다.

부처님은 걸음을 멈추지도, 돌아보지도, 한마디 말도 하지 않았다. 초라한 스님이 되어버린 옛 세자와 밥그릇을 들고 뒤를 따르는 새로 등극한 세자, 우스꽝스런 그 광경을 백성들이 의혹의 눈길로 바라보았지만 부처님은 전혀 아랑곳하지 않았다.

"형님, 용서하십시오. 그만 노여움을 풀고 발우를 받으십시오."

뜨겁던 태양이 서쪽으로 기울고 난다의 마음을 채웠던 원망과 수치심도 서서히 가라앉았다.

말을 잊고 뒤를 따르는 난다의 걸음은 어느새 씩씩해져 있었다. 문틈에서 수군거리는 백성들에게 난다는 속으로 크게 외쳤다.

'보라, 자랑스러운 나의 형님을. 이처럼 당당한 눈빛과 걸음걸이를 그대들은 본 적이 있는가.'

석양이 붉게 물들고 부처님은 니그로다 정사[1]로 향하셨다.

숲의 수행자들은 돌아오시는 부처님을 침묵으로 맞이할 뿐 누구 하나 수선떨지 않았다. 난다는 숲의 수행자에게 발우를 내밀었다.

"이건 우리 형님의 발우입니다. 받으십시오."

수행자는 눈빛을 낮출 뿐 발우를 받으려 하지 않았다. 누구도 손을 내밀지 않았다. 난다는 어쩔 수 없이 부처님의 처소까지 발우를 들고 가야만 했다. 숲 한가운데 마련된 넓고 깨끗한 자리, 그곳에 부처님이 앉아 있다. 그 얼굴에는 조금의 원망도 노여움도 찾아볼 수 없었다. 일찍 드리운 숲의 어둠속에서도 얼굴은 횃불처럼 빛나고 있었다. 앞으로 다가간 난다가 공손히 발우를 놓았다.

"난다야, 앉아라."

얼마나 듣고 싶던 따스한 음성인가. 공손히 합장한 아우에게 부처님은 말했다.

"난다야, 내가 부끄러운가?"

"아닙니다. 이 세상 어느 사내도 형님처럼 당당하지 못할 겁니다. 제가 잠시 어리석었습니다. 저는 지금 세상 누구보다 형님이 자랑스럽습니다."

"난다야, 모든 탐욕을 떨쳐버린 삶은 당당하단다. 난다야, 모든 분노와 원망을 떨쳐버린 삶은 안온하단다."

부처님은 출가의 공덕과 과보를 난다에게 차근차근 설명해주셨다. 밝게 웃는 난다에게 나지막이 물었다.

"난다야, 너도 비구가 될 수 있겠느냐?"

이마의 화장이 마르기 전에 돌아오라던 아내의 목소리가 난다의 귓전에 맴돌았다. 말없이 고개를 숙인 난다에게 재차 묻는다.

"난다야, 너도 비구가 될 수 있겠느냐?"

부처님의 말 속에는 거역할 수 없는 위엄이 서려 있었다. 난다는 기어들어가는 소리로 대답했다.

"네, 할 수 있습니다." 이것이 난다가 출가한 인연이다.[2]

| 주 |

1) 니그로다 정사Nigrodharama: 까삘라 성 밖에서 부처님과 제자들이 머물렀던 수행 장소.
2) 《부처님의 생애》, p.197 22행~p.201 13행 참조.

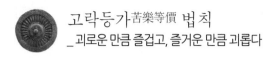

고락등가苦樂等價 법칙
_괴로운 만큼 즐겁고, 즐거운 만큼 괴롭다

여기에 또 다른 계통으로 전해오는 이야기가 있다(《불본행집경》제56권 〈난다 출가인연품〉과 《잡보장경》제8권).

[붓다] "난다야, 돌아가지 말라. 나와 함께 숲 속에서 같이 지내는 것이 좋겠다."

[난다] "저는 출가하고 싶지 않습니다. 그 대신 이 몸이 다하도록 의복, 와구, 음식, 탕약으로 부처님과 비구들을 공양하고자 합니다."

[붓다] "만약 어떤 사람이 목숨이 다할 때까지 무수한 아라한에게 네 가지 물건과 향, 꽃, 등불로 공양한다 해도 부처님 한 분을 공양하는 공덕보다 못하다. 더구나 출가하여 하루만이라도 청정한 법을 닦는다면 그 공덕의 과보는 그보다 훨씬 크다. 그러니 출가하는 것이 좋지 않겠느냐? 난다야, 애욕이 주는 달콤한 맛은 오래 가지 않고, 그에 따른 고통과 근심은 많단다. 마땅히 싫어하고 버리는 것이 좋을 것이다. 애욕은 큰 괴로움의 근본이요, 종기와 혹이며, 깊이 찌르는 가시요, 큰 얽매임이며, 손해가 되는 것이며 필경 사라지고 만다. 너는 애욕에 얽매인 삶이 이렇게 허물되고 근심된 것임을 잘 생각해보라."

부처님이 간곡하게 말하자 난다는 마지못해 "출가하겠다"고 답한다. 그러나 여전히 내키지 않아 내심으로 망설인다. 이에 부처님은 "어서 오라, 비구여. 내 법 가운데 들어와 깨끗한 행실을 닦아 모든 괴로움에서 벗어나라"고 말했다. 그러자 난다의 머리털과 수염이 저절로 떨어지니 마치 머리를 깎은 지 7일쯤 지난 비구처럼 보인다. 이것이 '선래비구'다. 이런 축복을 받은 출가였으나 난다는 여전히 집에 두고 온 순다리를 잊지 못해 도망갈 궁리를 한다. 이를 알고 있는 부처님이 그를 언제나 곁에 데리고 다녀서 난다는 달아날 기회를 찾지 못한다. 이렇게 며칠이 지난 어느 날 그는 당번을 서게 되었다. 낮에 부처님과 다른 제자들이 탁발을 나가면 한 스님이 정사에 남아서 당번을 서는 것이 관례다. 난다는 드디어 탈출의 기회가 왔다고 생각한다. '잘 됐다, 이제 떠나야지. 그런데 갈 때 가더라도 할 일은 해놓고 가야지. 출타한 비구들이 마실 물과 발 씻을 물을 길어다 놓고 가야겠다.' 그런데 한쪽 물통을 채우면 저쪽 물통이 넘어지고, 저쪽 물통을 채우면 이쪽 물통이 넘어진다. 도저히 안 되자 그냥 놔두고 도망가기로 했다. 부처님이 늘 다니는 큰 길을 피하여 오솔길로 들어선다. 그러나 어찌된 영문인지 오늘따라 다니던 길이 아닌 오솔길 맞은편에서 부처님이 걸어오시는 게 아닌가. 부처님은 당황하여 어쩔 줄 모르는 난다에게로 다가와 다정하게 말한다.

"난다야, 너는 아직까지도 집에 두고 온 아내 생각을 하고 있구나."

"예, 그렇습니다. 부처님."

"너는 어찌하여 아내를 보고자 하느냐. 그 몸은 가죽으로 뼈를 쌌으며, 속에는 뇌수와 피고름과 대소변이 가득 차 있어 가장 더럽고 추해 마치 뒷간과 같다."

그런 법문은 늘 듣던 거라 아무 효과가 없었다. 이에 부처님은 특단의 조치를 취할 수밖에 없다.

부처님은 난다를 데리고 천상계로 올라가 도리천[1]의 궁전을 보여주었다. 그 궁전에서는 오백 명이나 되는 아름다운 천녀들이 미묘한 소리를 내는 악기를 울리며 누군가를 맞이할 준비를 하고 있는 듯하였다. 도리천 천녀들의 몸에서는 빛이 나며 그 아름답기가 인간세상의 미녀와는 비교할 수가 없을 정도이다. 난다는 궁금한 생각이 들어 천녀에게 물어 본다.

"누구를 맞이하기 위해 이토록 지극히 정성스럽게 준비하고 계신지요?"

"남섬부주의 까삘라 나라에 난다라고 하는 부처님의 동생이 살고 계신데, 그분은 출가하여 계율을 잘 지키며 바르게 수행하는 사람입니다. 그분은 현생에 수행한 공덕으로 다음 생에는 이곳에 태어나 천자가 되실 것입니다. 저희들은 그분을 맞이할 준비를 하고 있는 중입니다."

이 말을 들은 난다는 뛸 듯이 기뻤다.

"그 사람이 바로 저입니다. 이대로 여기 살겠습니다."

"안 됩니다. 우리는 이미 천녀이기 때문에 천상계에 살 수 있습니다만 당신은 아직 인간의 몸을 벗어나지 못한 상태이니, 인간의 일생을 마치고 오셔야 합니다."

난다는 천녀의 말을 듣고 더 이상 고집을 부릴 수가 없었다. 부처님에게 돌아온 난다는 천녀에게 들은 이야기를 그대로 말씀드리니,

"난다야, 네 아내가 미인이라고 했지. 하지만 천녀들과 비교하니 어떻더냐?"

"천녀들에 비하니 제 처는 늙은 원숭이처럼 보입니다."

그리고는 다시 남섬부주로 돌아왔다. 이 일이 있은 뒤로 난다는 목숨이 다하면 천상계에 태어나 천녀들과 어울릴 마음으로 계율을 지키고 정진했다. 부처님이 난다 주변 비구들에게 요즘 난다의 공부가 어떤지

물어보니 천상의 즐거움을 얻기 위해서 수행한다는 말을 한다. 이에 부처님은 난다를 불러놓고 이런 게송을 일러준다.

> 허술하게 지붕을 이은 집에 비가 새듯,
> 평정과 통찰의 수행을 닦지 않은 마음엔 탐욕이 스며들고
> 지붕을 잘 이은 집에 비가 새지 않듯이,
> 평정과 통찰의 수행으로 잘 닦은 마음엔 탐욕이 스며들지 않으리.

"아닙니다. 저는 천상에 태어나기도 싫고, 지옥에 떨어져 고통을 받기도 싫습니다. 다만 생사의 윤회를 벗어나고픈 마음뿐입니다."

이와 같은 일을 겪은 뒤부터 난다는 더욱 수행에 전념하여 열이레(17일) 만에 아라한과를 성취하여 성인의 경지에 올랐다.

부처님은 이와 같이 한 중생을 윤회에서 건져내기 위해 온갖 수단을 다 동원하며 정성을 기울였다. 말씀으로 된 가르침이 효험이 없으면 신통을 써서라도 그 사람을 변화시켰다.

난다의 출가인연은 우리에게 어떤 교훈을 주나? 미색에 끌려가고 미색이 주는 쾌감에 속박되었던 난다가 바로 우리의 모습이지 않은가? 우리가 마음에 드는 대상, 예쁘고 아름다운 대상을 볼 때 어떻게 반응하는가? 우리는 아름다운 모습에, 아름다운 소리, 상큼한 냄새, 혀로 느껴진 맛, 매끈한 감촉에, 아름답게 생각되어진 것들에 이끌린다. 우리는 알아차림이 없어 본능에 휘둘리어 그것을 환영하고 즐긴다. 마음은 갈망과 애욕에 물들어 그 대상을 붙잡고 놓지 않는다. 그러면 무명無明은 늘어나고 지혜는 줄어들어 불선업不善業(유익하지 못한, 건전하지 못한 행동)을 행

하게 되고 괴로움을 겪게 된다. 얼핏 보면 뭔가 즐길 것이 많은 것처럼 보였지만 막상 뛰어들어 맛을 보면, 즐긴 만큼 그 대가를 지불했다는 것을 알게 된다. 그 대가란 몸과 마음으로 공들인 수고다. 공짜로 얻어지는 쾌락은 없다. 자본주의적 쾌락은 자본주의적 노동으로 지불해야 한다. 쾌락을 취한 만큼의 고통으로 갚아야 한다. 이것이 고락등가苦樂等價의 법칙이다. 괴로운 만큼 즐겁고, 즐거운 만큼 괴롭다. 사랑과 미움愛憎이 교차하고 괴로움과 즐거움은 반반이다. 우리가 이렇게 살아간다. 미색이 주는 형상, 소리, 향, 냄새, 촉감과 생각되어진 것이 사랑스럽고 마음에 들고 유쾌하게 여겨져 그것을 즐기고 쫓아가서 움켜쥔다. 불타는 열의를 발휘하여 갖은 수단을 동원한다. 그렇게 하여 욕망을 만족시키고 쾌락을 느낀다. 이때는 천상에 오른 기분이다. 그 쾌락의 대상을 소유하고 유지하기 위해 불선업을 짓기까지 한다.

그러나 미색이란 늘 그대로 있는 게 아니라 변질된다. 미인은 늙어서 매력이 시들고 삭아서 마침내 소멸하고 만다. 애욕을 즐기는 사람은 욕구 불만과 좌절, 불안과 상실, 이별과 고독의 고통을 겪는다. 이때는 지옥으로 떨어진 기분이다.

우리는 이렇게 미색을 두고 천당과 지옥을 경험하면서 산다. 세간에서 말하는 '사랑'이란 관계가 모두 애증의 롤러코스터 타기가 아닌가? 난다는 부처님의 가르침을 통해 쾌락에 빠져 사는 삶이란 천상과 지옥을 오가는 시소놀이와 같다는 것을 뼈저리게 느낀다. 이를 통해 미색을 탐하는 삶에 대한 염오厭惡가 생겨나고 미색에 대한 욕탐이 떨어지니離欲 그의 마음은 마치 덫에서 벗어난 새처럼 자유로워졌다心解脫.

난다는 이제 오염된 흐름을 건너 피안으로 건너갔다. 그러나 뒤에 남은 자나빠다깔랴니는 어떻게 되었을까? 출가하여 성자의 반열에 오른 난다는 그녀를 잊어버렸을까? 아니다. 그들은 부처님의 품안에서 다시 만난다. 그로부터 4년 후 부처님의 양모 마하빠자빠띠를 위시한 사까족 여인 500명이 출가시켜 달라고 부처님이 계신 웨살리Vesali까지 맨발로 행진할 때 자나빠다깔랴니도 시누이 순다리난다Sundarinanda(난다의 여동생)와 함께 합류했다.

| 주 |

1) 도리천忉利天: 불교의 우주관에 의하면 세계의 중심으로 간주되는 수미산須彌山의 중턱에 있는 하늘나라다. 수미산을 중심으로 사방에 각 8개의 하늘나라가 있고, 중앙에는 제석천왕帝釋天王이 머무는 선견성善見城이 있기 때문에 모두 합쳐서 33의 하늘나라가 된다. 그래서 33천이라고 한다. 33을 산스끄리뜨어로는 뜨라야스뜨림샤Trāyastriṃśa, 빠알리어로는 따와띰사Tavatimsa, 한역하여 도리천忉利天이다.

부처님의 유산상속
_ 라훌라의 출가

부처님이 까삘라에 온 지 칠일 째, 부처님과 제자들이 공양청을 받아 궁중으로 왔다는 소식을 들은 야소다라는 이런 생각을 한다.

'내 옛날 라훌라로 인하여 사까족들의 비방을 받았었지. 싯다르타가 왜 말없이 집을 나갔겠는가? 아내의 역할이 소홀했나, 아내에게 무슨 불만이 있었나, 아내가 뭘 잘못했나, 며느리와 시부모간의 갈등을 보다 못해 집을 나갔는지, 마음에 들지 않은 아들을 낳았기 때문인가, 그들은 뒤에서 이렇게 수군거렸지. 오늘 부처님 앞에 당당히 나아가 그들의 의혹을 깨끗이 씻어 주리라.'

야소다라는 아들을 왕자의 신분에 맞게끔 멋지게 치장시켜 공양이 행해지는 장소로 데리고 갔다. 부처님이 식사를 마치고 발우를 챙겨 자리에 정좌하기를 기다려, 야소다라가 라훌라에게 말한다.

"아들아, 천이백 제자를 거느린 황금빛으로 빛나는 천신의 아름다운 풍채를 지닌 저 수행자를 보아라. 저 수행자가 너의 아버지다. 그분에게는 많은 보물이 있단다. 우리는 오랫동안 그분을 보지 못했다. 그분께 가서 말하거라. '아버지, 저는 당신의 아들 라훌라 왕자입니다. 제가 관정을 받으면 왕이 됩니다. 그래서 저는 재산과 보물이 필요합니다. 제게 유산을 물려주십시오. 예전 아버지의 것은 아들의 것이기 때문입니다.' 라고 말하며 유산의 상속을 요청하거라."

부처님은 청빈과 무소유의 삶을 사는 분인데, 무슨 가진 것이 있다고 유산을 달라고 요구하라 했을까? 여기에는 이중의 의미가 함축되어 있다. 첫째, 라훌라는 왕세자 싯다르타의 아들이니 언젠가 왕위를 물려받게 될 것이나, 지금은 나이가 어린 데다가 아버지 싯다르타가 권력을 떠났기 때문에 장차 왕위계승 문제가 터졌을 때 라훌라의 미래를 보장할 수 없다는 불안감이 있다. 그래서 유산을 달라는 의미는 장차 일어날 라훌라의 왕위계승 문제에 아버지로서 무슨 대책이 있느냐고 넌지시 물어보는 것이다. 이것이 세간적인 유산인 왕위계승을 말한다. 둘째, 싯다르타가 빔비사라 왕의 귀의를 받고 천 명의 브라만 계급 출신의 제자를 거느린 것을 보니 그분의 깨달음이 확실하다. 라훌라에게 아버지가 깨달은 소식을 전해달라고 요구하면 어떨까. 이것은 출세간적인 유산이 되는 다르마를 의미한다. 야소다라는 아들의 미래를 걱정하는 어미의 마음으로 남편에게 세간적인 유산과 출세간적인 유산을 물려줄 것을 요청하고 있다.

　　[라훌라] "수행자여, 당신의 그늘은 즐겁습니다."[1]

　　그런데 부처님은 자리에서 일어나 아무런 대꾸도 없이 발걸음을 옮긴다. 소년은 가사 자락을 붙들고 뒤따라간다.

　　[라훌라] "수행자여, 저에게 유산을 주소서. 수행자여, 저에게 물려줄 유산을 주소서."

　　그런데 "수행자여, 당신의 그늘은 행복합니다."는 어른들이 쓰는 상투적인 어법이다. 어린애가 이런 말을 하는 것은 매우 어색해 보인다. 여덟 살의 어린 라훌라는 왜 나이에 맞지 않게 어른스러운 말을 했을까? 아직 어린 라훌라는 어머니가 시키는 대로 연기를 한 것이다. 야소다라가 부처님께 하고 싶었던 말을 라훌라가 대신한 것이다. 라훌라는 아버지를 따라 니그로다 숲까지 갔다. 숲으로 들어선 부처님은 걸음을 멈추고 사리뿟따를 불러 말한다.

　　[붓다] "사리뿟따여, 이 아이가 아버지의 유산을 원하는구나. 아이가 찾는 왕손의 유산은 윤회에 얽혀들어 파멸을 가져올 것이다. 보라, 나는 내가 보리수 아래에서 깨달은 고귀한 유산을 물려줄 것이다. 그를 세상을 뛰어넘는 진리의 상속자로 만들리라. 라훌라를 출가시켜 사미[2]로 받아주어라."

[사리뿟따] "부처님이시여, 라훌라를 어떻게 출가시켜야 합니까."

마하목갈라나가 라훌라의 머리를 깎이고 가사를 입혀주었으며, 사리뿟따는 보살피고 지도해주는 스승(은사)이 되었다. 니그로다 숲의 수행자들이 모두 우물가로 모여 머리에 물을 뿌려주며 법왕의 계위를 이은 라훌라를 축복해주었다.

부처님이 아들에게 물려준 것은 왕좌도 아니고, 재산과 보물도 아니다. 그런 것들은 까삘라 성을 나올 때 이미 더러운 오물을 버리듯 던지고 나온 것인데, 어찌 버렸던 것을 다시 새삼스레 주워 아들에게 물려주겠는가? 왕의 자리에 오르면 권력의 속성에 따라 탐욕과 질투에 물들어 암투와 경쟁을 하게 될 것이고, 착취와 살생을 저지르게 될 터인데, 어찌 사랑하는 아들을 타락과 파멸의 길을 걷게 할 수 있겠는가. "너는 나를 따라 세상을 뛰어넘는 길을 가자. 출가하여 나의 교단으로 들어와 스님으로 살아가라."[3]

세상을 아주 싫어하여 떠나라,
다시는 세속으로 돌아가지 말라.

nibbida bahulo bhava, 닙비다 바훌로 바와
mā lokaṃ punarāgami. 마 로깡 뿌나라가미

"윤회하는 삶을 끝내라. 이것이 내가 너에게 물려주는 최고의 유산이다." 이것은 윤회에서 벗어나게 해주는 불사의 가르침이다.

그때 라훌라가 사라진 것을 안 숫도다나 왕이 숲으로 달려왔다. 허

겁지겁 달려오는 할아버지에게 머리를 깎은 손자는 자랑스럽게 발우를 들어보였다. 숫도다나 왕은 쓰러지고 만다. 아들의 무릎에서 정신을 차린 숫도다나는 끝없이 흐느낀다.

　　[숫도다나] "태자인 네가 숲으로 떠났을 때 내 가슴은 찢어질 듯 아팠단다. 너의 빈자리를 채웠던 난다마저 출가하자 그 아픔은 더했단다. 하지만 살을 뚫고 뼛속까지 저리는 지금의 아픔만은 못하구나. 저 어린 것마저 데려가 버리면 이 늙은이는 누굴 바라보고 누굴 의지하란 말이냐."

　　이어서 숫도다나 왕은 미성년자가 보호자의 허락 없이 출가하는 경우 애통해 할 부모의 심정을 헤아려줄 것을 부처님께 말했다. 이에 부처님은 소년이 출가하고자 할 때는 반드시 부모의 동의가 있어야 된다는 율을 정했다.

　　이제 부처님은 팔일 간의 고향 방문을 마치고 새로 출가한 비구들과 함께 까삘라를 떠난다. 부처님이 고향에 남긴 것은 무엇인가? 재회의 기쁨과 이별의 슬픔이다. 숫도다나와 마하빠자빠띠, 야소다라는 재회의 기쁨을 느꼈다. 하지만 그것은 잠시뿐, 난다도 떠났고, 라훌라도 떠났다. 많은 사꺄족 아들들이 부처님을 따라 가족을 버리고 떠났다. 까삘라 성의 사람들은 궁금해한다. 도대체 무얼 위하여 세상을 버리고 출가하였을까? 저렇게 집을 나가 얻어먹으면서 무얼 하겠다는 건가?

　　출가하는 이유

　　세상에서 부유한 사람 보면

어리석어 재산을 모아두고 보시할 줄 모르나니
욕심 많게 재산을 쌓아두고
더욱더 감각적 쾌락을 즐기려 한다오.

땅을 폭력으로 정복한 왕은
바다에 이르기까지 온 땅을 차지한다네,
그런데도 바다 이쪽에 만족하지 못하고
바다의 저쪽까지 탐낸다오.

왕뿐만 아니라 많은 사람들 그와 같이
갈애를 버리지 못한 채 죽음을 맞이하면
불만족한 상태로 몸을 버리나니
세상의 욕망에는 만족이 없다오.

친족들은 머리를 풀어헤치고 눈물 흘리며
'아이고, 내 사랑하는 사람이 죽었네.'라고 울부짖지만
수의로 감싸서 운반하고는
장작더미 위에 올려놓고 불태워 버린다오.

부자나 가난한 자나 죽음 앞에는 평등하며
현명한 자나 어리석은 자나 똑같이 죽음을 맞네,
어리석은 자는 그 어리석음에 얻어맞아 쓰러지건만
지혜를 닦은 사람은 죽음 앞에 흔들리지 않는다오.

재산보다도 더 중요한 것은 지혜이니
그 지혜로움으로 궁극적인 목표 얻나니,
어리석음으로 사람은 악행을 저지르고
생을 거듭하도록 목표에 도달하지 못한다오.

모태에 들어 다음 생을 받으니
한 곳에서 또 다른 곳으로 윤회한다오,
자기의 얕은 지식으로 자기를 믿는 사람
태중에 들어 다음 생으로 떠밀려 갈 뿐.

마치 도둑이 강도에 사로잡혀
저지른 악행으로 괴로워하듯
사람이 죽은 후엔 다음 생을 받고 나서
전생에 저지른 악업을 자책한다오.

달콤하고 즐거운 한없는 쾌락이여
여러 가지로 마음을 괴롭히나니
감각적 쾌락에 묶이면 위험하다는 걸 알고
왕이여, 나는 출가하였소.

익은 과일이 나무에서 떨어지듯 사람도 그와 같아,
젊은이든 늙은이든 명이 다하면 떨어지나니
왕이여, 난 이것을 잘 알기에 출가하였소,
사문의 삶이 확실히 더 훌륭하다오.

《맛지마니까야》, 〈랏타빨라경Raṭṭhapālasuttaṃ〉 M82

1)《법구경》〈인연담〉에 보면 "왕자 라훌라는 부처님께로 갔다. 라훌라가 그를 보는 순간, 아버지의 사랑을 느끼고 마음이 기뻤다. 그는 이와 같이 '수행자 여, 당신의 그늘은 즐겁습니다.'라고 말하면서 자신의 역에 맞는 말을 했다." 고 나온다. 어린 라훌라는 어머니가 시키는 대로 연기를 한 것이다. (《법구경 Dhammapada》,〈인연담〉 13~14, 난다와 관련된 이야기, 전재성 역)

2) 사미沙彌samanera: 남자로서 처음 출가를 하면 6개월 또는 1년 동안 행자行者 생활을 하여 승려가 될 자질과 스스로의 결심을 다짐한 뒤, 은사恩師를 정하고 사미계를 받아 사미가 된다. 보통 20세까지는 사미로 지내다가 만 20세가 되면 구족계具足戒를 받아 비구가 된다. 불교 교단 최초의 사미는 부처님의 아들인 라훌라Rahula다.

3) 라훌라가 어려서 혼자 소꿉장난을 할 때 한 줌의 모래를 집어 들고 '오늘 내가 이 모래알처럼 많은 가르침을 얻기를 바란다.'라고 기원.
라훌라가 8살 때(부처님 세수 37살): 출가시켜 사미계를 받게 하고, 세숫대야 법문 을 해주고 농담으로라도 거짓말을 하지 말 것을 설함. 사리뿟따를 은사로 모심.
라훌라 18살 때(부처님 세수 47살): 들숨날숨에 마음 챙겨 위빠사나를 닦을 것을 가르침.
라훌라 20살 때(부처님 세수 49살): 5온과 근, 경, 식, 촉, 수, 상, 사를 염오-이욕하 여 해탈할 것을 가르쳐, 완전히 깨닫게 함. 비구계를 받게 함.
부처님의 자식교육은 철저하였다. 라훌라는 남의 눈에 띄지 않을 때에도 세세 한 것까지 정해진 계율대로 실천하는 데 으뜸이었으므로 부처님으로부터 '밀 행密行제일'이라는 칭찬을 받는다.

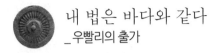
내 법은 바다와 같다
_우빨리의 출가

부처님이 이복동생 난다와 아들 라훌라를 데리고 까삘라 성을 떠나 말라Malla 국 아누삐야Anupiya에 머무실 때였다. 아름다운 동산으로 나들이 가듯이 코끼리를 타고 성문을 나서는 무리가 있었다. 사꺄족 왕자 아누룻다Anuruddha, 밧디야Bhaddiya, 데와닷따Devadatta, 아난다 Ananda, 바구Bhagu, 낌빌라Kimbila, 우빠난다Upananda와 이발사 우빨리Upali였다. 우빨리는 인도의 사성계급 중 가장 낮은 수드라 출신으로 궁중에서 이발사로 일하고 있었다. 일곱 왕자는 굳은 결심으로 권력과 재산을 버리고 부처님을 찾아 말라족 경계에 다다랐다. 일행은 코끼리를 돌려보내고 몸에 걸친 장신구를 풀어 우빨리에게 주었다.

"우빨리야, 이것을 가지고 돌아가 잘 살아라. 너는 지금부터 하인 신분에서 벗어나 자유다."

머뭇거리는 우빨리를 뒤로하고 망고 숲 가까이 왔을 때 숨 가쁘게 달려오는 사람이 있었으니 우빨리였다.

"왜 고향으로 돌아가지 않았느냐?"

"왕자님들의 장신구를 가지고 저 혼자 돌아가면 성질 급한 사꺄족이 절 가만두지 않을 겁니다. 분명 제가 나라를 떠나도록 왕자님들을 유인하거나 죽였다고 생각할 것입니다."

아난다가 가여운 눈빛으로 바라보며 다른 곳에 의지할 데를 찾아주고 싶었다. "저도 왕자님들을 따라서 같이 비구가 되고 싶습니다. 귀한 집안에 태어나 부귀영화를 누리던 왕자님들도 세상을 버리고 출가하는데 저 같은 하인이 뭐가 아쉬워 출가를 망설이겠습니까?" 우빨리는 빈손이었다.

"우리가 준 보석과 비단옷은 어떻게 했느냐?"

"길가의 나뭇가지에 걸어 놓았습니다. 누구든 먼저 보는 사람이 가져가겠지요."

한바탕 웃음을 터트린 왕자들이 우빨리의 등을 두드렸다.

"좋다, 함께 가자."

망고 숲에 도착한 일행은 부처님께 예배드리고 간청한다.

"세존이시여, 저희도 가르침 안에서 바른 법과 율을 닦도록 허락하소서."

반갑게 맞이하는 부처님께 아누룻다가 말했다.

"세존이시여, 저희 사꺄족에게 자존심의 깃발을 꺾으라고 여러 차례 당부하셨습니다. 사꺄족의 교만과 무례함을 저희부터 뉘우치겠습니다. 이발사 우빨리는 오랫동안 저희 시중을 들어온 벗입니다. 이 친구를 먼저 비구로 만들어주십시오. 이젠 저희가 우빨리를 받들고 존경하며 갖춰야 할 도리를 소홀히 하지 않겠습니다."

부처님은 왕자들을 칭찬하고 우빨리를 먼저 출가시켰다. 사꺄족 왕자들은 먼저 출가한 우빨리의 발아래 차례차례 머리를 조아렸다. 그 광경을 지켜보는 부처님의 얼굴에 환한 미소가 어렸다. 부처님이 새롭게 출가한 우빨리와 왕자들에게 당부하였다.

"나의 법은 바다와 같다. 바다는 수많은 강물을 거부하지 않고 모두 받아들이며, 바다의 물맛은 언제나 하나다. 우리 승가도 신분을 가리지 않고 모두 받아들여 평등하게 대하며 올바른 법과 율이라는 한맛에 젖을 뿐이다. 명심하라. 계를 받은 순서에 따라 예를 다할 뿐 신분과 귀천의 차별은 여기에 없다. 인연에 따라 사대[1]가 합해져 몸이라 부르지만 이 몸은 무상하고 텅 비어 '나'라고 고집할 만한 것이 없다. 진실하고 성스러운 법과 율을 따르고 절대 교만하지 말라."[2]

수행에 전념하던 우빨리 존자는 어느 날 부처님께 청을 올린다. "부처님, 저는 이제 많은 사람들을 떠나 숲이나 밀림의 외딴 거처(아란야[3])에 살면서 혼자 수행하고 싶습니다." 그러나 부처님은 존자가 산속이나 들판에서 수행하는 것을 허락하지 않았다. 부처님이 왜 허락하지 않는지를 이해하지 못하자 다음과 같은 비유를 들어 설명하였다.

"우빨리여, 예를 들면 넓은 호수가 있는데 큰 코끼리 한 마리가 그곳에 들어가 마음껏 놀면서 목욕을 할 수 있는 것은 몸집이 아주 커서 깊은 곳에서도 빠지지 않고 발을 디딜 수 있기 때문이다. 그러나 몸집이 작은 토끼나 고양이가 아무 생각 없이 성급하게 큰 호수에 뛰어들면 가라앉거나 물에 빠져 죽을 것이다. 수행자가 숲이나 밀림의 외딴 거처에 거주하는 것은 통찰지로서 사성제를 체득한 뒤 번뇌를 남김없이 소멸한 것을 관찰하기 위해서다. 우빨리여, 그대는 승가에 머물러라. 승가에 머물면 그대에게 편안함이 있을 것이다."

수행에는 대중처소에서 대중과 함께 수행하는 법과 개인 처소에서 홀로 수행하는 법이 있다. 전자를 '선방 수행'이라 하고 후자를 '토굴 수행'이라 한다. 수행자가 대중처소에서 공부하다 보면 의기가 충천하고 열의가 물밀 듯이 몰려와 이대로 밀어붙이면 곧 깨달을 것 같은 심경이 될 때가 있다. 그러면 혼자서 수행할 만한 암자나 토굴을 찾는다. 마치 보리수 아래 앉은 싯다르타와 같은 심정으로 '이대로 앉아서 깨닫지 않으면 마침내 일어나지 않으리라' 다짐하고 토굴로 간다.

그러나 사람 일이란 게 뜻대로 되지 않는 법이니 어떤 사소한 장애가 생겨나 철석같던 처음의 마음이 슬슬 허물어질 때가 온다. 그러면 토굴 수행은 희망과 실망, 열망과 좌절, 고행과 나태, 신심과 회의라는 시소를 타게 된다. 흔히 성질이 급한 사람이나 열의가 지나친 수행자가 이런 경우를 겪는다. 이때는 다시 대중처소로 돌아가서 차분한 마음으로 일과에 따라 살면 된다. 결국 평상심으로 돌아간다. 일상 가운데 알아차림이 지속된다면 혼자 있거나 여럿이 같이 있거나 무슨 걸림이 있으리오. 우빨리는 새로 출가하는 사람들의 머리를 깎아주는 일만 하다가 언제 수행의 진전이 있겠느냐는 회의가 일어난 데다, 같이 출가한 왕자들은 벌써 도를 깨달았다는 소문이 들려오니 열화와 같은 마음이 치솟아 깊은 숲 속에서 홀로 수행해보고 싶다고 토로했다. 부처님이 누구신가? 제자의 근기와 성품을 훤히 꿰뚫어 보는 분이니 우빨리에게 꼭 맞는 수행법을 처방한다.

"너는 한길로 우직하게 가는 소와 같으니 대중 가운데에서 모범을 보이며 실천하는 사람이 되어라."

부처님의 가르침을 들은 우빨리 존자는 혼자 수행하겠다는 마음을 접고 대중스님들과 함께 머물면서 수행에 전념하였다. 그리고 부처님으로부터 계율에 관하여 집중적인 가르침을 듣고 생활 속에서 그대로 실천하였다. 그 결과 우빨리 존자는 부처님의 제자들 중 '지계제일持戒第一'이라는 이름을 얻었다.

한국에서 출가하여 스님이 되려면 행자 생활을 거쳐야 한다. 행자가 되면 새벽예불을 드린 후 행자실로 돌아와 외우는 게송이 있다.

신심으로써 욕락을 버리고 일찍 발심한 젊은 출가자들은
영원한 것과 영원하지 않은 것을 똑똑히 분간하면서
걸어가야 할 길만을 고고하게 찾아서 가라.
대율사 우바리 존자의 말씀!

지금도 이 게송을 외울 때면 정신이 칼날처럼 시퍼렇게 살아 있음을 느낀다.

| 주 |

1) 사대四大: 몸과 물질을 구성하는 네 가지 요소four elements로 지대地大pathavi
   dhatu, 수대水大apo dhatu, 화대火大tejo dhatu, 풍대風大vayo dhatu를 말한다.
   현대 과학적으로 풀면 에너지의 네 가지 형태, 즉 고체, 액체, 기체, 열에너지이
   다. 육신이 사대로 이루어져 있음을 보는 수행은 무상과 무아를 깨닫게 해준다.
2) 《부처님의 생애》, p.204 22행~p.207 1행 참조.
3) 아란야阿蘭若 수행: 한가롭고 적정한 처소로, 당시 홀로 수행하기 좋은 숲 등을
   말한다. 우빨리는 아란야 수행을 하고 싶다고 한 것이다. 한국에서는 토굴 수행
   이라 할 수 있다.

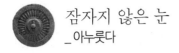

잠자지 않은 눈
_아누룻다

이상과 현실 사이에는 항상 채우기 어려운 간극이 있기 마련. 강한 열망을 가지고 출가한 아누룻다였지만 태어나서부터 줄곧 편안한 생활을 해왔던 그에게 수행 생활은 그리 만만한 일이 아니었다. 부처님이 사왓티의 기원정사에서 설법을 할 때의 일이었다. 많은 제자들이 부처님의 설법에 귀를 기울이고 있는데 꾸벅꾸벅 조는 스님이 있었다. 바로 아누룻다였다. 코까지 살짝 골았던 것일까. 아니 어쩌면 평소에 아누룻다는 정신이 희미한 게으른 수행자로 왕따를 당했는지도 모른다. 사람들의 곱지 않은 시선이 그에게 쏠렸다. 그러자 부처님은 "법을 들으면서 기분 좋게 잘 수 있는 것, 이 또한 좋은 일 아니겠느냐"며 아누룻다를 감싸준다. 법회가 끝나자 부처님은 따로 아누룻다를 부른다. 조금 전과는 전혀 다른 냉기가 흐르는 목소리로 엄하게 꾸짖었다.

"아누룻다야, 너는 깨달음을 구하여 출가한 것이 아니더냐. 출가한 지 얼마나 되었다고 벌써 설법을 들으면서 존다는 말이냐. 정신이 해이해졌다고밖에 생각할 수 없구나. 네가 출가할 때 지녔던 강한 의지를 한 번 떠올려 보거라."

부처님의 호된 꾸중에 너무나도 부끄럽고 죄송하여 어찌할 바를 몰랐다.

"부처님, 죄송합니다."

아누룻다는 몸을 가다듬고 합장한 후 조용히 꿇어앉아 부처님께 말씀드린다.

　"부처님, 오늘 이후로 저는 몸이 부서질지라도 부처님 앞에서 졸지 않겠습니다."

　이후 아누룻다와 수마睡魔의 싸움이 시작된다. 아누룻다는 눕지도 자지도 않았다. 부처님과의 약속을 지키기 위해, 또한 자신과의 약속을 지키기 위해 스스로를 제어하며 고행의 시간을 보냈다. 아예 수면을 거부하는 아누룻다의 눈이 부어오르다 못해 문드러져 갔다. 안타까운 마음에 부처님은 수면을 취하도록 권하였다.

　"아누룻다야, 고행은 좋지 않다. 게으름도 피해야 하지만, 고행 또한 피해야 하느니라. 내가 항상 말하는 중도야말로 최상이니라."

　하지만 아누룻다는 듣지 않았다. 이미 부처님 앞에서 세운 원을 번복하고 싶지 않았다. 부처님은 명의 지와까[1]에게 아누룻다의 눈을 치료해주라고 했다. 지와까는 잠을 자는 것이 처방이라고 설득했지만, "이제 저는 수면을 취하는 것이 오히려 고통스럽습니다."라며 끝내 거부했다. 결국 아누룻다는 실명하게 되었다. 하지만 육체의 눈을 잃어버린 대신 법의 눈法眼을 얻게 되었다. '천안제일天眼第一'이라는 존칭에 걸맞는 사람이 된 것이다.

| 주 |

1) 지와까(Jivaka, BCE 540~490): 부처님 당시 최고의 명의. 중국의 화타華佗에 비할 수 있다. 라자가하에 살라와띠Salavatti라는 유명한 창녀가 몰래 낳은 아들로 태어나자마자 버려졌다. 빔비사라 왕을 만나러 가던 왕자 아바야Abhaya(아자따삿뚜의 이복형제, 나중에 출가하여 아라한이 되다)가 숲 속에서 우는 아이를 발견

하고 친아들처럼 키웠다. 그래서 '살아 있다'라는 뜻의 '지와까'라는 이름으로 불리고, 왕자가 양육했다고 해서 '코마라밧짜Komarabhacca'(왕족의 동자라는 의미, 수명동자壽命童子로 한역됨)라 했다. 탁실라Taxila 대학에서 의사 수업을 받아 천하의 명의가 됐다. 소아과와 내과를 전공했다. 본초학, 식이요법, 마사지, 영적 장애 신경증에도 정통했다. 타이 마사지의 원조가 이분이다. 그는 두뇌절개 수술까지도 능했다. 빔비사라 왕의 전속 의사이면서 부처님의 주치의로 봉사했다.

 아누룻다의 50년 장좌불와

눈이 먼 채 정진하는 아누룻다를 바라보는 부처님의 마음은 어떠했을까. 용맹 정진하는 모습이 대견하고 기쁜 한편 측은한 마음도 있었을 것이다. 부처님과 아누룻다 사이에는 너무나도 따뜻한 일화가 전해져 온다. 스님들은 스스로 삼의三衣를 기워 입어야 하는데, 실명한 스님에게 바느질은 힘든 일 가운데 하나였다. 꿰매는 것은 손의 감각으로 어느 정도 가능하지만 바늘구멍에 실을 꿰는 것은 쉽지 않다. 둔한 동작으로 몇 번이나 바늘구멍을 찾아 실을 넣으려 애쓰던 아누룻다는 결국 포기한 채 누군가에게 도움을 청하려 했다.

[아누룻다] "혹시 옆에 누구 있습니까. 있으면 저를 위해 바늘에 실 좀 끼워 주세요. 큰 공덕이 될 것입니다." 그러자 누군가 다가오더니 바늘과 실을 받아 들며

[붓다] "그럼 내가 그 공덕을 지을까요?"

그 목소리는 틀림없는 부처님의 목소리였다. 아누룻다는 깜짝 놀랐다.

[아누룻다] "부처님 아니십니까. 죄송합니다. 저는 누군가 다른 이가 곁에 있는 줄 알고."

[붓다] "아누룻다야, 나라고 공덕을 짓고 싶지 않겠느냐. 나 역시 그 누구보다 공덕을 쌓아 행복해지고 싶은 사람 가운데 한 명이니라. 이리 주거라."

부처님의 말씀에 당황한 아누룻다는 말했다.

[아누룻다] "부처님, 당신은 이미 생사의 바다를 건너 깨달음의 저 언덕에 도달하신 분입니다. 이미 충분히 공덕을 쌓아 행복하신 분인데 새삼스럽게 무슨 말씀이십니까?"

그러자 부처님은 따뜻한 목소리로 이렇게 말씀하셨다.

[붓다] "아누룻다야, 세간에서 공덕을 쌓은 자는 많지만 여래를 능가할 자는 없다. 나는 보시나 설법에서 부족한 바가 없다. 하지만 여래는 여섯 가지 법에 있어 질리는 법이 없나니, 보시와 교계敎誡(가르침과 꾸짖음), 인욕과 설법, 중생 애호 그리고 무상정등각의 추구이니라. 내가 쌓는 공덕은 나 자신을 위한 것이 아니라 모두 중생을 위한 것이다."

수행 정진하다 실명한 제자, 그리고 그 제자를 위해 바늘에 실을 꿰주면서 어쩔 줄 몰라 당황하는 제자에게 자신 역시 중생의 행복을 위해 공덕을 쌓고 싶다고 말하는 부처님. 그 스승에 그 제자다. 시력을 잃어 눈앞에 계신 부처님을 볼 수 없지만 따뜻한 부처님의 목소리는 아누룻다의 온몸에 잔잔하게 퍼지며 스며든다.

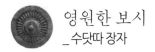

영원한 보시
_수닷따 장자

고향 방문을 마친 부처님이 까삘라 성을 뒤로 하고 라자가하로 돌아와 변두리에 있는 시따와나Sitavana[1])에 머무실 때였다. 샛별이 반짝이는 초저녁에 라자가하 거리로 들어선 사왓띠의 한 상인이 라자가하 부잣집의 문을 두드렸다. 그 집은 자기 아내의 오빠 집이었다. 한참 후에 겨우 문이 열렸는데 평소와는 다르게 자기 처남이 반갑게 맞이하는 기색이 없었다. 그런데 집 안에서는 무언가 큰 잔치를 준비하고 있는 듯이 보였다. 상인은 놀라서 "얼마나 거창한 잔치가 있기에 이리 법석을 떠십니까?" "내일 부처님과 그분의 제자들을 공양에 초대했거든요." "부처님이라고요?" "정말 부처님이시라고요?" "허허, 이 사람. 부처님이라니까." 완전한 지혜를 깨달으신 분, 번뇌에 물들지 않고 온갖 고뇌를 해결해주시는 성자가 세상에 출현했다니, 그는 자신의 귀를 의심하지 않을 수 없었다. "그분은 어디 계십니까?" "부처님은 성 밖 시따와나에 머물고 계신다네." 당장이라도 달려가 뵙고 싶은 맘에 잠을 이룰 수 없었다. 선잠이 얼핏 들었다가 다시 깨어나 창문을 열어보기를 세 차례. 멀리 동쪽 하늘이 불그스레 밝아오는 듯하자 처남 집을 나서서 시따와나로 향했다. 성문 밖은 칠흑처럼 어두운데 간간히 새어나오던 인가의 불빛마저 끊기자 길은 고사하고 코앞에 무엇이 있는지 분간조차 할 수 없었다. 시따와나는 시체를 버리는 숲이라 발밑에 뼈다귀가 나뒹굴고 사방에 시체가 널브러져 있었다. 귀신이 출몰한다는 곳이기도 하다. 후들거리는 다리를 더 이상 옮기지 못하고 있을 때 머리 위에서 이상한 소리가 들린다.

"지금 내딛은 한 걸음은 온갖 보배보다도 귀합니다. 앞으로 나아가십시오. 물러서지 마십시오."

이 소리는 어디서 나는 것일까? 천신이나 호법선신이 상인에게 들려주는 말이다. 그리고 우리에게도 해당되는 말이다.

"부처님 법에 귀의한 사람들이여, 지금 내딛는 한 걸음이 닙바나에 이르게 합니다. 앞으로 나아가세요. 물러서지 마세요."

용기를 내어 한 걸음 더 내딛자 누가 횃불로 비춘 듯 길이 환히 보인다. 멀리 여명이 밝아오고 맑은 새소리가 숲을 깨우기 시작한다. 그때였다. 새벽이슬을 밟으며 누군가 소리 없이 다가오고 있었다. 사왓띠의 상인은 움직일 수가 없었다. 벼락을 맞은 듯 몸이 굳어버려 그대로 서서 넋 놓고 바라볼 뿐 합장조차 할 수 없었다. 아침 햇살처럼 눈부신 모습으로 다가오는 부처님.

"어서 오세요, 수닷따."

처음 보는 이의 이름을 어떻게 알았을까? 밝게 웃으며 자신의 이름을 부르는 성자의 모습에 그는 깜짝 놀랐다. 정신을 차린 상인은 무릎을 꿇고 합장한다.

"저는 사왓띠의 상인 수닷따Sudatta須達多입니다."

"수닷타, 당신을 기다렸습니다."

험난한 국경을 넘나들며 수많은 이들과 교분을 쌓아 어디를 가건 형제나 다름없이 맞이하는 지인들을 둔 그였지만 오늘처럼 따뜻하고 편안한 환대는 처음이었다. 부처님은 부드러운 손길로 당신의 자리로 안내한다. 깨끗하고 향기로운 그 자리는 숲 속 오솔길 나무 아래. 숲의 주인은 찾아온 나그네를 위로하고, 먼 길을 마다 않은 그의 정성에 칭찬을 아끼지 않는다. 또한 두려움을 떨친 노고에 보답하듯 진리의 보물을 한 아름 안겨준다. 위험과 재난이 도사린 세상에서 어느 길이 행복으로 가는 길인지, 그 길 끝에 기다리고 있는 좋은 결과들은 무엇인지에 대해 알려준다. 수많은 장삿길에서 이보다 큰 이익을 얻은 적은 없었다. 마음 가득 기쁨이 차오른다. 수닷따는 자리에서 일어나 지혜가 부유한 주인에게 예배한다.

"거룩한 부처님께 귀의합니다.

거룩한 법에 귀의합니다.

거룩한 승가에 귀의합니다.

세존이시여, 제가 당신의 제자가 되어 목숨이 다하는 날까지 받들고 모실 수 있도록 허락해주소서."

부드러운 미소로 허락하시는 부처님에게 수닷타는 청한다.

"넘치도록 베푸신 은혜에 보답할 기회를 주소서, 세존이시여, 당신을 위해 정사를 짓겠습니다. 제자가 살고 있는 사왓띠를 방문해주소서."

부처님은 세 번이나 간절히 청하는 수닷따에게 눈을 감은 채 허락하는 표정을 보이지 않는다. 중요한 거래에서 포기해 본 일이 없는 수닷타였기에 예의에 어긋난 일이란 것을 알지만 물러서지 않는다. 수닷타는 네 번째로 간청하였다.

"세존이시여, 당신을 위해 정사를 짓겠습니다, 사왓띠로 오시어 안거를 보내십시오."

감았던 눈을 뜨고 부처님께서 조용히 말한다.

"나는 시끄럽지 않고 조용한 곳을 좋아합니다."

수닷따는 기뻐하며 처남의 집으로 돌아왔다. 해가 높이 뜨자 조용하고 온화한 수행자들이 줄을 지어 수닷따 처남의 집에 찾아왔다. 온 집 안 사람들은 예의를 다해 정성껏 음식을 준비하였다. 부처님은 공양을 다 드신 후 법문을 하였다. 법문 끝 무렵에 수닷따가 자리에서 일어나 합장 예배하고 부처님께 여쭈었다.

"세존이시여, 저는 다시 사왓띠로 돌아가야 합니다. 세존께서 머무시기에 알맞은 장소를 물색할 비구를 저와 함께 동행하게 해주십시오."

좌중을 둘러본 부처님께서 말했다.

"사리뿟따, 이 일을 그대가 맡아주겠는가?"

"그렇게 하겠습니다, 세존이시여."[2]

| 주 |

1) 시따와나Sitavana寒林: 범어 Sita는 '차가운寒', vana는 '숲林'으로 '한림寒林'이라고 번역한다. 시다림尸陀林이라 하기도 한다. 라자가하 북쪽에 있는 공동묘지로 사람이 죽으면 이 숲에 버려지기에 병균이 득실대는 무서운 곳이었다. 시다림은 백골관白骨觀(시체를 관하면서 무상을 깨치는 수행)하기에 적당하였다. 한국의 절집에서 스님이 죽은 사람을 위해 염불하러 가는 것을 '시다림 간다.'라고 한다.
2)《부처님의 생애》, p.210 4행~p.215 2행 참조.

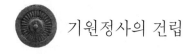

기원정사의 건립

사왓띠로 돌아온 수닷타는 곧바로 적당한 장소를 찾아 나선다. 사왓띠 성에서 가깝지도 멀지도 않고, 가고 오는데 불편이 없어야 하며, 더욱이 조용한 곳이어야 했다. 사리뿟따와 함께 여기저기를 물색하던 수닷따가 드디어 적당한 곳을 찾았는데, 그곳은 꼬살라 국[1]의 태자인 제따Jeta 소유의 동산이었다. 수닷타는 제따 태자를 찾아가 부탁하였다. "태자님의 동산을 저에게 파십시오." "팔 생각이 없습니다." 그러나 돈이 아쉽지 않은 태자는 큰 나무들이 즐비하고, 맑은 샘과 연못이 시원한 자신의 동산을 팔 이유가 없었다. 태자가 고개를 돌리자 수닷타는 다급해졌다.

"태자님, 부디 그 동산을 저에게 파십시오. 값은 원하는 대로 쳐 드리겠습니다. 제발 저에게 파십시오."

이 말을 들은 제따 태자는 웃음을 흘렸다. 꼬살라 국의 거상이 겨우 동산 하나를 갖지 못해 안달인 모습이 우스웠다. 태자는 장난삼아 한마디 던지고는 일어선다.

"돈이 많은가 봅니다. 동산을 황금으로 덮기라도 한다면 모를까."

"그럼 거래가 성사된 겁니다."

걸음을 멈춘 태자가 돌아보았다.

"거래가 성사되다니요?"

"동산을 황금으로 덮으면 팔겠다고 방금 말씀하시지 않으셨습니

기원정사의 붓다 처소Gandhakuti 향실 터 I 수닷따 장자의 보시로 꼬살라 국의 수도 사위성 Sravasti에 기원정사가 건립되었다. 사진은 붓다가 기거했던 오두막의 터. 인도 우타르 프라데시Uttar Pradesh 주 소재.© Bpilgrim

까?"

태자가 노기 가득한 얼굴로 소리쳤다.

"난 당신에게 동산을 팔 생각이 없으니 썩 물러가시오."

수닷따는 이 거래에 대해 꼬살라 국 최고 법정에 재판을 신청했고, 꼬살라 국의 원로와 현인들이 모여 오랜 상의 끝에 결론을 내렸다.

"말에는 신의가 있어야 합니다. 누구든 자신이 한 말에 책임을 져야 합니다. 농담이었다고는 하나 만인의 존경과 신망을 받는 태자가 자신의 말을 번복한다는 건 있을 수 없습니다. 내뱉은 말은 주워 담을 수 없으니, 약속은 반드시 지켜져야 합니다."

꼬살라 국의 원로들은 노블레스 오블리주[2]를 들먹이며 제따 태자를 설득했을 것이다. 수닷따는 환호하며 황금을 가져다 동산에 깔기 시작했고, 제따 태자는 못마땅하게 그 광경을 지켜보았다. 마차들이 종일 엄청난 양의 황금을 날랐지만 동산은 반에 반도 덮이지 않았다. 저무는 석양빛에 쭈그려 앉아 땅바닥을 긁적거리는 수닷따에게 태자가 비웃으며 다가와 말했다.

"장자여, 후회되면 지금이라도 말하시오."

자리에서 일어선 수닷따의 얼굴에는 한 점 그늘도 없었다.

"저는 후회하는 것이 아닙니다. 어느 창고에서 금을 꺼내 올까를 생각한 것입니다."

머리를 한 대 얻어맞은 태자가 말합니다.

"많은 재물을 낭비하면서까지 동산을 사려는 까닭이 도대체 무엇이요?"

"부처님과 제자들을 위해 정사를 세우기 위해서입니다."

"정말 그럴 만한 가치가 있다고 생각하는 겁니까?"

"태자님, 저는 이익을 쫓는 장사꾼입니다. 저는 부처님을 만나 어느 거래에서보다 큰 이익을 얻었습니다. 지금 제가 들이는 밑천은 앞으로 얻을 이익에 비하면 아무것도 아닙니다. 정사가 건립되면 매일같이 부처님을 뵙고 진리의 말씀을 들을 수 있기 때문입니다."

수닷따의 눈동자는 확신과 기쁨으로 빛났다. 자신의 전부를 던질 만큼 존경하는 사람이 있다는 건 행복한 일이었다. 제따 태자는 감격한다. 횃불을 밝히고 창고에서 더 많은 황금을 가져오도록 지시하는 수닷따에게 태자가 말했다.

"그만하면 충분합니다. 이 동산을 당신에게 드리겠습니다. 하지만 한 가지 부탁이 있습니다. 이토록 당신이 정성을 다하는 분이라면 훌륭한 성자임에 틀림없습니다. 이 동산의 입구만은 저에게 돌려주십시오. 성자들이 머물 이 동산에 화려한 문을 세우고 제따와나라마Jetavanarama祇園精舍라는 이름을 새길 수 있도록 허락해주십시오." 권력과 큰 재산을 손에 쥔 태자가 부처님께 호의를 가진다는 것은 더없이 좋은 일이었다. 수닷따는 정중히 고개를 숙였다. "감사합니다, 태자님."[3]

태자의 흔쾌한 쾌척에 대작불사가 일사천리로 진행되었다. 수닷따 장자는 기원정사의 전체 구조를 마음속에 그리며 일일이 작업을 지시하면서, 꼼꼼하게 추진해나갔다. 스님들이 거처할 요사채와 신도들이 머물 수 있는 건물, 법회가 이뤄질 강당, 목욕할 수 있는 연못, 경행할 수 있는 공원, 그 사이를 연결하는 통로, 정문과 후문 이 모든 것을 일목요연하게 고려해야 했다. 그중에서도 관심이 제일 많이 가는 것은 부처님이 머물 공간을 어디에 어떻게 꾸밀 것인가 하는 문제였다. 수닷따는 세상의 중심으로서 불교, 불교의 중심으로서 기원정사, 기원정사의 중심으로서 세존을 모셔야겠다는 영감이 떠올랐다. 기원정사의 중심에 부처님이 거처할 향실香室간디꾸띠Gandhakuti을 지었다. 그 둘레에 장로들이 기거할 방을 만들었고, 이어 대중 비구들의 처소와 거대한 강당을 짓고 휴식을 취할 장소와 경행할 길을 차례차례로 조성해나갔다.

스님들이 하루에 한 번 목욕할 수 있도록 연못을 파고 청련, 홍련, 황련, 백련, 자련의 아름다운 연꽃을 심었다. 정사 주위에는 달콤한 열매와 그늘을 드리우는 망고 나무도 심고 반얀 나무, 아소까무우수無憂樹 나무도 심었다. 큰 길 가까운 곳엔 시원한 물이 솟는 샘을 여러 곳에 파서 스님들과 오가는 행인들이 이용할 수 있게 했다. 불사가 물 흐르듯 진행되자 제따 태자도 덩달아 기뻐하면서 향실을 짓는 불사에 쓰라고 귀한 목재를 구해왔다. 태자는 땅값으로 받은 돈으로 정사의 입구에 장엄한 정문을 세웠다.

오랜 노력 끝에 정사가 완성되었다. 부처님과 제자들이 낙성식에 참석하였다. 수닷따의 머리에 들었던 조감도대로 하늘 아래 땅 위에 기원정사가 현실로 나타난 것이다. 공작새가 날아들고 하늘 꽃이 떨어지는 영광스런 기원정사 봉헌식, 부처님 앞에 무릎을 꿇은 수닷따는 환희에 찬 목소리로 고했다.

"제자가 이 정사를 부처님께 바칩니다."

부처님은 손바닥을 펴 장자의 말을 막으며 말한다.

"장자여, 이 정사를, 이미 교단에 들어온, 현재 들어와 있는, 미래에 들어올, 사방의 모든 스님들에게 보시하십시오."

"그렇게 하겠습니다, 세존이시여."

수닷따 장자는 황금 주전자로 도량에 물을 부으며 큰 소리로 외쳤다.

"제따 태자께서 보시한 숲에 수닷따가 세운 이 정사를 과거 현재 미래의 사방승가[4]에 보시합니다."

운집한 사왓띠 백성들이 모두 자리에 앉자 부처님이 말했다.

"정사는 추위와 더위를 막아주고 쇠파리, 모기, 전갈 등 벌레의 위험에서 보호해주며, 뱀과 사나운 짐승들의 위험도 막아줍니다. 또한 정사는 거센 폭풍우와 비바람과 뜨거운 햇빛도 막아줍니다. 정사는 거룩한 승가 대중이 머물며 수행을 키우도록 도와줍니다. 이렇게 좋은 이익을 주는 정사를 보시한 것은 크나큰 공덕이라고 나 여래가 말합니다. 이롭고 좋은 결과를 원한다면 지혜로운 이들이 머물 정사를 짓고, 깨달은 법을 거짓 없이 설해주는 비구들에게 깨끗한 마음으로 옷, 음식, 약, 침구를 보시해야 합니다. 정사에서 지내는 비구들은 부끄러움 없는 수행자의 모습을 가꿔나가야 하며, 자기를 믿고 따르는 신자들에게 고통에서 벗어나는 법을 설해주어야 합니다. 그리하여 시주와 스님들 모두 참다운 진리를 구현해 현생에서 고요한 열반現世涅槃을 누리도록 하십시다."

사왓띠 사람들은 수닷따를 고독한 이들에게 물자를 공급하는 사람 즉, 아나타삔디까Anathapindika급고독給孤獨 장자라 부르고, 제따 태자의 숲에 세운 정사를 기수급고독원祇樹給孤獨園(줄여서 기원정사祇園精舍)이라 불렀다.[5]

| 주 |

1) 꼬살라Kosala: 꼬살라는 BCE 6세기에 대국으로 부상해 북인도의 16강국 중의 하나가 되었다. 꼬살라는 강력한 카시 왕국을 병합하고, BCE 500년경 빠세나디 왕 때에 북부에서 4대 강국 중 최강이었다. 이때 꼬살라는 갠지스 강 유역의 무역로를 장악했다. 부처님은 꼬살라의 수도 슈라바스티Sravasti(빨리어 표기로 사왓띠Savatthi)에서 설법을 했고, 말년의 25년 동안 우기雨期(부처님 나이 55세~79세)에는 이곳에서 지냈다. 꼬살라와 마가다는 결혼동맹을 맺고 있었는데, BCE 490년경 두 나라 사이에 전쟁이 일어나 마가다의 왕 아자따삿뚜(BCE 491경~459경)의 재위 중에 꼬살라는 마가다에 흡수되었다.

2) 노블레스 오블리주noblesse oblige: 사회적 지위가 높거나 명예를 가진 사람에게 요구되는 높은 수준의 도덕적 의무. 로마시대 초기에 몇몇 왕과 귀족들이 투철한 도덕의식과 솔선수범하는 공공정신을 보인 것에서 비롯된 말. 귀족들이 자기들의 이익을 유지하기 위한 수단으로 이해할 수도 있지만, 결과적으로

도덕적 책임과 의무를 다하려는 사회지도층의 노력으로 빈부격차를 줄여 계급갈등을 해소하는 데 긍정적 효과를 기대할 수 있다. 미국의 대기업 총수들의 실천이 잇따르고 있고, 유명인들의 '재능 기부' 또한 그런 맥락이다.

3) 《부처님의 생애》, p.215 7행~p.217 23행 참조.

4) 사방승가四方僧伽, 사방승물四方僧物: 현전승가는 현재 눈앞에 보이는 승가, 예를 들면 현재의 조계종단을 말한다. 나라 전체의 모든 승가와 미래에 생겨날 승가를 통틀어서 하나의 승가로 보는 개념을 사방승가라 한다. 따라서 공양물이나 큰 시주물이 들어오면, 승가는 사방승가의 소유(사방승물)와 현전승가의 소유(현전승물)로 분류한다. 음식이나 의류 등 개인에게 시주하거나 단기간에 소멸될 가능성이 높은 것은 현전승물인 경우가 많고, 토지나 건물, 방사나 의자처럼 오랫동안 사용할 수 있는 것이나 승가 내부에서 공동으로 사용하도록 하는 물건들은 모두 사방승물이다. 예를 들면, 사찰, 사찰에 딸린 산림과 농지 등의 토지, 사찰 내에 봉안한 불보살의 성상과 탱화 등의 성보, 비품이 모두 사방승물에 해당된다. 이는 스님의 개인 소유물이 아니라 미래의 불교도들에게 전해야 할 승가의 공공자산이다.

5) 《부처님의 생애》, p.218 1행~p.220 15행 참조.

5장

진리가 너희를
자유롭게 하리라

녹아원에서 5비구에게 첫 설법하는 붓다 |
1~3세기 간다라 유물. 미국 샌프란시코 아시
안 아트 뮤지엄 소재. © BrokenSphere

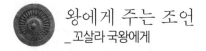
왕에게 주는 조언
_꼬살라 국왕에게

부처님 당시 갠지스 강 서북쪽에서 강력한 국력을 자랑하며 융성하던 꼬살라 국의 왕은 빠세나디Pasenadi였다. 꼬살라 국은 당시 16대국 가운데서도 특히 번영을 이룬 나라로 상상을 초월할 정도로 화려하고 풍요로웠던 곳이다. 이런 대국의 왕이었던 빠세나디는 어느 날 세상에 붓다가 출현했다는 소문을 듣게 되었는데, 평소 출가 수행자들의 가르침에 관심이 있던 왕은 자신의 눈으로 직접 확인하고자 부처님이 계신 기원정사를 찾아갔다. 그런데 부처님이 기대와는 달리 너무 젊어 보였다. '이자가 정말 붓다일까?' 내심 석연찮게 여기며 인사를 나눈 후, 왕은 당시 대중들로부터 널리 존경을 받고 있던 유명한 사문들의 이름을 거론하며 "그들조차 깨달았다고 말하지 않는데, 어찌 나이도 젊고 출가한 지 얼마 되지도 않는 고따마 당신은 깨달았다고 하는가?"라는 질문을 던진다. 이에 대해 부처님은 미소를 띠며 말했다.

"대왕이여, 이 세상에 아무리 작아도 가볍게 볼 수 없는 것이 네 가지 있습니다. 왕자, 독사, 불씨, 수행자 이 네 가지는 아무리 작아도 가벼이 보아서는 안 됩니다."

빠세나디는 부처님의 위엄과 당당함에 압도되어 뻣뻣한 말투를 누그러뜨리며 자세를 낮추었다.

"자세히 설명해주실 수 있겠습니까?"

"임금의 아들은 아무리 어려도 예우하지 않을 수 없습니다. 그러지 않는다면 그가 왕이 되었을 때 보복을 할 것입니다. 독사는 아무리 작아도 물리면 코끼리도 쓰러뜨릴 정도로 위험합니다. 불씨는 능히 모든 것을 다 태워버릴 수 있고, 어린 수행자도 언젠가는 큰 깨달음을 얻어 아라한이 되기 때문입니다.”

이 가르침을 들은 빠세나디 왕은 부처님이 완전한 깨달음을 얻으신 지혜로운 분이라는 사실을 인정하며 불법승 삼보에 귀의했다. 그에게는 지혜로운 왕비 말리까Mallika末利 부인이 있었는데, 그녀는 삼보에 대한 신심이 지극하여 왕에게 자주자주 부처님을 찾아가 가르침을 들으라고 권유했다. 부처님이 사왓띠 성에 머무를 때면 왕은 부처님을 찾아와 제자의 예를 다하며 남들에게 얘기 못할 속사정과 아픔을 털어놓고, 국가의 중대사를 논하며 국왕의 도리를 묻기도 하였다. 그런 왕에게 부처님은 항상 말했다.

“대왕이여, 자비로운 마음으로 백성들을 외아들처럼 보살펴야 합니다. 그들을 핍박하거나 해쳐서는 안 됩니다. 그릇된 견해를 멀리하고 올바른 길을 걸으십시오. 교만하지 말고 남을 얕보지 마십시오. 간신들의 소리에 귀를 기울이지 말며, 왕이라 해도 법을 어기지 마십시오. 대왕이여, 법답지 못한 것은 항복 받으십시오. 달콤한 열매를 따려면 반드시 좋은 나무를 심어야 합니다. 심지 않으면 훗날 즐거움을 기대할 수 없으니 스스로 반성하고 악행을 삼가십시오. 자기가 지은 것은 반드시 자기가 거두어야 합니다. 과보는 세상 어딜 가도 피할 수 없다는 것을 명심하여야 합니다. 대왕이여, 권력만 믿고 세월을 허비하지 마십시오. 목숨이 있는 한 죽음은 피할 수 없습니다. 항상 바른 법을 닦아야 죽음이 다가왔을 때 두려움에 떨지 않을 수 있습니다. 이 세상은 잠시도 멈추지 않고 변합니다. 더없이 나를 행복하게 하던 부귀와 권력도 돌아보면 아침이슬과 같을 것입니다."[1)

부처님이 빠세나디 왕에게 준 조언은 모든 권력자들에게 해당된다. 권력을 잡으면 세상을 다 얻은 기분이 든다. 권력자의 주변으로 사람들이 몰려들어 권력의 중심에 엄청난 힘이 집중된다. 권력의 핵심인 왕이나 대통령은 세상을 제 마음대로 움직일 수 있다는 환각에 빠진다. 권력자가 입김을 불면 온 나라가 흔들린다. 왕이 손가락 하나만 까딱해도 몇 사람이 죽고 사는 일이 벌어진다. 권력자는 항상 화려한 조명을 받으며, 그에 대한 찬사와 아부가 선전용으로 퍼져나간다. 그는 화려한 장막 뒤에서 자신의 정화되지 않은 탐욕과 분노와 사견을 은근히 퍼뜨린다. 권력자의 업은 나라의 운세에 영향을 미친다. 세상을 맑히고자 하는 성인은 먼저 그 나라의 권력자의 마음을 정화시켜야 한다. 그래서 부처님은 꼬살라 국의 왕인 빠세나디에게 조언을 한다.

"왕이여, 자신의 삼독심을 다스리시오. 그렇지 않으면 당신의 삼독이 세상을 더럽히게 될 것이오. 왕이여, 선업을 닦으시오. 그러면 당신의 선업이 세상을 맑힐 것이오. 당신의 권력을 어둠을 밝히는 빛이 되도록, 갈등과 투쟁을 해결하는 화해의 봄바람이 되도록 사용하시오. 당신이 쥔 칼은 사람을 살릴 수도 있고 죽일 수도 있소. 생명을 사랑하고 연민히 여기시오. 통치행위나 합법적 권력행사란 명분으로 행해지는 당신의 모든 정치행위도 결국은 당신의 업이 될 것이오. 왕이라 해도 인과법에서 면제되지 않는다오. 보시오, 부침하는 세상에서 얼마나 많은 권력자들이 흥망성쇠를 거듭해왔는지를. 권력을 잡으면 독사를 잡은 것처럼 조심하여 다루다가 빨리 놓아버리는 것이 상책이오. 오래 잡고 있다가 도리어 독사에게 물렸던 일을 수없이 보지 않았소. 권불십년이며, 인심은 조변석개라오. 권력은 십 년을 넘지 못하고, 백성의 마음은 아침저녁으로 변하는 것이라오. 세상인심이 변하지 않기를 바라지 마오. 인기가 오래 가기를 바라지 마오. 떠날 때를 알고 미련 없이 떠날 줄 아는 사람은 복 있는 사람이라오. 자주자주 공적인 위치를 내려놓고 평상인으로 돌아와 마음챙김 수행을 게을리 하지 마시오. 왕이 노쇠하면 권력을 놓아버리고 은퇴할 때가 오는 법이오. 제행무상은 예외가 없소. 권력 앞에서는 귀천의 차별이 있을지 모르지만 죽음 앞에는 모든 사람이 평등하다오."

거만하고 비대한 몸집을 가진 빠세나디 왕은 부처님의 연민과 진심어린 조언에 몸을 낮추고 경청한다.

불자여, 당신도 권력자다. 가정에서 직장에서 사회에서 소속된 집단에서 자기 나름대로의 권력을 휘두르고 살지 않느냐. 자식들에게, 배우자에게, 친구와 동료들에게 힘을 행사하지 않는가. 자기는 힘이 없어 시키는 대로 사는 소시민에 불과하다는 자기비하를 알아차려라. 자기업의 주인은 자기다. 주체적으로 자기 인생을 사는 힘을 되찾으라. 그리고 자기 인생의 주권을 행사할 때 〈왕에게 주는 조언〉에 귀를 기울여라. 잘나갈 때 자기를 살피고, 잘 안 풀릴 때 멈추고 앉아, 자기 삶을 반조하라. 삶의 매듭을 풀어줄 해답은 당신의 마음속에 이미 주어져 있다. 준비된 사람에게는 그 해답이 은밀하게 그러나 샛별처럼 빛나게 떠오를 것이다. 당신은 업의 종결자terminator이면서 동시에 창조자creator다. 자기가 건설한 세상을 경영하는 자여, 당신은 자기 세계의 왕이다. 왕처럼 생각하고, 왕처럼 말하며, 왕처럼 사람과 사물을 대하고, 왕처럼 행동하라. 그리고 때가 오면 왕도 내려놓고 세상도 내려놓고 바람과 구름을 따라가라.

|주|

1) 《부처님의 생애》, p.228 16행~p.229 6행 참조.

 바른 식사正飮에 대한 가르침

빠세나디 왕은 몸이 비대한데다가 식탐이 많아 먹는 것을 자제할
줄 몰랐다. 하루는 땀을 뻘뻘 흘리며 무거운 몸을 이끌고 기원정사로 와
부처님께로 겨우 다가와서 조심해서 앉는다는 게 몸무게 때문에 다리를
뻗으면서 털퍼덕 주저앉았다. 그런데 아침을 너무 많이 먹은 탓인지 피
곤이 몰려와 꾸벅꾸벅 졸았다. 졸음을 이길 수 없었지만 부처님 앞이라
눕지는 못하고 한쪽으로 물러나 앉았다. 세존은 "대왕이여, 쉬지 않고
오셨습니까?"라고 하자, 왕은 "부처님, 식후에 저는 항상 괴롭습니다."
라고 말했다. 세존은 "대왕이여, 과식은 언제나 고통을 가져옵니다."라
고 하며 과식을 다스리는 법을 게송으로 가르치셨다.

언제나 알아차림을 확립하고 식사의 분량을 아는 사람은
괴로운 느낌이 적어지고 목숨을 보존하여 더디 늙으리.

《숫따니빠따》 I .81

왕은 자신의 조카인 쑤닷싸나Sudassana에게 식사 때마다 이 시를 외워달라고 명했다. 그리하여 왕은 식사할 때 마지막 한 덩이의 양을 덜 먹었고, 점차로 몸이 날씬해졌다. 어느 날 왕은 부처님을 찾아와 예배를 드리면서 감사함을 표했다. 부처님은 왕에게 다음과 같이 가르치셨다.

> 건강은 최상의 이익이고,
> 만족이 최상의 재보이며,
> 신뢰가 최상의 친지이고,
> 열반이 최상의 행복이다.

arogyaparama labha,　아로갸빠라마 라바
santutthiparamam dhanam,　싼뚜티빠라맘 다남
vissasaparamanati,　윗사사빠라마나띠
nibbanamparamam sukham.　닙바남빠라맘 숙캄

부처님은 중생이 먹는 일로부터 자유롭지 못하고 고통을 당하는 것을 보고 이런 처방을 내린 것이다. 많이 먹어도 문제고, 적게 먹어도 문제. 먹을 게 없어도 걱정이고, 먹을 게 많아도 걱정이다. 무엇을 어떻게 얼마만큼 먹고 사느냐를 아는 것이 삶에 덕이 되는 지혜이다.

♣ 식탐이 많아 음식을 절제해야 할 사람을 위한 명상:
음식을 혐오하게 만드는 반조
① 음식은 위에 저장되어 소화되기 전까지는 칠흑 같은 어둠에 가

려지고, 갖가지 썩은 냄새에 오염된 바람이 순환하고, 악취가 나고 혐오스러운 장소에 있다. 마치 가뭄에 때아닌 구름이 비를 내려 천민촌 입구의 구덩이에 모여 있는 풀과 낙엽과 낡은 돗자리 조각과 뱀들의 사체와 개들의 사체와 사람들의 시체가 태양의 열기로 데워져서 포말과 거품 등을 내뿜듯이. 그날 삼켰던 것, 어제와 그제 삼켰던 것이 모두 모이고 섞여서 가래의 막으로 인해 숨이 막히고, 몸에 불의 열기로 발효되어 소화될 때 생긴 포말과 거품으로 쌓여, 극도로 혐오스러운 상태로 남아 있다. 이와 같이 소화되지 않은 것으로써 혐오스러움을 반조해야 한다.

② 먹은 것이 몸의 불로 소화될 때 포말과 거품을 뿜으면서 흙손으로 이겨서 관에 채워 넣은 누른 흙처럼 대변이 되어 배설물이 모이는 곳을 채우고, 소변이 되어 방광을 채운다. 이와 같이 소화된 것으로써 혐오스러움을 반조해야 한다.

③ 삼킬 때는 친지들과 함께 삼켰지만 내보낼 때는 대소변의 상태로 된 것을 혼자서 배출한다. 첫날 그것을 먹을 때는 즐겁고 만족스럽고, 최상의 희열과 기쁨을 가진다. 둘째 날 배출할 때는 코를 막고, 얼굴을 찌푸리며, 혐오스럽고, 민망스럽다. 첫날에는 그것을 갈망하고, 탐하고, 게걸스럽고, 얼빠지게 삼켰지만 단 하루 만에 탐함도 없고, 괴롭고, 부끄러워하고, 혐오스러워하면서 배출한다.

그래서 옛 스승들은 말했다.

"맛난 음식, 마실 것, 딱딱한 음식, 부드러운 음식이
하나의 문으로 들어가서 아홉 문으로 배출된다.
맛난 음식, 마실 것, 딱딱한 음식, 부드러운 음식을

여러 친지들과 함께 먹지만 배출할 때는 숨어서 한다.
맛난 음식, 마실 것, 딱딱한 음식, 부드러운 음식을
즐기면서 먹지만 배출할 때는 혐오스러워 한다.
맛난 음식, 마실 것, 딱딱한 음식, 부드러운 음식은
하룻밤이 지나면 모두 썩어버린다."

이와 같이 배출하는 것으로써 혐오스러움을 반조해야 한다. 이런 식으로 모두 열 가지 내용의 반조가 나열된다. 이와 같이 열 가지 형태로 혐오스러움을 반조하면 먹은 음식의 혐오스러운 상태를 분명하게 인식하게 된다. 그 표상을 거듭거듭 반복하여 상기하고 유념한다. 그가 이와 같이 할 때 장애들이 사그라진다. 음식에 대해 혐오하는 인식을 수행하는 사람은 맛에 대한 갈망으로부터 마음이 물러나고, 움츠러들고, 되돌아온다. 이렇게 되면 그는 음식에 대해 철저하게 알게 되기 때문에, 어려움 없이 몸을 이루는 다섯 가지 다발(오온)의 감각적 욕망에 대한 탐욕을 철저하게 알게 된다. 그는 감각적 욕망에 대해 철저히 알게 되면 음식의 혐오스러움을 통해 몸에 대한 알아차림의 수행을 성취하게 한다. 부정의 인식不淨想에 수순하는 도 닦음을 갖추게 된다. 이런 도 닦음을 통해 금생에 열반을 맛보지 못한다 하더라도 내세에는 적어도 선처善處(인간계나 천상세계)에 태어난다.

무엇을 먹을까? 청정한 재료의 준비. 조화를 이룬 식단. 규칙적인 식사와 적당한 식사량.

어떻게 먹을까? 같이 먹는 식구들의 화합된 분위기. 음식에 대해 감사하는 마음. 생산자들의 수고와 자연에 대해 감사하는 마음. 음식을 먹고 마심에 깨어있을 것. 마시고 씹는 동작, 맛과 향, 한 숟갈 한 숟갈, 한 모금 한 모금을 알아차려서 세심하고 우아하게 동작할 것. 이와 같은 자세로 식사를 한다면 그것은 '식탁에서의 수행'일 것이며, 일종의 성사 聖事(종교의식)가 될 것이다.

♣ 식당 예절:

*오관게五觀偈를 같이 외웁니다.

① 이 음식 어디서 오나

② 내 적은 공덕으론 받기가 어렵네

③ 탐진치의 소멸은 최상의 행복

④ 이 음식을 좋은 약으로 알아

⑤ 도업道業을 이루기 위해 공양을 받습니다.

*밥알 하나에도 천지의 은혜가 깃들어 있으며, 농부의 고생과, 부모님의 수고로움이 들어 있으니 음식을 흘리거나, 남기지 말고 감사하는 마음으로 맛있게 먹는다.

*음식을 먹을 때는 소리를 내지 말고 공경하는 마음으로 먹는다.

*우리는 한솥밥을 먹은 한 식구이므로 똑같은 시간에 함께 먹고 똑같은 시간에 수저를 놓는다. 먼저 먹었다고 자리를 뜨지 말며 식구들이 다 먹을 때까지 기다린다.

*다 먹고 난 후 제 밥그릇을 자기가 씻으며, 매일 부엌일을 하시는 어머니의 수고로움을 느껴본다.

모든 집의 식탁에서 식사 예절을 지킨다면 얼마나 아름다운 세상이 될까?

진리대로 되라고 기도하라

부처님은 재가신도들에게 기도하기를 권하지 않았다. 절대자나 신에게 욕망을 이루어달라고 재물이나 공양을 올리면서 소원을 비는 행위에는 어리석음이 깃들어 있기 때문이다. 사람이 무엇을 원하든 그것은 욕계의 무상한 일이다. 그 모든 소원이 이루어졌다 한들 무상한 것이다. 기도하는 행위가 탐욕을 부추기고 강화한다. 기도에 의존하는 한 욕계를 떠나지 못한다. 아무리 큰 소원도 이루고 나면 성취감에 부풀었다가 시간이 감에 따라 시들해지고 빛이 바래기 마련이다. 또 절대적 존재에게 기도한다는 것은 자기보다 큰 힘에 의존하려는 습관이다. 아이가 아빠에게 의존하고, 노예가 주인에게 의존하듯 신과 절대자에게 의존한다. 의존 중독증이다. 의존 중독은 나의 의지를 약화시켜 주체적으로 살지 못하게 한다. 스님들은 신도들을 위해 기도해주거나 제사를 지내주는 대가로 돈을 받지 말라고 했다. 기도해주거나 제사를 지내주고 돈을 받아 살아가는 것은 삿된 생계라고 금했다.

그러나 인간이 나약하여 거친 세파를 혼자만의 힘으로 해쳐 나갈 수 없다고 느낄 때가 있다. 이럴 때는 어떻게 해야 할까? 삶이 무상하다는 것을 인정하고 받아들여야 한다. 세상은 무상하다. 무상하다는 것은 언제 어디서 무슨 일이든 일어날 수 있다는 것을 의미한다. 꽃잎이 떨어지는 것과 같은 연약하고 사소한 일부터, 화산이 터지고 해일이 몰려오는 거대한 자연재해까지 일어날 만한 일이면 언제 어디서든 일어나고야 만다. 이것은 막을 수가 없다. 주름살이 늘어가고 계절이 바뀌며 별이 불타는 것은 인간의 한계를 넘어서 벌어지는 우주적인 사건이다. 네팔에 큰 지진이 일어나 수많은 이들이 고통받고 있다고 해서, 하느님이 그들을 벌준 것도 아니고 우주가 그들을 저버린 것도 아니다. 그런 일은 세계 어디서나 일어날 수 있다. 우리에게도 언제든 닥칠 수 있는 일이다. 그것이 '세상이 무상하다'는 말의 의미다. 그러니 같은 지구에 살아가는 형제의 고통에 공감하는 동병상련의 용심用心이 필요하다.

무상하다는 것이 항상 인간을 불안하게 하거나 인간에게 불리하게 작용하는 것은 아니다. 무상하다는 것에는 양면성이 있다. 밝음이 있으면 어둠도 있고, 광폭하고 무자비한 쓰나미나 지진이 있는가 하면 매화를 터뜨리고 벚꽃을 피우는 봄바람도 있다. 그렇게 고맙게도 꽃을 피워준 그 봄바람이 또한 꽃잎을 털어서 날려버리는 것을 보라. 때리기도 하고 달래기도 하며, 주기도 하고 뺏기도 하는 자연의 두 얼굴은 인간의 사정을 봐주지 않는다. 도덕경에 '천지는 불인天地不仁하다', '하늘과 땅, 자연은 사사로운 인정을 쓰지 않는다.'라는 구절이 있다. 자연은 그럴 만한 인연에 따라 그렇게 움직일 뿐 누구를 잘 봐주거나 미워하지 않는다. 불인不仁, 사사로운 인정을 쓰지 않는 지공무사가 오히려 대자연의 오묘한 인仁이라고 할 수가 있는데 이는 인간의 좁은 지혜로는 측량할 수 없다. 오직 부처님과 같은 천안통을 가진 대인이라야 알 수가 있다. 우리 불자는 자연의 두 얼굴을 어떻게 받아들여야 할까? 여기에 티베트 스승의 기도가 있다.

병이 걸리는 것이 제게 좋은 일이라면 병을 주시어 저를 축복해주소서.

살아남는 것이 제게 좋은 일이라면 삶을 주시어 저를 축복해주
소서.

죽는 것이 제게 좋은 일이라면 죽음을 주시어 저를 축복해주소서.

무슨 일이 일어나든지 감사하게 받게 하소서.

Grant your blessing if it is better for me to be sick.

Grant your blessing if it is better for me to survive.

Grant your blessing if it is better for me to be dead.

Whatever comes up, be grateful to it.

이 얼마나 대담한 기도인가? 얼마나 통 큰 마음인가? 불자가 기도
를 하려면 이렇게 해야 한다. 많은 이들이 나에게만은 어떤 나쁜 일도
일어나면 안 되고, 이대로 언제까지나 편안하고자 하는 욕심을 낸다. 그
래서 다가오는 대로 받아들이지 못하며 저항하는 것이다. 지금 내가 누
리는 편안함과 편리함에 너무도 익숙해져서 모든 것을 당연하게 여기는
것이 고통의 씨앗이 된다. 지금 편안하다면 곧 불편한 것이 생길 것이요,
지금 행복하다면 언젠가는 불행한 일이 일어날 수도 있다고 마음을 열
어놓아야 한다.

당신이 '모든 것은 변할 수 있다'는 변화의 가능성을 열어놓지 않
고 있기에 불안을 느끼는 것이다. 당신에게 익숙한 몸의 상태와 환경과
인간관계가 조금만 변해도 당신은 그것을 견디지 못한다. 크게 놓아버
려라. 모든 것은 될 대로 된다. 당신은 우주를 당신 마음대로 할 수 없다.

당신 마음대로 하려는 그 마음이 오히려 당신을 피곤하게 만든다. 될 대로 되게 모든 것을 놓아버려라. 봄이 오면 꽃이 피고, 흐르는 물은 땅을 적신다. 내 욕심과 상관없이 자연은 법칙대로 굴러간다. 이것은 너무도 감사한 일이다. 만일 인간이 자연현상을 자기 뜻대로 조작할 수 있다면, 이 세상은 인간의 끝없는 욕심에 휘둘려 지옥이 될 것이다.

불자는 기도하기보다는 발원을 하라. '이렇게 해주세요. 이렇게 되길 바랍니다.'라고 기도하기보다는 '이렇게 하겠습니다. 이렇게 살겠습니다.'라고 원願을 발發하라.

발원發願은 네 가지 바른 노력四正勤이다. '나는 이미 생겨난 선업을 증장시키고, 아직 일어나지 않은 선업을 개발하겠습니다. 나는 이미 일어난 악업을 끊고, 아직 일어나지 않은 악업을 완전히 끊겠습니다.' 이렇게 삼보 앞에서 결심하며 선언하는 것이 발원이다. 이 성스러운 행위가 나를 굳건하게 떠받치며 나에게 힘을 준다.

부처님은 수행할 때나 인생사에서 어려움에 부딪힐 때 "나는 바른 법에 귀의합니다.", "삼보에 귀의합니다.", "부처님 그분 세상에서 존귀하신 분 공양 받아 마땅한 분께 귀의합니다(나모 따싸 바가와또 아라하토 삼마삼붓다싸Namo tassa Bhagavato Arahato Sammasambuddhassa)."를 고백하라고 하셨다. 이것은 불법에 대한 자기 확신을 되새기는 것이며, 가슴에서 우러나오는 고백이다. 진리가 힘이다. 진리가 너희를 자유롭게 하리라. 자연의 이법인 다르마Dharma가 마음에 있는 그대로 나타난다. 여기에 무슨 사사로운 인정이 개입될 수 있겠는가? 지금 우리 눈앞에도 바로 그 다르마가 살아 있다. 보입니까, 들립니까, 느낍니까?

꽃잎은 찬란해도 지고야 마는 것
_숫도다나 왕의 임종

부처님이 마흔 살 된 때 아버지인 숫도다나 왕의 임종이 가까운 줄 알고 까삘라 성으로 들어갔다. 가는 길에 로히니 강물을 두고 사꺄족과 꼴리야족 사이에 벌어진 분쟁을 해결했다. 천상천하에서 고귀하신 부처님이 인간의 도리인 효를 다하려고 부왕의 임종을 지켜본다. 그는 부왕의 이마에 손을 얹으며 이렇게 말한다.

"아버님, 걱정하지 마십시오. 당신의 덕은 청정하며 마음의 때도 없습니다. 근심하거나 괴로워하지 마십시오. 지금까지 들은 진리를 다시 생각하고, 지금까지 쌓아온 선행을 믿으십시오. 마음을 편히 가지십시오."

임종의 문턱에 다다른 사람은 누구나 불안하다. 갈 곳을 모른 채 집 (육신) 밖으로 떠밀려지고 내쫓긴 상태가 된다. 막막하고 무섭고 불안하다. 정든 것들을 뒤에 두고 정처 없이 어디로 가야 한단 말인가. 뒤에서는 세상에 대한 애착이 끌어당기고 앞에서는 업력이 잡아당긴다. 정신은 양쪽으로 찢어져 혼비백산한다. 이 순간 믿을 것은 생전에 누리던 부귀영화도, 처자권속도 아니다. 오직 자신이 쌓은 선업의 공덕만이 기댈 곳이 된다. 그러기에 임종 때 생전에 쌓았던 선업의 공덕을 떠올려야 한다. 부처님은 부왕에게 당신이 닦았던 선업을 떠올리며 선업의 힘을 믿고 의지하라고 타이른다. 그리고 평소에 했던 기억을 떠올려 수행해서 얻은 경지를 회복하라고 말한다. 평소에 수행해서 닦아놓았던 경지는 임종 때 회상하기만 하면 회복할 수 있다. 이는 해탈의 문을 여는 일이다. 그래서 불자들이 임종을 맞게 되면 그의 도반들이 모여서 이렇게 말해주어야 한다.

"사랑하는 도반이여, 당신은 임종을 맞이하였습니다. 평소에 우리가 함께 닦았던 수행을 떠올리십시오. 그리하여 당신의 경지를 회복하십시오. 우리 도반들이 모두 함께 수행할 터이니 당신도 알아차림을 회복하세요. 불안해하지 마십시오. 모든 지어진 것은 소멸하고야 맙니다. 시작이 있으면 반드시 끝이 있는 법. 이생을 마감할 때가 온 것일 뿐입니다. 누구나 한 번은 가야 할 길이니 당당히 가십시오. 당신은 한평생 잘 사셨습니다. 우리는 당신과 함께 했던 기억을 소중히 간직하겠습니다. 당신의 삶으로 말미암아 세상은 더 아름다워졌고, 당신과 함께 했으므로 우리는 행복했습니다. 당신이 쌓은 선업이 당신의 앞길을 인도할 것입니다. 삼보에 의지하십시오. 마음광명을 따라가십시오. 당신에게 해탈의 문이 열려올 것입니다. 두려워하지 마십시오. 빛 속으로 녹아드십시오."[1]

부처님은 망자의 의식상태를 알아 마음을 편안케 해준다. 이것은 자신의 마음을 앎으로써 타인의 마음을 헤아리는 지혜에서 나온다. 일반적으로 망자의 의식은 정처 없는 나그네와 같다. 해 저물고 갈 길은 먼데 오라는 곳 하나 없이 찬바람 부는 허허벌판을 헤매고 있는 나그네의 심정을 헤아려보라. 이것이 망자의 의식상태다. 한 점 따뜻한 불빛을 찾아 뭔가 기댈 곳을 둘러보지만 어느 곳에서도 아무에게도 정을 붙일 수 없다. 가을바람에 휩쓸려 뒹구는 가랑잎처럼 어디론가 쓸려간다. 다음 생을 향해 미친 듯이 질주하여 태중으로 빨려 들어가고 만다. 재생이다.[2] 다시 생을 받는다. 전생에 겪었던 고통을 처음부터 그대로 되풀이하게 된다. 이 생이나 다음 생이나 별다를 게 없는 또 하나의 인생을 살아야 한다. 진부한 삶, 입력된 대로 돌아가는 삶, 이것이 윤회전생이다. 탐진치 삼독심이 맑아지고 해체되는 데서 윤회의 사슬은 끊어진다. 부처님의 가르침은 윤회의 사슬을 끊는 묘약이다. 보고, 듣고, 냄새 맡고, 맛보고, 촉감을 느끼고, 생각하는 것을 '알아차림'으로써 탐진치의 업력이 약화된다. 여기서 해탈의 가능성이 열린다. 부처님은 부왕의 다비식에서 울부짖는 사람들을 향해서 말한다.

"이 세상은 무상하고, 고통으로 가득합니다. 영원한 것은 어디에도 없습니다. 몸뚱이란 본래 덧없는 것입니다. 한세상을 산다는 것, 환상과 같고 타오르는 불꽃과 같고 물에 비친 달그림자와 같습니다. 모두가 잠시 그렇게 있는 것처럼 보일 뿐입니다. 무상한 몸으로 잠시 살다가는 것이 인생입니다. 여러분, 모든 것을 앗아가는 저 사나운 불길을 보십시오. 이 불길을 뜨겁다 여길지 모르지만 욕심의 불길은 이보다 더 뜨겁습니다. 그러니 게으르지 말고 부지런히 수행하여 생사의 괴로움에서 벗어나 해탈의 즐거움을 얻으십시오."

참으로 그러하다. 《디가니까야Digha-nikaya》, 〈대반열반경 Mahaparinibbana-sutta〉에 나오는 유명한 게송이 있다.

조건 지워진 모든 것들은 무상하니,
생겨난 것은 반드시 소멸하고야 만다.
더 이상 생겨남도 없고, 사라짐도 없으면,
그 고요한 소멸은 최상의 행복이다.

Anicca vata sankhara, uppadavaya dhammino;

아니짜 와따 상카라 우빠다와야 담미노

uppajjitva nirujjhanti, tesam vupasamo sukho.

웁빠짓뜨와 니루잔띠 떼삼 우빠사모 수꼬

諸行無常, 是生滅法; 生滅滅已, 寂滅爲樂.

왕자王者도 용자勇者도 그렇게 가고, 선인도 악인도 그렇게 간다. 온 곳도 모르고 갈 곳도 모른 채 가는 것이다. 봄빛이 찬란한 날 실바람에 흩날리는 매화꽃잎이 눈처럼 떨어진다. 매화의 혼은 흩어지고 매화의 꽃다운 미소는 눈 속에 담긴다. 죽은 자는 산자의 가슴에 기억으로 남는다. 이 봄에 죽어가는 모든 생명과 죽은 생명을 위해 축원합니다.

◉ 죽을 때 중요한 마음가짐:
죽을 때는 결코 부정적인 감정을 갖지 말아야 한다.[3)]
①만일 우리의 마음이 분노와 원한에 차 있고, 무거운 죄책감이 있다면, 죽을 때 우리의 의식에 지옥에 태어날 징조들이 나타난다. 불에 타고 얼어붙으며, 고통과 슬픔, 억압과 공격성이란 지옥계의 특징이 우리의 삶을 지배하게 된다.
②만일 우리가 인색하여 베풀지 않는 삶을 살았다면, 죽은 뒤에 우리는 가난한 환경에 태어나 밤낮으로 굶주림과 목마름과 궁핍으로 시달리게 될 것을 예감하게 된다. 이것은 아귀세계, 배고픈 귀신의 세계에 태어날 징조다.

③만일 우리의 마음과 행동이 무지와 어리석음으로 가득 차 있다면, 우리는 동물이나 곤충으로 태어나게 될 것을 감지하게 된다. 우리는 우둔해지고 매를 맞고, 부림을 당하거나 도살당하여 자기 몸의 살과 뼈를 빼앗기는 고통을 받게 될 것인데, 이것은 동물세계의 특징이다. 현생 인간이 죽어서 다시 인간의 몸을 받는 것이 어렵다고 한다. 왜냐? 거의 모든 사람들이 인간으로 태어날 만한 공덕을 쌓지 못하고 오히려 공덕을 까먹으면서 동물의 의식 수준으로 살아가기 때문이다. 그러므로 남은 생 동안 악업을 짓지 말고 선업을 지으리라 결심을 해야 한다. 계를 지키며, 베풀고 도와주는 선행을 열심히 할 것이며, 알아차림의 수행을 해야 한다.

● 품위 있게 잘 죽기Well Dying 위한 마음의 정화:

죽을 때나 살아 있을 때나 맑고 밝은 마음을 닦는 것이 행복으로 가는 길이다. 선업을 닦고 알아차림이 분명하면 '한 없이 맑고 밝은 마음'이 된다. 이런 의식은 행복한 내생으로 이끈다. 마음속에 맑지 못하고 밝지 못한 것이 남아 있으면 행복한 내생을 기약하기 어렵다. 이기적인 삶에서 벗어나 세상과 이웃에 자애의 빛을 비추라. 밝음과 맑음, 지혜와 사랑이 죽음의 공포를 넘어서게 해준다.

죽음이란 단지 육신의 죽음일 뿐이다. 나는 육신이 아니다.

내가 육신이 아닐진대 누가 죽는다는 말인가?

죽어가는 실체는 없다. 다만 '죽음'이라는 우리의 고정관념이 있을 뿐.

평소에 알아차림 수행으로 꿰뚫어 보는 마음의 힘이 강해졌다면 걱정할 일이 무엇인가.

내가 닦은 선업으로 다음 생을 받을 것이니 무엇을 근심하랴.

의미 있게 한 생을 살았던 내 자신에게 감사합니다.

내 삶에 동참했던 모든 분들에게 감사드립니다. 내가 살았던 세상
에 감사합니다.

| 주 |

1) 《티베트 사자의 서Tibetan book of the dead》: 바르도 퇴돌Bardo Thödol,
   '듣기만 해도 중음계에서 해탈할 수 있는 법문'이라는 뜻이다. 이 경전은 티
   베트불교권에서 오래전부터 전승되어 오던 것을 CE 8세기 파드마삼바바
   Padmasambhava가 기록하여 비밀 장소에 숨겨놓았는데 CE 1350년에 발견되
   었다. 1927년 미국의 인류학자 에반스 웬쯔(Evans Wentz, 1878~1965)에 의해
   서양에 알려지게 되었다. 죽음에서 환생으로 이어지는 과정을 상세하게 말해
   주고 있다.
2) 임종 시의 체험과 재생再生하는 과정: 상좌부불교에서는 죽는 마지막 순간 사
   몰심死沒心이 생겨났다 사라지면서 다음 생의 제일 첫 마음인 재생연결식으로
   이어진다고 한다. 사몰심과 재생연결식 사이에 중음단계를 인정하지 않는다.
   죽으면 그 즉시 다시 태어난다고 본다. 그러나 티베트불교에서는 죽어서 다시
   태어나는 과정에 세 가지의 중음단계를 말한다. 즉 임종중음, 법성중음, 재생중
   음이다. 중음계(바르도bardo라 한다)를 방황하는 중음신中陰身이 1주일 간격으
   로 7번 생사를 반복하는 가운데, 업력에 따라 재생할 곳으로 날아가 태어난다.
   중음신이 더 좋은 곳에서 태어나도록 인도하기 위해 독경이나 법문을 해주고
   공덕을 쌓아준다는 발상에서 49재와 천도재를 지낸다.
3) 사몰심死沒心쭈띠 찌따cuti citta: 임종 때 마지막 찰나의 의식이다. 다음 생의 제
   일 첫 마음은 재생연결식再生連結識빠띠산디patisandhi으로 이어진다. 임종 시에
   경험하게 되는 세 가지 현상은 다음과 같다. 재생연결식을 생산할 업kamma,

살아생전에 제일 깊게 각인된 업의 표상깜마니밋따kamma-nimitta, 다음 생에 경험하게 될 것이 나타나 보이는 표상가띠니밋따gati-nimitta이다. 이생에 큰 죄악을 저질렀다면 그 경험이 깊이 각인되었다가 임종 시 회한을 일으키며 큰 고통을 겪고, 다음 생으로 던져질被投性Geworfenheit 나쁜 존재의 영상이 떠오를 것이다.

비구니 승가의 탄생

부처님이 숫도다나 왕을 문병하여 설법한 지 이레 만에 왕은 평화롭게 임종했다.

바로 그 해에 부처님의 양모인 마하빠자빠띠 고따미는 세 번이나 부처님을 찾아뵙고 자신을 포함한 사꺄족 여인들도 출가할 수 있게 허락해 달라고 세 번이나 간청했으나, 당신은 끝내 그 이유는 밝히지 않은 채 허락하지 않았다. 그리고 까삘라 성을 떠나 웨살리로 돌아갔다. 그로부터 얼마 후(부처님 성도 후 6년, 부처님 나이 41살) 의지가 매우 굳은 여인이었던 마하빠자빠띠는 뜻을 굽히지 않고 스스로 머리를 깎고 황색 가사를 입은 다음, 뜻을 같이 하는 사꺄족 여인들을 이끌고 까삘라 성을 떠나 웨살리 성까지 550여 킬로미터를 걷는 먼 여로에 오른다. 천신만고 끝에 마하빠자빠띠와 사꺄족 여인들은 웨살리 성에 도착했다. 그때 부처님은 웨살리 성 교외에 있는 마하와나大林精舍의 꾸따가라살라重閣講堂에 머물고 있었다. 웨살리에 당도한 여인들의 몰골은 처참하였다. 과거의 아름답고 기품 있던 모습은 어디로 가고, 비단같이 곱던 손발은 온통 피투성이가 되었으며 땀과 먼지로 뒤범벅이 된 몸에서는 악취까지 풍겨 나온다. 한없이 초라한 행색으로 부처님이 머무는 사원에 도착한 마하 빠자빠띠는 방 앞에 서서 하염없이 눈물을 흘린다. 아난다 존자가 그 광경을 목격하고, 깜짝 놀라서 묻는다.

"고따미시여! 어인 일입니까? 어떻게 그 먼 길을 걸어오셨습니까? 어째서 이런 모습으로 여기 계십니까?"

"아난다 존자시여! 부처님께서 여인들의 출가를 허락해주지 않았기 때문에 우리는 이렇게 집을 떠나 왔습니다. 우리 사꺄족 여인들은 출가를 허락해줄 때까지 여기서 기다리기로 했답니다." 마하빠자빠띠는 울먹이며 대답한다.

"고따미여! 제가 다시 한 번 부처님께 여쭈어보겠습니다." 아난다 존자는 곧 부처님에게 그 같은 사실을 알리고 여인들의 출가를 허락해 달라고 간청을 드렸으나, 역시 허락하지 않는다. 이를 안타깝게 여긴 아난다가 세 번이나 간청했으나 부처님의 태도는 변함이 없다. 그러자 아난다는 화제를 바꾸어 다시 묻는다. "세존이시여, 만약 여인이 이 가르침을 따라 출가하여 수행한다면 남자와 같이 수행의 효과를 얻을 수 있겠습니까?" "아난다야, 물론 그럴 수 있다."[1]

이 대답을 듣고 용기를 얻은 아난다는 다시 마하빠자빠띠가 부처님께 바친 은혜를 말하고 꼭 출가를 허락해 달라고 몇 번이고 간청을 한다. 부처님은 마침내 여성의 출가를 인정하기로 했다. 그러나 거기에는 여덟 가지 조건이 따른다고 하였다. 이것을 팔경법(비구니가 받들어야 할 여덟 가지 조항)[2]이라 한다. 그중 세 가지만 들어본다.

첫째, 출가하여 백 년의 경력을 가진 비구니일지라도 바로 그날 자격을 얻은 비구에 대해서는 먼저 합장, 존경을 표해야 한다.

둘째, 비구니는 비구가 없는 장소에서 안거安居를 해서는 안 된다.

셋째, 비구니는 한 달에 두 번씩(즉, 보름과 그믐) 비구 승단으로부터 계율의 반성(포살布薩이라고 함)과 설법을 들어야 한다.

아난다는 마하빠자빠띠에게로 가서 만약 이 여덟 가지 조항을 받아들인다면 여성의 출가가 허락되리라는 뜻을 전하니, 그녀는 "젊은이가 머리를 감고 아름다운 꽃을 장식하는 것을 좋아하듯이, 나는 이 여덟 가지 조항을 한평생 소중하게 지켜가겠습니다."라고 답한다. 팔경법을 받아들임으로써 마하빠자빠띠는 최초의 비구니가 된다. 마침내 마하빠자빠띠 고따미가 계를 받음으로써, 이 세상에 비구니 승가가 출현하게 되었다. 마하빠자빠띠 고따미는 오래지 않아 아라한의 깨달음을 이루었으며, 사꺄족 출신 비구니들도 열심히 수행을 하여 모두 아라한이 될 수 있었다.

그런데 부처님이 여인의 출가를 망설인 이유는 무엇이며, 왜 비구니에게 팔경법을 지키라고 했을까? 그 이유는 여인의 출가를 처음부터 승낙할 경우 브라만들의 극심한 비난을 피할 수 없었을 것이기에 그들의 반응을 타진해보기 위함이었다. 태국의 불교학자 잠롱 통프라서트 Jamlong Tongprasert의 견해에 따르면, 부처님이 여성의 출가를 허락하는 것을 서두르지 않았던 것에는 몇 가지 이유가 있다.[3]

첫째, 부처님이 여성을 제자로 삼기를 좋아하는 걸 보니, 아라한이 아닐지도 모른다고 추측하는 브라만들이 있을 수 있다.

둘째, 여성은 나쁜 남자들로부터 자신들을 지킬 수가 없다. 이런 경우에 비구들은 여성출가자의 안전을 지켜줘야 하는 부담을 안게 된다.

셋째, 비구니들이 신변안정상 비구들의 보호를 받으려면 같은 공간에 사는 것이 필요하다. 젊은 여자가 수행한다고 숲 속이나 외진 곳에 떨어져 있을 때 어떻게 안심할 수 있겠는가? 오늘날 인도의 치안상태를 보라. 더군다나 2500여 년 전 인도는 남녀불평등이 극심한 노예제 사회였으니, 어찌 여성의 출가가 허용될 수 있었겠는가? 또한 불교가 번영하는 것을 질투하던 브라만들은 어떻게 같은 공간에 남녀 수행자들을 함께 살게 하느냐면서 부처님을 비난할 것이 틀림없었다.

넷째, 여성의 출가를 허용한다는 것은 브라만 중심의 사회 제도를 부정하고 뒤엎어버리는 일이 된다. 이런 이유로 부처님은 여인의 출가를 마음에 두지만, 때가 무르익기를 기다린다. 브라만 중심 사회에서 수행할 기회가 없었던 여성들이 점차 불교로 들어올 것이다. 이것은 브라만 중심의 계급제도를 흔들 것이니, 이에 자극받은 브라만들이 부처님의 교화 활동을 방해할 수도 있었다. 부처님은 먼저 브라만들의 반응을 알고 싶었다. 마하빠자빠띠가 출가를 요청했다는 소문이 당시에 널리 퍼져 있었는데, 여기에 대한 브라만들의 반응은 어떠했는가? 별다른 반응이 없었다. 아마도 당시 브라만 계급은 마가다 국과 꼬살라 국왕의 강력한 지원을 받고 있는 부처님의 카리스마가 너무 강렬하여 감히 공공연하게 반대할 수 없었을 것이다. 그렇게 시절 인연이 다가오자 부처님은 사꺄족 여성들의 출가를 허가하기로 결심한다.

한편 대부분의 불교학자들은 비구니의 승가에 들어오는 조건으로 제시한 '여덟 가지 조항' 즉, 팔경법은 상당히 후세에 정리된 것이라고 본다. 그것은 부처님이 여성을 차별하기 위한 것이 아니라 당시 브라만 사회의 극심한 반발을 사전에 차단하기 위한 방편이라는 것이다. 잠롱 통프라서트는 이렇게 설명한다.

"부처님이 여성의 출가를 허용한 것은 당시의 사회적 분위기나 문화적 여건에서 볼 때 거의 혁명적인 사건에 가까운 것이었다. 인도의 사회구조와 반여성적 풍토는 여성에 대해 아주 냉소적이었으며, 특히 종교행위를 가장 신성한 것으로 간주하는 인도문화에서 여성이 출가하여 성직자가 된다는 것은 커다란 도전이었고 파문을 불러일으키기에 충분한 것이었다." 그런 맥락에서 여성의 몸 그대로는 성불할 수 없다는 '여성불성불론', 여자의 몸으로는 다섯 가지 장애가 있다는 '여인오장설'[4] 과 여자는 먼저 남자의 몸으로 변했다가 성불한다는 '여성변성남자성불론'이 생겨났다. 이는 남성우월주의가 지배적이었던 인도와 중국문화의 영향이다.[5] 하지만 이러한 것들은 모두 붓다의 참뜻이 아님이 거의 확실하다.

|주|

1) 《부처님의 생애》, p.247~p.249 5행 참조.
2) 팔경법八敬法Attha-garudhammā은 본문에서 언급한 세 가지와 아래에 나열된 다섯 가지다.
   넷째, 비구니는 안거가 끝난 뒤 남녀 양쪽의 승단에 대해서 수행이 순결했다는 증거를 제시해야 한다.
   다섯째, 비구니가 중대한 죄를 범했을 때에는 남녀 양쪽의 승단으로부터 반 달 동안 별거別居를 당해야 한다.
   여섯째, 비구니 견습생式叉摩那Siksamānā은 2년 동안 일정한 수행을 거친 다음 남녀 양쪽의 승단으로부터 온전한 비구니가 되는 의식을 거쳐야 한다.

일곱째, 어떤 일이 있더라도 비구니는 비구를 욕하거나 비난해서는 안 된다.

여덟째, 비구니는 비구의 허물을 꾸짖을 수 없지만 비구는 비구니의 허물을 꾸짖어도 무방하다.

3) 법인, 〈비구니 팔경법은 폐지되어야 한다.〉, 《불교평론》 제18호(서울: 불교평론사, 2004년 봄호), p.97.

잠롱 통프라서트, 이마성 옮김, 〈정치적 시각에서 본 붓다의 생애〉, 《불교평론》 제7호(서울: 불교평론사, 2001년 여름호), pp.378-379.

4) 여인오장설女人五障說: 여자의 몸으로는 전륜성왕, 제석천왕, 대범천왕, 마왕, 부처님이 될 수 없다는 주장.

5) 인도문화의 여성폄하 전통: 《마하바라타》에서는 여성은 본질적으로 사악하며, 정신적으로는 오염되어 있다고 본다. 이에 따르면 여성이 있다는 사실만으로 주위가 오염되고, 그런 점에서 여성은 해탈을 방해하는 사악한 마구니이고, 여성은 자신을 제어할 수 없으며, 제사에는 부정한 존재들이다. 여성을 멸시하는 내용은 《마누법전》에 이르면 극에 달한다. 여기서는 "여성을 죽이는 것은 곡물이나 가축을 훔치는 일이나 술 취한 여자를 강간하는 일과 같다. 아주 작은 죄일 뿐이다."라거나 "여성은 독립해서는 안 된다", "여자는 본래 성품이 사악하다"는 식으로 여성을 폄하하고 있다.

 미모로 한몫 보려 하지 말라
_케마 왕비

깊은 샘이 만들어지자 기다렸다는 듯 맑은 물이 고이기 시작했다. 마하빠자빠띠의 뒤를 이어 까삘라에 남아 있던 야소다라와 난다의 아내 자나빠다깔랴니, 난다의 여동생 순다리난다도 잇따라 출가하여 비구니가 된다. 마하깟사빠의 아내였던 밧다까삘라니 역시 비구니 승가가 생기자 교단에 합류하였다. 비구 승가와 비구니 승가는 부처님 교단의 새의 두 날개가 되었다. 비구니 승가는 보석처럼 빛나는 훌륭한 비구니들로 채워지게 된다. 케마 비구니 역시 빛나는 보석 가운데 한 분이었다. 출가 전 그녀는 당시 인도 최강국인 마가다 국 빔비사라 왕의 왕비였다. 왕은 부처님이 머물 수 있도록 죽림정사를 기증했다. 자주 부처님의 법문을 듣고 감동한 왕은 자신의 부인 케마도 부처님께 귀의하기를 바란다. 그러나 케마는 빼어난 미모만큼 교만하여 부처님에 대한 나쁜 감정을 품고 있었다. 그녀는 부처님이 사랑스런 아내 야소다라를 버렸다는 것과 아름다운 여인을 더러운 종기나 피고름 덩어리에 비유하는 것이 마음에 들지 않았다. 빔비사라 왕은 케마가 부처님과 인연을 맺도록 해주고 싶었다. 그래서 왕은 부처님과 상의해 죽림정사의 아름다운 풍경을 노래로 만들어 케마가 저절로 죽림정사로 오게 만들었다. 그는 케마의 귀에 들리도록 궁녀들을 시켜 이런 노래를 부르게 했다.

어서 가보셔요 대나무 숲으로
너무도 아름다운 대왕의 동산
상큼하고 부드러운 것 좋아하는 당신
대숲 꽃동산에 지금 빨리 가보셔요
가지가지 꽃송이에 기묘한 나무들
아름답게 수를 놓고 조화를 이룬 곳
다음에 가보리라 미루지 마셔요
때가 지나면 다시 기회 있을까요

사랑스런 케마 당신 혼자 남았네요.

케마는 슬그머니 죽림정사가 궁금해졌다. 그래서 부처님과 스님들이 모두 탁발을 나가 아무도 없는 사이, 몰래 죽림정사로 갔다. 바람에 실린 꽃향기를 맡으며 새들의 지저귐에 취해 정사 깊숙이 들어왔을 때, 뜻밖에도 거기에 부처님이 계셨다. 더 놀라운 것은 숨을 쉴 수 없을 정도로 아름다운 여인이 부처님의 등 뒤에서 부채질을 하고 있었다. 멀리서 이 광경을 본 케마는 자신의 미모보다 백배나 아름다운 여자에게 시선이 꽂혀 부처님 곁으로 오게 된다. 사실은 부처님이 신통력으로 천상의 여자를 만들어낸 것이었다. 케마가 그 천녀를 자세히 보고 있는 동안, 천녀는 서서히 늙어가서 피부가 늘어지고 허리가 꼬부라지며 이가 빠지고 흰 머리가 듬성듬성한 노파로 변해갔다. 케마는 마치 자신의 몸이 그 변화를 겪고 있는 것처럼 느껴져 놀라움과 두려움에 몸을 벌벌 떨었다. 노파는 이내 병이 들어 사지가 허물어지면서 고통으로 몸을 뒤틀다가 쓰러져 시체가 되어 나뒹굴었다. 이 놀라운 광경을 지켜보며 휘청거리는 케마에게 부처님이 조용히 말한다.

"왕비여, 자세히 들으십시오. 지혜가 없는 사람들은 육신의 아름다움을 아끼고 찬탄하지만, 보십시오. 이 몸은 이렇게 늙고 병들어 무너집니다. 무너지지 말라고 아무리 애를 써도 그것은 무너지고 맙니다. 아름다움을 아무리 보전하려 해도 결국은 잃어버리게 됩니다. 내 육신을 사랑하여 보듬어보지만 마지막에 기다리고 있는 것은 슬픔과 두려움과 고통입니다."

시들지 않은 미모로 대왕의 사랑을 독차지하고 있지만 늘어가는 속살의 주름이 늘 두려웠던 케마는 무릎을 꿇었다.

"어떻게 해야 합니까?"

"케마여, 있는 그대로의 진실을 인정하고 육신에 대한 집착과 갈애를 놓아버리면 마음은 고요해지고 편안해집니다. 지혜를 닦으십시오. 당신이 아름답다고 여기는 것, 보기 좋다고 여기는 것, 거기에 아름다움은 없습니다. 탐욕과 어리석음을 떨치고 자세히 보십시오. '나'와 '너'를 비교하지 마세요. 행동과 말씨와 마음가짐을 조용히 가라앉히세요. 마음속의 교만을 버리십시오."

이어서 몸에 대한 알아차림을 수행하도록 권한다. "몸의 서른두 가지 부위에 대해서 분명하게 마음을 챙겨 알아차리세요. 몸 안에서 일어나고 사라지는 현상을 주시하여 '불변하는 실체가 없다'고 알아차리세요. 몸은 '나의 것'이 아니며 '나'가 아니며 '나의 자아'가 아니라고 알아차리세요. 그러면 그대는 속에서 타오르는 불길을 가라앉혀 고요하고 편안한 닙바나에 도달할 것입니다."

케마는 자신의 교만을 참회하고 부처님의 두발에 진심으로 머리를 숙였다. 케마는 다시 태어났다. 미모로 한몫 보는 삶을 깨끗이 접으니, 무한으로 열려진 평화의 영역에 가닿고자 하는 열망이 살아난다. 케마는 사랑하는 빔비사라 왕에게 진심을 고한다.

"대왕께서는 저의 주인이십니다. 주인님이 허락하신다면 저는 부처님 교단에 들어가서 비구니가 되고 싶습니다." 대왕은 말없이 눈을 감고 한참 동안 생각에 잠겼다가,

"케마여, 당신의 출가를 허락합니다. 당신이 비구니가 되는 일을 내가 준비하겠습니다." 대왕은 사랑했던 왕비를 황금으로 만든 가마에

태우고, 음악을 연주하며 라가가하 시내를 돌게 하였다. 꽃과 향을 뿌리며 축복해주는 백성을 뒤로 하고 케마 왕비는 비구니들이 머무는 정사로 들어가 머리를 깎고 비구니가 되었다.[1]

비구니가 되고 얼마 되지 않아 그녀는 포살 중에 자기 앞에 놓인 램프의 불꽃이 어떻게 생기고 사라지는지를 주시했다. 갑자기 마음속에 예리한 깨달음이 생겼다. 불꽃이 일어나고 사라지는 특성에 대한 통찰지가 생겼다. 그 통찰지로 자신의 삶을 구성하고 있는 정신과 물질의 무더기(오온)와 일체법에 대해 반조하여 아라한과를 성취하였으며 육신통도 함께 갖추게 된다. 그러나 깨달음을 이루기 전 케마 비구니는 자신의 내면에 깃든 욕망과 처절하게 싸워야만 했다.《장노니게》[2], 제139 게송~144 게송을 보면 그때의 심정이 잘 나타나 있다.

[악마가 유혹하며 말하기를] "당신은 젊고 아름다우며, 나 역시 젊고 한창때입니다. 자, 케마 스님! 우리 다섯 가지 악기나 연주하며 즐깁시다."

[케마] "병에 걸리면 드러누워 냄새를 풍기는 육신에 시달려 왔기에, 나는 육신에 혐오를 느낀다. 애욕에 대한 헛된 집착을 뿌리째 뽑아버렸다. 욕망이란 칼이나 창과 같아 몸과 마음을 구성하는 다섯 가지 덩어리(오온)를 난도질한다. 그대가 '욕락'이라고 부르는 것은 지금 내게 있어서는 '즐겁지 않은 것'이다. 쾌락의 즐거움은 모두 사라지고, 무명의 암흑덩이는 산산이 부서졌다. 어리석은 이여, 그대는 별자리를 숭배하고 숲 속에서 불의 신을 섬기며 '있는 그대로'를 보지 못하여 그것을 청정하다고 생각한다. 그렇지만 나는 바르게 깨달은 이, 최고의 어른께 예배드리고, 스승의 가르침을 실천하여, 모든 괴로움으로부터 벗어났노라."

깨달음을 이룬 후 케마 비구니는 부처님의 지혜에 견줄 만한 능력을 발휘하며 수행정진을 계속해 나간다. 어느 때 빠세나디 왕이 부처님은 사후에 존재하는가라는 질문을 하자, 케마는 여러 가지 예를 들어가면서 지혜롭게 대답한다.

[케마] "대왕이여, 이와 같이 어떠한 물질, 느낌, 지각, 형성, 의식으로 여래를 나타내더라도 여래의 그 물질, 느낌, 지각, 형성, 의식은 이미 뿌리가 끊어진 종려나무의 줄기처럼 존재하지 않게 되며, 미래에 생겨나지 않는 것입니다. 대왕이여, 예를 들면 여래는 큰 바다와 같아 물질, 느낌, 지각, 형성, 의식으로 측량할 수가 없고 깊고 한량없어 헤아리기가 어렵습니다. 그러므로 '여래는 사후에 존재한다.'라든가, '여래는 사후에 존재하지 않는다.'라든가, '여래는 사후에 존재하기도 하고 존재하지 않기도 한다.'라든가, '여래는 사후에 존재하는 것도 아니고 존재하지 않는 것도 아니다'라든가 하는 것은 옳지 않습니다."[3]

한편 왕은 부처님에게 똑같은 질문을 했는데 케마 비구니와 같은 대답을 듣게 된다. 이것으로 미루어 보아 '지혜제일 비구니'라는 호칭은 케마에게 어울린다. 그 뒤 훌륭한 가르침을 펼치다 부처님이 열반에 든다는 소식을 듣게 된다. 자신이 부처님보다 오래 산다는 것이 미안하게 느껴져 부처님의 열반에 앞서 가야겠다고 생각하고 부처님에게 허락을 얻어 그녀는 스스로 닙바나에 들었다.

| 주 |

1) 《부처님의 생애》, p.251 18행~p.256 4행 참조.
2) 《장노니게長老尼偈Therigatha》: 비구니 스님들의 처절한 자기 고백과 심원한

마음의 적정과 청순한 모습이 잘 드러난 시들을 모은 경전이다. 인도 서정시 중 최상의 작품이라고 극찬 받는다. 모두 한결같은 마음으로 부처님이 걸었던 길을 따라 걷는다는 자각과 긍지를 높이 표방하고 있다.

3) 《쌍윳따니까야》 44.1, 〈케마의 경〉, 전재성 역.

 ## 악기를 연주하듯 수행하라
_소나꼴리위사 비구

마음을 어느 한 곳에 얽매이게 하지 않고 활짝 열어두면 저절로 평화로워진다. 공부를 빨리 이루려 하면 조급한 마음이 생겨 고요함이 흐트러진다. 마음은 아주 민감하다. 그러한 마음을 고요하게 하려면 이렇게 저렇게 조작하지 말아야 한다. 어떻게 하려고 하면 벌써 마음에서 반발이 생긴다. 공부하려는 열의가 지나치면 들뜸의 원인이 된다. 그래서 공부를 하되 안 하듯이 하라는 말이 있다. 가슴에 걸린 것을 놓아버리고 가볍고 즐겁게 공부를 지어가자.

여기 소나꼴리위사Sonakolivisa 비구가 있다. 그는 홀로 떨어져 수행하다가 이런 생각을 일으킨다.

[소나] '부처님의 제자들은 열심히 정진한다. 나는 공부가 잘되지 않는다. 아직도 집착을 여의지 못했고 번뇌에서 해탈하지도 못했다. 나의 집안은 재산이 많으니 그것을 물려받으면 보시와 선행을 많이 할 수 있다. 내가 차라리 배움을 버리고 세속으로 돌아가 그 재산으로 공덕을 짓는 게 낫지 않을까?'

세존은 소나의 이런 생각을 알아차리고 힘센 사람이 굽혀진 팔을 펴고, 펴진 팔을 굽히는 듯한 사이에 깃자꾸따 산에서 내려와 소나 비구 앞에 나타났다.

[세존] "소나여, 네가 명상하다가 다른 스님들은 열심히 공부를 잘 하는 것 같은데 자신만 수행에 진보가 없다고 자책하면서 차라리 이럴 바에는 속퇴俗退하여 공덕을 쌓은 것이 좋지 않을까 하는 생각을 했느냐?"

[소나] "세존이시여, 그렇습니다."

부처님은 소나가 출가하기 전에 비파를 타던 연주자였던 것을 알고, 공부하는 것을 비파 줄을 고르는 것에 비유하면서 지혜를 터득하도록 대화를 이어간다.

[세존] "소나여, 그대는 어떻게 생각하는가? 그대는 이전에 가정에서 살면서 비파를 타는 데 능숙했는가?"

[소나] "세존이시여, 그렇습니다."

[세존] "소나여, 그대는 어떻게 생각하는가? 그대가 비파의 현이 너무 탱탱하면, 그때에 그대의 비파가 온전한 소리를 내거나 사용하기 적당한가?"

[소나] "세존이시여, 그렇지 않습니다."

[세존] "소나여, 그대는 어떻게 생각하는가? 그대가 비파의 현을 너무 느슨하게 하면, 그때에 그대의 비파가 온전한 소리를 내거나 사용하기 적당한가?"

[소나] "세존이시여, 그렇지 않습니다."

[세존] "소나여, 그대가 비파의 현을 너무 당기지도 않고 너무 느슨

하게 하지도 않으면, 그때에 그대의 비파가 온전한 소리를 내거나 사용하기 적당한가?”

[소나] “세존이시여, 그렇습니다.”

[세존] “이와 같이 소나여, 너무 지나치게 열심히 정진하면 흥분으로 이끌어진다. 너무 느슨하게 정진하면 나태로 이끌어진다. 그러므로 소나여, 그대는 정진을 조화롭게 확립하고, 감각기관을 조화롭게 수호하고, 거기서 선정의 표상을 파악하라.”

[소나] “세존이시여, 그렇게 하겠습니다.”

그 후 소나 비구는 정진을 조화롭게 하고 감각기관을 조화롭게 수호하고, 목표를 향해 노력했다. 그는 오래지 않아, 그러기 위해 양가의 자제들이 당연히 집에서 집 없는 곳으로 출가했듯이, 그 위없는 청정한 삶을 바로 현세에서 스스로 곧바로 알고 깨달아 성취했다. 그는 ‘태어남은 부서졌고, 청정한 삶은 이루어졌고, 해야 할 일은 다 마쳤으니, 더 이상 윤회하지 않는다.’라고 곧바로 알았다. 그리하여 소나 비구는 아라한이 되었다. 그리고 세존이 계신 곳으로 찾아가 자기의 깨달음을 보고하였다. 부처님이 얼마나 기뻐하였을까. 스승과 제자의 만남을 상상하니 미소가 절로 피어난다.

[소나] “세존이시여, 비구가 번뇌를 부수고, 삶을 완성하고, 해야 할 일을 이루었고, 짐을 내려놓고, 목표를 이루었고, 존재의 결박을 풀어버리고, 올바른 앎으로 해탈을 이루었다면, 그는 여섯 가지 경우에 대하여 인지합니다. 그는 멀리 여읨을 인지하고, 멀리 떠남을 인지하고, 번뇌의 여읨을 인지하고, 집착의 부숨을 인지하고, 미혹의 여읨을 인지합니다.”

그리고는 게송을 읊었다.

멀리 여읨과 멀리 떠남을
정신적으로 인지하고
폭력의 여읨을 인지하고
집착의 부숨을 이루는 임.

올바로 해탈된 임은
고요한 마음의 수행승에게는
행해진 일에 덧붙여야 할 일이 없고,
해야 할 일이 없네.

한 덩어리의 바위산이
폭풍에 흔들리지 않듯
이와 같이 형상과 소리와
맛과 냄새와 감촉 모두는

사랑스럽거나 혐오적인 것으로
마음이 확립되고 마음이 해탈된
소멸에 대하여 관찰하는
그러한 임을 동요시키지 못하네.

| 주 |

1) AN.6.55, 〈쏘나의 경〉, 전재성 역.

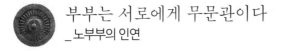

부부는 서로에게 무문관이다
_노부부의 인연

　　부처님은 성도 후 8년, 부처님 나이 43살 되던 해에 숭수마라기리 Sungsumaragiri 근처의 베사깔라Bhesakala 동산에서 우안거를 보냈다. 탁발을 나온 부처님을 자기 아들 나꿀라Nakula로 착각한 칠순 노부부가 부처님을 집으로 초청하여 공양을 올렸다. 아난다가 부처님께 물었다. "그 노부부와 무슨 인연입니까?" "저 노부부는 과거 오백생 동안 나의 부모님이었다. 그 노부부는 매일 베사깔라 숲 속 스님들의 처소로 와서 도량을 청소하고 물을 길러 항아리에 담아 스님들이 사용할 수 있게 했다. 노부부는 앵무새도 부러워할 만큼 사이좋게 절 일을 같이 했다." 노인이 부처님께 말했다. "부처님, 저희 두 사람은 젊은 나이에 결혼해 근 육십 년을 함께 살았답니다. 그날부터 이때까지 서로를 속인 적이 한 번도 없답니다. 서로의 뜻에 어긋나는 일이면 몸은 고사하고 마음으로도 짓지 않았답니다. 이제 남은 소원이라면 지금까지도 그랬듯 죽는 날까지 늘 함께하는 거랍니다. 아니, 다음다음 생에도 언제나 함께하는 게 소원이랍니다."[1]

　　부처님 앞에서 이렇게 말할 수 있는 사람이 몇이나 될까? 다음 생에 함께하기를 발원하기는 커녕 이미 맺어진 금생의 관계는 어쩔 수 없이 살고 다음 생에는 기필코 만나지 말자는 부부가 많은데 말이다. 지금의 남편과 아내에게 다음 생에도 다시 만나겠느냐고 묻는다면 아마도 대부분의 아내들은 지금의 남편을 다시 만나고 싶지 않다고 할 것이며, 지금의 남편들 과반수는 지금의 아내를 다시 만나고 싶다고 할 것이다. 그만큼 남편들은 아내를 길들여놓아 자기가 사는 데 편리하다고 느끼기 때문일 것이며, 반대로 아내들은 불편한 간섭과 구속에서 벗어나고 싶은 마음일 것이다. 남자는 늙을수록 아내에게 의존하는 경향이 강해지고 여자는 남편에게서 벗어나 자기 세계를 갖고 싶어 한다. 이렇게 남편과 아내의 견해 차이가 크다는 사실에도 불구하고 다음 생에도 부부로 만나려면 어떻게 해야 할까?

부처님은 자애롭게 말한다. "아내와 남편 두 사람이 한평생 웃으며 함께 가고, 다음 생에도 언제나 손을 잡고 함께 가기를 원한다면 두 사람이 같은 믿음을 가져야 합니다. 훌륭한 덕목들을 같이 지키고, 훌륭한 수행자들에게 같이 보시하고, 지혜 역시 같아지도록 함께 노력해야 합니다. 그렇게 한다면 소원이 이루어질 것입니다." 부부가 같은 믿음과 같은 도를 닦고, 같은 바라밀행을 하여 같은 수준의 지혜를 갖춘다면 다음 생에도 다시 부부로 만난다. 사실 이런 부부라면 도반이요, 법우다. 이미 애욕을 매개로 한 부부인연을 넘어서 출세간도를 향해가는 범행도 반梵行道伴브라흐마짜리야 칼리아나밋따brahmacariya kalyanamitta이라 할 수 있다.

부처님의 수제자인 사리뿟따와 목갈라나 존자가 오백 생 동안 부부나, 오누이, 도반의 관계였으며, 싯다르타 태자와 야소다라 공주도 역시 전생에 부부로서 수행을 같이 하였다. 그렇다면 오늘 부부의 인연으로 함께 살고 있는 불자들은 사리뿟따나 목갈라나 존자의 전생을, 싯다르타와 야소다라의 전생을 산다고도 볼 수 있다. 그러나 모든 지어진 것은 사라지게 마련이다. 태어난 것은 죽고, 젊은이는 늙으며, 만남에는 이별이 있다. 백년해로를 약속한 부부라도 죽음이 그들을 떼어놓고 만다. 부부는 반드시 헤어지게 되어 있다. 부부는 살아 있을 동안만 관계가 유지될 뿐이다. 그러니 홀로 있어도 자족할 수 있는 훈련을 미리 해놓아야 한다. 혼자 살거나, 같이 살거나 관계없이 사람은 누구나 고독하다. 홀로 있어도 자족한 경지가 되어야 비로소 남에게 의존하지 않으면서도 타인의 행복에 기여할 수 있게 된다. 홀로 있어도 사랑이 가득한 가슴이야말로 세상을 따뜻하게 해주는 빛이 되며, 퍼내도 마르지 않는 샘물이 된다. 이런 사랑이 담긴 가슴은 '사랑'이란 미명이나, 결혼이란 이름 아래 다른 사람을 이용하거나 구속하지 않는다.

진실로 '부부관계'란 무엇인가? 세속적인 부부는 애욕과 이해관계로 맺어져 인연을 유지하지만, 범행도반은 청정과 해탈을 지향하면서 팔정도를 서로 도와 실천한다. 모든 부부가 싯다르타와 야소다라를 본받아 범행도반이 되면 얼마나 좋을까?

범행도반은 서로에게 다음과 같은 질문을 해보아야 한다.

① 나는 상대가 지혜의 완성을 향해 수행하려는 의지가 있음을 존중해주는가?

② 나는 상대가 수행하여 높은 경지에 이를 가능성을 인정하는가?

③ 나는 자신이 수행하여 높은 경지에 이를 가능성을 인정하는가?

④ 나는 상대에게 정신적인 독립과 자유를 어디까지 허용할 수 있나?

⑤ 깨달음을 향해가는 범행도반의 부부생활은 어떠해야 하는가?

⑥ 나는 상대에게 아무 것도 요구하지 않으면서 상대를 있는 그대

로 보아줄 수 있는가?

부부로서 한평생을 살아봐야 답이 나올까? 아니면 벌써 답이 나왔을까? 부부관계가 문제가 아니라, 어떻게 내 삶을 주체적으로 살아갈 것인가를 아는 것이 문제다. 남편과 아내의 역할에서 나는 무엇을 배우는가? 남편과 아내의 역할에서 알아차림의 수행은 어떠한 효과를 발휘하는가? 깨어있는 부부관계란 어떤 것일까? 깨달은 남편은 아내를 어떻게 대하는가? 깨달은 아내는 남편을 어떻게 대하는가? 부부는 서로에게 무문관無門關[2]이다.

| 주 |

1) 《부처님의 생애》, p.277 7행~12행 옮김.
2) 무문관無門關The Gateless Gate: 남송南宋의 무문혜개(無門慧開, 1183~?) 선사가 수행자들에게 지혜를 일깨워주기 위해 예로부터 전해오는 공안 48칙에 자신의 논평을 붙여 '무문관'이라 이름하였다. 공안公案이란 머리로 해결할 수 없는 진퇴양난의 문제를 궁구함으로써 자기생각에 갇힌 무명을 해체하여 지혜를 열어주는 교육 도구이다. '병속의 새'를 죽이지도 않고 병을 깨지도 않으면서 어떻게 하면 꺼낼 수 있겠느냐? 이런 질문을 뚫어내면 자기 생각에 갇혀진 상태가 파탄이 나면서 속 시원한 지평이 펼쳐진다. 부부관계에 관련된 고정관념이 있다면 이를 타파하여 뚫고 지나가지 않는 한 관문으로 남아 있게 된다. 부부관계가 행복과 정신적 성장으로 인도되면 관문을 통과한 것이요, 고통과 무명만 증장시킨다면 관문에 갇혀 있는 것이다. 그래서 부부관계는 사람에 따라서 열려 있기도 하고, 닫혀 있기도 하니 정해진 문이 없는 문, 즉 무문관이다.

몸은 아파도 마음은 아프지 않다

베사깔라Bhesakala 동산 근처에 살던 노부부는 늙고 병들어, 기력이 쇠잔해져 자리에 눕게 된다. 이에 부처님은 노인을 위문하러 갔다.

[노부부] "이렇게 아프고 서글프고 두려워질 때 어떻게 수행해야 합니까?"

[붓다] "이 몸은 끊임없이 병들고 있습니다. 스치기만 해도 깨지는 새알의 껍질처럼 우리 몸을 보호하고 있는 살결은 연약합니다. 몸이란 본래 이렇습니다. 이런 몸을 가지고 나는 언제까지나 건강할 거야, 나는 병에 안 걸릴 거야, 나는 불노장생 할 거야라고 말하면 언젠가 후회할 날이 올 겁니다. 늘 이렇게 생각하십시오. 몸이란 무너지고 아프기 마련이다. 몸은 아프지만 마음만은 아프지 말자."

노인의 얼굴에 환한 미소가 피어났다. 얼굴에 밝아진 노인을 발견한 사리뿟따가 노인에게 물었다.

[사리뿟따] "몸과 마음이 둘 다 아픈 것과 몸은 아프지만 마음은 아프지 않은 것의 차이를 물으셨습니까?"

[노인] "아차, 그것을 여쭙지 못했는데요. 존자께서 말씀해주시죠."

지혜로운 사리뿟따는 노인에게 부처님의 법문에 담긴 깊은 뜻을 새길 수 있도록 크로스 체크Cross check(다른 관점에서 점검하다)를 해본다. 이것이 제자가 부처님을 도와서 부처님의 교화를 빛내는 일이다. 이것을 조불양화助佛揚化(부처님을 도와서 교화를 드날리는 일)라고 한다.

[사리뿟따] "사람들은 존재를 이루는 다섯 가지 다발(오온[1]) 즉, 물질, 감각, 인식, 형성, 의식이 뭉쳐 이루어진 이 몸을 '나'라고 생각하고, '나의 것'이라고 집착하여 언제까지나 붙들고 있으려 합니다. 몸이 변하여 늙고 병들어 파괴되면 비탄에 잠기며 통곡하고 탄식합니다. 몸으로 인하여 차가운 슬픔과 뜨거운 번뇌로 마음이 괴롭습니다. 이것이 몸과 마음이 둘 다 아픈 모습입니다. 부처님의 가르침에 따라 지혜가 밝아진 제자들은 이렇게 생각합니다. 오온으로 이루어진 이 몸은 '나의 것'이 아니다. '나'가 아니다. '나의 자아'가 아니다. 몸에 집착하지 않아 붙들려고 애쓰지 않는다. 몸이 늙고 변하고 무너지고 파괴되어도 슬퍼하거나 통곡하고 탄식하지 않는다. 차가운 슬픔이나 뜨거운 번뇌로 괴로워하지 않는다. 이것이 몸은 아프지만 마음은 아프지 않는 모습입니다."

사리뿟따 존자의 법문을 들은 노인은 얼굴이 밝아진다. 세월이 흘러 노인은 세상을 떠났다. 부처님은 그 장례식에 참석하여 법을 설했다.

[붓다] "사람의 목숨은 짧아 백 년도 살지 못합니다. 죽음은 피할 수 없습니다. '내 것'이란 영원하지 않습니다. 영원하지 않은 것을 소유하는 삶에 머물지 마십시오. 사람들이 생각하는 '내 것'은 죽음으로 잃게 됩니다. '내 것'에 탐욕을 부리면 걱정과 슬픔과 인색함을 버리지 못합니다. 탐욕을 떠나 자기를 내세우지 않고 홀로 명상하며 유행하는 것이 수행자에게 어울리는 삶입니다. 그런 사람은 어디에도 머무르지 않고, 결코 사랑하거나 미워하지 않습니다. 연잎이 물방울에 더럽혀지지 않듯, 보이는 것과 들리는 것과 생각한 것에 의해 성자는 더럽혀지지 않습니다."[2]

이 대목이 중요하다. 즉 오온이 모두 '나의 것'이 아니며 '나'가 아니며 '나의 자아'가 아님을 비추어보니 고통에서 벗어나게 된다. 더 쉽게 말하면 소위 '몸과 마음'이 나의 것이 아니며, 나가 아니며, 나의 자아가 아님을 본다는 말이다. 몸과 마음에 일어나는 현상을 자아와 동일시하지 않고 떨어져서 보는 관점을 통찰반야panna라 한다. 통찰은 몸과 마음의 변화를 담담히 지켜보는 평정을 가져온다. 몸과 마음이 변하고 늙어가고 쇠잔해져 죽는다 해도 심경은 담담하며 평온하다. 생겨난 것은 모두 사라져간다는 것을 알고 있다. 몸과 마음은 원래부터 '나의 것'이 아니며 잠시 동안 사용할 뿐이라는 것을 안다. 그래서 때가 되면 홀홀 벗어버리고 떠나갈 것을 안다. 그러니 아쉬워 할 것이 있으랴. 오히려 시원섭섭하지 않는가? 이렇게 통찰을 통해 우리는 인생달관의 자세를 가질 수 있다.

몸과 마음을 완전히 내려놓으면 어떤 느낌일까? 일시적이고 소극적이나마 한 번 느껴보자. 몸과 마음을 다 버려버리면 허무일까, 깊이 모를 심연일까, 악마의 속삭임이 들려오는 마의 영역(일부 사람들은 이렇게 느낀다)일까? 일상에 몸과 마음을 놓아버리는 연습을 하자. 지금 당장 몸과 마음을 완벽히 내려놓는 해탈을 체험할 수는 없지만, 몸과 마음이 단계적으로 조금씩 멸진하는 것을 체험해볼 수는 있다. 그것이 바로 위빠사나, 알아차림의 수행이다.

편안히 앉아 눈을 감고 조용히 지금 이 순간을 알아차려라. 생각의 대부분은 세상사와 감각적 쾌락에 관한 것임을 알리라. 그런 생각을 흘려보내라. 생각의 흐름에 빨려들지 말고 관객이 된 듯 지켜보라. 들이쉬고 내쉬는 숨을 알아차려라. 호흡을 알아차리고 호흡과 함께 머물라. 호흡이 부드러워질 때 몸이 사라지게 되리라. 호흡에 완전히 집중될 때는 머리도 다리도 느낄 수 없다. 당신은 몸이 어디 있는지 잊어버린다. 몸의 존재감이 사라지면 가늘고 부드러운 호흡만 느껴질 뿐. 곧이어 마음이 빛나면서 밝아진다. 그 시점에서 몸이란 감옥에서 풀려나는 자유를 느끼게 된다. 이내 한없이 평화롭고 고요한 상태가 온다. 텅 비어 있고, 열려 있으며, 모든 사량분별을 넘어선 청정한 상태, 훨훨 나는 자유! 자, 이제 똥 무더기에서 나올 때가 되었다. 이제 당신이 해야 할 일은 고요한 알아차림뿐이다. 닙바나는 당신의 손 안에 있다.

| 주 |

1) 오온五蘊: 부처님은 인간존재를 다섯 가지의 다발 즉, 물질, 감각, 인식, 형성, 의식이 뭉쳐 이루어져 있다고 했다. 다섯 가지 다발을 명색名色 두 가지로 나누기도 한다. 명색은 정신名나마nama과 물질色루빠rupa이다. 존재를 이렇게 두 가지로, 다섯 가지로 쪼개어 보는 것은 몸과 마음을 '나'라고 생각하고 '나의 것'이라고 집착하며 '나의 자아'라고 애착하는 경향을 놓아버리게 하고자 함이다. '나의 자아'로 집착된 오온을 '오취온五取蘊'이라 한다. 오취온에는 생로병사의 고통이 따른다.
2) 《부처님의 생애》, p.278 11행~p.280 19행 참조.

6장   이웃의 고통이 바로
      나의 고통이니

사촌동생 난다의 출가를 권유하는 붓다ㅣ 발우를 들고 붓다를 따라가
는 난다에게 난다의 부인은 "오래 머물지 말고 빨리 오세요. 제
이마의 화장이 마르기 전에 돌아오세요."라고 외쳤다. 간다라 유
물. 대영박물관 아시아부 G33 소재. © World Imaging

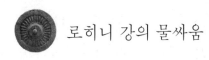

로히니 강의 물싸움

부처님이 살았던 당시의 인도는 열국 투쟁의 시대였다. 중국의 춘추전국시대(BCE 770~221)에 해당한다. 작은 나라들이 서로 싸우며 영토와 노예를 약탈하는 시대였다. 부처님은 어릴 때부터 약육강식과 대량 살생이 횡행하는 시대에 어떻게 하면 평화롭게 살 수 있을까를 고민했는데, 이것이 출가 동기가 되었다. 그래서 집단이기주의가 충돌하는 분쟁을 어떻게 극복할 것인가에 대해 많이 설법하였다. 《법구경》에 나오는 유명한 경구들은 평화의 중요성과 생명의 존엄성을 강조한 가르침들이다.

어느 누구나 폭력을 무서워한다. 모든 존재들에게 죽음은 두렵기 때문이다.
그러므로 자신에게 견주어서 남을 죽여서는 안 된다. 괴롭히지도 말고 죽이지도 말라. (〈법구의석 10-1〉)

원한을 가진 사람들 속에서 살면서도 아무도 미워하지 말고 행복하게 살자.
근심으로 지친 사람들 속에 살면서도 근심에서 벗어나 행복하게 살자. (〈법구의석 15-1〉)

부처님은 갈등을 조정하는 중재자로서 반전운동가이자 평화조정자로서 활동했다. 다음 몇 가지 에피소드는 역사와 사회에 참여하는 부처님의 방식을 보여준다.

사꺄족과 이웃나라 꼴리야족 사이에 로히니Rohini 강이 흐르고 있었다. 까삘라족과 꼴리야족은 예전부터 사돈관계로 맺어진 사이였다. 싯다르타를 낳은 마야 왕비와 그를 길러 준 마하빠자빠띠, 그리고 태자비 야소다라까지 모두가 꼴리야 출신이었다. 두 나라는 모두 쌀을 주식으로 하는 농업국이어서 농사철에는 물을 많이 필요로 했다. 그런데 어느 해 여름, 극심한 가뭄으로 로히니 강물의 바닥이 드러나고 강변에 있는 저수지 물도 얼마 남지 않게 되었다. 사꺄족과 꼴리야 사람들은 저수지 양쪽에서 서로 물을 조금이라도 더 끌어오려고 애썼다. 이것이 큰 싸움으로 번져 살기등등한 기세로 맞붙어 싸우다, 급기야 군대까지 동원하여 대치상태에 들어갔다. 평화는 깨어지고 양국 사이에는 일촉즉발의 긴장감이 돌았다.

이 말을 전해들은 부처님은 급히 로히니 강으로 갔다. 부처님을 보자 그들은 연장을 놓으며 합장했다. 부처님이 말했다.

"여러분, 물과 사람 중에 어느 것이 더 소중하다고 생각하십니까?"

"물론 사람이 더 소중합니다."

"여러분은 지금 물 때문에 서로 싸우고 있습니다. 내가 나타나지 않았더라면 지금쯤 아마 몇 사람이 크게 다쳤을지도 모릅니다. 물 때문에 사람이 죽는 것은 옳지 않습니다. 이 일은 싸움으로 해결될 일이 아닙니다. 물을 공평하게 이용하는 방법을 합의하여 실행하세요. 이것이 서로에게 이익이 되는 해결책입니다. 전쟁은 원한을 낳고 원한은 다시 더 큰 전쟁을 부를 뿐입니다."

두 나라는 부처님의 중재로 전쟁을 포기하고 화해의 악수를 나누었다.

성인이 가신 지 이천 오백여 년이 흐른 현재, 지구에는 크고 작은 분쟁들이 끊임없이 일어나고 있다. 모든 분쟁엔 쌍방 당사자와 그들에게 영향을 미치는 배후세력이 있다. 세계 곳곳에 일어나는 국지적인 분쟁은 전 지구에 영향을 미친다. 설사 어느 한 쪽이 승리를 해도 그 후유증으로 새로운 갈등이 만들어지고, 또 다른 문제가 발생한다.

진정한 평화는 상호신뢰에 기반을 둔 대화에서 가능해진다. 인간에 대한 신뢰와 애정, 마음을 읽어내는 직관, 변화를 이끌어내는 대화의 기술, 상황을 즉시 판단할 수 있는 지혜, 위기상황을 통제할 수 있는 힘, 대중을 설득할 수 있는 진정성을 통해서만 평화를 지킬 수 있다. 그러나 갈등의 현장에 서면 주먹은 가깝고, 논리는 멀게 느껴진다. 그래서 우리는 부처님에게 배운다. 부처님은 갈등의 현장에서 상호이익을 가져올 공익을 각성시킴으로써 당사자의 마음을 움직여 평화를 만들어냈다.

 싯다르타와 체 게바라는 어디까지
동행할 수 있을까?

"무엇보다도 먼저, 이 세상 어느 곳에서든지 어떤 사람에게 가해지는 불의에 대해서 항상 깊이 공감할 수 있는 것이야말로 혁명가가 가진 가장 아름다운 덕목이다."

이것은 체 게바라(Che Guevara, 1928~1967, 쿠바의 공산주의자, 혁명가)가 사형에 처해지기 전 가족에게 보낸 마지막 편지의 일부다.

"모든 생명의 고통을 대신 받으리라. 내가 편안할 때 중생의 고통을 잊지 않고, 고통의 현장에 함께 있으면서 그들이 고통에서 벗어날 수 있도록 바르고 원만한 깨달음을 이루리라."

이것은 대승불교도의 발원이다. 체 게바라와 대승불교도, 이 둘은 같은 마음인가, 아닌가? 같다면 어디까지 같고, 다르다면 어디가 어떻게 다른가?

불교의 지혜는 생로병사의 고통을 자각하여 그 해결을 찾는 데 주력하며, 사회구조적 각성은 인간이 각자의 사회경제적 조건에 따라 다르게 고통을 겪는다는 사실을 알아차린다. 고통의 사회경제적 조건을 정확히 인식할 때 고통을 없애는 사회적 실천이 가능하다. 불교 수행자이며 학자인 데이비드 로이(David Loy, 1947~)[1]는 탐욕, 분노, 무지를 '자본주의 시장경제', '군산복합체', '상업미디어'의 제도화된 삼독으로 설명한 바 있다. 이런 맥락에서 자본주의와 다국적 기업의 군산복합체가 세계시민의 빈곤과 부조리의 원인이 된다고 본 게바라의 관점은 공감할 만하다. 그런데 그는 사회의 구조적 문제를 게릴라 투쟁을 통한 체제혁명으로 해결하려 했다. 그는 평화와 정의로운 공동체의 도래를 위해서는 폭력(사격, 폭탄 투척, 위협과 공포심 유발, 선전선동)을 수단으로 사용할 수 있다고 봤던 것이다. 불자는 이런 문제 해결 방식에는 공감할 수 없다. 불자는 어떤 경우에도 폭력 사용을 반대한다. 싯다르타가 선택한 문제해결 방식을 보라.

싯다르타도 게바라와 같은 고민을 했었다. 싯다르타는 자기에게 주어진 기득권을 완전히 포기함으로써 문제를 해결했다. 그는 민중에게 고통을 주는 정치경제 체제와 계급제도를 아예 떠났다. 왕위를 버리고 가족과 사회를 떠났다. 그는 탈체제적으로 살아가기로 작정했다. 반강권주의·무정부주의적인 삶의 방식을 택한 것이다. 의식주는 탁발과 타인의 호의에 의존하여 해결했다. 이것은 탈자본주의적counter-capitalistic 삶의 방식이다. 싯다르타는 이렇게 생각했을 것이다. '대중이 이런 나의 삶의 방식을 이해하여, 밥을 주고 옷과 거처를 제공해준다면 나는 살 것이고, 그렇지 않으면 난 이 세상을 깨끗이 떠나리라. 대중에게 이익이 되지 못하는 삶(정신적으로든지 물질적으로든지)은 자진해서 사라지는 것만 못하리라.'

세속의 이해관계에서 멀리 떠났기에, 그는 체제의 부조리와 세상 사람들의 심리를 꿰뚫어 볼 수 있었다. 그리하여 그는 인간고의 근원적인 원인을 사회경제체제가 아니라 인간 내면에 깃든 맹목적 생존의지와 이기적 충동, 탐욕과 분노, 무지에서 찾았다. 이를 통해 무력혁명을 통한 체제전복이 아닌 방식으로 인간이 완벽한 평화를 실현할 수 있다는 것을 보여주었다.

이것은 의식의 혁명이며 체제 안에서 일으킬 수 있는 내적인 혁명이다. 혁명은 무력이 아니라 평화로, 분노가 아니라 관용과 용기로, 체제순응이 아니라 부정과 관조로 이룰 수 있다. 내 의식에 깃든 탐욕, 공격성, 무지가 소멸할 때 나의 존재 자체가 평화가 된다. 그리고 그 평화는 타인을 감화시켜 평화로 인도한다. 깨어난 개인이 모여서 수행공동체를 결성한다면 체제 안에 하나의 섬이 되리라. 대중이 체제를 떠나 비자본주의적으로 살면서 무정부주의적·친환경적 수행공동체를 형성한다. 이곳이 체 게바라가 무기를 버리고 명상에 들어 평화를 체험하고, 미소와 대화로써 대중을 각성시키고 체제를 개혁해나가는 장이 된다. 싯다르타가 머리와 수염을 깎은 체 게바라를 보면 이렇게 말할 것이다.

세상과 타협하지 말라.

세상에 물들기보다는 네 마음의 빛나는 침묵으로 세상을 정화하라.

한 발은 연꽃을 밟고 한 발은 진흙을 밟고 가라.

한 손엔 물 조리개를 들고 세상의 선한 씨앗에 물을 주고, 한 손엔 전정가위를 들고 악의 싹을 잘라버려라. 세상을 향해 자애의 빛을 비추라.

모든 존재가 행복하기를!

모든 존재가 적의에서 벗어나기를!

모든 존재가 악의에서 벗어나기를!

모든 존재가 혼란으로부터 자유롭기를!

모든 존재가 모든 고통으로부터 자유롭기를!

모든 존재가 스스로 보호하여 행복을 누리기를!

| 주 |

1) 데이빗 로이David R. Loy의 저서 《돈, 섹스, 전쟁, 그리고 카르마》(허우성 역, 불광출판사, 2012)의 목차에 '나의 고통은 어디서 오는가? 부자가 계속 돈을 원하는 이유는? 왜 우리는 명성에 매달리는가? 언어로부터의 자유란 무엇인가? 섹스에 무슨 잘못이 있는가? 붓다라면 어떻게 했을까?'가 있다. 매우 의미심장한 주제를 다루고 있어 일독을 권한다.

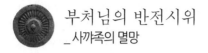

부처님의 반전시위
_ 사꺄족의 멸망

　　부처님은 전쟁을 막기 위해 '나 홀로 반전시위'를 벌인 적도 있었다. 사꺄족은 부처님이 자기 종족 사람이라 해서 혈통에 대한 자부심이 대단했다. 꼬살라의 빠세나디 왕은 부처님을 흠모한 나머지 사꺄족 출신의 왕비를 맞이하고 싶어 했다. 그는 까삘라 성으로 사신을 보내 자신의 뜻을 전했는데, 까삘라의 숫도다나 왕은 내키지 않았으나 강대국 왕의 청혼을 거절할 수 없었다. 사꺄족은 꾀를 내어 왕족 마하나마Mahanama와 그가 데리고 있는 하녀 사이에서 태어난 딸 와사바캇띠야Vasabhakhattiya를 왕족이라고 속여서 보냈다. 이런 사정을 몰랐던 빠세나디 왕은 크게 기뻐하며 와사바캇띠야를 왕비로 맞아들였다. 와사바캇띠야는 얼마 후 위두다바Vidudabha비유리毘琉璃 태자를 낳았다. 태자가 성장해서 어머니의 나라이자 자신의 외가인 까삘라 성을 방문했다. 사꺄족 사람들은 그를 천민의 자식이라고 경멸하고 모욕을 주었다. 그때 어린 왕자의 가슴에 원한의 싹이 심어지니 이것이 비극의 시작이었다. 자신의 출생 비밀을 알아버린 위두다바는 돌아와 부왕에게 이를 고했고, 빠세나디 왕은 진노하면서 즉시 왕비와 태자의 지위를 박탈했다. 이에 태자는 부왕을 살해하고 왕위를 찬탈한 뒤 대군을 이끌고 까삘라 성을 공격했다. 그 당시 부처님은 이미 노년에 접어든 시기였으나 자신의 조국이 망하는 것을 차마 보고 있을 수 없어 위두다바의 군대가 진격해 오는 길목, 말라 죽어가는 니그로다 나무 옆 땡볕에 앉아 그들을 기다리고 있었다.

대규모 병력을 인솔해 오던 위두다바는 나무 그늘을 마다하고 땡볕에 앉아 있는 부처님을 발견했다. 코끼리에서 내린 위두다바가 부처님에게 정중히 예배를 하며 "부처님이시여! 어찌하여 그늘을 마다하고 이처럼 뜨거운 불볕 아래 앉아 계십니까?" "대왕이여! 동족이 없는 것은 그늘이 없는 것과 같습니다." 이렇게 대답하자 위두다바는 군대를 철수하였다. 이러기를 세 번이나 반복하였지만, 그 원한의 뿌리가 하도 깊어 복수하려는 의도를 참으려 해도 참을 수가 없었다. 위두다바의 네 번째 출병 현장에는 부처님의 모습이 보이지 않았다.

부처님은 왜 네 번째 출병을 막지 않고 내버려두었을까? 과거에 지은 업의 결과가 나타나는 데는 한 치의 오차도 없구나, 결정된 업은 피할 수 없는 것이다. '나도 할 만큼은 했으니 이젠 그들의 업에 맡겨놓자'는 마음이었을까? 그렇지 않았을 것이다. 부처님의 연민과 자비는 하늘을 적시는 봄비가 되어 적대하는 양쪽 진영 사람들을 골고루 적시리라. 곧 전쟁에 돌입하여 살육이 벌어질 장면을 상상하며 나는 이렇게 자비 명상을 한다.

가해자와 피해자, 공격과 수비 양쪽 모두가 피할 수 없는 싸움에 휘말릴지라도 살인을 할 의도를 내지 않기를, 의도를 실어 살인 행위를 하지 않기를.

서로 다른 진영에 속한 사람들이 자기에게 맡겨진 일에 충실하더라도 서로에게 원한을 품지 않아 또 다른 원결이 맺어지지 않기를.

현재의 비극적 상황에서 또 다시 새로운 원한이나 분노와 증오심을 일으키지 않기를.

다시는 가해자와 피해자의 역할을 맡은 관계로 서로 만나지 않기를.

내가 살기 위해서 다른 사람을 죽일 수밖에 없는 상황에 처해지지 않기를.

내가 살기 위해서 다른 사람을 다치게 하는 상황에 끼어들게 되지 않기를.

내가 살기 위해서 다른 사람을 죽일 수밖에 없다면 차라리 내가 죽음을 선택하기를.

내가 죽더라도 사람 죽이는 일에 가담하지 않기를.

내게 닥쳐올 과보를 오는 대로 모두 받으리라는 담대함이 있기를.

내가 전생과 현생에 저지른 악업의 과보를 기꺼이 다 받으리라는 마음이 되기를.

내게 원한을 품은 모든 존재들이여, 내 이제 진심으로 참회하나니 부디 용서해주기를.

내가 알게 모르게 죽이고 고문하고 때리고 모욕하고 비난했던 모든 존재들이여, 내 이제 진심으로 참회하나니 부디 용서해주기를.

타인의 고통과 불행을 알고도 외면한 나의 이기적인 소심함과 나약함을 알아차리리라.

세계의 모순과 부정을 알고도 묵인하는 나의 이기심과 나약함을 알아차리리라.

다른 생명에게 해를 끼칠 원인이 되는 내안의 탐진치를 끝까지 알아차리리라.

부처님이 중생세간에 참여하는 방식은 어떠한가? 부처님은 애초에 위두다바의 원한과 복수심을 누그러뜨려 선심을 이끌어내고자 하였다. 위두다바의 마음에서 자발적으로 나오는 선심에 의해서 악행을 그만두기를 바랐다. 그러나 악행을 그만 두는 것이 악인의 자발적 의지에서 나온 것이 아니면 그 악행은 언젠가 어떤 식으로든지 반드시 실현되고야 만다. 부처님은 위두다바가 선과 악을 선택하는 기로에서 자기가 취할 선택의 결과에 대해 숙고할 기회를 세 번 주었다. 자신의 판단을 깊게 숙고하여 선택할 자유를 준 것이다. 여러 가지 다른 선택이 있을 수 있건만 위두다바는 결국 복수를 선택한다. 그것이 위두다바의 선택이었다. 부처님은 위두다바가 악행을 선택한 것을 신통력을 써서 강제로 막지 않았다. 어떤 대승불자는 이 대목에서 중생의 업을 대신 받더라도 현실에 개입하여 위두다바의 악행을 강제로 막아야 했다고 주장할 것이다. 그러나 부처님은 당신의 의도를 개입시켜 인과법을 어그러뜨리려 하지 않는다. 그런 이유에서 부처님은 당신의 제자들이 신통력을 쓰는 것을 자제시켰다. 당신이 신통력을 써서 악인은 벌주고, 선인은 살려준다거나, 세상의 질서를 흔들거나, 역사에 개입하여 당신의 뜻을 실현하는 일이 전혀 없었다. 목갈라나 존자의 신통력이면 위두다바의 대군을 입김으로 날려버리고, 사꺄족을 손바닥에 얹어서 히말라야 설산으로 안전하게 옮겨놓을 수도 있었다. 그러나 그러지 못하게 했다. 그 대신 갈등의 당사자들이 사실을 바로보고 바른 선택을 하길 바랐다.

그리고 여기 또 한 가지 이유가 있다. 위두다바 왕이 침략해 온다는 소식을 전해들은 까삘라 왕국 지도층은 부처님이 자기들을 구하기 위해 세 번이나 철군시켰다는 사실을 잘 알고 있었을 것이다. 그러면 까삘라 측에서도 자신들이 위두다바 왕과의 군사적 대결에서 열세에 처해있음을 판단하고, 화해와 협상을 위해 노력했어야 한다. 그러나 그들은 그러지 않았다. 자만심으로 가득 차서 올 테면 오라는 식으로 대응하였으니, 결국 정면대결이라는 막다른 골목으로 치달렸다. 아마도 부처님은 이점에서 사꺄족에게 실망했을지도 모른다. 부처님이 자기네 사꺄족을 위해서 세 번이나 출병을 저지시켜주었다는 것을 알았다면 그들도 나름대로 그에 상응하는 노력을 보였어야 했다. 위두다바와 까삘라 사이에 끼어든 부처님의 처지를 잘 아는 사꺄족 지도층은 부처님의 의중을 파악하여 위두다바 왕과 외교적 담판에 나섰어야 했다. 노련한 외교는 전쟁을 피할 수 있게 해준다. 그러나 사꺄족은 자신들이 살 길을 찾지 않고 자멸을 자초한다. 부처님은 이제 사꺄족을 구원할 수 없음을 직감한다. 양측의 적대관계가 현생에서 기인할 뿐 아니라, 과거전생에서부터 유래했다 할 만큼 깊다는 것을 확인했기 때문이다. 부처님이 위두다바의 네 번째 출병을 철수시킨다 하더라도 까삘라 측이 보이는 자만심은 부처님 자신도 어찌할 수 없다는 판단이 들었을 것이다. 서로 잘했다고 뻐기면서 서로 악이라 비난할 때, 그들 사이에 패인 원한의 골은 깊어만 간다.

그러나 원한은 원한에 의해서 깊아지는 것이 아니다. 악한 원인에는 불행한 결과가 따른다는 사실을 가히 두려워해야 한다. 비록 저 허공을 땅으로 만들고, 또 이 땅을 허공으로 만든다 해도, 과거의 인연에 묶인 그 관계는 끝없이 이어지리라. 인과를 아는 것이 지혜다. 인과를 아는 사람은 폭력이 가져올 결과를 두려워하여 스스로 폭력을 그만두며, 평화가 가져올 결과를 알기에 공존과 호혜를 선택한다. 결국 위두다바의 군대는 사꺄족 백성을 모조리 살육하였다.[1]

그런데 사꺄족은 불살생의 계율을 지키려고 쳐들어오는 위두다바

군대에 무력으로 대항하지 않았다는 말도 있다. 과연 그렇다면 자기 종족이 몰살당하면서까지 불살생계를 지킨 것이니 너무나도 대범한 일이 아닐 수 없다. 아마도 이런 일은 인류역사상 유일무이한 사례가 되리라. 그러나 과연 사꺄족이 불살생 계율을 지키기 위해 무력으로 대항하지 않았는지, 부처님이 알아서 물리쳐줄 거라 믿었기에 가만히 있었는지 알 수는 없다.

다음과 같은 후일담도 전해진다. 전승을 거두고 왕궁에 돌아온 위두다바는 제따 태자가 유흥을 즐기는 것을 보고 꾸짖었다. 제따 태자는 차마 사람을 죽일 수 없어 전쟁에 나가지 않았노라고 말했다. 격노한 위두다바는 태자를 베어 죽인다. 태자는 죽어서 도리천에 태어난다. 위두다바 왕이 개선한 지 이레 후 아찌라와띠Aciravati 강가에서 성대한 전승 축하연을 연다. 그날 저녁 홍수가 밀어닥쳐 왕은 물에 빠져 죽고, 왕궁은 벼락을 맞아 불탄다. 《법구경》에 여기에 대한 구절이 있다.

오로지 꽃들을 따는데 사람이 마음을 빼앗기면
격류가 잠든 마을을 휩쓸어 가듯 악마가 그를 잡아간다.[2]

| 주 |

1) 사꺄족의 후예임을 자처하는 사람들: 부처님의 조카 빤두 사꺄Pandu Shakya의 후손임을 자처하는 스리랑카의 왕 빤두와스데와(Panduvasdeva of Upatissa Nuwara, BCE 504~474)와 그의 후손 빤두카바야(Pandukabhaya of Anuradhapura, BCE 437~367)가 있었다. 미얀마에서는 타가웅 왕국Kingdom of Tagaung의 아비라자 왕King Abhiraja이 사꺄족의 후손이라 주장했다. 전통적

으로 서양학계는 사꺄족이 백인종의 아리야 종족이라는 설을 지지하고 있지만 증명할 만한 자료는 없다. 그리고 사꺄족이 티베트족이라든지 몽고계 혈통이라는 증거도 없다. 오늘날 네팔에 사꺄족의 후손이라고 믿고 있는 사람들이 살고 있다. 그러나 그들의 신념이 학술적으로 증명된 바는 없다. 또 인도 상까시아Sankasia 지역에 거주하고 있는 사꺄족의 후손들이라는 사람들은 매년 음력 9월 보름에 상까시아 불교축제를 개최하여 붓다의 가르침을 선양하고 있다.

2) 〈법구의석 〉 4-4, 전재성 역.

코뿔소의 외뿔처럼 혼자서 가라
_꼬삼비 승가의 불화

　부처님의 음성을 듣고, 부처님을 친견했던 사람들은 얼마나 행운아들인가? 부처님을 뵙고 그분의 음성을 듣는다는 것은 천고에 희유하고도 복된 인연이다. 옛날부터 불제자들은 모두 부처님이 출현하는 세상에 태어나기를 발원해왔다. 부처님 재세시의 제자들은 부처님이 시키는 대로, 가르치는 대로 따라만 해도 모두 도과道果를 이루었을 것이니 얼마나 행운아들인가? 그런 복을 타고났는데도 불구하고 부처님의 가르침에 어긋나게 서로 불화하는 일이 벌어진다. 부처님 성도 후 9년(부처님 나이 44세), 꼬삼비의 승가는 사소한 일로 인하여 두 개의 파당이 생겨난다. 화장실을 사용할 때 쓰는 물병정병淨甁을 다 비우지 않고 놓아둔 강사스님을 율사스님이 책망하는 일이 있었다.

　"정병을 썼으면 다 쓰고 비워둬야지. 그래야 뒷사람이 깨끗한 물을 채워 다시 사용할 수 있을 거 아냐. 어찌 장로가 되어가지고 칠칠치 않게 쓰던 물을 남겨둔 게야."

그랬더니 그까짓 물병을 다 비우지 아니한 일로 큰 스님이신 강사 스님을 책잡을 수 있느냐며 강사를 따르는 무리가 율사를 따르는 무리를 비난했다. 두 사람간의 문제가 집단과 집단끼리의 문제로 확대됐다.

사람이 모여 살게 되면 대개 이런 식으로 분열이 일어난다. 사람들은 '나는 옳고 너는 그르다'는 시비, '저쪽彼'과 '우리我'라는 편 가르기 등을 통해 서로 비난하고 공격한다. 이렇게 하여 한 생각 차이가 말싸움이 되고, 말싸움이 몸싸움으로 번지면 투쟁과 전쟁으로 확대된다. 인간사는 투쟁의 역사다. 계급 간, 집단 간, 민족 간, 국가 간, 종교 간의 모든 갈등과 투쟁이 다 이런 식이다. 인간의 심성이 바뀌지 않는 이상 이런 추세는 계속될 것이다. 그러면 해결책은 무엇인가?

부처님께서는 양쪽을 불러 이렇게 타이른다. 율사에게는 '계율을 적용함에 앞서 교단의 화합을 중시해야 한다.'고 타이르고, 강사에게는 '아무리 사소한 허물이라도 참회하지 않고 묻어두어서는 아니 된다.'고 타일렀다. 부처님은 양편의 잘못을 지적하면서 겸허하게 자기의 잘못을 시인하게 만들었다. 자기 잘못을 받아드리면 옹그라졌던 고집이 누그러진다. 그러면 겸허해진다. 미안하게 되었다고 사과하면서 용서해주기를 바란다는 낮은 자세를 취하게 된다. 이러면 양쪽 스님들의 마음이 피어나면서 편안해졌을 것이다. 그러나 양쪽 스님들은 부처님의 타이르는 말씀을 따르지 않았다. 포살까지 서로 다른 곳에서 했다.

포살이란 것은 비구스님들이 보름마다 한데 모여 비구계를 흠 없이 잘 지켰다고 서로 확인하는 행사다. 일정 지역에 거주하는 비구들은 모두 한 장소에 모여서 포살을 하게 되어 있다. 한 지역에 살면서 포살하는 곳을 달리 하는 것은 봉합이 불가능할 정도로 불화가 깊어졌다는 증거다. 이는 '교단의 분열'이 일어나는 시초가 된다. 비구계율에 따르면, 교단을 분열시키는 자는 회개할 수 없는 중대한 죄를 범하는 것이다. 사정이 이러한데도 꼬삼비 비구들은 패를 갈라 몸싸움까지 벌인다.

게다가 스님들을 추종하는 신도들끼리도 분열했다. 그들은 절에서 큰 소리가 나도록 싸웠다. 오늘날 한국의 절 집안에서도 가끔 이런 일이 벌어지니, 어제나 오늘이나 인간사 매일반이다. 부처님의 깊은 자비심에서 우러나온 만고의 진리가 세상을 밝히기를.

"비구들이여. 싸움을 그만두라. 다투지 말라. 말싸움을 하지 마라. 원한은 원한에 의해 풀어지지 않는다. 원한은 원한을 버림으로써만 풀어진다. 이것은 변하지 않는 진리이니라."

이 진리는 스님들끼리의 문제뿐만 아니라 인간사 전반에 걸쳐 두루 해당된다.

증오는 증오에 의해 해결되지 아니한다. 증오는 증오를 버림으로써만 해결된다.

분노는 분노에 의해 해결되지 아니한다. 분노는 분노를 버림으로써만 해결된다.

투쟁은 투쟁에 의해 해결되지 아니한다. 투쟁은 투쟁을 버림으로써만 해결된다.

폭력은 폭력에 의해 해결되지 아니한다. 폭력은 폭력을 버림으로써만 해결된다.

전쟁은 전쟁에 의해 해결되지 아니한다. 전쟁은 전쟁을 버림으로써만 해결된다.

이에는 이, 칼에는 칼, 총에는 총이 아니다.

이에는 미소로, 칼에는 꽃으로, 총에는 자애가 충만한 가슴으로 맞서라.

이것이 영원한 진리다. 이것이 진리의 힘이다. 진리가 승리하리라. 진리가 승리한다는 믿음이 얼마나 고귀한가? 모든 것을 다 버리더라도 버릴 수 없는 것, 모든 것이 다 무너지더라도 무너지지 않는 것은 무엇인가? 그건 진리가 승리한다는 믿음, 사랑이 모든 것을 이긴다는 믿음이다. '아모르 빈킷 옴니아Amor vincit omnia.'[1] 이것이 진정한 힘이다. 이것이 법력이다.

그런데도 꼬삼비 비구들은 싸움을 그치지 않았다. 부처님은 세 번이나 타일렀다. 부처님은 세 번 타일러도 듣지 않으면 내버려두고 그 자리를 떠났다. 그들이 스스로 자기 잘못을 뉘우치게 될 날을 기다리면서 칼로 자른 듯이 깨끗하게 떠났다. 이는 부끄러운 줄 모르고 뉘우치지 않는 자들의 양심에 충격을 주기 위한 방편이었다. 이것이 부처님의 방식이다.

그래도 뉘우치지 아니한다면 어쩔 것인가? 구제불능이다. 그런 사람은 부처님이 제 앞을 지나간다 해도 알아보지 못할 자다. 그야말로 멍텅구리라, 구르고 굴러서 가장 낮은 곳으로 떨어지리라. 천재일우의 기회를 놓친 죄가 크도다! 꼬삼비의 비구들은 다툼을 그치지 않았고, 결국 부처님은 그들을 떠나 숲 속으로 갔다.

부처님은 성도 후 10년(부처님 나이 45살) 되던 해에 빠릴레이야까 Parileyyaka라는 외딴 마을의 깊은 숲 속 나무 아래에서 우기를 보냈다. 그림자처럼 따라다니던 아난다 존자조차 떼어놓고 우아한 고독을 즐겼다. 아난다 대신에 코끼리와 원숭이가 부처님을 시봉하였다. 부처님이 떠난 후, 꼬삼비의 신도들은 부처님의 간곡한 권유도 따르지 않는 승가는 받들 수 없다며 공양하기를 거부하였다. 뒤늦게 후회한 비구들이 백방으로 부처님을 찾아다녔으나 허사였다. 결국 사왓띠 승가가 나서서 부처님 계신 곳을 찾을 수 있었다. 드디어 그 외딴 숲에 도착한 비구들을 입구에 세워두고 아난다 혼자 부처님의 발아래 예배하였다. 아난다는 고개를 들 수 없었다. 오랜 침묵이 흐르고 부처님이 도리어 위로하듯 말을 꺼냈다.

"아난다야, 무리를 벗어난 저 코끼리가 안거 동안 나와 함께했단다. 이른 아침이면 나무 아래를 깨끗하게 청소하고, 더위가 심할 때면 시원한 물을 뿌려주었단다. 크고 작은 과일을 따다가 나에게 주고, 마을로 걸식을 나갈 때면 숲 입구까지 배웅하고 돌아올 때까지 기다렸단다."

아난다는 죄송스러워 눈물만 흘렸다.

"혼자 왔느냐?"

"비구들과 함께 왔습니다. 원치 않으실 거란 생각에 입구에서 기다리게 했습니다."

"그들을 데리고 오라."

함께 온 비구들은 고개를 들지 못했다.

"제자들이여. 모든 존재에 대해 폭력을 쓰지 말라. 누구에게도 상처를 주지 말라. 그대들이 어질고 지혜로운 동반자와 성숙한 벗을 얻는다면 어떤 난관도 극복할 수 있으리라. 어질고 지혜로운 동반자나 성숙한 벗을 만나지 못했거든 코뿔소의 뿔처럼 혼자서 가라. 좋은 친구를 얻는 것은 참으로 행복하다. 훌륭하거나 비슷한 친구와 함께하는 것은 참으로 행복하다. 그러나 그런 벗을 만나지 못했거든 코뿔소의 뿔처럼 혼자서 가라.

결박을 벗어난 사슴이 초원을 자유롭게 뛰놀 듯,

왕이 정복한 나라를 버리고 떠나듯,

상아가 빛나는 힘센 코끼리가 무리를 벗어나 숲을 거닐 듯,

물고기가 힘찬 꼬리로 그물을 찢듯 모든 장애와 구속을 벗어나 코뿔소의 뿔처럼 혼자서 가라.

소리에 놀라지 않는 사자와 같이, 그물에 걸리지 않는 바람과 같이,

진흙에 물들지 않는 연꽃과 같이 코뿔소의 뿔처럼 혼자서 가라."[2]

부처님은 물처럼 바람처럼 세상을 살아갔으며 자기 제자들도 그렇게 살아가기를 바란다. 우리는 그렇게 살아야 한다. 그것이 깨끗하고 깔끔하고 멋있게 사는 삶이다. 봄빛이 찬란하다. 그러나 봄이 어찌 그리도 빨리 가는가. 돌아서서 가는 봄에게 떨어진 꽃잎을 다시 붙여놓고 가라고 할 수 있는가, 사라진 시간을 돌려 달라 떼를 쓸 수 있는가? 그러나 가야 할 때를 알고 표연히 떠나는 임의 뒷모습은 얼마나 아름다운가? 코뿔소의 뿔처럼 혼자서 가라.

부처님을 사랑하는 불자는 행복하다. 부처님은 서로 헐뜯고 싸우고 죽이고 빼앗는 우매한 중생을 연민히 여겨 "너희는 이기심을 줄이고 서로 사랑하고 도우고 베풀면서 행복하게 살라."고 했다. 또한 스스로 분소의를 입고 탁발하면서 욕심과 악의를 버린 참된 삶의 모범을 보여주었다. 부처님은 중생을 아들딸이라 부르면서 지극한 아버지의 사랑을 주었다. 우리가 부처님을 아버지라고 받아들이는 순간 우리의 의식

은 변화될 것이다. 아버지의 은혜에 감사하는 자식이라면 인생을 함부로 살 수 없기 때문이다. 이런 마음이 바로 '부처님께 귀의했다'는 의미이다. '귀의한다.'는 말은 부처님을 진리의 화현이며, 사랑과 지혜의 근원으로 믿으며, 나의 몸과 마음을 온전히 바쳐 받든다는 뜻이다. '몸과 마음을 바친다.'는 뜻은 내안에 찌든 탐진치 삼독심과 이기적 본능을 내려놓는다는 말이다.

나를 온전히 내려놓은 그곳에 부처님이 발견한 다르마가 드러난다. '나'는 없어지고 진리의 몸法身만 남는다. 그러므로 부처님께 귀의하게 되면 진리의 빛이 되며, 자비와 지혜가 드러나게 된다. 우리가 진정으로 삼보에 귀의했다면 안심의 경지에 든 것安心立命이요, 닙바나의 길에 든 것이다. 이런 귀의심은 고해 가운데서 계율이란 구명조끼를 찾아 입고 오욕3)의 바다를 헤엄쳐 안심과 평화의 섬에 오르게 해준다.

마하깟사빠 존자, 사리뿟따 존자, 목갈라나 존자, 아난다 존자, 케마 존자뿐만 아니라 모든 부처님의 제자들과 재가자들이 '나는 부처님의 아들입니다, 딸입니다.'를 고백하는 장면은 《니까야Nikaya》(초기경전 5부 니까야)에 번번이 나온다. 불가촉천민이기에 물을 드릴 수 없다고 하는 처녀에게 아난다 존자는 "붓다께서는 평상시에 남자들은 아들이라고 부르고, 여자들은 딸이라고 부릅니다. 우리 모두는 형제입니다. 우리 모두는 자매입니다."라고 하였다. "부처님이시여, 제발 저를 이 슬픔과 불안으로부터 벗어나게 해주십시오. 부처님께서는 제 의지처가 되어 주십시오. 제가 평화로운 마음을 갖게끔 도와주십시오."라고 간청하는 꼬살라 국의 산따띠Santati 장관에게 부처님께서는 "여래의 아들아, 안심하라. 너는 자신을 도와줄 올바른 스승을 찾아왔나니, 여래는 너에게 위안을 줄 수 있는 스승이다. 내 기꺼이 너에게 참다운 의지처가 되어 주겠다. 장관이여, 네가 헤아릴 수 없이 긴 세월 동안 나고 죽는 윤회를 거치면서 흘린 탄식의 눈물은 이 세상의 모든 바닷물보다도 오히려 많으니라."라며 위로해준다. 그는 그 즉시 편안해졌다. 산따띠 장관은 오랫동안 교학이나 수행을 해서 평안과 행복을 얻은 것이 아니다. 가슴속에 부처님을 향한 믿음과 그리움이 있다면, 교학과 수행이 부족해도 마음의 평안을 누릴 수 있다.

나는 세존의 아들입니다.
나는 부처님의 딸입니다.

Aham bhagavato putto.
아항 바가와또 뿟토
Aham bhagavato tittha.
아항 바가와또 띳타

| 주 |

1) 아모르 빈킷 옴니아Amor vincit omnia: '사랑이 모든 것을 이긴다.'는 뜻의 라틴어.
2) 《부처님의 생애》, p.285 3행~14행 옮김.
3) 오욕五欲은 다섯 가지 욕락五種欲樂을 말한다. 시각에 의해서 인식되는, 원하는 것이고 사랑스럽고 마음에 들고 아름답고 감각적 쾌락을 유발하고 탐욕을 야기하는 형상色, 청각에 의해서 (…) 쾌락을 유발하고 탐욕을 야기하는 소리聲, 후각에 의해서 (…) 쾌락을 유발하고 탐욕을 야기하는 냄새香, 미각에 의해서

(…) 쾌락을 유발하고 탐욕을 야기하는 맛味, 촉감에 의해서 (…) 쾌락을 유발하고 탐욕을 야기하는 감촉觸이다. 인간이 감각기관으로 외계대상을 감각하는 활동 자체가 욕락을 탐하는 것이다. 이는 인간의 감각작용이 탐욕에 바탕을 두고 있다는 것을 깨우쳐준다. 이는 세상에서 흔히 말하는 오욕인 재색식명수財色食命壽(재물욕, 성욕, 식욕, 명예욕, 장수 욕망)보다 근원적인 것이다.

 승가의 분열을 종식시키는 법

   부처님이 빠릴레이야까 마을에 있을 만큼 있다가 사왓띠 성으로 돌아와 기원정사에 머물 때였다. 한편 꼬삼비 재가신자들은 이렇게 생각했다. '꼬삼비 비구들은 우리에게 불이익을 끼쳤다. 그들의 싸움을 말리고 화해시키는 일에 부처님이 시달렸다. 그러다가 세존은 아무도 몰래 꼬삼비를 떠났다. 우리는 꼬삼비 스님들께 합장도 하지 말고, 공양도 올리지 말고, 존경도 하지 말고, 아는 체도 하지 말자. 그들은 이곳을 떠나거나, 환속하거나, 세존과 다시 화해하거나 하겠지.' 꼬삼비 재가신자들이 마음먹은 대로 행하자 꼬삼비 비구들은 공양도 받지 못하고, 섬김도 받지 못해 큰 불편을 겪었다. 그래서 꼬삼비 비구들이 모여 발우와 가사를 수하고 기원정사에 계신 세존을 뵈러 왔다. 그때 기원정사에 있던 사리뿟따, 마하목갈라나, 마하깟짜야나(논의제일존자), 마하꼿티타(논리분석제일존자), 마하깝삐나, 마하쭌다(사리뿟따의 동생), 아누룻다, 레와따, 우빨리, 아난다, 라훌라가 꼬삼비 비구들이 온다는 소식을 듣고 부처님에게 말했다.

[장로들] "세존이시여, 그들 다투고 싸우고 언쟁하고 분쟁하며 참 모임에 쟁사를 일으키는 꼬삼비 비구들이 사왓띠로 오고 있습니다. 세존이시여, 어떻게 저는 그 스님들을 대하고 처신해야 합니까?"

[세존] "장로들이여, 원칙에 따라 처신하라."

[장로들] "세존이시여, 원칙과 원칙이 아닌 것을 어떻게 알 수 있습니까?"

[세존] "장로들이여, 열여덟 가지 근거를 통해서 원칙이 아닌 것을 설하는 자를 알아야 한다. 세상에 스님들이

① 가르침이 아닌 것을 가르침이라 설하고,

② 가르침을 가르침이 아닌 것이라 설하고,

③ 계율 아닌 것을 계율이라 설하고,

④ 계율을 계율이 아닌 것이라 설하고,

⑤ 여래가 말하지 않고 설하지 않은 것을 여래가 말하고 설한 것이라 설하고,

⑥ 여래가 말하고 설한 것을 여래가 말하지 않고 설하지 않은 것이라 설하고,

⑦ 여래가 행하지 않은 것을 여래가 행한 것이라 설하고,

⑧ 여래가 행한 것을 여래가 행하지 않은 것이라 설하고,

⑨ 여래가 시설하지 않은 것을 여래가 시설한 것이라 설하고,

⑩ 여래가 시설한 것을 여래가 시설하지 않은 것이라 설하고,

⑪ 죄가 아닌 것을 죄라 설하고,

⑫ 죄를 죄 아닌 것이라 설하고,

⑬ 가벼운 죄를 무거운 죄라 설하고,

⑭ 무거운 죄를 가벼운 죄라고 설하고,

⑮ 용서할 수 있는 죄를 용서할 수 없는 죄라 설하고,

⑯ 용서할 수 없는 죄를 용서할 수 있는 죄라 설하고,

⑰ 거친 죄를 거칠지 않은 죄라 설하고,

⑱ 거칠지 않은 죄를 거친 죄라 설한다.

장로들이여, 이와 같은 열여덟 가지 근거를 통해서 원칙이 아닌 것을 설하는 자를 알아야 한다."

마하빠자빠띠 고따미 비구니도 세존께 물었다. 불화를 일으켰던 꼬삼비 스님들이 오면 어떻게 대하느냐고.

[세존] "고따미여, 그렇다면, 양쪽에서 가르침을 들으십시오, 양쪽에서 가르침을 들은 뒤에, 그 가운데 여법하게 설하는 스님들이 있다면, 그들의 견해와 이해와 성향과 신념을 선택하십시오. 어떠한 비구니 승가라도 비구 승가로부터 전수받아야 하는 그 모든 것은 여법하게 설하는 스님으로부터 전수받아야 합니다."

아나타삔디까(수닷따 장자), 위사까 미가라마따도 세존께 물었다. 불화를 일으켰던 꼬삼비 스님들이 오면 어떻게 대하느냐고.

[세존] "아나타삔디까여, 위사까여. 그렇다면 양쪽에 보시를 베푸십시오. 양쪽에 보시를 베푼 후에 가르침을 들으십시오. 양쪽에서 가르침을 들은 뒤에 그 가운데 여법하게 설하는 스님들이 있다면, 그들의 견해와 이해와 성향과 신념을 선택하십시오."

마침내 꼬삼비 스님들이 사왓띠 성에 도착했다. 사리뿟따가 세존께 그들의 자리를 어떻게 마련하느냐고 물었다.

[세존] "사리뿟따, 떨어진 곳에 자리를 마련해주어라. 떨어진 곳이 없다면 떨어진 곳을 만들어서 주어라. 어떤 경우라도 나이 든 스님의 자리를 빼앗아서는 안 된다고 말하라."

[사리뿟따] "세존이시여, 물질적인 것에 대해서는 어떻게 해야 합니까?"

[세존] "사리뿟따, 물질적인 것은 모두에게 균등하게 분배해야 한다."

한때 권리정지를 받은 스님이 원칙과 계율을 살펴보고 스스로 생각하기를 '이것은 죄다. 죄가 아닌 것이 아니다. 나는 죄를 저질렀다. 나는 죄를 저지르지 않은 것이 아니다. 나는 권리정지 되었다. 원칙에 맞고 부당하지 않고 경우에 맞는 갈마에 의해서 권리정지를 받은 것이다.' 그리고 자기가 따르는 구참久參스님들께 말했다. "저를 사면 복권해주십시오." 그래서 권리가 정지된 스님과 그 구참스님들이 모두 세존께로 가서 사면 복권을 청원했다.

[세존] "스님들이여, 이것은 죄다. 죄가 아닌 것이 아니다. 나는 죄를 저질렀다. 나는 죄를 저지르지 않은 것이 아니다. 나는 권리정지 되었다. 원칙에 맞고 부당하지 않고 경우에 맞는 갈마에 의해서 권리정지를 받은 것이다. 그렇게 참으로 인정했으므로 그 스님을 사면 복권시켜라."

이에 따라 사면 복권된 스님과 그 일행은 권리정지를 처분한 스님들에게 찾아가 말했다.

[스님들] "벗들이여, 다투고 싸우고 언쟁하고 분쟁하면서 승가 안의 분열, 승가 안의 알력, 승가 안의 분리, 승가 안의 차별이 있게 된 사건에 대하여 이 스님이 죄를 지었고 권리정지를 받았으나 참으로 그것

을 인정했으므로 사면 복권되었습니다. 자, 이제 우리는 사건을 매듭짓고 승가의 화합 조치를 취합시다."

이에 모든 스님들이 세존께 나아가 화합하기 위해서 어떤 조치를 취해야 하는지 물었다.

[세존] "스님들이여, 그 스님은 사면 복권되었다. 그러므로 스님들이여, 그 사건을 종식시키기 위해 승가는 화합 조치를 취해야 한다. 모두가 병든 자나 병들지 않은 자나 한곳에 모여야 한다. 어떤 누구도 대리 출석해서는 안 된다."

그렇게 하여 총명한 스님이 나서서 대중에게 고한다. 이에 호응하면서 대중이 제청한다.

"스님들이여, 제 말에 귀를 기울이십시오. 다투고 싸우고 언쟁하고 분쟁하면서 승가 안의 분열, 승가 안의 알력, 승가 안의 분리, 승가 안의 차별이 있게 된 사건에 대하여 이 스님이 죄를 지었고 권리정지를 받았으나 참으로 그것을 인정했으므로 사면 복권되었습니다. 승가는 이 사건을 종식시키기 위하여 화합 조치를 취합니다. 스님들 가운데 누구든지 이 사건을 종식시키기 위해 승가의 화합 조치를 위하는 것에 동의하면 침묵하시고, 이견이 있으면 말씀하십시오."

대중이 묵연한 고로, 이와 같이 결정되었다.

[결정] "이 사건을 종식시키기 위해 대중의 화합 조치가 취해졌습니다. 승가 안의 분열이 봉합되었고, 승가 안의 차별이 없어졌습니다. 대중이 찬성하여 침묵했으므로 저는 이와 같이 알겠습니다."[1]

아름다운 장면이다. 승가 안의 분열, 승가 안의 알력, 승가 안의 분리, 승가 안의 차별이 이렇게 해결된다. 구덩이를 메꾸듯이, 진창길을 마른 흙으로 덮듯이, 걸리적거리는 잡초를 베어버리듯, 말끔하고 시원하게 해결되었다. 모두 부처님의 보살핌 가운데 이루어지는 일이요, 대장로스님들의 고요히 비추는 마음 덕분이다.

오늘 우리의 승가, 조계종의 불화와 알력을 생각한다. 우리는 어떻게 스님들끼리의 다툼과 싸움, 언쟁과 분쟁, 승가 안의 분열, 승가 안의 알력, 승가 안의 분리, 승가 안의 차별을 화합시킬 것인가? 부처님은 먼저 불화를 일으킨 당사자 스님이 열여덟 가지를 설하고 있는지 아닌지 알아보라고 말한다. 열여덟 가지를 설하고 있다면 그는 정견이 아닌 사견을 지닌 것으로 알아야 한다. 그러면 그의 견해와 이해, 성향과 신념은 바르지 않다. 삿된 견해가 불화를 일으킨 근본 원인이다. 부처님은 간파하신다. 승가 안에 벌어지는 모든 불화와 알력, 부정과 부패, 모략과 술수는 관련된 스님들의 바르지 못한 소견, 못된 견해, 오염된 마음에서 기인한다. 그들은 탐진치를 키우고 있는 것이지, 탐진치를 알아차리고 있는 것이 아니다. 그들은 자기 마음속에 탐진치 삼독이 얼마나 깊고 강하게 뿌리박혀 있는지 알지 못한다. 그래서 종단의 높은 자리에 올라 돈과 권력을 쥐게 되면 탐진치는 봄비를 만난 풀처럼 쑥쑥 자란다. 이내 승가는 잡초가 무성한 풀밭이 되고 만다. 그런 풀밭에는 부처도 없고, 신심도 없고, 공덕도 없다. 그네들의 마음은 황폐해져 악업만 쌓일 뿐이다.

다시 한 번 숙고해본다. 한 스님의 출가 동기와 불법에 대한 견해가 그 스님의 일생을 좌우한다. 출가 동기가 순수한 구도심인지, 세상에 봉사하려는 마음인지, 세상의 고통을 감당하며, 세상에 이익을 주려는 마음이었는지 돌이켜보아야 한다. 옛날 노스님들은 하루에 세 번 자기의 깎은 머리를 만져보면서 출가 동기를 되새겼다. 나는 왜 출가했는가? 나는 무엇 때문에 머리를 깎고 승복을 걸치고 스님으로 살아가고 있는가? 나는 바른 스승의 자격을 갖추었는가? 나는 부처님의 삶을 따라가는가? 내가 불교를 안다고 당당하게 말할 수 있는가? 내가 스님인 것이 떳떳하게 느껴지는가? 내가 세상에서 받는 만큼 돌려주고 있는가? 내가 대접받는 만큼 제 할 일을 하고 사는가? 나는 불교를 빛내고 있는가, 아니면 불교를 욕되게 하고 있는가? 부처님과 기라성 같은 대장로스님이 가신지 오래다. 승가의 불화는 계속되고 있다.

| 주 |

1) 《마하박가》, 〈율장대품〉 제10장 제5절, 〈꼬삼비 시에서의 승단의 화합〉(전재성 역주, 한국빠알리성전협회, pp.881~906) 참조.

 깨달은 사람은 가르침의 대가를
바라지 않는다

부처님은 성도를 이룬 후 11년 되던 해(부처님 나이 46살)에, 라자가하 남쪽 다키나기리Dakkhinagiri 지역의 에까날라Ekanala에 계셨다. 하루는 브라만 계급의 대지주이며 부농인 까씨바라드와자Kasibharadvaja가 마을 사람(아마도 소작인)과 하인들을 독려하며 넓은 들판을 경작하고 있었다. 그는 자기의 노동으로 가족을 부양하며 풍요를 누리는 삶에 만족하고 있었다. 그러나 그는 사실 자기가 직접 육체노동을 하는 것이 아니라, 노예나 소작인들을 부려서 농사를 지었다. 그는 지주라는 자기 위치에서 누리는 풍요로움에 만족하고 자부심을 느꼈다. 그는 하늘에 기도했다. "저희는 이렇게 열심히 일합니다. 하늘이여, 저희를 축복하소서." 그 하늘은 지주를 위한 하늘이지 결코 노예를 위한 하늘은 아니었을 것이다.

어느 날 그는 탁발 나온 부처님을 보았다. 그의 눈에는 부처님이 일하지 않고 얻어먹는 게으름뱅이로 보였다. "사문이여, 나는 밭을 갈고 씨를 뿌린 다음에 먹습니다. 그대도 밭을 갈고 씨를 뿌린 뒤에 드십시오." 까시바라드와자는 부처님의 탁발을 일하지 않고 얻어먹는 짓이라고 비난했다. 그의 생각에 부처님과 스님들은 일하지 않고 먹는다. 손에 흙을 묻히지 않고 신도들이 갖다 주는 것을 먹고 살아간다. 이것은 직접 생산자(노동자와 농민)의 수고에 기생하는 생활방식이 아닌가? 아무런 물질적 · 경제적 가치를 생산하지 않는 스님들을 먹여 살릴 만한 가치가 있는가? 이런 의문을 품는 것은 당연하다.

모든 상품의 가치는 노동에서 나온다고 마르크스가 천명했다. 옛날부터 유가儒家에서는 스님들이 생산은 하지 않고 소비만 해서 사회에 부담을 주고, 사회 발전에도 도움이 되지 않는다는 이유로 배불론을 제창했다. 이것이 사실인가? 이를 따져보자면 '노동이란 무엇인가'를 밝혀야 한다.

'노동'이란 개념의 내포와 외연은 무엇인가? 노동은 인간이 자연물에 육체적 · 정신적 노력을 가하여 유용한 재화를 생산해내는 활동을 말한다. 인간의 노동은 상품에 가치를 부여한다. 우리가 먹고 마시는 농산물과 일상에 사용하는 물품과 도구가 모두 노동의 생산물로서 화폐로 환산되는 가치를 지닌다. 이것을 '노동가치론'이라 한다. 노동이 상품에 가치를 부여한다는 것이다. 자연에서 채취한 광석이나 산나물이라도 채취하는 과정에서 인간의 육체적 노동이 들어간다. 일체의 생산물은 누군가의 수고로움이 들어갔기에 가치를 가지게 되며, 그것이 시장에서 거래될 때 화폐로 환산된다. 인간의 육체적 노동이 원초적으로 중요하고 기본이 된다는 것이다. 그런데 생산물에 가치를 부여하는 것은 육체적 노동뿐인가? 만일 그렇게 본다면 고지식한 유물론자가 되고 말 것이다.

육체적 노동 외에 정신적 노동이란 것이 있다. '정신적 노동'이란 무엇인가? 인간은 자연물에 육체적 노동 말고 창조적 활동을 가해서 정신적 가치를 창출해낸다. 창조적 활동에는 문학, 미술, 음악, 무용 및 제반 예술 활동이 포함된다. 이때 생산되는 진선미라는 가치는 인간의 정신을 고양시키고, 삶을 풍요롭게 만든다. 존 키츠(John Keats, 1795~1821)는 "아름다움이란 영원한 기쁨이다A thing of beauty is a joy forever."라고 말했다. 이런 진선미의 추구가 우리가 바라 마지않는 인문주의가 아닌가? 진선미의 추구를 정신적인 노동으로 인정하고 장려하는 사회야말로 문명화된 사회일 것이다.

그런데 여기에 덧붙여 '성스러운 가치'라는 게 있다. 이는 인간의 심성에 종교적인 열정이 있다는 사실을 전제로 하는 것이다. 인간은 정신적으로 성숙되고 정화되어 인간적 한계를 초월한 성스런 경지를 체험하고자 하는 열망이 있다. 인간이 의식주를 해결하고 난 다음에 예술 활동이 가능하며, 그 다음 단계에선 성스런 가치를 추구한다. 성스러운 가치를 창조하는 인간 활동이 바로 종교다. 종교에도 제도적 장치로서 종교가 있고, 성스러운 가치의 추구로서 종교적 수행이 있다. 제도적 장치로서 종교는 고래로 지배계급의 이익을 대변하는 상부구조(자본가의 이익을 보장해주는 법적·제도적·종교적 장치)의 이데올로기 역할을 해왔다. 이는 종교의 역기능이다. 우리가 말하는 '수행'이란 지배계급의 이익에 봉사하는 제도로서의 종교가 아니라, 세계로부터의 해탈을 위해 노력하는 것을 말한다.

'수행자'란 인간의식의 변경에서 탐진치 삼독심을 정화하는 영웅적인 개척자다. 그는 인간의 집단의식을 맑히는 수정이 되며, 어두운 세상에 빛이 되고, 고통에 빠진 인간들의 수호천사가 된다. 그리하여 성스런 가치를 추구하는 수행은 정신적 노동으로 인정되고, 적극적으로 후원받을 만한 가치를 지닌다. 부처님과 스님들은 바로 정신적인 노동에 종사하는 영웅적인 개척자들이다.

그래서 부처님은 말한다. "바라문이여, 저도 밭을 갈고 씨를 뿌립니다. 밭을 갈고 씨를 뿌린 다음에 먹습니다." 브라만이 말한다.

"고따마 부처님, 밭은 어디에 있으며, 황소는 어디에 있단 말이오? 나는 당신이 일하는 것을 본 적이 없소."

부처님이 게송으로 화답했다.

"믿음은 씨앗, 지혜는 멍에와 쟁기

부끄러워할 줄 아는 마음은 쟁기자루, 삼매는 끈

정념은 쟁기 날과 몰이막대

몸가짐을 삼가며 말을 삼가고

알맞은 양으로 음식을 절제하며

진실함으로 잡초를 제거하는 낫으로 삼고

온화함으로 멍에를 내려놓습니다,

속박에서 평온으로 이끄는 정진

그것이 내게는 짐을 싣는 황소,

슬픔이 없는 열반에 도달하고

가서는 두 번 다시 돌아오지 않습니다,

이와 같이 밭을 갈아

불사의 열매를 거두고

모든 고통에서 해탈합니다."[1]

지주 까시바라드와자의 가슴에 잔잔한 감동이 일었다. 이 걸식 수행자에겐 뭔가 말할 수 없는 정신적 깊이가 있다는 것을 느꼈다. 그래서 그는 부처님의 영적인 수행을 일단 인정해준다는 뜻에서 우유죽을 대접하고자 했다. 그랬더니 놀랍게도 부처님은 그 우유죽 받기를 거부한다. 부처님은 자존심이 상한 것일까, 자기의 진심을 이해받지 못했다고 삐진 것일까?

[붓다] "게송을 읊고 음식을 얻는 사람이 아닙니다.

그건 지견을 갖춘 이가 하지 못할 짓이니

깨달은 사람은 가르침의 대가를 바라지 않습니다,

그저 진실에 머물며 법을 실천할 따름

사랑이 결핍되어 보살핌이 필요한 불쌍한 사람들에게

음식을 베푸소서, 브라만이여.

모든 번뇌 잠재운 고요한 성자들의

밭에 공덕의 씨를 뿌리소서."[2]

　　그렇다! 부처님은 게송을 읊고 음식을 얻는 사람이 아니다. 부처님은 법을 설하고 음식을 얻는 사람이 아니다. 부처님은 가르침에 대가를 바라지 않는다. 부처님은 가르침으로 중생과 거래를 하지 않는다. 부처님의 가르침은 사고파는 상품이 아니다. 부처님은 자기를 드러내려고 세상에 온 것이 아니다. 부처님은 이 세상에 불교라는 종교를 만들기 위해서 온 것이 아니다. 부처님에겐 이기적인 동기가 전혀 없다. 세상이 부처님의 가르침을 듣지 않는다면 부처님은 오지 않는다. 중생이 바라지 않으면 굳이 세상에 나타나 세상일에 끼어들고 싶어 하지 않는다. 부처님은 세상에 잘 보이려 하지 않는다. 오직 진리만을 이야기해줄 뿐이다.

　　스님들도 마찬가지다. 스님들은 밥을 벌기 위해 법을 설하지 않는다. 스님들은 세상에서 인기나 명예를 탐하지 않는다. 스님들은 부처님의 가르침을 팔아 돈을 번다든지, 이익을 도모한다든지, 권력을 탐하지 않는다. 스님들은 이기적 동기, 이윤 동기에서 완전히 초연해야 한다. 부처님과 중생, 스님과 신도와의 관계는 거래가 아니다. 부처님은 신도들이나 유력자들의 시주를 받을 때 그 동기에 탐욕에 뿌리를 둔 불선심이 개입되어 있다면 받기를 거절해야 한다. 보시하는 사람의 마음에 탐욕과 자만심을 조장하는 보시는 사양해야 한다. 그래서 부처님은 까시바라드와자의 우유죽을 받지 않았던 것이다. "브라만이여, 그 우유죽을 먹고 소화시킬 수 있는 사람은 아무도 없습니다."

삼보에 공양 올릴 때는 지극히 순수한 마음으로 해야 한다. 가슴에서 우러나오는 감사함으로 올려야 한다. 삼보에 대하여 조금의 의심이나 불신이 있어도 진실한 공양이 될 수 없다. 동정이나 자만심에서 혹은 과시욕에서 나온 공양은 까시바라드와자의 우유죽과 같은 꼴이 될 것이다. 요만큼 주면 얼마만큼 보답이 있겠지 하는 기대에서 하는 공양이나, 먹고 떨어지라는 식의 공양, 자꾸 졸라대니 준다는 식이거나, 다른 사람의 눈치를 보면서 할 수 없이 내는 공양은 동냥이지 공양이 아니다. 공경과 감사함, 신심과 겸허함에서 우러나오는 공양이 귀하다. 한 잔의 물이 바다와 같을 수 있는 것은 바로 공양하는 그 마음에 달렸다.

까시바라드와자가 부처님이 받기를 거부한 우유죽을 도랑에 버리니 부글부글 끓어올라 거품이 일었다. 그는 이에 깜짝 놀라 부처님의 현존에 경외감을 느껴 마음을 크게 돌이켰다. 사견에 사로잡힌 고집 센 사람은 충격을 주어 정신 차리게 만드는 것이 부처님의 교화 방편이다.

"존자 고따마여, 훌륭하십니다. 마치 넘어진 사람을 일으켜 세우듯, 가려진 것을 열어주듯, 어리석은 자에게 길을 가리켜주듯, 눈 있는 사람은 보라며 어둠 속에서 길을 밝히듯, 고따마 부처님께서는 저에게 진리를 보여주십니다.

저는 부처님께 귀의합니다. 당신의 가르침에 귀의합니다. 당신의 승가에 귀의합니다."

세상에는 수많은 종교가 있고, 한량없는 스승이 있다. 부처님은 그런 사람들 가운데 한 분인가? 그렇지 않다. 세상의 종교는 세계 안주를 가르치는 인천교人天教의 수준이다. 착하게 살고 복을 쌓으면 세상에서 유복하게 살다가 천국에 태어난다는 차원의 가르침이다. 부처님도 재가자들에게 그 수준의 가르침을 설했지만, 진심으로는 세계해탈을 원하였다. 천국조차도 윤회하는 고통이 있으니 완전한 해탈을 구하라고 가르쳤다. 이는 탐진치 삼독심으로 지탱되는 세계를 근원적으로 완전히 해체하는 일이다. 그러므로 이런 방식의 문제 해결은 급진적이며, 파국적이다.

부처님과 그 제자들은 시시한 종교놀음을 하는 것이 아니다. 종교조직을 구성하여 세계에 군림하려고 하지 않는다. 세상이 그 진가를 몰라주어도 상관없다. 세상이 그들의 존재가치를 인정하지 않고 의식주를 제공해주지 않는다 해도 그들은 전혀 서운해하지도 않고 전법과 교화에서 물러나지 않는다. 목갈라나 존자는 이교도의 땅으로 전법에 나섰다가 돌에 맞아 돌아가시기끼지 하셨는데 무얼 두려워하랴. 그들이 세상에 존재하는 이유가 무엇인가? 지공무사한 진리를 설파하여 중생을 해탈시키고자 함일 뿐이다.

| 주 |

1) 《부처님의 생애》, p.288 19행~p.289 18행 옮김.
2) 위의 책, p.290 8행~15행 참조.

 복 짓는 기회를 놓치지 말라

부처님은 성도 후 12년 되던 해(부처님 나이 47살)에, 사왓띠 성에 계셨다. 웨란자Veranja의 왕 악기닷따Aggidatta는 황금산과 같은 부처님의 풍모와 불꽃같은 가르침에 감복하여 부처님을 자기 나라로 초청했다. 부처님은 제자들을 이끌고 그 나라로 가서 우안거를 나기로 했다. 그러나 왕은 마음이 변하여 승가를 지원하지 않았다. 설상가상으로 그해 심한 기근이 들어 스님들이 탁발을 나가도 먹을 것을 얻지 못해 대중이 굶주림에 허덕였다. 이에 마하목갈라나 존자가 나섰다. "제가 쌀을 구해오겠습니다." 신통제일 목갈라나 존자라면 충분히 대중을 먹일 만큼 음식을 구해올 수 있을 것이다. 그러나 부처님은 허락하지 않았다. 왕이 공양을 내겠다고 약속해놓고 약속을 지키지 않았으니 보통 사람 같으면 마음이 상하여 즉시 그 나라를 떠나거나, 아니면 다른 곳에서 양식을 구해오도록 했으리라. 그러나 부처님은 다르게 대처한다. "마하목갈라나여, 그대의 신통력이라면 대중을 먹일 만큼 충분한 양식을 구해올 수 있을 것이다. 그러나 숙세의 과보가 익어 떨어지는 것은 바꿀 수 없느니라."

바꿀 수 없고, 피할 수 없다면 받아들여라. 기대에 어긋나고 원하는 대로 되지 않는 상황, 예기치 않는 경우에 다다르면 사람들은 누구를 원망하거나 무엇인가를 탓하게 된다. 그러나 부처님은 불여의不如意한 상황을 있는 그대로 받아들인다. 반응하기보다는 수용하고, 저항하기보다는 순응한다. 이것은 자포자기나 비겁한 굴종이 아니다. 오히려 강력한 현실 긍정이다. 이런 태도는 '우주적인 호의'에 대한 근본적인 신뢰에서 나온다.

무엇이 우주적인 호의인가? 부처님이 경험하는 우주는 텅 비고 무의미하며 냉정하고 삭막한 시공간이 아니라, 그 반대로 사랑과 평화로 가득 차 있고, 생명을 살리고 거두며 선의에 응답하는 '살아 있는 법Dharma'이다. 그러기에 부처님이 경험하는 세계를 '진리의 몸法身 Dharmakaya'이라 한다. 여기에서는 뿌리는 대로 거두며, 행한 대로 받는다. 선행은 반드시 보답 받고, 정의가 승리한다. 사랑이 모든 것을 이긴다. 부처님은 자신이 무수한 전생에 걸쳐 닦은 복과 지혜의 힘을 믿는다. 자기가 쌓은 복덕이 우주를 가득 채우고도 남으리라는 것을 안다. 자신이 쌓은 공덕으로 여름 한 철 대중이 어떻게든 굶지 않고 지낼 수 있으리라 확신한다. 과연 그랬다. 와라나시에서 말 키우는 사람들이 넓은 목초지를 찾아 웨란자로 왔다. 그들은 부처님과 승가가 굶주리는 것을 보고 말을 먹일 사료용 보리를 보시했다. 이에 아난다는 비구들이 빻은 겉보리를 마을로 가지고가 한 아낙네에게 밥을 지어주기를 청했다. "세상의 눈이신 부처님께서 지금 이곳에서 안거하고 계십니다. 여인이여, 그대가 부처님을 위하여 이 보리로 밥을 지어주지 않겠습니까?" 그 여인은 거절한다. 다른 여인이 "그렇게 훌륭하신 분의 공양이라면 제가 짓겠습니다. 힘닿는 대로 다른 분들의 공양도 제가 지어 드리겠습니다."

부처님은 말한다. "밥을 지어주지 않은 여인은 마땅히 얻을 것을 얻지 못하게 되었구나. 밥을 지어준 여인은 전륜성왕의 첫째 부인이 되리라."

아하! 천재일우의 기회가 이렇게 지나간다. 복 지을 기회를 놓치지 말라. 한 여인은 굴러온 복을 차버리고, 다른 한 여인은 그 복을 잡았다. 무엇이 이런 차이를 만들었을까? 누군가 나에게 어떤 일을 부탁할 때, 그것이 복 지을 기회라고 생각하라. "예, 해드리겠습니다." "예, 제가 하겠습니다." "예, 기꺼이 해드리죠." 이렇게 흔쾌히 말해야 하리. 더구나 부처님과 승가를 받들고 공양 올리는 일이라면, 법을 배우고 법의 가르침을 널리 전하는 일이라면, 그 복 지을 기회를 빨리 잡으라. 복을 지을 때를 아는 것은 지혜다. 복을 지을 스승을 만나고, 복을 지을 기회를 잡는 것은 행운이다.

지금 이렇게 모여 부처님의 가르침을 배울 수 있는 것은 과거 전생에 우리가 부처님과 승가에 보시한 공덕이 있었기에 가능한 일이다. 이 인연이야말로 천재일우의 기회다. 우리가 엄벙덤벙 살면서 이 소중한 기회를 얼마나 많이 흘려보냈겠는가? 이번 생을 헛되이 보내지 말자. 이번 생에서 반드시 해탈을 성취할 기회를 잡자. 승가에 보시하는 것은 불법이 세상에 오래도록 살아 있게 만드는 중요한 원인이 된다. 보시가 없으면 승가는 존속할 수 없다. 승가가 존재하지 않으면 불법은 단절되고 만다. 물론 보시를 받을 만한 승가란 계정혜 삼학을 갖추어 닦아나가는 승가를 말한다. 신도들에게 청정하지 못하다고 불신을 당하는 승가를 말하는 것이 아니다. 승가의 질이 떨어지면 불법이 쇠미해진다. 불법이 희미해지면 사람들의 의식 수준이 떨어져 양심을 짓밟고 탐욕이 설치게 되리라.

> 뭇별이 하늘 가득 펼쳐졌어도
> 해와 달의 광명이 으뜸이듯이
> 부처님이 세간에 출현하면
> 그에게 올리는 보시가 가장 으뜸이네.[1]

고뇌로 가득 찬 삶과 죽음을 건너신 분이시여,
행복한 당신 곁에서 청정한 삶을 살고 싶습니다.

저희로 하여금 삶과 죽음을 건어 저 언덕에 이르러 괴로움을 끝내게 하소서.

| 주 |

1)《부처님의 생애》, p.296 9행~12행 옮김.

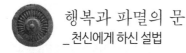

행복과 파멸의 문
_ 천신에게 하신 설법

부처님이야말로 자신의 시간을 유용하게 사용하는 분이었다. 그분이 하루 24시간을 어떻게 보내는지 보자.

① 오전 6시~정오: 천안天眼으로 세상을 둘러보고, 도움을 필요로 하는 사람에게 걸어가거나 신통력으로 가서 바른 길로 이끈다. 제자들과 탁발을 나갔다 돌아와서 정오 전에 식사를 마친다.

② 정오~오후 1시: 식사가 끝나는 즉시 시주들에게 삼귀의와 오계를 외우게 하고, 간단한 설법과 사미계나 비구계를 주기도 한다. 비구들에게 간단히 설법하고 휴식을 취한다. 사자처럼 오른쪽 옆구리를 밑으로 누워獅子臥 선정에 든다. 자애명상에 들어 세상에 자애의 빛을 두루 비춘다.

③ 오후 1시~오후 6시: 홀로 사는 수행자나 멀리 떨어져 수행하는 제자들 가운데 조언이 필요한 사람이 있는지 살펴서, 걸어가거나 신통력으로 가서 조언을 해준다. 저녁 무렵 재가신자들이 모여들면 한 시간 가량 설법을 한다.

④ 오후 6시~밤 10시: 오직 비구들을 위한 시간으로 법에 대해 의심나는 것을 답해준다.

⑤ 밤 10시~새벽 2시: 하늘나라 존재들을 접견하여 법에 대한 대화를 나눈다.

⑥ 새벽 2시~새벽 3시: 한 시간 동안 경행한다.

⑦ 새벽 3시~새벽 4시: 사자처럼 옆으로 누워 와선臥禪에 든다.

⑧ 새벽 4시~아침 5시: 아라한과에 들어 닙바나의 안락을 누린다.

⑨ 아침 5시~오전 6시: 자애명상에 들어 중생을 향해서 사랑과 연민의 빛을 비춘다.

밤 10시부터 새벽 2시 사이를 중야中夜(한밤중)이라 하는데, 이때에는 주로 천상의 존재들이 부처님에게로 내려와 법문을 듣는다. 하늘나라 존재는 몸에서 빛이 나기 때문에 인간들의 눈에 띄면 주목을 끌게 되어 소란스런 일이 일어날지도 모른다. 그래서 모두가 잠든 한밤중에 여래가 계신 처소로 내려온 것이다. 과연 부처님이 사왓띠 기원정사에 있을 때 한밤중이 지나자 아름다운 모습의 천인이 기원정사를 환히 밝히며 부처님에게로 왔다.

[천인] "세존이시여, 모두들 최상의 축복을 소망하며 행복에 관해 생각합니다. 무엇이 세상을 살아가는 사람들에게 최상의 행복입니까?"

[붓다] "어리석은 사람과 사귀지 않고 슬기로운 사람과 가까이 지내며 존경할 만한 사람을 공경하는 것, 이것이야말로 최상의 행복입니다.[1]

분수에 맞게 살고 일찍부터 공덕을 쌓아 스스로 바른 서원을 세우는 것. 이것이야말로 최상의 행복입니다.

많이 배우고 익히며 절제하고 훈련하여 의미 있는 대화를 나누는 것. 이것이야말로 최상의 행복입니다.

어머니와 아버지를 섬기고 아내와 자식을 돌보며 일을 함에 있어 부산하지 않는 것. 이것이야말로 최상의 행복입니다.

더불어 나누고 정의롭게 살며 친지를 보호하고 비난받지 않을 행동에 게으르지 않는 것. 이것이야말로 최상의 행복입니다.

존경하고 겸손하며 만족스러워하고 감사하는 마음으로 적절한 때에 가르침을 듣는 것. 이것이야말로 최상의 행복입니다.

인내하고 온화한 마음으로 수행자를 만나 가르침을 서로 논의하는 것. 이것이야말로 최상의 행복입니다.

감관을 잘 지켜 청정하게 살며 거룩한 진리를 관조하여 열반을 이루는 것. 이것이야말로 최상의 행복입니다.

세상살이 많은 일들에 부딪쳐도 마음이 흔들리지 않고 슬픔과 번민 없이 안온한 것. 이것이야말로 최상의 행복입니다.

이러한 방법으로 그 길을 따르면 어디서든 실패하지 않고 어디서든 번영하리니, 이것이야말로 최상의 행복입니다."

[천인] "그럼 또 파멸하는 사람에 대하여 여쭙겠습니다. 세존이시여 파멸에 이르는 문은 무엇입니까?"

[붓다] "번영하는 사람도 알아보기 쉽고 파멸하는 사람도 알아보기 쉽습니다. 참된 이치를 사랑하는 사람은 번영하고 참된 이치를 싫어하는 사람은 파멸합니다.

착하지 않은 사람을 사랑하고 착한 사람을 사랑하지 않으며 나쁜 사람이나 하는 짓을 즐기는 것. 이것이야말로 파멸의 문입니다.

잠꾸러기에 여럿이 어울리는 것을 좋아하고 애써 노력하는 일 없이 나태하며 자주 화를 내는 것. 이것이야말로 파멸의 문입니다.

자기는 풍족하게 살면서 늙고 쇠약한 부모를 돌보지 않는 것. 이것이야말로 파멸의 문입니다.

브라만과 수행자 혹은 걸식하는 이들을 거짓말로 속이는 것. 이것이야말로 파멸의 문입니다.

엄청난 재물과 황금과 먹을 것을 가진 사람이 맛있는 음식을 혼자 먹는 것. 이것이야말로 파멸의 문입니다.

혈통을 자부하고 재산을 자랑하고 가문을 뽐내면서 자기 친지를 멸시하는 것. 이것이야말로 파멸의 문입니다.

여자에게 미치고 술에 중독되고 도박에 빠져 버는 족족 없애버리는 것. 이것이야말로 파멸의 문입니다.

자기 아내로 만족하지 않고 매춘부와 놀아나며 남의 아내와 놀아나는 것. 이것이야말로 파멸의 문입니다.

청춘을 넘긴 남자가 띰바루 열매(복숭아) 같은 가슴의 젊은 여인을 유혹하고 또 그녀에 대한 질투로 밤잠을 설치는 것. 이것이야말로 파멸의 문입니다.

술에 취하고 재물을 낭비하는 여자나 남자에게 실권을 맡기는 것.

이것이야말로 파멸의 문입니다.

　왕족의 집안에 태어난 이가 권세는 적으면서 욕심이 지나치게 커서 이 세상의 왕위를 얻고자 하는 것. 이것이야말로 파멸의 문입니다."

　부처님 말씀에 천인은 기뻐하며 조용히 예배하고 물러갔다.[2)]

　불교는 행복을 가르치는 종교인가? 그렇다. 그러나 행복에는 두 가지가 있다. 세간의 행복과 출세간의 행복이 그것이다. 감각적 쾌락의 만족에서 오는 행복과 오계를 지키고 보시를 행한 결과로써 얻는 행복은 세간의 행복이다. 그리고 선정에서 오는 희열, 해탈에서 오는 청정, 닙바나의 평안은 출세간의 행복이다.

　부처님은 우선 세간의 행복을 찾아 누리라고 권하였으며, 거기에서 더 나아가 출세간의 행복을 닦으라 했다. 세간적인 행복에는 불선심이 깃들어 있기 때문에 윤회에서 벗어날 수 없다. 출세간적 행복으로 나아가자면 자기가 일으킨 마음이 선심인지 불선심인지, 그 동기에 탐욕과 인색, 시기와 질투, 노여움이 깃들어 있는지를 알아차려야 한다. 세간의 행복에나 출세간의 행복에나 '알아차림'은 바느질하는 데 바늘만큼이나 필수적이다. 세간을 넘어선다고 세간을 소홀히 할 수는 없다. 결국 세간을 벗어나야겠지마는 세간을 정성스레 산 연후에 벗어날 일이다. 일상생활에 깨어있음을 정성스레 수행함으로 말미암아 세간을 초월한 행복의 길이 열린다.

　그러니 세상의 번잡한 마당을 싫어하거나, 피해 가려 하지 말라. 정면 돌파하여 뚫고 나아가라. 무엇으로? '이 또한 지나가리라'는 마음으로, 놓아버리고 받아들이는 자세로, 지혜의 힘으로, 그리고 친절과 자비의 힘으로. 무엇보다도 자신이 쌓아온 공덕과 닦아온 선업의 힘을 믿으라. 세간의 수행자는 가정과 직장과 세상이란 현장을 수행처로 삼고 단련하여 실전에 강한 달인이 되어라. 명상센터에서만 공부 잘하는 학생이 아니라 실전에 강한 생활 불자가 되어라. 불교의 가르침으로 힘을 길러 자신도 이롭고 남도 이롭게 하는 수행을 하는 사람이 되어라. 이것이 선한 범부kalyāṇa-puthujjana[3)의 길이다.

| 주 |

1) 파멸의 문과 행복의 문을 설하는 경전: 〈파멸의 경빠라바숫따Parabhasutta〉과 〈위대한 축복의 경마하망갈라숫따Mahamangalasutta〉은 남방불교도가 일상에 독송하는 경전이다. 《숫따니빠따》에 실려 있다.
2) 《부처님의 생애》, p.301 18행~p.304 3행 옮김.
3) 배우지 못한 범부assutavā puthujjana는 성자들을 친견하지 못해 법을 알지 못하고 법으로 인도되지 못하며, 바른 사람들을 만나지 못해 바른 사람들의 법을 알지 못하고 그 법으로 인도되지 못하는 눈먼 사람이다.
선한 범부kalyāṇa-puthujjana는 법에 대한 바른 이해와 마음챙김의 확립으로 예류도에 도달하기 위해서 노력하는 재가신자다.

 자식 잃은 어머니의 슬픔
_끼사고따미의 경우

눈물로 얼룩진 한 여인이 사왓띠 성 거리를 헤매고 있었다. 그녀는 포대기에 싸인 아이를 내보이며 사람들에게 애원하였다. "제 아이 좀 살려주세요." 바싹 야윈 여인, 그녀는 끼사고따미Kisagotami였다. 가난한 친정집 탓에 시집오는 날부터 그녀는 시어머니와 시누이들에게 천대를 받았다. 지금도 그렇지만 예로부터 인도는 남녀차별이 심했다. 여자의 권리가 무참하게 짓밟히는 경우가 비일비재하다. 오죽하면 〈밴디트 퀸 Bandit Queen〉(산적 여왕)'이란 영화가 나왔겠는가? 그것은 실화를 바탕으로 만들어진 영화다. 풀란데비Phoolan Devi라는 가난한 천민 출신인 한 여인이 시집에서 쫓겨나 24명의 지주에게 강간을 당하고, 산적에게 납치되었다가 고생 끝에 산적 두목이 되어 나쁜 놈들에게 복수를 한다는 줄거리다. 그녀는 형기를 마치고 감옥을 나올 때 불법에 귀의하여 불자가 되었다. 여자의 권리가 보장받기 힘든 인도에서 그래도 불교만은 여성의 편에 서서 여성을 이해한다고 믿었기 때문이다.

간디와 함께 인도 독립을 위해 몸 바쳤던 암베드카(Ambedkar, 1893~1956)[1] 박사는 하리잔 계급(불가촉천민)이 완전히 철폐되기를 바랐다. 그러나 간디는 독립부터 하고 나서 카스트의 평등을 해결하자고 했다. 그 자신이 하리잔 계급 출신이었기 때문에 계급 차별의 비참한 현실을 너무도 잘 알고 있었던 암베드카는 계급 평등의 문제를 먼저 해결하고 난 후에 독립해야 그 독립이 의미가 있지, 계급 불평등을 그대로 유지한 채 달성된 독립이 천민에게 무슨 의미가 있겠느냐고 말했다. 그의 우려는 현실로 드러났다. 인도는 영국 식민통치로부터 독립을 성취했지만, 계급 차별은 아직도 존재한다. 그리고 여성 차별도 존재한다.

부처님 당시의 인도는 여성 차별이 더 심했을 것이다. 가난한 집에서 태어난 끼사고따미는 아마도 결혼지참금을 충분히 가져오지 못했을 것이다. 그래서 시집에서 무시와 천대를 받았다. 그런데 그녀는 어느 날 금지옥엽 같은 아들을 낳았다. 손자를 얻은 시부모는 기뻐하며 며느리를 대접했을 것이다. 가부장 제도에서 아들은 대를 잇는 귀한 자손이기에, 그 아들을 낳아준 어미는 그에 상응하는 대접을 받는다. 이것이 까사고따미에게는 행복으로 느껴졌을 것이다. 불행의 끝자락에서 맛보게 된 꿈같은 행복이었으리라.

그러나 세상의 행복이라는 게 얼마나 덧없는가? 그렇게 소중하게 기르던 아이가 병에 걸렸다. 불덩이처럼 열이 오르고 붉은 반점이 온몸에 돋았다. 백방으로 의원을 찾아 약을 써도 듣지 않았다. 고대로 올라갈수록, 후진국일수록 유아 사망률이 높다. 결국 아이는 죽었다. 끼사고따미는 자기 목숨보다 소중한 아이가 죽었다는 사실을 받아들일 수 없었다.

소중한 사람을 잃어버린 사람이 보이는 심리적인 반응은 먼저 죽음을 부인한다. 그리고 죽었다는 사실에 분노한다. 끼사고따미는 아들의 죽음을 부인했다. 그리고 죽은 아이를 안고 사방으로 미친 듯이 달려갔다. "누군가 내 아들 좀 살려주세요." "내 아들 살려내라." 절규한다. 통곡한다. 사람들은 수군댄다. "죽은 아이 때문에 미쳤나봐." 한 할머니가 말했다. "딱한 여인이여, 아이를 살릴 만한 약이 나에겐 없다오. 하지만 그 약을 줄 수 있는 사람이 있다오. 기원정사에 계신 부처님을 찾아가보우." 끼사고따미는 기원정사로 달려가 부처님의 가사자락을 붙들고 울부짖는다. 말없이 여인을 바라보며 부처님이 말씀하신다. "좋습니다. 여인이여, 사람이 죽어나간 적이 없는 집을 찾아 그 집에서 겨자씨 한 줌을 얻어 오십시오. 그러면 당신 말대로 해드리겠습니다." 끼사고따미는 이렇게 생각했다. '그러면 그렇지. 위대한 부처님께서는 죽은 사람을 살려내는 비방이 있는 게야. 빨리 가서 겨자씨 한 줌을 얻어와야지.' 그녀는 집집마다 돌면서 대문을 두드렸다. "불쌍한 저를 위해서 겨자씨 한 줌을 주세요. 그러면 부처님께서 죽은 아이를 살려주신다고 했어요. 단 이 집에서 사람이 죽어나간 적이 없어야 된다고 하셨어요." "예끼, 이 사람아. 사람이 죽어나지 않은 집이 어디 있겠나."

두 번째 집, 세 번째 집, 네 번째 집을 찾았다. 달은 점점 높이 떠올라 기원정사를 비췄다. 온몸에 힘이 빠진 끼사고따미는 절망의 나락으로 떨어진다. 이때 편안한 얼굴을 한 아주머니가 다가왔다. 그 여인은 자식을 낳아서 기르다 잃어버린 경험이 있는 어머니였다. 여인은 천천히 다가와 끼사고따미를 안았다. 슬픈 눈으로 바라보며 말했다. "나도 얼마 전에 쌍둥이를 잃었답니다. 나도 당신처럼 너무도 비통하여 살 수 없을 것 같았답니다. 새댁, 이 세상에 사람이 죽어나가지 않은 집은 없답니다. 어느 집 할 것 없이 수많은 사람들이 죽었고 지금도 죽어가고 있답니다." 두 여인은 서로의 품안에 기대 소리 없이 울었다. 이것이 자식 잃은 어미를 위로하는 방식이다. 무슨 말이 필요한가. 그 슬픔을 공감해주고, 그 애통함을 같이 나누는 것이다. 몸과 몸이 만나고, 가슴과 가슴이 만나면 정이 통하는 법이다.

세월호 침몰사고로 자식을 잃은 부모들이 청와대 앞까지 몰려갔을 때, 인간미가 있는 대통령이라면 상심에 찬 부모들을 부여안고 같이 울면서 이런 식으로 말했을 것이다. "그래, 얼마나 원통하시겠습니까? 얼마나 억울하시겠습니까? 모두가 제 잘못입니다. 제가 대통령 직분을 다하지 못해서 벌어진 일입니다. 저를 용서해주세요. 조금만 참고 수습할 기회를 주세요. 제가 책임지고 여러분 마음에 들도록 사후수습을 잘하겠습니다." 그러면 그 부모들의 울분에 찬 가슴이 누그러져 마음을 열고 소통이 이루어질 수도 있었으리라. 정치가 어렵고 세상사가 복잡한 것 같아도 지도자의 가슴에 정직함과 진실이 있다면 해결되지 않을 일은 없다. 정직은 최상의 방책이요, 진실은 정을 통하게 해준다.

고요한 사왓띠 성의 달빛을 밟고 끼사고따미는 기원정사로 돌아왔다. 품안의 아이를 가만히 내려놓고 부처님의 발아래에서 또 한참을 울었다. 그녀의 울음이 잦아들 무렵 부처님께서 말씀하셨다.

덧없이 흐르고 변한다는 것
한 집안, 한 마을, 한 나라만의 일 아니네,
목숨 가진 중생이면 누구나 할 것 없이
모두가 반드시 꼭 겪어야만 하는 일[2]

보라, 부처님의 가르침을! 부처님께서는 진리만을 너무도 투명하게 조금도 타협 없이 말한다. 그리고 자신의 말을 알아들을 만한 적절한 때를 안다. 비참한 이 여인이 못 알아들으면 어쩌나, 아이 잃은 어미가 상처받으면 어쩌나, 이 여인이 내 말을 듣고 실망하여 내게서 멀어지면 어쩌나. 이런 생각이 추호도 없다. 부처님은 오직 진실에 충실할 뿐이다.

가련한 여인 끼사고따미는 출가하여 비구니가 되었다. 어느 날 그녀는 기름 램프를 밝히고 있었다. 램프불이 펄럭거리는 듯 꺼지는 듯 다시 살아나는 것을 보면서 그녀는 중생이 죽었다가 다시 태어난다는 진실을 깨달을 수 있었다. 부처님은 신통력으로 이 광경을 보고 그녀 앞에 나타나 모든 존재가 저 등불 같이 계속 변화하면서 태어났다가 죽고, 죽었다가 다시 태어나는 현상에 마음을 집중함으로써 닙바나를 깨달으라고 격려했다.

> 죽음을 초월하는 길을 모르고
> 백년을 사는 것보다
> 단 하루라도 죽음을 초월하는
> 진리의 길을 알고 사는 것이 훨씬 낫다.

> Yo ca vassasatam jive
> 요 짜 왓사사땅 지웨
> apassam amatam padam
> 아빳쌍 아마땅 빠당
> ekaham jivitam seyyo
> 에까항 지위땅 세이요
> passato amatam padam.
> 빳싸또 아미땅 빠당

〈법구의석 8-15 천千의 품〉

머잖아 그녀는 아라한과를 성취하여 대중 앞에서 당당히 선언하였다.

"성스러운 팔정도를 닦고 불사[3]에 이르는 길을 걸은 저는 평안을 얻고 진리의 거울을 보았습니다. 번뇌의 화살을 꺾고 무거운 짐을 내려놓은 저는 이미 할 일을 마쳤습니다."

　세월호에서 자식을 잃은 부모들이 모두 끼사고따미와 같은 마음의
평화를 얻으면 얼마나 좋을까. 우리 모두가 끼사고따미를 안아주며 같
이 울어준 아주머니와 같은 연민을 발휘한다면 희생자 부모들의 원한은
조금 풀릴 수도 있지 않을까.

| 주 |

1) 암베드카(Bhimrao Ramji Ambedkar, 1893~1956): 하리잔(불가촉천민 계급)의 지
　도자로 1947~1951년 인도 초대 법무장관을 지냈다. 인도 서부의 불가촉천민
　계급인 하리잔 출신이었다. 간디와 함께 인도 독립운동을 하였으나 계급 차별
　의 문제에 대해서 서로 의견이 달랐다.
2)《부처님의 생애》, p.304 7행~p.308 7행 참조.
3) 불사不死아마따amata에 대해: 죽음이란 오온五蘊(중생이 '나의 소유, 나의 존재, 나의
　자아'라고 붙들고 있는 다섯 가지 쌓임 즉, 色受想行識, 이렇게 집착된 오온을 오취온五取蘊이
　라 함)이 파괴되는 체험을 말한다. '죽음'이라는 생명의 보편 현상이 문제가 되
　는 것이 아니라, '죽음'이란 사건과 관련된 우리의 관념이 문제다. 두려움, 공포,
　절망, 비탄, 무력감, 허무감은 죽음과 관련된 부정적 감정이다. 자신의 몸과 마
　음에서 매 순간 일어나고 있는 생멸 현상을 알아차리는 사람은 몸과 마음을 자
　신의 자아라고 동일시하지 않으며無我, 생겨난 것은 모두 사라지게無常 마련이
　라는 사실을 항상 확인하고 흔들리지 않는다. 그런 사람은 죽음이란 사건도 담
　담하고 당연하게 받아드린다. 죽음에 대한 공포에서 벗어난 평화로운 삶을 불
　사不死deathless-ness라고 한다. 불사, 죽음을 넘어선 삶이 불자의 삶이다.

7장   절대반지를 거부하라

설법하는 붓다 | 간다라 유물, 독일 베를린 달렘Dahlem 뮤
지엄 소재. © Miguel Hermoso

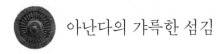
아난다의 갸륵한 섬김

부처님 성도 후 20년, 부처님 나이 55세 때의 일이다. 기원정사에 머물던 여든 명의 장로가 모두 부처님이 계시는 향실로 모였다.

"어떤 비구는 나를 버려두고 가고, 어떤 비구는 발우와 가사를 땅바닥에 내려놓기도 한 일이 있다. 내 나이도 이제 적지 않다. 항상 나를 따르며 시중들어줄 한 사람을 선출하는 것이 어떠하겠느냐?"

장로 사리뿟따가 일어나 합장하며 자기가 시자侍者가 되겠다고 자청한다. 부처님은 그 또한 연로하여 시중들 사람이 필요할 것이며, 그는 법문할 일이 많아 시자로 삼기에 적당하지 않다고 한다. 이에 다른 장로들도 시자 되기를 청하였지만 부처님은 모두 거절한다. 마지막으로 아난다에게 차례가 돌아오자 아난다는 침묵한다. 그의 침묵은 깊은 의미가 깃들어 있다는 낌새를 알아챈 부처님은 세 번 묻는다. 이에 아난다는 일어나 합장하고 말한다.

"부처님께서 보시 받은 옷을 저에게 주지 않는다면 기쁜 마음으로 모시고 시중들겠습니다.

부처님께서 발우에 공양 받은 음식을 저에게 주지 않는다면 기쁜 마음으로 모시고 시중들겠습니다.

부처님 거처하는 방에서 함께 지내자고 하지 않는다면 기쁜 마음으로 모시고 시중들겠습니다.

부처님 초대받은 자리에 저를 데려가지 않는다면 기쁜 마음으로 모시고 시중들겠습니다.

제가 초대받은 자리에 부처님이 동행해준다면 기쁜 마음으로 모시고 시중들겠습니다.

먼 곳에서 사람이 찾아왔을 때 언제든 데려오도록 허락한다면 기쁜 마음으로 모시고 시중들겠습니다.

제게 의심나는 것이 있을 때 언제든 질문하도록 허락한다면 기쁜 마음으로 모시고 시중들겠습니다.

제가 없는 자리에서 한 법문을 제가 돌아왔을 때 다시 설해주신다면 기쁜 마음으로 모시고 시중들겠습니다."

"훌륭하구나, 아난다여. 너의 뜻대로 하리라."[1)]

이상은 아난다가 시자 소임을 맡을 때 부처님께 청한 여덟 가지 요구다. 시자라면 부처님의 최측근으로 만인이 우러러보는 자리라, 특권이라면 특권이랄 수 있는 위치이건만 아난다는 시자로서 주어질 모든 특권을 내려놓고 오직 대중을 위해 봉사하겠다는 일념이었다. 얼마나 거룩한가? 먼 곳에서 걸어와 밤늦게 도착할지도 모를 구도자들을 위해 부처님을 친견할 수 있도록 미리 청을 해놓는 그 자상한 배려를 느껴보라. 의심나는 것은 언제든지 물어볼 수 있다는 것은 시자만이 가질 수 있는 기회다. 그래서 법문에 대해 추호도 의심을 남기지 않겠다는 것이다. 그리고 자기가 없는 곳에서 설법한 것을 다시 들려줄 것을 약속받았다는 사실이 아주 중요하다. 과연 아난다는 부처님이 평생토록 하신 설법을 다 들을 수 있었고, 듣는 대로 모두 기억한다. 그래서 부처님이 돌아가신 후 설법 자료를 정리할 때 아난다가 모두 기억하여 외워낼 수 있었다. 우리가 오늘 부처님의 말씀을 배울 수 있는 것은 모두 아난다 존자의 갸륵한 섬김 덕분이다.

| 주 |

1)《부처님의 생애》, p.314 13행~p.315 21행 옮김.

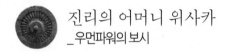

진리의 어머니 위사카
_우먼파워의 보시

부처님 당시 마가다 국에는 거부 장자 5명이 살고 있었다. 조띠야Jotiya, 자띨라Jaṭila, 멘다까Meṇḍaka, 푼냐까Puṇṇaka, 까까왈리야Kākavaliya가 그들이다. 이들이 가진 재산은 상상할 수 없을 만큼 많았기에 왕조차도 함부로 대하지 못했다. 이들 가운데 특히 멘다까는 재산도 재산이지만, 높은 인격과 덕으로 인해 많은 사람들로부터 존경받았다. 원래 외도를 섬기고 있었으나, 부처님께 귀의하여 불교신도가 되었다. 그에게는 다난자야Dhanañjaya라는 아들이 있었고, 다난자야에게는 위사카라는 무남독녀가 있었다.

어느 날 부처님께서 앙가Anga 국의 한 도시인 밧디야Bhaddiya발제跋堤를 방문한다는 소식을 들은 멘다까는 손녀딸 위사카를 부처님께 소개하고 싶었다. 멘다카는 손녀에게 말했다. "네 자신의 행복을 위해, 우리 모두의 행복을 위해, 부처님을 만나 가르침을 들어라." 위사카는 시녀를 동반하고 부처님을 찾아가 예를 갖춘 후 한쪽에 앉았다. 아직 일곱 살밖에 안 된 소녀였지만, 고고한 자태와 품위 있는 행동거지가 눈길을 사로잡았다. 부처님은 그녀를 위해 법을 설했고, 총명했던 위사카는 그 자리에서 깨달음의 첫 번째 단계인 수다원(예류과)을 얻었다. 그녀와 부처님의 만남은 아름다운 조우였다.

훗날 꼬살라 국의 빠세나디 왕의 요청으로 마가다 국 빔비사라 왕은 멘다까의 아들 다난자야를 사께따Saketa로 이주시켰고, 위사카는 아버지 다난자야를 따라 사께따로 왔다. 다난자야는 열여섯의 꽃다운 위사카를 사왓띠의 부호 미가라Migara의 아들 뿐나왓다나Punnavaddhana와 결혼시켰다. 백만장자였던 다난자야는 딸을 사왓띠로 보내며 오백 대의 수레에 보배를 가득 실어 지참금으로 보냈다. 성대한 결혼식이 치러진 다음이었다. 미가라는 집안이 잘 되도록 기도도 올리고, 새로 들인 며느리를 자랑도 할 겸 수행자들을 초대했다.

"성자들을 초대했으니, 네가 직접 음식을 준비하여라."

다음 날 아침, 위사카는 사왓띠에서의 첫인사를 위해 비단 휘장을 내리고 곱게 단장하였다.

"저희 집에 새사람이 들어왔습니다, 축복해주소서."

시아버지의 부름을 받고 휘장을 걷던 위사카는 깜짝 놀랐다. 니간타[1] 교도들이었다. 실오라기 하나 걸치지 않은 자세에서 부채를 부치고 있었다. 그들의 눈길을 피해 위사카는 얼른 휘장을 내렸다. 놀라기는 시아버지도 마찬가지였다.

"어서 나오너라. 성자들께 인사를 드리지 않고 뭐하느냐?"

"아버님, 부끄러움도 모르는 이들에게 저는 예배할 수 없습니다." 위사카는 자신이 이미 수다원이기 때문에 성자의 삶은 어떠해야 한다는 것을 잘 알고 있었다. 그녀는 부끄러워할 줄 모르는 수행자는 아라한이 아니라고 생각했다. 사람들 앞에 나체를 드러내며 성자라는 티를 내는 그 마음은 사람들에 대한 배려가 없는 자기중심적인 태도라 여겼다. 나체 수행자들은 자리를 털고 일어서며 불쾌감을 드러냈다.

"부잣집 며느리를 들여 좋으시겠다 싶었더니, 집안 망칠 여자를 들이셨군요."

시아버지의 체면이 말이 아니었다. 다음 날 아침 우유를 넣어 요리한 음식을 잡숫는 시아버지 곁에서 위사카가 부채질하고 있을 때였다. 탁발을 나온 비구가 미가라 장자 집을 찾아왔다. 문간에 서서 조용히 기다리는 비구에게 시아버지 미가라는 눈길도 주지 않았다. 위사카는 당황했다. 집안의 주인인 시아버지의 허락 없이는 식은 밥 한 덩이도 마음대로 할 수 없었다. 며느리가 눈치를 주었건만 시아버지는 거들떠보지도 않고 식사를 계속하였다. 위사카는 부채를 내려놓고 자리에서 일어나 비구에게 다가갔다.

"용서하십시오, 스님. 저희 시아버님은 묵은 것만 잡수십니다."

시아버지는 화가 치밀어 올랐다. 새로 지은 음식이 아니라 드릴 수 없다는 의미로 생각할 수도 있지만, '묵은 것'이란 말 속에 '썩은 것', '배설물'이라는 뜻도 있었다. 그래서 시아버지 미가라는 자존심이 단단히 상했나보다. 그는 새 며느리의 콧대를 꺾어놓기 위해 법정에 재판을 청구했다. 많은 지참금을 가지고 온 며느리를 함부로 쫓아낼 수는 없었다.

정당한 사유 없이 며느리를 쫓아내면 지참금의 배를 물어주어야 했기 때문이다. 지참금을 돌려주지 않고 쫓아낼 수 있는 방법은 단 하나. 며느리가 시부모와 남편에게 모욕적인 언행을 했다는 사실을 증명하면 된다. 재판정에 불려간 위사카는 사왓띠의 저명한 여덟 명의 브라만 앞에서 사건을 해명하였다.

"묵은 것만 잡수신다고 말한 것은 사실입니다. 하지만 그 말은 시아버지를 모욕한 말이 아닙니다. 시아버지는 탁발 나온 비구가 문전에서 있는 것을 알면서도 돌아보지 않았습니다. 현재 누리는 복은 모두 과거에 지은 공덕의 결과입니다. 시아버지는 과거에 지은 복으로 맛있는 음식을 드시면서 새롭게 복을 쌓을 생각이 추호도 없었습니다. 그런 뜻에서 묵은 것만 잡수신다고 말한 것입니다."

법정의 판결이 내려졌다.

"피고 위사카의 언행은 쫓아낼 사유가 되지 못한다. 며느리를 돌려보내려면 원고 미가라는 지참금의 곱을 반환하라."

집으로 돌아온 미가라는 방문을 닫아버렸다. 방문 앞에 위사카가 공손히 무릎을 꿇었다.

"법정까지 찾아가 잘잘못을 가린 것은 행여 '잘못이 있어 쫓겨났겠지.'라는 오명을 쓸까 두려웠기 때문입니다. 이제 저의 결백이 밝혀졌으니 저 스스로 이 집에서 나가겠습니다."

위사카는 하인들을 불러 수레를 준비시키고 아버지 집에서 가져온 보배를 다시 싣게 하였다. 타고 온 가마에 오르는 위사카의 옷자락을 시아버지가 붙잡았다. 들어온 보배가 나가는 것도 아까웠지만 가만히 있을 아들 다난자야가 아니었다. 법정의 판결에 따라 지참금만큼 자신의 재산을 덜어주면 자신은 알거지나 다름없었다.

"아가, 내가 잘못했다. 나를 용서해다오."

"저는 부처님과 스님들을 뵙지 않고는 하루도 지낼 수 없습니다. 제가 원할 때 언제든지 부처님과 스님들을 초청할 수 있도록 허락하신다면 친정으로 돌아가지 않겠습니다."

자신의 권리를 인정받은 위사카는 다음 날 당당히 부처님과 비구들을 집으로 초청하였다.

이번에는 시아버지가 휘장을 내려버렸다. 비구들을 존경하지 않을 뿐더러 조금도 고개를 숙일 줄 모르는 며느리가 못마땅했다. 공양이 끝나고 부처님의 설법이 시작되었다. 휘장 너머로 들리는 부처님의 설법은 가슴을 울렸다. 부처님의 법문은 밤하늘에 뜬 보름달과 같아서 산꼭대기나, 낮은 계곡이나, 들판이나, 숲 속 깊숙한 곳까지도 두루 비춘다. 달빛은 산하를 물들이며 모든 것에 스며든다. 자기도 모르게 귀를 기울이던 미가라는 법문이 끝날 무렵 휘장을 걷고 나와 머리를 조아렸다.

"세존이시여, 이토록 위대한 분이라는 걸 미처 몰랐습니다. 제가 이토록 어리석은 줄 미처 몰랐습니다. 무례를 용서하소서. 부처님께서 허락하신다면 저 미가라가 목숨이 다하는 날까지 삼보를 공경하는 우바새가 되겠습니다."

시아버지인 미가라가 며느리에게 공손히 합장하였다.

"진리 안에서 새롭게 태어나게 한 너는 나의 어머니다."

미가라는 그날부터 며느리를 '나의 어머니'라 부르며 존경하였고, 집안의 재산권을 모두 위임하였다. 사람들은 위사카를 '미가라의 어머니Migaramata'라 불렀고, 교단에 지원을 아끼지 않는 그녀를 승가 대중도 존경해 '어머니 위사카'라 불렀다. 늘 삼보를 공경했던 위사카는 언젠가 부처님 앞에서 간청하였다.

"저에게 여덟 가지 소원이 있습니다.

부처님, 사왓띠에 머무는 모든 비구들께 제가 우기에 입을 가사를 보시하도록 허락하소서.

부처님, 사왓띠를 찾은 모든 스님들에게 제가 첫 번째 공양을 올리도록 허락하소서.

부처님, 사왓띠를 떠나는 모든 스님들에게 제가 마지막 공양을 올리도록 허락하소서.

부처님, 사왓띠에서 병을 앓는 스님들의 공양을 모두 제가 올리도록 허락하소서.

부처님, 사왓띠에서 병을 간호하는 스님들의 공양을 모두 제가 올리도록 허락하소서.

부처님, 사왓띠에서 병을 앓는 스님들이 약을 모두 제가 올리도록 허락하소서.

부처님, 사왓띠에 머무는 모든 스님들에게 제가 아침마다 죽을 올리도록 허락하소서.

부처님, 사왓띠에 머무는 모든 비구니들께 제가 목욕 가사[2]를 보시하도록 허락하소서."[3]

부처님은 흔쾌히 허락하였으며, 위사카는 자기가 세웠던 서원대로 보시를 했다. 위사카는 남편과 부부금슬이 좋아 세간의 유복함을 누렸다. 그녀는 열 명의 아들과 열 명의 딸을 낳았다. 그리고 그 아들딸들도 각각 열 명의 아들과 딸을 낳았다. 위사카는 값을 헤아리기 어려울 만큼 보석을 잔뜩 박은 겉옷을 가지고 있었는데, 그것은 친정아버지가 결혼 기념으로 준 것이었다. 어느 날 그녀는 가족들과 함께 제따와나 정사를 방문하여 부처님의 설법을 들었다. 그때 그 옷을 하인에게 들고 있게 했는데, 하인이 그것을 잊는 바람에 그냥 집으로 왔다. 법회가 끝나고 나서 신자들이 놓고 간 물건이 있으면 아난다 존자가 보관했다. 집에 도착한 위사카는 겉옷을 정사에 놓고 온 것을 알았다. 하인을 수도원으로 보내면서 이렇게 일렀다.

"너는 정사에 가서 내 겉옷을 찾아보아라. 그러나 만약 아난다 존자께서 보관하고 계시거든 구태여 되찾아 올 것 없다. 그때는 그것을 존자께 시주하도록 해라."

그래서 하인이 가보니 과연 아난다 존자가 그 물건을 보관하고 있었다. 하인은 위사카 부인의 뜻을 전했다. 그렇지만 아난다 존자는 그녀의 시주를 받아들이지 않았다. 위사카는 할 수 없이 그 겉옷을 팔아서 시주를 해야겠다고 생각했다. 그러나 그렇게 값비싼 옷을 살 만한 사람이 없었기에 자기 스스로 구백구십구만 냥의 돈을 내고 그 옷을 되샀다. 이렇게 마련한 돈으로 위사카는 천 명이 거주할 수 있는 대규모 정사를 건립하여 승가에 기증하였다. 공사감독은 목갈라나 존자가 하였다. 사왓띠 동쪽 성문 밖에 위치한 그 정사를 사람들은 동원정사東園精舍뿝바라마Pubbarama라고도 부르고, 녹자모강당鹿子母講堂미가라마뚜빠사다Migaramatupasada이라고도 불렀다.

동원정사는 주로 비구니스님들의 처소로 쓰였으며, 야소다라 비구니도 말년에 이곳에 살았다. 위사카는 정사를 완공한 뒤 부처님과 비구, 비구니에게 정사를 기증하는 의식을 봉행했다. 그런 다음 가족을 모아놓고 이렇게 말했다.

"나는 이제 내가 소원하던 바를 모두 다 이루었다. 나는 더 이상 아무것도 원하는 게 없다."

이렇게 말한 뒤 그녀는 기쁜 마음으로 노래를 부르며 동원정사 주위를 돌고 또 돌았다. 그러자 어떤 비구들은 청신녀 위사카가 정신이 돈게 아닌지 걱정했다. 그러자 부처님이 말했다.

"비구들이여, 오늘은 위사카가 과거와 현재의 모든 원을 다 성취한 날이니라. 그녀는 지금 그 성취감 때문에 매우 만족하여 게송을 읊으며 정사 주위를 돌고 있는 것일 뿐, 정신이 이상해진 것이 아니다. 위사카는 과거 여러 생 동안 언제나 널리 베푸는 시주였고, 과거의 부처님 때부터 담마法를 열성적으로 포교하는 사람이었느니라. 그녀는 언제나 선행을 하려고 애쓰는 사람이었으며, 전생부터 많은 선업을 쌓았던 사람이다. 그것은 마치 정원사가 꽃밭에서 꽃을 꺾어 꽃다발을 만드는 것과 같은 아름다운 일이니라."

위사카를 보는 사람들은 말했다. "참으로 아름다운 사람이다. 저 아름다운 모습을 언제까지나 보고 싶다. 그 모습만 보아도 마음이 정화되다니 정말 신기하구나." 인간으로서 최상의 복을 타고난 그녀가 그저 부잣집 딸로 자신만을 위해 살았다면, 그보다 더 아까운 일이 어디 있겠는가. 하지만 부처님의 가르침을 통해 보시의 공덕을 알았던 그녀는 많은 사람들을 위해 아낌없이 베푸는 자애로운 삶을 살았다. 사람이 이렇게 아름다울 수도 있다는 것을 보여주는 삶은 세상을 밝히는 빛이다.

1) 니간타 교도: 자이나교 수행자를 말한다. 자이나교 교주는 니간타 나타뿟따 (Nigantha Nataputta, BCE 599~527), 본명은 와르다마나Vardhamana이며, 출가 하여 깨달음을 얻은 후에 승자勝者지나Jina, 마하비라Mahavira대웅大雄라고 했 다. 그들은 왜 나체로 수행하는가? 그들은 선악의 행위에서 발생하는 업karma 을 물질로 본다. 그들은 영혼Jiva은 본래부터 무한한 지혜와 위력과 환희가 있 는데, 현실에서는 업에 속박되어 자유를 빼앗겼다고 본다. 영혼이 어떤 행동을 일으키면 그 행위로 인해서 미세한 업의 입자, 즉 업 물질이 빨아 당겨져서 영 혼에 부착된다. 또한 그 업 물질의 무게로 영혼이 상승하는 것을 방해하여 속 박bandha한다. 업 물질의 결합에 의해서 업의 몸이 만들어져 영혼이 가는 끝 이 결정된다. 업이 끌고 가는 윤회에서 영혼이 휴식하는 경지nirvana 또는 해 탈moksa을 얻고자 바란다면 업 물질을 소멸하고, 새로운 업 물질의 유입을 방 지해야 한다. 업 물질을 정화하기 위해서는 고행이 필요하다. 그들은 일체의 불 선하고 불순한 행동을 금한다. 불살생이 제일 덕목이다. 그들이 옷을 입지 않는 것은 아무 것도 소유하지 않기 위해서다. 하늘이 이미 옷인데 무엇 때문에 다 시 옷을 입는단 말인가空衣派? 그러나 나중에 흰옷을 입는 派白衣派도 생겨났다. 데와닷따는 아마도 자이나교의 고행주의를 어느 정도 채택했다. 그러나 부처 님의 가르침은 업은 물질이 아니라, 연기된 법이기에, 고행에 의해서가 아니라 지계와 '알아차림'으로 불선업을 정화하고, 번뇌를 소멸시키라 했다. 부처님은 알아차림sati으로 번뇌의 소멸을 가르친 반면, 자이나교는 고행을 통한 업장소 멸을 가르친다.

2) 비옷雨衣: 부처님 당시 제자들은 강물에 들어가거나, 우물물을 끼얹거나, 비가 올 때 빗줄기를 맞으면서 샤워나 목욕을 했다. 비구, 비구니는 나체를 드러내지 않는 계율을 지키므로 그때 입는 옷을 비옷이라 한다. 그래서 위사카는 비구와 비구니들에게 비옷을 보시했다.

3) 《부처님의 생애》, p.316 1행~p.320 8행 참조.

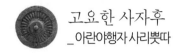

고요한 사자후
_아란야행자 사리뿟따

부처님은 안거를 마치고 함께 떠날 일행이 정해지면 곧바로 전도 여행을 떠났다. 맨발로 걸었다. 걷기에 좋은 계절이면 좋은 대로, 걷기에 나쁜 때면 나쁜 대로, 이곳저곳 도시로 마을로 다녔다. 법을 설하여 이익을 얻을 사람이 한 사람이라도 있으면 혼신을 다해 가르침을 폈다. 물처럼 머물다 가고, 바람같이 가다 머물렀다. 머무름에 멈추지 않아 풍성한 공양도, 아름답고 윤택한 동산도 뒤에 남겨두고 다시 유행遊行을 떠났다.

부처님과 비구들이 기원정사에서 우안거雨安居를 마치자(부처님 나이 55세 때), 제자들이 모두 유행을 떠날 준비를 하고 부처님께 작별인사를 하러 왔다. 그때 사리뿟따에게 악감정이 있었던 한 비구가 사리뿟따가 자기에게 무례한 행동을 했다고 부처님께 고해바쳤다. 이에 부처님께서는 시자인 아난다를 불러 길 떠난 모든 비구들을 다시 돌아오게 했다. 대중 가운데 불화가 일어날 조짐이 보이면 그 원천부터 밝게 드러내는 게 상책이다. 사리뿟따, 얼마나 믿음직하고 자랑스러운 제자인가. 물론 당신께서는 사리뿟따가 그런 무례한 행동을 했을 거라 조금도 의심하지 않았지만, 다른 비구들에게 일점 의혹도 생기지 않게끔 일부러 대중공사[1]를 벌이는 것이다.

"그대가 떠난 후에 저 비구가 나를 찾아와 네가 교만하며, 무례하게도 자기의 어깨를 치고 지나갔다고 하더구나. 사리뿟따여, 그 말이 사실이냐?"

"세존께서는 저를 잘 아십니다."

"사리뿟따여, 나의 생각은 중요하지 않다. 만인의 스승이 되는 그대가 대중의 의심을 산다는 것은 가벼운 일이 아니다. 스스로 해명하라."

"세존이시여, 늘 자신을 살필 줄 모르는 사람이라면 동료 수행자에게 모욕을 주고 유행을 떠날 수 있을 겁니다. 저는 늘 스스로 살피며 주의력을 잃지 않습니다. 그런 제가 어떻게 다른 수행자를 업신여기고, 그런 행위를 하고도 기억하지 못하겠으며, 그런 행위를 하고도 참회하지 않고 길을 떠날 수 있었겠습니까?"

이어서 그 유명한 사리뿟따의 사자후, 사자의 포효와 같은 진리의 말씀이 이어진다.

"세존이시여, 두 뿔이 잘린 황소는 네거리 한가운데서도 사람을 들이받지 않습니다. 뿔이 잘리고 잘 길들여진 황소는 참을성이 많아 이 거리에서 저 거리로 노닐어도 누구에게도 해를 끼치지 않습니다.

세존이시여, 제 마음은 대지와 같고, 걸레와 같고, 전다라²⁾와 같고, 뿔이 잘린 황소와 같아 맺힘도 없고 원한도 없고 성냄도 없고 다툼도 없습니다. 이렇게 당신으로 인해 눈뜬 진리 안에서 선을 쌓으며 자유롭게 노닐 뿐입니다."³⁾

이것이 《금강경》에 나오는 그 유명한 구절 '무쟁삼매無諍三昧(다툼이 없는 평화로운 선정의 경지) 아닌가, 아란냐행자阿蘭若行者aranyanika(적정한 처소에 머무는 수행자)'가 바로 이분이 아니신가? 사리뿟따 존자는 대중 앞에 자기의 진심을 솔직하고 당당하게 피력했다. 이것이 사자후다. 큰 목소리로 외친다고 사자후가 되는 것이 아니라, 양심에서 우러나오는 진실을 토할 때 사자의 울음이 되는 것이다. 진실이 힘이다. 이것이 사람의 마음을 울리고 공감을 자아낸다. 진실은 힘이다. 진리가 승리한다. 사트얌에와 자야떼Satyameva jayate[4]. 이것이 십바라밀[5] 중에 사짜 빠라미sacca parami다. 진실의 힘, 진실의 공덕이다. 그대 진실을 말하라. 그리하면 사람을, 세상을 움직이리라. 고개를 숙인 사리뿟따의 온화한 몸짓은 코끼리보다 웅장하고, 낮고 부드러운 그의 목소리는 사자의 포효보다 우렁찼다. 깊고도 무거운 침묵이 대중을 휩싼다. 부처님이 말한다. "비구여, 이제 그대가 말해보라. 추호도 거짓이 있어서는 아니 될 것이다." 이에 비구는 부처님의 발아래 엎드려 참회의 눈물을 흘린다.

"그대는 먼저 사리뿟따에게 참회해야 할 것이다."

비구는 사리뿟따의 두 발에 머리를 조아리며 참회의 눈물을 흘렸다.

"존자여, 용서하소서. 제가 마음이 안정되지 못하여 질투와 교만으로 청정한 당신을 모함하였습니다."

그러자 사리뿟따 존자도 그 비구에게 무릎을 꿇으며 "비구의 허물을 제가 용서합니다. 저에게 허물이 있었다면 용서하십시오."

아, 같은 스승 밑에서 공부하는 제자들이 살아가는 법이 이러하다. 스승이 원고와 피고 양측을 불러 대중 앞에서 각각 발언할 기회를 주고, 시시비비가 명백하게 가려지기를 기다린다. 대중은 묵연히 관찰하면서 배심원이 되어준다. 그리고 양심과 진실이 시비를 판가름한다. 저절로 이루어지는 판결이다. 일어난 사실을 인정하게 되면 가슴에서 저절로 변화가 일어난다. 가해자가 잘못을 시인하고 용서를 구한다. 피해자는 용서를 받아준다. 여기에 더하여 사리뿟따는 자기에게도 허물이 있었다면 용서를 구한다고 말한다. 만사가 씻은 듯이 깨끗해진다. 피고와 원고, 관중이 모두 상쾌해진다. 그리고 감동을 받는다. 비구들은 자기네 집단이 이렇게 훌륭하고 아름답다고 여기면서 스스로 행복해진다. 부처님 승가에 속해 있다는 것만으로도 자긍심이 들고, 살맛이 난다. 삼보에 대한 신심이 불어난다.

아, 해와 달처럼 빛났던 아라한 비구들이시여, 한여름 밤하늘을 수놓은 기라성 같던 스님들이시여.

당신들의 이름이 경전에 남아 지금 제가 이렇게 부를 수 있는 것만 해도 영광스럽고 행복합니다.

저희들도 당신들 가신 길을 따라 걷고 있나이다. 자비심으로, 불가사의한 법계의 힘으로 저희들을 이끌어주소서.

진리가 우리를 자유롭게 합니다.

|주|

1) 대중공사大衆公事: 같은 구역에 거주하는 모든 스님들이 한데 모여서 정해진 주제에 관해 논의를 하는 방식. 직접민주주의적인 의사결정이다.
2) 전다라旃荼羅: 인도의 카스트 제도에서 사성四姓에도 속하지 못하는 천민 계급. 도살업이나 죄인의 사형 집행 등을 맡는다. '찬달라Caṇḍāla'의 음역이다.
3) 《부처님의 생애》, p.324 1행~p.325 15행 참조.
4) 사트얌에와 자야떼Satyameva jayate: 오직 진리가 승리한다. Truth alone triumphs. 문다카 우빠니샤드Mundaka Upanishad에 나오는 말. 인도의 국가 표어다.
5) 십바라밀十波羅蜜: 상좌부의 10바라밀은 보시 · 지계 · 출리 · 지혜 · 정진 · 인욕 · 진실 · 결의 · 자애 · 평온이다. 대승불교의 10바라밀은 보시 · 지계 · 인욕 · 정진 · 선정 · 반야의 6바라밀에다 방편方便 · 원願 · 력力 · 지智의 네 가지를 더한 것이다.

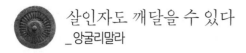

살인자도 깨달을 수 있다
_앙굴리말라

부처님이 깨달음을 이룬 후 21년, 부처님 나이 56세 때 사왓띠 성의 거리는 공포로 휩싸인다. 밝은 대낮에 사람을 죽여 그 손가락을 줄에 꿰어 목에 걸고 다니는 연쇄살인마가 나타난 것이다. 그는 누구인가? 명문가 출신으로 장래가 촉망되던 청년 아힘사카Ahimsaka였다. 그런 청년이 어찌하여 살인마로 전락했는가?

살인마가 되기 전, 그는 전생부터 수행했던 사람이었던지 종교심이 발동하여 한 스승 밑으로 들어갔다. 그런데 그가 모신 스승의 아내가 '꽃미남'이었던 아힘사카를 꼬셨다. 아힘사카는 제자 된 도리를 지켜 그녀의 끈적한 유혹을 물리쳤다. 자기의 미모를 무기삼아 도전한 것이 실패로 돌아가자 그녀는 자존심이 상했고, 욕망이 좌절되면서 원망에 휩싸였다. 그녀는 오스카 와일드Oscar Wilde의 희곡에 나오는 '살로메 Salome'[1] 같은 팜므 파탈femme fatale(치명적인 매력으로 남성을 유혹하여 파멸시키는 위험한 요부)이었나보다. 도도한 여인이 벌이는 사랑 놀음이란 원래 변덕스럽게 마련이다. 스승은 자기 아내가 제자를 모함하는 소리를 듣고 이참에 벌을 주기로 마음먹는다. 그러니까 이 스승이란 작자는 평소부터 제자의 멋진 풍채와 고귀한 가문, 방정한 언행에 질투심을 품고 있었던 것이다. 스승은 마침 잘 걸렸다는 식으로 아힘사카에게 미친 짓을 시킨다. 그는 길에서 만난 사람 백 명을 죽여 그 손가락을 잘라 목걸이를 하고 다니면 범천세계에 태어날 수 있다고 속삭인다. 악마의 꼬임수다. 제정신 박힌 사람이라면 이 말을 들은 자기 귀를 맑은 물에 씻겠지마는, 범천세계에 태어난다는 말에 정신이 빠진 아힘사카는 메피스토펠레스(괴테의 '파우스트·2)에 나오는 악마)의 말을 따른다.

　아힘사카의 신앙 행태는 맹신이다. 신을 믿으라, 하나님을, 예수를, 부처님을 믿으라 하지만 믿음이 중요한 것이 아니다. 잘못 믿으면 패가망신한다. 알고 믿어야 한다. 모르고 믿는 것을 눈먼 신앙, 맹신이라 한다. 모든 사이비교주와 엉터리 스승, 자칭 스승, 도인병(도인 흉내 내기에 미친 사람)이 든 스승들이 사람들을 갖고 노는 까닭은 평범한 사람들이 갖다 바치는 맹신 때문이다. 아힘사카여, 어디로 가는가? 승천한다는 종교적 열정에 미치면 무슨 짓인들 못하랴? 이런 사람에게는 도덕이나 윤리가 눈에 들어오지 않는다. 무슨 짓을 해서라도 오직 하늘나라에 올라가기만 하면 된다. 저 높은 곳에 오르기 위해서는 도덕이나 윤리도 무시할 수 있다. 오히려 이런 초규범적인 행위가 장려되기도 한다. 믿음이 강한 자여, 세상의 규범을 초월하고 상식을 무시하라고 외친다.

　아힘사카는 벌써 98명의 사람을 죽여 사왓띠 성에 악명을 떨쳤다. 이제 두 사람만 더 죽이면 된다. 이렇게 죽은 사람의 손가락으로 목걸이를 하고 다녔으므로 아힘사카는 '앙굴리말라Angulimala(손가락 목걸이를 한 사람)'라는 악명을 얻었고, 지명 수배 되었다. 살인자에게도 어머니는 있는 법. 그의 어머니가 아들에 대한 흉측한 소문을 듣고 아들을 찾아 나섰다. 사람을 죽일 만한 귀기에 휩싸인 놈도 제 어미의 눈에는 사랑스런 아들로 보인다. 미친 듯이 설치는 아들에게 다가가서 "내 새끼야, 애미가 왔다."라고 하면서 안아주면 제정신으로 돌아올 거라고 생각했을 터이다. 그러나 미친놈의 눈엔 어미도 백 명이란 숫자를 채우기 위해 죽여야 할 한 사람에 불과했다. 가만히 두면 백주 노상에서 아들이 어미를 죽이는 참사가 일어날 것 같았다. 사위성의 사람들은 눈을 동그랗게 뜨고 어떤 일이 벌어질지 지켜봤다.

이에 해결사이신 부처님이 등장한다. 길 한 쪽에는 앙굴리말라가 미친 듯이 달려오고, 그 반대편에는 그의 어미가 그를 향해 걸어갔다. 부처님은 그 중간쯤에 서서 앙굴리말라에게 등을 보인 채 여인을 향해 천천히 걸어간다. 앙굴리말라가 표적으로 삼은 여자 앞에 갑자기 머리 깎은 중놈이 끼어들어 여자 쪽으로 걸어가는 게 아닌가? '마침 잘됐다, 한꺼번에 두 사람을 잡을 수 있으니, 그러면 백 명 다 채우겠네.' 앙굴리말라는 부처님을 잡으려고 뛰어가는데 빨리 달릴수록 부처님과의 거리는 더 멀어졌다. 뭔 조화인가?

"게 섰거라, 겁쟁이 사문아." 부처님은 풀잎에 스치는 봄바람처럼 천천히 걸으면 말씀하신다.

> [앙굴리말라] "수행자여, 그대는 가면서 '나는 멈추었다.'고 말하고
> 멈춘 나에게 '그대는 멈추어라.'라고 말한다.
> 수행자여 나는 그대에게 그 의미를 묻는다.
> 어찌하여 그대는 멈추었고 나는 멈추지 않았는가?"[3]

눈먼 자는 여래의 직지인심直指人心(사람의 마음을 곧바로 가리켜 스스로 보게 하다)도 소용없다. 부처님은 다시 풀어서 말씀해주신다.

[붓다] "앙굴리말라여,

나는 해치려는 마음을 모두 멈추었는데, 너는 아직 해치려는 마음을 쉬지 못하고 있다.

나는 자비심에 머물러 중생을 사랑하는데, 너는 악업을 멈추지 못하고 있구나.

나는 번뇌를 멈추고 진리에 머무는데, 너는 그릇된 환상에서 깨어나지 못하고 있구나."⁴⁾

부처님은 멈춤과 멈추지 못함, 쉼과 쉬지 못함이라는 양도논법兩刀論法에 빠지게 만들어 깊은 충격을 준다. 마치 예리한 송곳으로 눈을 푹 찌르는 것 같다. 이에 번개를 맞은 듯, 술이 깬 듯, 정신이 돌아온 앙굴리말라는 부처님의 발아래 머리를 조아리고 귀의하게 된다.

> [앙굴리말라] "오! 드디어 이 수행자가 위대한 선인으로
> 나를 위해 이 커다란 숲에 나타나셨네,
> 나에게 진리를 가르쳐준 그대의 시를 듣고
> 나는 참으로 영원히 악함을 버렸습니다.
> 세존이시여, 저를 제자로 받아주소서."

보라, 사람을 죽이고 살리는 부처님의 천의무봉한 지혜의 검을!

앙굴리말라처럼 악심을 죽임殺人刀으로써 선심을 살려내는活人劍 솜씨를 선종에서는 살활자재殺活自在라 한다.

"오라, 비구여." 얼마나 간명직절한가? 선심을 회복한 사람은 불문곡직, 거두절미하고 곧바로 받아주는 부처님. 부처님의 품은 바다와 같

아 받아들이지 못하는 탁류가 없고, 허공과 같아 싫어하여 거부할 만한 홍진이 없다. 살인범을 잡으라는 수배령을 내려 범인 색출에 나섰던 꼬살라 국왕 빠세나디가 기원정사에 들러 부처님을 친견하려던 차에 앙굴리말라가 머리를 깎고 승복을 걸친 것을 보고는 깜짝 놀랐다. 그러나 부처님께서 감화시켜 진인眞人으로 변화시켜 놓은 것을 보고는 불법의 신묘함에 찬탄을 금치 못한다.

"조복시킬 수 없는 사람을 조복시키고, 성숙하지 못한 사람을 성숙시키나니, 참으로 기이하고 놀랍습니다. 부디 오래 사시어 저희 백성들을 자비로 보살피소서."

한 나라에 깨달은 사람이 한 분만 계셔도 그 덕화가 온 나라에 미치는 법이다. 깨달은 사람의 안목은 천하를 덮고도 남는다. 국태민안을 바란다면 그 나라 안에 깨달은 스승을 모시고 자문을 구하는 것이 상책이요, 깨달은 수행자가 나올 수 있게 돕는 것이 차선책이다.

그러나 인연과보는 엄연하다. 앙굴리말라가 비록 깨달음을 얻었지만 살인한 죄의 과보는 피할 수 없다.

"아힘사카야, 참아내야 한다. 너에 대한 분노와 원망은 아주 오래 갈 것이다."

그렇다. 우리는 뿌린 대로 거두고 지은 대로 받아야 한다. 내가 부처님께 귀의하고, 교리를 배우고, 수행을 조금 했다는 것으로 배짱을 부리면서 '부처님께서 나를 잘 봐주시어 이런 것쯤은 그냥 눈감아 주시겠지. 이 정도 잘못이나 과오는 그냥 봐주시겠지.' 이런 오만을 부릴 수는 없다. 불자라면 '무엇이든 진리대로 이루어지소서.' 이렇게 기도해야 한다. 과보를 기꺼이 받겠다는 자세로 겸허해져라. 과보를 피하려 하지 말라.

이에 앙굴리말라는 무릎을 꿇고 맑은 목소리로 노래한다.

> 지금 제가 흘리는 피는
> 지난날의 업장을 녹이는 것
> 누구도 원망하지 않으리.
> 누구도 미워하지 않으리.

우리는 앙굴리말라처럼 기도해야 한다.

> 지금 제가 흘리는 땀은
> 지난날의 업장을 녹이는 것
> 누구도 원망하지 않으리.
> 누구도 미워하지 않으리.
>
> 지금 제가 흘리는 피는
> 지난날의 업장을 녹이는 것
> 누구도 원망하지 않으리.
> 누구도 미워하지 않으리.
>
> 지금 제가 겪는 병고는
> 지난날의 업장을 녹이는 것
> 누구도 원망하지 않으리.
> 누구도 미워하지 않으리.

지금 제가 겪는 우환과 고통은
지난날의 업장을 녹이는 것
누구도 원망하지 않으리.
누구도 미워하지 않으리.

지금 제가 당면한 수행의 장애는
지난날의 업장을 녹이는 것
누구도 원망하지 않으리.
누구도 미워하지 않으리.

앙굴리말라는 기도한다.

저는 이제 스스로를 항복받았습니다.
수많은 고통에서 감정을 다스리며
주는 대로 먹고 만족하며 살겠습니다.
수많은 고통을 참아내는 동안에
제가 지은 악업도 다할 것입니다.
다시는 죽음의 길에 들어서지 않고
구태여 살기를 바라지도 않나니
이제는 그저 때를 기다리며
기쁨을 누릴지언정 번민하지 않겠습니다.[5]

부처님께서 칭찬하신다.

"훌륭하구나, 훌륭하구나."

앙굴리말라는 원래 선인이었으나, 잘못된 스승을 만나 악행을 저질렀고, 부처님을 만나 본래의 선함으로 돌아왔다. 수행의 길로 들어가는 것이나 출가하는 것보다 더 중요한 것은 어떠한 도에 입문하느냐, 어떤 스승을 모시느냐 하는 것이다. 아힘사카는 스승을 잘못 택했다. 그래서 청정한 수행자가 살인마의 길로 빗나가게 되었다. 스승을 잘못 선택한 것은 그의 책임이다. 그러나 그런 일이 그에게 일어난 것을 두고 그를 악인으로 단정 지을 수 없다. 선악은 본래 정해져 있는 것이 아니기 때문이다. 선행과 악행은 상황에 따라, 업력에 따라 일어난다. 나약한 인간은 선악의 갈림길에서 헤맬 수밖에 없다. 그래서 불교에서는 '해야 할 것'과 '하지 말아야 할 것'을 가르친다. 유익한 행위와 무익한 행위를 잘 분별하라. 유익한 행위는 증장시키고, 무익한 행위는 삼가며 완전히 끊도록 가르친다. 이것이 정정진, 바른 노력이다. 선법을 증장하고 불선법을 근절하면 삼매와 통찰이 일어난다.

| 주 |

1) 살로메Salome: 《마태복음》에 나오는 헤로디아의 딸 '살로메' 이야기는 다음과 같다. 기원 후 30년, 갈릴리 지역의 분봉왕 헤로데가 형 빌립보의 아내 헤로디아와 결혼하자 세례 요한은 그들의 결혼이 모세 율법에 어긋난다고 저주한다. 헤로디아와 전 남편 사이에는 살로메라는 딸이 있었는데, 유대왕으로 등극한 헤로데의 생일잔치에서 이 의붓딸이 춤으로 잔치의 흥을 돋우었다. 그러자 헤로데는 살로메에게 원하는 것을 모두 들어주겠다고 약속하고, 이에 살로메는 어머니 헤로디아가 사주한 대로 세례 요한의 목을 요구했다.
오스카 와일드(Oscar Wilde, 1854-1900)는 자신의 희곡에서 살로메가 세례 요한

의 목을 원했던 것으로 이야기를 완전히 바꾸었다. 마른 우물에 갇힌 세례 요한을 처음 만난 순간부터 살로메는 잘생긴 그의 얼굴에 매혹되었고, 그와 입맞춤하기만을 원했다. 세례 요한이 그 요구를 거부하자, 살로메는 의붓아버지의 환심을 사기 위해 관능적인 춤을 추었다. 그러자 헤로데는 살로메에게 원하는 것을 모두 들어 주겠다는 약속을 했고, 이에 살로메는 세례 요한의 목을 요구했다. 살로메는 은쟁반에 담아온 그의 머리를 받아 들고 입맞춤하며 자신의 타락한 욕망을 충족시킨다.

2) 《파우스트Faust》: 독일의 문호 괴테(Johann Wolfgang von Goethe, 1749~1832)가 쓴 불세출의 소설. 악마 메피스토펠레스가 인간을 악의 구렁텅이로 유혹하여 파멸시켜 보겠으니 내기를 하자고 신에게 조른다. 신은 모든 것을 악마의 뜻에 맡긴다. 창조와 활동을 구현하는 신은 '인간이 노력하는 동안은 혼돈에 빠질' 위험이 있지만 '인간이 어두운 충동을 받더라도 올바른 길을 잃지 않는' 선한 본능이 있다는 것을 확신하고 있었기 때문이다. 희곡은 신과 악마, 선과 악, 건설하는 힘과 파멸하는 힘 간의 싸움에서 어느 것이 이기느냐 하는 문제를 둘러싸고 전개된다.

3) 《맛지마니까야》 4.86, 〈앙굴리말라의 경〉, 전재성 역.

4) 《부처님의 생애》, p.332 3행~19행 참조.

5) 위의 책, p.337 1행~p.338 4행 옮김.

 제자야, 스스로를 천하게 여겨서는 안 된다
_니디와 쭐라빤타까

부처님의 가장 주목할 만한 덕성은 완전한 순수함과 신성함이다. 그는 너무도 순수하고 신성하기 때문에 '신성한 분들 가운데서 가장 신성한 분'이라고 불린다. 부처님은 자신이 가르친 모든 미덕들을 스스로 완전히 실행했다. 모든 철학자들의 이상이었던 지행합일을 이루었으니 이를 두고 '명행족明行足윗자짜라나삼빤노vijjacarana-sampanno(앎과 실천을 완전히 갖추신 분)'이라 한다. 그래서 부처님을 만난 사람들은 모두 그의 인품에 깊이 감동한다. 보다 많은 사람들에게 진리를 보여주기 위해 걸음을 멈추지 않던 부처님께서 아난다를 시자로 삼은 후 기원정사에서 보내는 시간이 많아졌다. 그래서 매일 아난다를 데리고 사왓띠 성으로 탁발을 나갔다. 탁발을 나오시는 부처님과 아난 존자를 매일 보고, 또 그분들에게 공양을 올렸던 분들은 얼마나 행복했을까, 자기들이 사는 곳 가까이에 부처님이 계신다는 것이 얼마나 영광스러웠을까? 그러나 우리는 인간으로 오셨던 고따마 붓다와 조우하는 복을 누릴 수는 없다. 그 대신 부처님이 남기신 법과 승가를 만날 수 있고, 우리는 이미 그런 인연을 만났다. 얼마나 다행인가? 얼마나 축복받은 만남인가?

하루는 사왓띠 성으로 탁발을 나섰던 부처님과 아난 존자 앞으로 똥지게를 지고 뒤뚱뒤뚱 걸어오던 니디Nidhi가 너무도 당황한 나머지 발을 헛디뎌 쓰러지고 말았다. 똥통이 깨어지고 똥물이 사방으로 튀어 부처님과 아난 존자의 가사에도 묻었다. 공양을 드리려고 거리에 나와 있던 사람들도 이 상황을 지켜보고 있었다. 부처님께서는 연꽃 같은 당신의 손을 뻗어 똥이 묻은 니디의 손을 잡고 일으켜주면서 "나와 함께 강으로 가서 씻자."라고 한다. 이 얼마나 놀라운 광경인가?

사성계급제도가 사회의 근본기강이었던 인도 고대사회에서는 물론 지금까지도 불가촉천민이나 하층민은 상위 계급에 속하는 사람들과는 감히 신체적 접촉을 하지 못한다. 그러나 부처님은 인간의 계급적 차별이 태생으로 결정된다고 보지 않았다. 브라만은 브라만다운 덕행을 할 때 '브라만'이라 불리는 것이지, 브라만 가문에 태어났다는 이유만으로 브라만이라 할 수 없다. 업Karma, 즉 행실과 말과 용심을 보면 그 사람을 알 수 있다. 업이 곧 그 사람이다. 자기 자신이 업을 만드는 사람이기에, 업을 변화시킬 수도 있고, 업을 종결시킬 수도 있다. 그런 의미에서 업설을 '기회평등의 원리', '운명 창조의 원리'라고 해도 무방하다. 똥을 지던 니디는 부처님이 내미는 손을 잡음으로써 자기 운명이 완전히 바뀌는 천재일우의 기회를 잡았다. 부처님의 용심은 세상 사람들과 다르다. 그분은 '하는 것 봐서 조금씩 조금씩 주시는 분'이 아니고, 이때다 싶으면 '한꺼번에 왕창 주시는 분'이다. 니디를 강으로 데려가는 것도 황감한 일인데, 부처님은 니디의 몸을 손수 씻어주시기까지 한다.

"안 됩니다. 부처님, 당신 같은 성스러운 분께서 어찌 천한 놈의 몸을 만져 씻어주신다 하십니까? 사람들이 보면 뭐라고 하겠습니까?"

"니디야, 너는 천하지도 더럽지도 않다. 네 몸은 더러워졌지만 네 마음은 지극히 착하다. 지극히 선한 네 마음으로 인하여 네 몸에서 아름다운 향기가 난단다. 스스로를 천하게 여겨서는 안 된다."

니디에게 해주신 이 말씀이 부처님이 우리에게 해주고 싶은 바로 그 말씀이지 않을까?

너 자신을 쉽게 판단하지 말라.
무지와 착각이 만들어낸 '너'를 진짜 너라고 생각하지 말라.
너를 함부로 이렇다 저렇다고 단정하지 말라.
오히려 이렇게 말하라.

이 세계는 나의 반영이다.

내가 경험하는 세계는 내가 만들어낸 것이다.

내가 만들어낸 세계이기에 내가 소멸시킬 수 있다.

내가 인식하는 세계를 조작하거나 해체하는 힘은 나에게 있다.

나는 천상천하에 유일무이한 존재다.

모든 사람은 나와 똑같이 귀하다.

부처님은 니디의 몸을 씻어주시고는 관정灌頂아비세카abhisekha까지 해준다. 부처님께서 맑은 물을 떠서 니디의 정수리에 부어준다. 이는 고대부터 인도에서 전해오는 의식인데, 왕이 왕위를 물려줄 왕세자에게 행하는 것이었다. '너는 장차 왕위를 물려받을 귀한 존재임을 천상천하와 만인 앞에 내가 증명하면서 너의 존재를 축복하노라'라는 뜻이다. 그리고 부처님은 니디에게 출가하여 당신의 교단에 들어오기를 권유한다. 부처님은 이와 같이 왕창 베푼다. 니디가 "제가 어찌 감히"라고 하니, 부처님은 "나의 법은 청정한 물이니 너의 더러움을 깨끗이 씻으리라. 넓은 바다가 온갖 강물을 다 받아들이고도 늘 맑고 깨끗한 것처럼, 나의 법은 모든 사람을 받아들여 더러움에서 벗어나게 한다. 나의 법은 빈부귀천, 남녀노소, 인종과 국적의 차이를 넘어서 있다. 오직 진리를 구하고, 진리를 실천하고, 진리를 증득한 사람만 있을 뿐이다."

해불양수海不讓水(바다는 강물을 가리지 않고 받아들인다)와 대해일미大海一味(온갖 강물이 바다로 흘러들면 한 가지로 짠맛이 된다)! 이것이 승가, 부처님의 영적인 공동체다. 니디는 하루 사이에 운명이 완전히 바뀌어 똥을 지는 천민에서 비구가 되었다. 세상에서 가장 더럽다 하는 똥을 퍼 나르던 사람이 순백純白의 길을 가는 청정비구가 되었으니 전미개오轉迷開悟(미혹함을 돌이켜 깨달음을 이루다)와 혁범성성革凡成聖(범부를 뒤집어 성인이 되다)이 순간이다. 성중성聖中聖(성인중의 성인)을 만나는 찰나 천지가 개벽하는 법이다.

바보라고 쫓겨날 뻔한 쭐라빤타까는 또 어떤가? 출가한 지 4개월이 되도록 4구절의 게송조차 외우지 못하는 둔한 머리로는 스님 노릇 할 수 없다며 형 마하빤타까가 그를 집으로 돌아가라고 쫓아냈다. 그러나 제자들의 심경을 다 살피는 부처님은 기원정사 문 앞을 떠나지 못하고 있던 쭐라빤타까의 손을 잡고 당신의 방(기원정사 안에 있는 부처님이 머무는 처소인 간다꾸띠gandhakuti香室)으로 그를 데리고 들어가, 하얀 헝겊을 주면서 "라조 하라낭rajo haranam(때를 닦아라)[1]"이라는 말을 외우게 한다.

겨우 두 단어로 된 말이니 외우기도 쉽고, 걸레질을 하라니 항상 하던 일이라 어려울 게 없었다. 이렇게 쭐라빤타까의 수준에 딱 맞는 수행법을 가르쳐주었다. 공부 못한다고 구박을 받던 쭐라빤타까가 자진해서 절 이곳저곳의 먼지와 때를 닦으면서 착실하게 지내니 대중이 보기에도 좋았다. 수행도 하면서 공덕도 닦게 만드신 부처님의 자상하고 세심한 배려였다. 이는 차별지差別智(세상에서 벌어지는 낱낱의 일들을 현명하게 처리하는 지혜)에 통달한 지혜에서 나온 것이다. 매일 청소를 하던 쭐라빤타까는 하얗던 헝겊이 점차로 물들어 더러워진다는 사실에 눈을 뜬다. 헝겊이 때로 물들어감에 따라 더러워지고 뻣뻣해졌다. 더러워진 걸레를 물에 빨았더니 다시 깨끗해졌다. 이런 일이 반복됨에 따라 그는 뭔가 깨닫는 것이 있었다. '아하, 마음에도 때가 묻으면 이런 식으로 더러워지고, 물들게 되고, 거칠어지는구나.' '아하, 본래 깨끗했던 걸레가 때가 묻으니 더러워지는구나. 깨끗한 것이 더러운 것으로 변하는구나. 깨끗한 것이 항상 깨끗한 것이 아니고, 더러운 것이 항상 더러운 것이 아니구나. 깨끗함을 더러움으로 변하게 만드는 것은 때와 먼지이며, 더러운 것이 다시 깨끗해지는 것은 맑은 물에 빨았기 때문이구나.'

이때가 오기를 기다렸던 부처님은 즉시 광명을 나투면서 쭐라빤타까 앞에 나타난다. "그렇다. 쭐라빤타까야, 걸레만 그런 것이 아니라 사람의 마음에도 때가 끼느니라. 그 때란 무엇인가? 쾌락에 대한 갈망, 탐욕, 악심, 증오, 성냄, 자만심, 의심, 무지이니라. 사람들의 마음에 때가 끼면 더러워진 걸레처럼 뻣뻣하고 사악해지느니라. 때를 완전히 닦아내면 수행의 목표를 이룬 것이니 이를 일러 아라한이라 하느니라." 부처님의 개인교수를 받은 쭐라빤타까는 용기를 얻어 더욱 현상의 관찰에 마음을 집중하여 오래지 않아 아라한의 경지에 올랐다.

부처님을 만난 사람들은 봄을 만난 정원의 화초같이 활짝 피어난다. 부처님의 법은 생명의 개화를 촉진시키는 촉매이며, 의식의 폭발을 일으키는 불씨이다. 오늘 당신의 마음에 불씨가 심어져 오온의 해체라는 성스런 폭발을 일으킬 것이다. 그 기분은 어떠할까? 그것은 지극한 안온하고, 청정하며 경안輕安한 닙바나의 축복이다.

그래서 붓다 찬미자인 파우스볼(Viggo Fausboll, 1821~1908, 덴마크의 빠알리 경전 번역의 선구자)은 이렇게 말했다.

그분을 더 많이 알수록, 더 사랑하게 되고
그분을 더 사랑할수록, 더 많이 알게 된다.

| 주 |

1) 라조 하라낭rajo haranam: 한문경전에는 '불진제구拂塵除垢(먼지를 털고 때를 제
   거하라)'라고 나온다.

 데와닷따의 반역

어떤 수행자는 선정을 닦아 어느 정도의 신통력을 갖추지만 탐욕
과 분노와 자만이 정화되지 않은 채 남아 있다. 이런 경우에 수행으로
얻어진 선정과 신통력이 자만심을 더 부풀려서 과대망상자megalomania
로 만들 수 있다. 그래서 부처님은 드러난 번뇌가 어느 정도 없어진 수행
자는 잠재된 번뇌를 세밀하게 알아차리라고 주의를 준다.

근접삼매에 든 수행자와 네 가지 선정을 이룬 이들에게는 드러난
번뇌 즉, 감각적 쾌락에 대한 집착이나 분노, 인색함과 질투, 의심과 사
견이 어느 정도 정화되었거나 제거된다. 그러나 완전한 정화를 이룬 것
이 아니기에 탐진치를 더 세밀하게 알아차려서 앞으로 나아가야 한다.
비록 수다원을 이루었다 해도 초심자처럼 사념처를 수행해야 한다. 이
것이 수다원에서 아라한으로 나아가는 길이다. 그래서 깨닫기 전에도
팔정도를 닦고, 깨닫고 나서도 팔정도를 닦아야 하는 것이다. 이것이 붓
다의 길이다.

여기 데와닷따의 경우를 보자. 그는 싯다르타와 사촌간이면서 나

이도 같아 어릴 적에 같이 놀던 사이였지만 싯다르타에 대해 경쟁의식을 품었다. 그는 교만하고 방탕했으며 질투가 대단했으나 재능만은 출중했다. 데와닷따는 부처님이 깨달음을 얻은 뒤 까삘라 성을 방문했을 때, 난다와 아누룻다 등의 왕족들과 함께 출가했다. 빔비사라 왕이 죽림정사를 건립하여 부처님 교단에 바쳤으나 부처님은 그곳에 오래 머물지 않고 전법의 길을 떠났다. 데와닷따는 부처님이 안 계신 죽림정사를 차지했다. 그는 타고난 언변과 사교성 덕분에 빔비사라의 아들인 아자따샷뚜의 환심을 산다. 아자따샷뚜가 왕세자로 책봉되어 실권을 장악하자 매일같이 오백 대의 수레로 데와닷따에게 음식을 실어 날랐다. 좋은 옷과 맛난 음식에 끌려 많은 승려들이 데와닷따 주위로 몰려들었다. 이것을 아신 부처님은 "비구들이여, 많은 보시와 높은 명성은 수행자에게 타오르는 불과 같다. 불이란 이익을 가져오기도 하지만 방심하면 제 몸을 태우기도 하는 법. 바나나나무가 많은 열매를 맺으면 말라죽듯, 감당하기 힘든 공양과 명성은 자신을 죽이리라. 쌓은 공덕을 무너뜨릴 것이다."라고 하셨다.

그러나 데와닷따의 야욕은 잠재울 수 없었다. 어느 날 부처님이 빔비사라 왕과 아자따샷뚜 태자, 신하들과 사람들에게 설법하고 있을 때 그가 일어나 합장하고 당당한 목소리로 말하였다. "세존께서는 연로하십니다. 아무쪼록 과보로 얻으신 선정에 들어 편히 쉬십시오. 교단은 제가 통솔하겠습니다." 그는 두 번 세 번 같은 말을 되풀이했다. 부처님은 거절했다. "데와닷따여, 나는 너보다 뛰어난 사리뿟따와 목갈라나에게 조차 교단의 통솔을 맡기지 않는데, 너처럼 다른 사람이 뱉어버린 가래침을 주어 삼키는 이에게 어찌 교단의 통솔을 맡기겠느냐." 이에 분개한

데와닷따는 아자따삿뚜와 은밀하게 모사를 꾸민다. "당신은 부왕에게서 왕위를 물려받아 마가다의 왕이 되시오, 나도 부처님을 대신하여 교단의 주인이 될 것이오." 권력욕이 강했던 왕자는 그의 말대로 빔비사라 왕을 폐위시키고 왕위를 찬탈했다.

이때부터 그는 아자따삿뚜 왕의 힘을 빌려 세 차례나 부처님을 살해하려 했다. 한번은 자객을 보내 깃자꾸따(영취산)에 머물던 부처님을 향해 화살을 날리게 했으나 상처를 입힐 수 없었다. 오히려 자객들이 부처님께 교화되었다. 다음에는 깃자꾸따를 오르내리는 부처님에게 바위를 굴렸다. 바위는 산산조각이 났다. 튕겨온 바위 조각에 부처님의 엄지발가락이 심하게 다쳤다. 부처님의 주치의 지와까가 다친 부위를 칼로 째서 나쁜 피를 뽑아내고 염증이 번진 살을 도려냄으로써 상처가 완치됐다. 세 번째 시도는 데와닷따의 제자를 자처하는 아자따삿뚜가 스승을 위해 꾸민 일이었다. 그는 포악한 코끼리 날라기리Nalagiri에게 술을 먹여 취하게 한 후 라자가하 시내를 걷고 있던 부처님을 향해서 질주하도록 했다.

부처님을 향해 질풍처럼 달려오는 코끼리 앞에서 사람들은 추풍낙엽처럼 흩어져 달아나는데, 아난다만은 자기 몸으로 부처님을 막으며 앞에 나섰다. 부처님은 아난다를 비키게 하고 코끼리와 정면 대결한다. "날라기리!" 부처님이 큰 소리로 코끼리를 부르며 걸어 나갔다. "날라기리, 이리로 오라. 튼튼하고 자랑스러운 너의 다리를 수고롭게 하지 말라." 그러자 코끼리의 눈빛이 선해지면서 치켜든 코를 천천히 내리고 귀를 흔들며 부처님 앞에 무릎을 꿇었다. 주인 앞에 선 개처럼 납작 엎드린 코끼리의 미간을 쓰다듬으며 부처님이 말했다. "날라기리, 사람을 죽여서는 안 된다. 이제부터 자비로운 마음을 길러라." 이 광경을 지켜보던 백성들은 환호하면서 부처님에 대한 존경심이 한층 깊어진다.

데와닷따는 일이 수포로 돌아가자 추종자를 이끌고 가야산으로 들어갔다. 그는 이제 갓 들어온 웨살리 출신의 새내기 비구 500명을 끌어들여서 별도의 승가를 선언하였다. 이에 부처님은 사리뿟따와 목갈라나를 보내 500명의 새내기들을 데려오라고 했다. 데와닷따는 사리뿟따와 목갈라나 존자가 가야산으로 오자 자기 교단에 합류하러 온 줄 알고 기뻐하며 자신의 옆자리를 비워주었다. 이어서 자신이 제시하는 다섯 가지 계법의 정당성을 주장하는 연설을 했다. 그리고 자기는 피곤하다며 두 존자에게 설법을 시켰다. 데와닷따는 이내 깊은 잠에 들었다. 사라뿟따 존자와 목갈라나 존자가 번갈아 가며 설법을 하고 마칠 때쯤, 가야산의 동쪽하늘 끝에서 아침 해가 찬란히 떠올랐다. 두 분 존자는 떠오르는 아침 햇살을 등 뒤에서 받고 서 있었다. 두 존자의 그림자가 앞에 앉아 있던 비구대중 머리위로 길게 드리운다. 해가 높이 오를수록 그림자는 더 커지고 넓어진다. 비구들의 눈에는 두 분 존자가 찬란한 황금빛에 싸인 것처럼 보였다. 비구들은 경외감에 휩싸이면서 깊은 감동을 받는다. 이것이 불광효과[1]다. 이런 장면을 묘사하고 있는 만화 〈붓다〉(데즈카 오사무[2] 작품)가 떠오른다. 당시 비구대중에게는 존자들이 신통을 부린 것으로 보였을 것이다. 그리하여 데와닷따에 동조했던 비구들은 모두 감화되었다. 다시 돌아온 500명의 비구들을 맞이한 부처님은 조용히 타일렀다. "나쁜 친구를 가까이 하지 말고, 지혜로운 사람을 가까이 하라."

데와닷따의 말로는 어떠했는가? 삼역죄三逆罪를 범했으므로 산 채로 무간지옥에 떨어졌다. 세 가지의 역죄란 다음과 같다.

① 파화합승破和合僧: 추종자를 이끌고 나와 별도의 파당을 만듦으

로써 승가를 분열시킨 죄.

② 출불신혈出佛身血: 산꼭대기에서 큰 돌을 굴려 부처님의 몸에 피를 내게 한 죄.

③ 살아라한殺阿羅漢: 부처님을 해하지 말라고 꾸짖던 연화색 비구니蓮華色比丘尼 우빨라완나Uppalavanna를 주먹으로 때려죽인 죄.

이렇게 세 가지 죄를 저지른 데와닷따가 뒤늦게 자신의 죄를 참회하려고 기원정사로 향했다. 심한 갈증을 참고 먼 길을 온 데와닷따는 정사의 문 앞에 있는 연못을 보고 물을 마시려고 땅을 내딛었다. 그 순간 대지가 갈라지더니 불길이 치솟아 그를 휘감아버렸다. 참회할 기회도 얻지 못하고 아비지옥[3]에 떨어졌다.

그런데 데와닷따가 주장한 다섯 가지 계율은 무엇인가?

① 비구들은 평생토록 산림에서 거주해야 하며 마을에 거주하면 죄가 된다.

② 비구들은 평생토록 걸식해야 하며 식사초대請食를 받으면 죄가 된다.

③ 비구들은 평생토록 분소의糞掃衣를 입어야 하며 거사의居士衣(재가신자가 보시한 옷)를 입으면 죄가 된다.

④ 비구들은 평생토록 나무 아래에서 거주해야 하며 집 안에서 거주하면 죄가 된다.

⑤ 비구들은 평생토록 물고기와 고기를 먹지 않아야 하며 먹으면 죄가 된다.

이것을 보면 데와닷따는 고행을 선호하는 율법주의자이다.[4] 데와닷따가 주장한 엄격한 계율은 당시 자이나교의 고행주의 영향을 받은 것이다. 수행자가 고행을 표방하면 사람들에게서 존경심을 쉽게 얻을 수 있고, 보시를 많이 받을 수 있다. 그러나 부처님은 중도적인 실용주의를 권했다. 엄격한 계율을 주장하면 몸이 약한 비구와 비구니들은 따라 하기 힘들고 건강을 해칠 수 있어 해탈로 나아가는 데 장애가 될 것이다. 개인이 원한다면 엄격한 계율을 가지는 것은 무방하지만 이를 대중 전체에게 강요할 수는 없다.

부처님의 중도 실용주의는 다음과 같다.

① 비구는 원에 따라 산림에 머물러도 좋고 마을에 머물러도 좋다.

② 비구는 원에 따라 걸식을 해도 좋고 식사초대에 응해도 좋다.

③ 비구는 원에 따라 분소의를 입어도 좋고 거사의를 입어도 좋다.

④ 8개월 동안은 나무 밑에서 좌와坐臥함을 인정한다.

⑤ 자기를 위해 죽이는 것을 보거나 죽였다는 소리를 듣거나 그런 의심이 가지 않는 고기는 먹어도 좋다. 이것을 삼정육三淨肉(먹어도 허물이 되지 않는 세 가지 종류의 고기)이라 한다.

| 주 |

1) 불광효과佛光效果: 중국 사천성 성도成都에 있는 아미산에 올라 새벽안개 자욱한 정상에서 일출을 맞이할 때, 사람이 둥그런 빛 속에 싸여 둥둥 떠다니는 것처럼 보인다. 이것을 불광효과라 한다.
2) 데즈카 오사무(手塚治虫 Tezuka Osamu, 1928~1989): 일본이 낳은 세계적인 만화가. '애니메이션의 신'이라 불린다. 〈우주소년 아톰〉(1952), 〈불새〉(1956), 〈밀림의 왕자 레오〉(1965), 〈붓다-싯다르타의 모험〉(1972)등 기라성 같은 만화작품으로 어린이들에게 꿈과 영감을 불러일으켰다.
3) 아비지옥阿鼻地獄아위찌 나라까avici naraka: 괴로움 받는 일이 순간도 쉬지 않고

끊임이 없다 하여 그런 이름이 붙여졌으며 무간지옥無間地獄이라고도 한다.
4) 데와닷따 교단: 데와닷따가 주장한 엄격한 계율을 지키는 교단이 데와닷따가
   죽은 후에도 흩어지지 않고 계속 유지되었다는 증거가 있다. 당나라 구법승이
   었던 현장보다 앞서 인도를 순례했던 승려 법현(法顯, CE 334~420)은 5세기에 네
   팔 국경 근처에서 데와닷따 교단과 만난 사실을《불국기佛國記》에 적고 있다.

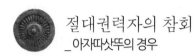

절대권력자의 참회
_아자따삿뚜의 경우

부처님과 동년배로서 같은 왕족 출신이었던 마가다 국의 빔비사라
왕은 종교에 관대하여 불교와 자이나교를 동등하게 대접하였다. 그리고
나라를 다스리는 데 항상 부처님의 교훈을 따르기를 좋아하였다.

그렇지만 절대권력을 지닌 자는 순진할 수 없다. 부처님의 제자임
을 자처하는 그이지만 권력을 세습하고자 하는 욕망은 어쩔 수 없었다.
여기에서 비극의 씨앗이 심어진다. 미래를 예견하는 관상감을 불러 자
기 아들로 올 인물이 지금 어디에 무얼 하고 있는지 점을 쳐보라고 했
다. 관상감은 미래의 왕세자가 되실 분은 지금 방등산方等山 바이풀리야 산
Vaipulya에서 도를 닦고 있는 까삘라 선인Kapila仙人이라고 했다. 얼마나
더 기다려야 자기 아들로 올 것이냐고 물었다. 한 20년은 더 있어야 천
수를 다하고 다음 생을 받을 거라 한다. 빨리 아들을 보고 싶은 생각에
조바심이 난 왕은 비정상적이고도 비열한 수법을 쓴다. 기왕에 자기 아

들로 오기로 되어 있는 사람이라면 조금 일찍 죽어서 빨리 어미의 태중으로 들어온들 무슨 허물이 되리오. 그래서 까뻴라 선인을 죽인다. 선인은 임종 때 '내가 이미 왕의 아들로 태어나기로 되어 있지만 그래도 이건 너무 하지 않는가.'라는 억울한 생각이 들었다.

과연 빔비사라 왕의 왕비 위데히Videhi 부인에게 왕자가 잉태되었다. 왕자의 이름은 아자따삿뚜Ajatasatthu. 세월이 흘러 아자따삿뚜는 왕세자로 책봉되었다. 세자로 책봉된 후의 정치판도는 이상하게 돌아간다. 궁전 안에서는 지는 태왕을 따르는 훈구파들과 떠오르는 태양 같은 왕세자를 따르는 신진 세력들이 서로 갈등하며 알력을 보이게 된다. 이는 상왕上王과 왕자, 아버지와 아들 간의 갈등으로 비화된다. 왕자 수업을 잘 받은 아자따삿뚜는 권력의 속성을 알고 있었다. 그리고 야심도 있었다. 부처님을 대신하여 승단을 통치하려는 야망을 품었던 데와닷따와 장차 대업을 꿈꾸는 아자따삿뚜는 서로 뜻이 통했다. 너는 불교교단의 통수자가 되고 나는 마가다 국의 최고 통치자가 되어 천하를 다스리자. 이런 밀약이 있었다. 그리하여 데와닷따는 부처님을 세 번이나 해하려다 미수에 그치고 지옥에 떨어지고 만다.

한편 아자따삿뚜는 아버지를 감옥에 유폐시키고 굶어죽게 만든다. 과거에 심어진 악연의 과보가 이제 익은 것이다. 전생의 자기를 죽였다는 원한에 대한 보복심리가 발동하여 친부를 죽이게 된다. 한 번 뿌려진 씨앗의 열매를 스스로 맛보게 되는 것이 인과의 이치다. 빔비사라는 이런 도리를 알기에 신세한탄을 하지 않고 옥살이를 달갑게 받는다. 자기 아들이 왕 노릇을 일찍 하고 싶다는데 아비로서 무얼 방해하랴, 이런 심정이었을는지도 모른다. 위데히 부인은 굶주리고 있는 남편을 어떻게든 먹여 살려야겠다는 일념으로 몸에다 꿀을 바르고 그 위에다 미숫가루를 묻혀 감옥으로 면회를 갔다. 왕은 왕비의 몸에 발린 미숫가루를 핥아먹고 연명한다. 그러나 결국 이 일이 발각되어 왕은 죽음을 맞이한다. 대제국 마가다를 통치하던 왕이 아들에게 왕위를 빼앗기고 죽임을 당한 것이다. 이 얼마나 원통하고 반인륜적인 죄악인가? 그러나 권력의 세계에서는 비일비재한 일이다.

왕이 죽은 후 어미와 아들 간에는 차가운 냉기류가 흐른다. 아들은 말한다. "정치는 비정하고 냉혹한 것이다. 어머니는 이해할 수 없을 것이다. 두 마리 수사자가 한 숲을 지배할 수 없다는 것을." 권력투쟁이 사람을 얼마나 비인간적으로 만드는가를 보여주는 말이다.

아자따삿뚜에게 왕자가 태어난다. 제 아들을 금지옥엽처럼 소중히 하는 아자따삿뚜에게 어머니 위데히는 짐짓 물어본다.

[위데히] "네 아들이 사랑스러우냐?"

[아자따삿뚜] "예, 어머니. 그런데 제가 태어났을 때에도 아버지가 이처럼 기뻐하셨나요?"

[위데히] "네 엄지손가락의 흉터를 보아라. 생손앓이를 하던 네가 밤새 울자 네 아비가 너를 안고 밤을 지새우다, 퉁퉁 부어오른 네 엄지손가락의 고름을 빨아 삼키셨단다. 입을 떼면 행여 또 울까 싶어서였지."

[아자따삿뚜] "어머니, 제가 잘못했습니다."[1]

아들은 아비를 죽인 죄를 어미에게 고백한다. 진정한 참회는 가슴으로 통한다. 위데히 부인은 아들을 안았다. 모자가 화해한다. 그러나 아자따삿뚜는 알 수 없는 통증에 시달린다. 이것은 아비에 대한 죄책감과 정신적 외상트라우마trauma이 몸으로 나타난 것이다. 우리 몸에서 느껴지는 통증은 대체로 억눌린 감정이나 정신적 상처의 징후다. 통증은 치유받기 위해 겉으로 드러난 몸의 하소연이다. 몸이 운다. 고통을 치유해 달라고. 아자따삿뚜는 만사가 권태로워져 우울증에 빠진다.

"오늘 밤은 청명하여 낮과 같이 밝구나. 이런 날 뭘 하면 이 가슴이 시원해질까?" 부처님의 주치의 지와까가 왕에게 부처님이 있는 망고 동산으로 행차할 것을 권한다. 왕은 달 밝은 날 밤에 신하와 호위무사를 이끌고 망고 동산으로 나아간다. 불안과 의심의 숲길을 통과한다. 이것은 아자따삿뚜가 자기 안의 어둠의 터널을 뚫고 밝음을 향해가는 의식의 진화 과정이다. 잠자는 미녀를 깨우기 위해 가시덤불을 뚫고 마법에 걸린 성안으로 들어가는 왕자와 같은 경우다.

우리는 '윤회'라는 주술에 걸려 '세상'이란 성에 유폐되어 잠에 빠진 백설 공주다. 누가 와서 내 잠을 깨워주랴? 왕자님이 와서 깨워주기를 한없이 기다릴 것인가? 자기안의 부정적인 원인을 알아차리고 지금 당장 깨어나라. 그것이 주술을 푸는 묘방이다.

더 없이 고요한 망고 동산. 왕은 의심에서 완전히 벗어나지 못하여 더 나아가길 머뭇거린다. 대왕이여, 더 나아가소서. 반드시 행복을 얻고 경사로운 일이 생길 것입니다. 멀리 바라보이는 부처님의 현존! 넓은 강당의 사자좌에 앉은 부처님은 작은 등잔 빛에도 황금 산처럼 찬란하다. 주위를 에워싼 1,250명의 비구는 숲의 어둠보다 고요하고 얼굴은 달빛보다 맑았다. 세상에서 이처럼 아름다운 광경이 더 있을까? 왕은 희열에 휩싸여 주체할 수 없었다.

아, 나의 아들도 이처럼 평온하고 지혜로운 눈빛이기를.

부처님의 맑은 목소리가 감로수처럼 떨어진다.

높은 하늘에서 떨어진 빗방울

그 물은 낮은 곳으로 흐르듯

부모는 좋고 유익한 것 있으면

사랑하는 자식을 먼저 떠올리는 법

잘 오셨습니다. 대왕이여, 가까이 오십시오.

대왕이여, 모든 결과에는 원인이 있고, 모든 행위에는 결과가 따릅니다.

선하고 유익한 결과를 가져오는 마음가짐과 행동을 부지런히 실천하고,

악하고 무익한 결과를 가져오는 마음가짐과 행동을 삼가세요.[2]

지난날의 과오를 넌지시 비춰주는 말씀이라 아자따삿뚜의 가슴에 파고들었다.

"세존이시여, 저의 참회를 받아주소서. 성군이시고 훌륭한 아버지였던 선왕을 제가 권력욕에 눈이 멀어 죽게 만들었습니다. 저의 어리석고 철없던 짓을 용서하소서."

가슴에서 우러나오는 참회는 사람을 치유한다. 부처님은 먼 허공을 바라보신다. 왕은 가물거리는 촛불 아래서 흐느낀다. 잘못을 잘못인 줄 알고 뉘우치는 사람은 현명하다. 그런 사람은 스스로 이익을 얻고 편안할 것이니라. 보름달이 하늘 가운데 오를 무렵, 아자따삿뚜는 무릎을 꿇고 합장한다.

거룩한 부처님께 귀의합니다.

거룩한 가르침에 귀의합니다.

거룩한 승가에 귀의합니다.

Buddham saranam gacchami. 붓당 사라낭 갓차미

Dhammam saranam gacchami. 담망 사라낭 갓차미

Sangham saranam gacchami. 상감 사라낭 갓차미

저 아자따삿뚜가 바른 가르침 안에서 우바새upāsaka[3]가 되도록 허락하소서.

지금부터 목숨이 다하는 날까지 살생하지 않고, 도둑질 하지 않고, 삿된 음행하지 않고,

거짓말 하지 않고, 술을 마시지 않겠습니다.

절대권력은 고독하다. 그러나 부처님 같은 분을 만나면 고독이 녹아서 봄바람이 된다. 봄바람 같이 부드러운 권력이라면 바람 가는 곳마다 꽃을 피우리라.

| 주 |

1) 《부처님의 생애》, p.365 3행~8행 옮김.
2) 위의 책, p.359 9행~p.360 8행 참조.
3) 우바새는 우빠사까upāsaka의 음역으로 출가하지 않은 남자 재가신자를 가리킨다. 청신사清信士라고도 한다. 우바이는 우빠시까upāsika의 음역으로 출가하

지 않은 여자 재가신자를 가리킨다. 청신녀淸信女로 의역된다.

 붓다는 왜 반지의 제왕이 되기를
거부했는가?

영국의 소설가 톨킨(John Ronald Reuel Tolkien, 1892~1973)이 쓴《반
지의 제왕Lord of the Rings》이란 소설은 영화화되어 히트를 쳤다. 어둠
의 제왕 사우론Sauron은 권세를 얻게해주는 반지를 모두 차지하기 위해
하나의 절대반지를 주조하였는데, 이 반지를 끼는 사람은 타락하여 파
멸하고야 만다. 당신은 반지의 제왕이 되고 싶을지도 모른다. 절대반지
는 부과 권력, 인기와 초능력을 상징하니까. 절대반지를 끼면 거부巨富가
되고, 제왕이 되고, 슈퍼스타가 되고, 초인이 된다.

낮은 곳에서 고달픈 삶을 살아가는 이들이 복권을 사는 것이나 절
대반지를 꿈꾸는 이유나 매한가지이다. 일하지 않고도 살 수 있을 만큼
돈을 쌓아두고 멋있게 한바탕 살고 싶은 욕망. 가는 곳마다 인기를 누리
는 스타가 되어 폼 나게 살고 싶은 욕망. 세상을 발아래 놓고 지배하고
픈 욕망. 그리고 세상을 구원하는 메시아가 되고 싶은 열망. 이런 욕망은
절대반지를 끼면 일시에 성취된다. 한 국가나 단체가 절대반지를 차지
하면 세계를 제패할 것이다. 어떤 사람은 이 반지를 끼고 사람들 앞에서
자기의 초능력을 과시하면서, 그들의 고통과 문제를 다 해결해주는 능

력을 과시하면서 황제나 신처럼 군림하기를 원할지도 모른다. 보통 사람은 그렇다 치더라도 세속을 초월하여 수행을 한다는 사람들도 이런 욕망에 물들 수 있다.

부처님은 신통력을 얻기보다는 자기 마음에 찌들어 있는 탐진치 삼독심을 정화하는 일이 최고로 중요하다고 가르쳤다. 번뇌가 다 정화된 것을 누진통漏盡通(마음에서 무엇인가 질질 새어나오는 것이 다 말라버려 깨끗해졌다는 뜻)이라 하며 다른 오신통(숙명통, 천안통, 타심통, 천이통, 신족통)보다 더 위대한 일로 칭송하는 이유가 여기에 있다.

부처님도 절대반지를 끼고 싶으셨을까? 싯다르타 태자가 출가할 때 벌써 전륜성왕의 꿈을 버렸다. 전륜성왕이란 세계를 통일하여 정법으로 다스리는 절대군주를 말한다. 인도식 절대반지인 셈이다.

붓다의 길과 권력의 길은 다르다. 싯다르타는 고행을 하여 도를 얻고서도 카리스마를 행사하며 정신적인 권력을 휘두르지 않았다. 소위 도를 통했다는 사람들은 카리스마 넘치는 위풍과 초인적인 능력이 있기에 사람들의 마음을 후리기 쉽다. '내가 너의 문제를 알아서 다 해결해 줄 테니 나만 믿고 따르라. 내가 시키는 대로 하면 다 된다.' 이런 식으로 도인행세를 하는 사람은 영적인 독재자가 되고 그의 추종자들은 절대권력을 맹종하는 영적인 노예로 전락하고 만다. 흔히 세상을 구원하겠다고 하는 메시아적 열정에 복받친 사람이 자기 욕망을 다 정화하기도 전에 권능을 얻게 되면 이런 종류의 인물이 되고 만다. 절대반지를 낀 사람은 천하무적의 위광을 누리게 되지만 점점 그 힘에 중독된다. 그리고 타인의 고통에 둔감해지면서 제 욕망과 이익만 챙기게 되고, 주변 사람들을 의심한다. 추종자들 앞에서 점점 더 오만해지면서, 복종을 강요하고 불합리하고 비도덕적인 일들까지도 서슴없이 저지르게끔 만든다. 이 지경이 되면 천사가 타락하여 사탄이 되고, 도인이 타락하여 사이비 교주가 된 꼴이다.

붓다는 너의 문제를 내가 대신 해결해준다고 말하지 않는다. '문제를 해결하는 힘이 너에게 있다. 나는 다만 그 힘을 이끌어내는 방법을 가르쳐 줄 뿐이다. 네 자신이 문제의 원인인 동시에 문제 해결의 근원이다.'라고 말씀하신다. 내가 너를 구원해줄 테니 나를 믿으라고 하지 않는다. 너 자신이 의지처가 되고 너 자신이 등불이 되라고 하신다. 타인의 권위와 능력에 의지하지 말고 코뿔소의 외뿔처럼 홀로 가라고 하신다. 붓다는 구세주나 해결사를 자처하지 않았다. 그는 다만 진리의 길을 가는 사람들의 선지식善知識(잘 가르쳐 주는 사람)이고 선우善友(착한 친구)다.

당신이 절대반지를 끼고 일이 잘 풀린다 해도 행복할 수는 없다. 왜냐? 절대 다수가 불행한데 어찌 자기 홀로 행복할 수 있으랴? 타인의 불행에 포위된 자기만의 행복이란 환상에 불과하다. 그것은 양심이 마비된 야수가 되는 길이다. 그래서 영화의 주인공인 호빗족Hobbit 프로도Frodo는 절대반지를 파괴하는 미션을 완수하고 고향으로 돌아가 일상의 소소한 행복에 만족한 삶을 산다. 샤이어Shire(호빗족의 고향)의 초목과 낟알이 굵은 곡식들. 일과를 마치고 마시는 맥주와 아이들의 웃음소리. 간달프Gandalf가 폭죽을 터뜨리고 하늘 위로 평화가 흐른다. 절대반지로도 구할 수 없는 것. 그것은 지극히 평범한 나날의 행복이요, 당신의 일상이다. 붓다는 일상을 정성스럽게 살아가라 한다.

아버지와 어머니를 봉양하고

아내와 자식을 돌보며
생업에 충실한 것,
이것이 으뜸가는 행복이라네.

존경하고 겸손하며
만족할 줄 알고 은혜를 알며
시시각각 가르침을 듣는 것,
이것이 으뜸가는 행복이라네.

인내하고 도반의 말에 순응하며
출가자를 만나고
때에 맞춰 법을 담론하는 것,
이것이 으뜸가는 행복이라네.

감각기관을 단속하고 청정범행을 닦으며
성스러운 진리를 보고
열반을 실현하는 것,
이것이 으뜸가는 행복이라네.

세상사에 부딪쳐
마음이 흔들리지 않고
슬픔 없고 티끌 없이 안온한 것,
이것이 으뜸가는 행복이라네.

〈큰 행복의 경Mahamangala Sutta〉(Sn 2:4)

8장   붓다의 마지막 여로

붓다의 열반상 부조 ┃ 파키스탄 북부 간다라 지역에서 출토된
2세기 경 열반상 부조. 제자들의 슬픔에 찬 표정이 잘 묘사되
어 있다. 독일 슈투트가르트 린덴Linden 뮤지엄 소재.
© Karl Heinrich

피안을 향하여 마지막 빚을 갚다
_사리뿟따의 죽음

이제 우리의 이야기는 부처님이 열반에 드는 시점에 이르렀다. 세존이 웨살리 근처의 벨루와Beluva 마을에서 우기를 보내고 안거가 끝나자 그곳을 떠나 몇몇 군데 들러서 사왓띠의 기원정사로 돌아왔다. 그곳에서 지혜제일 사리뿟따 장로는 세존께 예를 올리고 그의 거처로 갔다. 장로는 제자들이 절을 하고 나간 후에 거처를 말끔히 청소하고 방석을 깐 후, 발을 씻고 결가부좌로 앉아 아라한과의 선정에 들었다. 사리뿟따는 미리 정해놓은 시간에 선정에서 깨어나 이런 생각을 했다.

'부처님이 먼저 무여열반[1]에 드는 것일까, 아니면 그분들의 상수제자들이 먼저 무여열반에 드는 것일까?' 그는 상수제자들이 먼저 무여열반에 든다는 것을 알게 되었다. 그래서 자신이 얼마나 더 살 수 있는지 헤아려보니 남은 생명이 단 일주일이라는 것을 알게 되었다. '나는 어디서 무여열반에 들게 될 것인가?' 하고 살피던 중 이런 생각이 떠올랐다.

'라훌라는 도리천의 천신들 사이에서 무여열반에 들었고, 안냐 꼰단냐 장로는 히말라야의 찻단따 호수에서 무여열반에 들었다. 그러면 나는 어디에서 최후를 맞게 될 것인가?' 이것을 거듭 생각하는 동안 어머니가 떠올랐다. '어머니는 자식 일곱이 다 아라한이 되었는데도 부처님도 불법도 승가도 믿지 않는다. 그 믿음을 얻을 만한 근기를 갖추고 계신 걸까, 아닐까?' 이를 관하여 보니 어머니가 수다원도에 들 수 있는 조건들을 갖추고 있음을 알았다. 그리곤 이런 의문이 들었다. '어머니는 누구의 가르침을 받아 진리의 깨달음을 얻게 될 것인가?' 그는 다른 누구도 아닌 바로 사리뿟따 자신의 법문을 통해서만 어머니가 깨달음을 얻게 되리라는 것을 알게 되었다. 그는 또 이런 생각을 하였다. '만약 내가 어머니를 제도하지 않는다면 사람들은 이런 말을 할 것이다. "사리뿟따는 많은 사람들을 깨닫게 해주었다면서, 정작 자기 어머니는 정견으로 인도하지 못하다니!"라고 하겠지. 그러니 나는 어머니를 사견에서 벗어나게 해주고 내가 태어났던 바로 그 방에서 무여열반에 들어야겠다.'

이렇게 마음을 정하고 그는 '오늘 당장 세존께 허락을 받고 날라까 Nalaka로 떠나야겠다.'고 생각했다. 그는 시자인 쭌다Cunda 사미를 불러서 이렇게 말했다. '쭌다야, 내가 날라까로 가고자 하니 우리 5백 비구들에게 의발을 갖추어 떠날 준비를 하라고 해다오.' 쭌다는 시키는 대로 행하였다. 비구들은 그들이 묵던 곳을 정돈하고 의발을 들고서 사리뿟따 장로에게로 왔다. 장로 또한 자신의 침소를 정돈하고 낮에 일보던 곳을 비질하였다. 그리고는 문 앞에 서서 그곳을 돌아보며 이런 생각을 했다. '이 곳을 보는 것도 이제 마지막이로구나. 다시 돌아오는 일은 없으리니.' 그리고는 오백 비구들과 함께 세존께 가서 경배한 후 이렇게 말하였다.

"정각자이시며 일체지자一切智者이신 세존이시여, 허락하여주소서. 제가 무여열반에 들 때가 되었나이다. 이제 목숨이 다하였습니다.

세상의 주인이시여, 위대한 대각세존이시여!

저는 곧 이 삶에서 풀려납니다.

다시는 오고 감이 없으리니

세존을 우러르는 것도 이것이 마지막입니다.

제게 시간이 얼마 남지 않았습니다.

이레만 지나면 짐 다 벗고

이 몸을 누이게 될 것입니다.

스승이시여, 들어주소서! 세존이시여, 허락하소서!

마침내 제가 열반할 때가 되었나이다.

이제 저는 삶의 의지를 놓았습니다."

[붓다] "어디에서 무여열반에 들려 하느냐?"

이 대목에서 부처님이 이렇게 묻는 데는 다 이유가 있다. 만일 세존께서 "무여열반에 들어도 좋다."고 대답하였다면 외도들은 죽음을 예찬했다고 비난할 것이고, 만일 "무여열반에 들지 말라."고 대답하였다면 윤회의 굴레가 지속되는 것을 예찬했다고 비난할 것이다. 이를 아는 세존은 그런 식으로 말하지 않고 "어디에서 무여열반에 들려 하느냐?"라고 물었다.

"마가다 국 날라까 마을의 제가 태어났던 방에서 열반에 들겠습니다."

그러자 세존은 이렇게 말했다.

"사리뿟따여, 시의적절하다고 생각되는 바를 행하여라. 하지만 승가의 형제들은 그대 같은 비구를 만날 기회가 다시는 없을 것이다. 그러니 그들에게 마지막으로 법을 설하여주어라."

이에 장로는 자신의 놀라운 법력을 다 드러내는 설법을 하였다. 불법의 가장 높은 경지로 올라갔다가 세간적 진리[2]의 경지로 내려오고, 다시 오르기도 하고 또 내려오며 온갖 직설과 비유를 구사하여 법을 설하였다. 설법을 마치고 그는 세존 앞에 엎드려 경배했다. 세존의 다리를 부여안고 그는 이렇게 말하였다.

"저는 세존 앞에 엎드려 경배할 수 있기까지 무량겁에 걸쳐 십바라밀을 닦아왔습니다. 제 간절한 소망은 이루어졌습니다. 앞으로는 만날 일도 스칠 일도 없을 것입니다. 이제 그 두텁던 인연도 다하였습니다. 저는 곧 늙음도 죽음도 없이 평화롭고 복되고 번뇌 없는 안온한 곳, 수만의 부처님이 들어가셨던 그곳, 닙바나로 들어갑니다. 저의 말이나 행동이 세존을 기쁘게 해드리지 못한 점이 있다면, 세존이시여, 용서하소서! 이제 가야 할 시간입니다."

언젠가도 부처님은 이에 대답한 적이 있었다. "사리뿟따여, 그대의 말이나 행동에 꾸짖을 것은 아무 것도 없다. 그대는 크고 넓고 밝은 지혜를 갖추었으며, 빠르고 예리하게 통찰하는 지혜를 갖추고 있기 때문이다." 이번에도 세존께서는 똑같이 대답한다.

"사리뿟따여, 그대의 청을 듣겠노라. 하지만 그대의 말 한마디 몸가짐 하나 거슬린 적이 없었다. 사리뿟따여, 이제 그대가 시의적절하다고 생각하는 일을 하여라."

사랑하는 수제자가 먼저 세상을 떠나려 하는데 부처님의 마음은 어떠했을까? 부처님이 상당히 서운하고 슬픈 생각이 들었으리라 짐작되지만, 그건 순전히 우리 범부의 생각이다. 부처님은 법대로, 인연대로, 시의적절하게 행하라고 말씀하신다. 그렇다고 부처님이 감정이 없는 쇠로 만들어진 사람일까? 그렇지 않다. 부처님의 마음을 아는지, 하늘과 땅, 자연이 부처님의 심정을 대신 표현했다.

세존의 허락을 받은 사리뿟따가 엎드려 절하고 일어서자 대지가 포효하며 온 천지가 바다에 이르기까지 크게 한 번 진동한다. 마치 대지가 이렇게 말하는 듯했다. "수미산 주변 이 첩첩의 산과 거대한 히말라야 산맥을 떠받치고 있는 나로서도 오늘 이처럼 쌓인 엄청난 덕은 감당할 수가 없구나!" 그리고는 크나큰 우레가 하늘을 갈라놓았고 먹장 같은 구름이 나타나더니 큰비가 쏟아져 내렸다.

세존은 이런 생각을 한다. '이제 법장[3)]을 떠나보내야겠다.' 그리고는 법상에서 일어나 당신이 거처하는 향실로 가서 보좌 위에 섰다. 사리뿟따는 향실을 오른쪽으로 세 바퀴 돌면서 동서남북에 절하며 이런 생각을 하였다. '제가 아노마닷시Anomadassi[4)] 부처님 발아래 무릎 꿇어 스승님 만나기를 서원한 것이 헤아릴 수 없이 많은 세월, 수십만 겁 전이었습니다. 그 서원이 이루어져 저는 드디어 스승님을 뵙게 되었습니다. 그때 만나 처음 뵈었고, 이제 마지막으로 뵈옵는 것입니다. 이제 다시는 뵈올 기회가 없을 것입니다.' 두 손을 합장한 채 세존의 모습이 더 이상 보이지 않을 때까지 뒷걸음으로 그곳을 떠났다. 그러자 그것을 못내 참을 수 없어 대지는 또 한 번 바닷가까지 전율했다. 대지가 전율한다고 표현된 경전의 말씀은 사랑하는 제자를 떠나보내는 부처님의 심정을 대변한 것인가? 이렇게 생각하고 싶은 것이 우리의 심정이다. 대장로 사리뿟따 존자를 보내는데 어찌 슬프지 않으랴. 오늘 우리도 그분을 따라가고 싶다. 그랬더니 부처님은 존자를 따르는 제자들은 따라가서 그분의 최후를 지켜보라고 한다.

그때 세존께서는 주위에 둘러서 있던 비구들에게 말했다. "비구들이여, 가보도록 해라. 그대들의 사형을 따라가도록 해라." 그 말씀에 사부대중이 바로 기원정사를 떠났고 그곳에 세존은 홀로 남았다.

그 소식을 들은 사왓띠의 시민들도 향과 꽃을 받쳐 들고 꼬리에 꼬리를 물고 도시를 빠져나갔다. 그들은 슬픔의 표시로 머리카락을 적시며 울고 탄식하며 장로의 뒤를 따라갔다.

그러자 사리뿟따는 "이 길은 그 누구도 피할 수 없는 길입니다."라고 타이르며 그들에게 돌아갈 것을 요청했다. 그를 따라오던 비구들에게도 말했다. "여러분들도 이제 돌아가십시오. 스승님 모시기를 소홀히 하지 마십시오."

이렇듯 모두 되돌려 보내고 나서 그는 자신의 제자들만 데리고 길을 떠났다. 이 일주일의 여정 동안에 사리뿟따는 하룻밤을 지내면서 묵을 때마다 많은 사람들이 자신을 마지막으로 볼 수 있도록 하였다. 드디어 고향인 날라까 마을에 도착한 저녁 무렵, 그는 마을 어귀에 있는 벵골 보리수나무 근처에 멈추어 섰다. 마침 그때 장로의 조카인 우빠레와따Uparevata가 마을 밖으로 나갔다가 그곳에서 사리뿟따를 보았다. 그는 장로에게로 가서 예를 올리고 그대로 서 있었다.

장로가 그에게 물었다. "할머니께서는 집에 계시던가?"

"네, 계십니다. 장로님."

"그러면 가서 우리가 왔다고 알려드리게. 그리고 만일 할머니께서 우리가 어찌 왔느냐고 물으시거든 이 마을에 하루 묵을 테니 내가 태어났던 방을 쓸 수 있게 해주시고 5백 비구들이 머물 처소도 마련해주십사고 전해주게."

우빠레와따는 할머니에게 가서 말했다.

"할머니, 삼촌께서 오셨습니다."

"지금 어디 있더냐?"

"마을 어귀에 계십니다."

"혼자더냐, 아니면 누구 함께 온 사람들이 있더냐?"

"삼촌께서는 5백 명의 비구들과 함께 오셨습니다."

"어찌 왔다더냐?" 하고 묻자 그는 장로가 시킨 대로 말씀드렸다. 그러자 사리뿟따의 어머니는 이런 생각을 했다. '애가 왜 이렇게 많은 사람들의 처소를 마련하라는 걸까? 젊어서 비구가 되더니 이제 늙은 나이에 속인으로 되돌아오겠다는 걸까?'

그러나 어머니는 장로를 위해선 그가 태어났던 방을, 비구들을 위해서는 따로 처소를 마련하였고 횃불을 밝히고 나서 장로를 부르러 보냈다.

사리뿟따는 비구들을 데리고 생가의 안뜰을 지나 자신이 태어났던 방으로 들어갔다. 자리를 잡고 앉은 후, 비구들에게는 그들의 처소로 가도록 했다. 비구들이 물러간 후 곧 장로는 심한 설사병이 엄습해서 큰 고통을 느꼈다. 양동이가 번갈아 몇 차례나 들어오고 나가고 했다. 어머니는 '내 아들의 조짐이 좋지 않구나.'라고 생각하면서 자기 방 문기둥에 기대어 서 있었다.

그럴 즈음 사천왕들이 "법장께서는 지금 어디 계실까?"라며 서로 묻는다. 그들이 살펴보니 법장이 최후의 숨을 거두려고 날라까의 태어났던 방 침대에 누워있음을 알게 되었다. "우리 마지막으로 그분을 뵈러 가세."

사천왕은 그 방에 도착하여 장로께 예를 올리고 옆에 가만히 서 있었다. "당신들은 누구십니까?" 장로가 물었다.

"우리는 사천왕입니다, 존자님."

"어떻게 오셨습니까?"

"병석에 계신 존자님을 돌보아드리고 싶습니다."

"그러실 것 없습니다. 여기도 돌보는 사람이 있으니 여러분들은 돌아가도록 하시지요."라고 사리뿟따가 말했다.

그들이 떠난 뒤, 제석천왕과 대범천도 왔다갔다. 이처럼 천상계의 존재들이 왔다가 가는 모습을 보며 어머니는 '내 아들에게 경의를 표하고 떠나는 저들이 누구란 말인가?' 하는 의문에 사로잡혔다. 어머니는 장로가 있는 방의 문께로 가서 쭌다 사미에게 존자의 건강상태가 어떤지 물었다. 쭌다는 사리뿟따 존자에게 "우바이 노부인께서 오셨습니다."라고 말하며 어머니의 질문을 그대로 전했다.

"어떻게 이런 시간에 오셨습니까?" 사리뿟따가 어머니에게 물었다.

"보시게, 그대를 보러 왔다네. 그런데 제일 먼저 왔던 이들은 누구였소?"

"사천왕들이었습니다, 우빠시까여."

"그렇다면 그대가 그들보다 더 훌륭하단 말이오?"

"그들은 말하자면 절을 지키는 시자侍者 같은 존재입니다. 우리 스승님이 금생에 태어나신 이래, 그들은 칼을 들고 스승님을 호위하고 있답니다."

"그들이 떠난 후에 왔던 이는 누구였소?"

"천신들의 왕인 제석천왕이었습니다."

"그렇다면 그대가 천신의 왕보다 더 훌륭하단 말이오?"

"그는 비구의 의발을 들고 따르는 사미와 같은 존재지요. 우리 스승님이 삼십삼천에서 돌아오셨을 때 제석천왕이 스승님의 의발을 들고 스승님과 함께 지상으로 내려왔답니다."

"그럼 제석천왕이 돌아간 후에 그 뒤로 왔던 이는 누구였소, 방안이 온통 빛으로 환해지던데."

"우바이여, 그건 당신의 주인이자 스승인 대범천왕이었습니다."

"그렇다면 아들아, 그대가 나의 주인이신 대범천왕보다 더 훌륭하단 말이냐?"

"그렇습니다, 우바이여. 우리 스승님께서 태어나신 날에 네 명의 대범천이 그 위대하신 분을 황금의 그물로 받았다는 이야기가 있습니다."

그 말을 듣자 브라만 여인은 이렇게 생각했다. '내 아들의 권세가 이 정도라면 내 아들의 스승이자 주인이신 분의 위력은 얼마나 크단 말인가?' 이러한 생각을 하고 있는 동안 갑자기 그 여인의 마음에 환희와 기쁨이 온몸에 가득 차올랐다.

그때 장로는 이런 생각을 했다. '어머니에게 환희심이 일어났으니 지금이 불법을 설해 드릴 시간이다.' 그리고는 이렇게 물었다. "우바이여, 무슨 생각을 하고 있었나요?"

"내 아들의 덕성이 그 정도일진대 그 스승님의 덕성은 어떨 것인가 생각하고 있었지요."

"나의 스승님이 태어날 때, 그분이 세속의 삶을 포기하고 위대한 출가를 할 때, 그분이 성도할 때, 그리고 초전법륜을 굴렸을 때, 이때마다 수없이 많은 세계가 전율하고 진동했습니다. 계행, 선정, 지혜, 해탈, 그리고 해탈지견에 있어서 그분에 필적할 만한 이는 없습니다." 그리고 부처님에게 예경을 올리는 구절들(여래십호)[5]을 자세히 설명하였다.

세존께서는 공양을 받을 만한 분이시며, 완전히 깨달으신 분이시며

지혜와 실천을 구족하신 분이시며, 피안으로 잘 가신 분이시며, 세상을 잘 아시는 분이시며

가장 높은 분이시며, 사람을 잘 길들이시는 분이시며

신과 인간의 스승이시며, 부처님이시며, 세존이시다.

Itipiso bhagavā araha sammā sambuddho

이띠삐소 바가와 아라항 삼마 삼붓도

Vijjācaraṇa sampanno sugato lokavidū

윗자짜라나 삼빤노 수가또 로까위두

Anuttaro purisa dammasārathi

아누따로 뿌리사 담마사라띠

Satthā deva manussana buddho bhagavā.

삿따 데와 마누싸낭 붓도 바가와

이렇듯 그는 어머니에게 부처님의 덕성을 근거로 불법을 설명하였다. 사랑하는 아들이 해주는 법문이 끝나자 이 브라만 여인은 예류과에 확고히 들었다. 그리고 이렇게 말했다.

[어머니] "아, 사랑하는 우빠띠사(존자의 어릴 때 이름)여, 왜 이제야 말해주는가? 불사의 감로 지혜를 왜 그토록 오랜 세월 동안 내게 말해주지 않았던가?"

이제 존자는 이런 생각을 했다. '이제 나는 어머니에게 나를 키워준 보답을 하였다. 이제 된 것 같다.' 그리고는 "우바이여, 이제 물러가십

시오."라는 말로 어머니를 돌려보냈다. 어머니가 물러간 후 "쭌다야, 지금 시각이 얼마나 되었느냐?" 하고 물었다.

"존자님, 이른 새벽입니다."

[사리뿟따] "비구들을 모두 모이도록 해라."

비구들이 모이자 존자는 쭌다에게 말했다.

"쭌다야, 나를 일으켜 앉혀다오." 그러자 존자는 비구들에게 말했다.

"형제들이여, 나는 44년 동안 여러분과 함께 지냈고 여러분과 행각도 함께 하였소. 이제까지 내가 말이나 행동으로 여러분을 불쾌하게 한 적이 있다면 용서해주시오."

비구들이 대답했다.

"존자님, 비록 저희들이 존자님의 뒤를 그림자처럼 따랐지만 존자님께서 저희들을 불쾌하게 하신 적은 단 한 번도 없었습니다. 존자님, 도리어 저희들이 잘못했다면 용서해주소서."

존자는 넓은 가사로 몸을 감싸고 얼굴도 덮고 나서 오른쪽을 아래로 하고 누웠다. 그리고는 부처님께서 무여열반에 들게 될 때 하는 방식으로 선정에 들었다. 즉 순차적으로 아홉 단계의 선정[6]에 들었다가 다음에는 역순으로 아홉 단계의 선정에 들었다. 그 후에 다시 초선에서 순차적으로 제4선에 이르렀을 바로 그때, 지평선 너머로 떠오르는 태양의 윗머리가 나타났고 그 순간 사리뿟따 존자는 무여열반에 완전히 들었다.

노부인은 자기 방에서 이런 생각을 했다. '아들은 좀 나은가? 말소리가 끊겼네.' 노부인은 일어나 장로의 방으로 가서 아들의 두 다리를 주물러주었다. 그러다가 장로가 죽은 것을 알고 그의 발아래 쓰러져 큰 소리로 한탄하였다.

"아, 사랑하는 아들이여! 그대의 덕성을 예전에 미처 몰랐었구나. 뭘 몰라서 수백의 비구들을 환대하지도, 시주도 못해 좋은 복을 짓지 못했구나! 또 절도 하나 짓지 못했으니 그 복도 못 쌓았구나!"

노부인은 해가 떠오를 때까지 이렇게 탄식하였다. 해가 뜨자 노부인은 사람을 시켜 금은 세공인을 불러와 보물창고를 열도록 하고는 황금 몇 주머니를 꺼내 금세공사에게 주어 장례용 장엄구를 준비하라고 시켰다. 성스러운 장례식이 시작되자 수많은 사람들이 모여 한 주일 내내 향기 나는 나무를 쌓아 화장용 장작더미를 만들었다. 그 위에 사리뿟따 존자의 법구法軀를 올려놓고서 향기 나는 나무뿌리 몇 묶음으로 불을 지폈다. 밤이 새도록 화장은 계속되었고 대중들은 불법에 대한 여러 법문을 들었다. 그런 후에 아누룻다 장로가 다 타고 남은 불꽃을 향기 나는 물로 껐다. 쭌다가 유골을 주워 모아서 거름망에 담았다. 존자의 유골을 담은 천과 사리뿟따의 의발을 들고서 쭌다는 사왓띠로 떠났다.

| 주 |

1) p.114를 참조하라. 무여열반과 반열반은 동의어이다.
2) 진실제眞實諦와 세속제世俗諦: 상좌부불교에서 말하는 세속제는 개념pannati으로 세상을 보는 것이고, 진실제(=승의제勝義諦 혹은 제일의제)는 실재paramatha를 체험하는 것이다. 대승불교 중관학파에서 이제설二諦說을 말한다. 세속제는 세간의 진리, 즉 생사의 고통이 따르는 윤회의 세계에서 통용되는 진리이고, 제일의제는 출세간의 진리, 즉 생사의 고통을 여읜 열반의 세계에서 실현되는 진리다.
3) 법장法將: '법의 장군'이란 뜻. 빠알리어 '담마세나빠띠Dhammasenāpati'의 한역이다.

4) 아노마닷시Anomadassi 부처님:《붓다왕사Buddhavamsa佛種性經》에 의하면 현재 부처님 이전에 27분의 붓다가 있었다고 한다. 그중 열 번째 붓다가 아노마닷시 붓다이다.

5) 여래십호如來十號:

① 공양을 받을 만한 분이시며Araham應供,

② 완전히 깨달으신 분이시며Sammā-sambuddho正遍知,

③ 명지와 덕행을 갖춘 분이시며Vijjā-caraṇa-sampanno明行足,

④ 행복의 경지로 잘 가신 분이시며Sugato善逝,

⑤ 세상을 잘 아시는 분이시며Lokavidū世間解,

⑥ 가장 높은 분이시며Anuttaro無上士,

⑦ 사람을 잘 길들이시는 분이시며Purisadammasārathi調御丈夫,

⑧ 하늘과 인간의 스승이시며Satthādevamanussānaṁ天人師,

⑨ 부처님이시며Buddho佛,

⑩ 세존이시다Bhagavā世尊.

6) 구차제정九次第定: 9단계의 선정=4색계정(초선정, 2, 3, 4선정)+4무색계정(공무변처정, 식무변처정, 무소유처정, 비상비비상처정)+상수멸정

 좋은 정치는 어떤 것인가?
_왓지연맹의 경우

인간은 집단을 이루어 살 수밖에 없다. 거기에서 상반된 이해관계를 가지고 있는 세력들은 경쟁하고 갈등하기 마련이다. 이들을 잘 조정하여 합의를 도출하고, 한 방향으로 이끌어가는 것이 정치력이다.

부처님은 정치력이 뛰어난 지도자였다. 태자 시절에 익힌 왕자수

업과 현실 정치 경험에서 나온 지혜는 나중에 승가를 이끌어 나갈 때나 정치 지도자들에게 가르침을 줄 때에 드러났다. 이런 부처님은 어떤 정치 형태를 선호했을까? 부처님이 바라는 나라는 어떤 것이었을까?

부처님이 깨달음을 이룬 후 44년(부처님 나이 79살), 깃자꾸따에 머무는 동안 마가다 국의 왕 아자따삿뚜가 대신 왓사까라Vassakara舍雨를 보내 강가Ganga(갠지스 강) 북쪽의 강력한 경쟁자 왓지연맹Vajji Sangha Vajji Confederation을 토벌하려는 뜻을 전하면서 세존의 의견을 물었다. 아마도 아자따삿뚜는 세존을 국사처럼 받들었던 것이리라. 그러기에 나라에 중대한 사건이 있으면 세존의 의견을 물어서 처리하려 했던 것이리라. 그러나 왓지연맹과의 전쟁 문제에 대해 세존은 직접 답을 주지 않는다. 그 대신 시자 아난다와 대화를 나누면서 왓사까라가 알아서 판단하게끔 하였다. 자신의 심중을 넌지시 내보이는 세존의 방식이다.

① 아난다, 왓지 사람들은 자주 회의를 열며, 회의에는 많은 사람들이 참석한다는데 사실인가? 사실입니다.

② 왓지 사람들은 윗사람 아랫사람이 서로 화목하면서 함께 국정을 운영한다는데 사실이냐? 사실입니다.

③ 왓지 사람들은 앞사람들이 정한 규칙과 법률을 깨뜨리지 않고 중시하여, 함부로 고치지 않는다는데 사실인가? 사실입니다.

④ 왓지 사람들은 부모에게 효도하고 스승과 어른을 공경하며 순종한다는데 사실인가? 사실입니다.

⑤ 왓지 사람들은 남녀가 고유의 의무를 수행하며, 여인들은 행실과 덕행이 참되고 남자들은 강압적으로 이끌거나 약탈하는 법이 없다는데 사실인가? 사실입니다.

⑥ 왓지 사람들은 종묘를 받들고 조상을 숭배한다는데 사실인가? 사실입니다.

⑦ 왓지 사람들은 도덕을 숭상하고, 계율을 지키는 수행자가 찾아오면 후하게 맞이한다는데 사실인가? 사실입니다.

세존이 물은 일곱 가지 질문에 아난다는 "사실입니다."라고 답한다. 그러자 세존이 결론을 내린다.

"아난다, 이 일곱 가지를 잘 지켜 윗사람 아랫사람이 서로 화목하다면 그들은 강성할 것이다. 그런 나라는 언제나 안온하며 누구의 침략도 받지 않을 것이다."[1]

이것이 칠불쇠법七不衰法이다. 일곱 가지 가운데 한 가지라도 지켜진다면 그 나라가 파멸하지 않을진대, 하물며 일곱 가지가 다 지켜진다면 그런 나라는 날로 번창하며 어떤 침략에도 무너지지 않을 것이다. 이것이 아자따삿뚜 왕에게 주는 답이었다. 왓지연맹과 같은 정치체제가 부처님이 바라는 형태의 정치이며, 왓지연맹처럼 살아가는 나라가 부처님이 바라던 나라이다. 그러니 아자따삿뚜여, 왓지연맹과 평화스럽게 공존하라. 그런 나라의 장점을 본받도록 할 것이지 감히 침략하여 고통을 주지 말라.

부처님이 살던 당시는 노예와 평민을 생산계급으로 하여 지탱되는 열국투쟁의 시대였다. 큰 나라가 작은 나라를 쳐서 삼키고, 작은 나라는 침략을 당하지 않기 위해 큰 나라와 동맹을 맺든지 조공을 바쳤다. 부처님이 태어난 까삘라 국도 작은 폴리스Polis都市國家에 불과했다. 아마 꼬살라 국에 조공을 바치는 나라였을 것이다. 작은 나라지만 평화롭게 살아가는 왓지연맹을 부처님은 까삘라 국처럼 사랑했을 것이다. 왓지연맹의 어떤 점을 부처님은 좋게 평가했을까?

① 많은 사람들이 참석하여 토론을 벌이는 회의가 자주 열린다. 이는 그리스의 도시국가와 같은 직접민주주의 형태다. 사람들이 날짜를 정하여 모두 한 곳에 모여 국가 중대사나 정치 의제를 토론한다. 이때 타협과 조정, 합의와 실행, 권력위임과 책임감독과 같은 정치행위가 이루어진다. 토론하는 문화 속에서 정치가 이루어진다. 대중 집회에서 벌이는 토론은 타인에 대한 예의와 집단지성에 대한 믿음에 기반을 둔다. 똑똑한 한 사람의 의견보다 다수가 합의한 의견이 더 합리적이고 실용적이며 공익성이 있다는 믿음이다. 이것이 민주주의 핵심이 아닌가? 부처님은 이것을 알았다. 모든 권력은 집단의지에서 나온다. 집단의지는 대화와 토론에서 합의의 형태로 드러난다. 구성원이 회의에 많이 참석할수록 그 회의에서 나온 결론이 힘을 갖고 정당성을 부여받는다. 이것이 민주주의의 힘이며, 민주주의의 합리성, 효율성이다. 왓지연맹이 그러했다.

프랑스 혁명을 거친 후에 프랑스 지식인들 사이에선 민주주의에 대한 기대가 높았으나 현실은 그렇지 못하다는 반성이 일어났다. 미국에서 민주주의가 잘되는 것처럼 보였기에 알렉시스 토크빌(Alexis de Tocqueville, 1805~1859)[2]은 미국의 민주주의가 어떻게 이루어지고 있는지 알아보기 위해 신대륙으로 건너가 현장조사를 했다. 그래서 나온 것이 그 유명한《미국의 민주주의》라는 책이며, 이 책의 결론은 '조건의 평등'이었다. 여기서 토크빌은 "모든 민주주의는 시민의 수준에 맞는 정부를 갖는다(In every democracy the people get the government they deserve)."라는 말을 했다. 왓지연맹이 민주주의를 잘 실천하는 것은 그

나라 사람들의 의식 수준이 그만큼 높았기 때문이다. 부처님은 이 점을 높이 산 것이다.

② 상하화목, 쌍방의 동반자적 국정: 이해가 상반되는 그룹들을 어떻게 조정하고 타협시켜 그들이 윈윈win-win하는 방향으로 이끌 것인가. 가진 자와 못 가진 자, 상류계급과 하류계급, 노인세대와 젊은 세대, 남성과 여성, 이런 양쪽이 처한 상황의 차이를 충분히 배려하면서 양보와 타협을 이끌어내야 한다. 이것이 사회화합을 도모하는 길이다. 화합된 사회는 구성원을 품어 안아 소외되는 경우가 없게 한다. 화합은 강한 힘이다.

③ 회의에서 정한 헌법이나 법률, 규칙과 약속을 잘 지킨다. 그러면 원칙이 통하는 사회, 공평한 사회가 이루어진다. 윗사람부터 이것을 잘 지킨다. 법을 지키면 손해 본다는 말이나, 힘없는 사람이나 법을 지키지, 힘 있는 사람은 법을 악용한다는 말이 없어질 것이다. 공평한 사회는 억울한 일이나, 불평불만이 없다. 이것이 한 나라의 힘이다.

④ 부모에게 효도하고 스승과 어른을 공경한다. 부모자식 간의 관계와 스승과 제자의 관계는 인류의 기본이다. 이것이 지켜질 때 가족과 학교, 사회가 정상적으로 돌아간다. 그러면 그 사회가 대대로 전승해온 지혜와 문화가 부모에게서 자식에게로, 스승에게서 제자에게로 순조롭게 전승된다. 그런 나라의 미래는 밝다. 이런 나라는 강하다.

⑤ 남성과 여성은 각기 고유의 할 일이 따로 있다. 남성과 여성은 같은 인간으로서 동등한 지위를 갖는다. 그러나 양자의 사회적인 역할 분담은 다르다. 그래서 서로 존중하고 상부상조한다. 여성을 억압하거나 착취하지 않는다. 남성은 강압적으로 폭력을 쓰지 않는다. 이런 사회

는 남녀불평등이 비교적 적다. 그러면 성차별이나 가정 내의 폭력이 없어질 것이다.

한 나라의 수준을 말할 때 '국격國格'이라 한다. 국격이 높은 나라란 어떤 것인가? 나라 안에서 가장 약한 이들, 여성과 장애인을 비롯한 모든 소수자들이 사회적인 배려를 받아 소외감을 느끼지 않고 인간적인 수준의 삶을 누리는 데 아무런 어려움이 없는 사회이다. 그 나라의 수준은 그 나라의 약자가 어떤 대접을 받고 있는지 보면 된다. 억울한 사람이 없는 사회는 건강하다. 그런 사회는 사람이 살 만한 곳이기에 사회구성원이 자기 사는 곳에 대한 자부심이 높다. 그런 사회는 시민들이 목숨을 걸고 지킨다.

⑥ 조상의 은혜를 알고 고마움을 표하는 것은 공동체를 지탱하는 지혜다. 모든 공동체는 역사가 있고, 역사의 기원으로서 시조와 조상이 있다. 공동체의 역사를 음미하며 조상의 은공에 감사하는 의례는 사회 구성원의 마음을 묶어주는 역할을 한다. 자기 나라의 조상에 대한 자부심을 가진 구성원들은 결속력이 강하다.

⑦ 도덕을 숭상하며 출가 수행자를 대접할 줄 안다. 이것이 문화국가다. 도덕이 살아 있는 사회에 사는 사람은 자연히 도덕적으로 건전하리라. 사회는 물이요, 개인은 고기와 같아서 물이 맑으면 고기도 맑아진다. 사회나 국가가 그냥 막 살아가는 사람들의 집단이라면 동물적 생존의 차원에 머물 것이다. 사람이 동물과 다른 점이 무엇인가? 도덕이 있고 양심이 있다. 도덕과 양심이 통하는 사회는 건강하다. 그런 사회는 맑은 물이다. 개인이라는 고기가 맑은 물의 혜택을 받으면 맑은 고기가 된다. 맑은 고기 중에서도 특히 맑아지려는 고기가 있게 마련이다. 그 사회

의 도덕 수준을 올려주고, 사회라는 물을 맑혀주는 사람들이 바로 출가 수행자다. 비단 불교 승가의 출가자뿐만 아니라, 소위 '영성을 추구하는 사람'들이 모두 여기에 포함된다. 이런 고귀한 분들을 대접할 줄 아는 사회는 맑고 밝은 사회가 아니겠는가. 땅 위로 내려온 하늘나라가 바로 이런 나라일 것이다. 이런 나라를 누가 감히 쳐들어갈 수 있으랴!

부처님이 일러준 칠불쇠법은 오늘날에도 통한다. 위의 일곱 가지가 지켜지는지 대한민국 사람들에게 물어보자. 많은 이들이 한국은 원칙이 지켜지지 않고 부정이 만연하며, 젊은 세대에게서 희망이 사라져 가는 사회라고 말한다. 사회의 부정적인 면을 알려주는 소식이 우리 마음을 무겁게 할 때 우리는 사회를 비판하면서 권력 잡은 나쁜 놈들이 다 해쳐먹기 때문이라고 비난한다. 그러면서 개미 같은 우리가 무엇을 할 수 있겠느냐며 움츠리고는, 제 앞가림만 하면서 그럭저럭 살아간다. 이런 소시민적인 무력감과 소외감 밑엔 욕구 불만과 억눌린 화, 미움과 질투와 교만이 깔려 있다.

우리는 소시민적인 구석자리를 박차고 일어나 사회를 변화시키는 힘을 되찾아야 한다. 모든 길을 나로 통한다. 나는 내가 경험하는 고통의 종결자이며 내가 꿈꾸는 세계의 건설자다. 내가 결정하고 내가 실행한다. 그대여, 함께함과 깨어남으로 힘을 되찾자. 깨어난 시민들의 연대가 사회를 바꾼다. 우리가 바라는 세상은 어떤 세상인가? 미래 세대에게 어떤 사회를 물려줄 것인가? 세상을 바꾸고자 하는 마음이 있기나 한 건가? 세상이 잘 되기를 바라는 마음이 있는가? 세상이 잘 될 것이라는 믿음이 있는가? 세상을 연민히 여기는 마음의 빛을 내 주변부터 비추자. 가족과 동료와 이웃들에게 친절하자.

나는 매일 지나다니는 거리를 걸으며 기도한다.

이 거리를 지나는 모든 사람들이 고통에서 벗어나 행복하기를.

시내에 사는 모든 사람이 고통에서 벗어나 행복하기를.

내 눈에 보이는 모든 사람들이 고통에서 벗어나 행복하기를.

내 귀에 들리는 모든 사람들이 고통에서 벗어나 행복하기를.

내 곁을 스쳐가는 모든 사람들이 고통에서 벗어나 행복하기를.

내 마음에 떠오르는 모든 사람들이 고통에서 벗어나 행복하기를.

지금 이 순간 내가 편안하여 아무 걱정 없이 지내더라도 세상 한구석에 고통받는 사람이 있다는 것을 잊지 않기를.

지금 이 순간 내가 마음 맞는 사람들과 즐겁게 지내더라도 군중의 무관심 속에 소외된 사람이 있다는 것을 잊지 않기를.

싯다르타가 동서남북 네 곳을 두루 다니면서 인간 시장의 실상을 목격했듯 나 또한 세상의 실상에 눈을 뜨고 정신이 깨어있기를.

내가 개인적인 안락에 안주하여 세상의 어둠을 보는 눈이 멀지 않기를, 세상의 고통을 듣는 귀가 멀지 않기를, 타인의 아픔을 느끼는 가슴이 마비되지 않기를.

내가 선정의 안락에 안주하여 선과 악을 분별하는 눈이 멀지 않기를, 세상의 고통을 듣는 귀가 멀지 않기를, 타인의 아픔을 회피하지 않기를.

세상에 문제가 많은 것이 문제가 아니라, 나에게 사랑이 적은 것이 문제다. 세상과 사람에 대한 나의 사랑이 얼마나 인색하고 적은지 부끄러워한다. 나는 사랑을 배우기 위해, 사랑을 닦기 위해, 사랑을 전하고 나누기 위해 세상 가운데 있다. 이것이 사랑을 배우는 길이다.

| 주 |

1) 《부처님의 생애》, p.370 3행~p.371 16행에서 옮김.
2) 알렉시스 토크빌(Alexis de Tocqueville, 1805~1859): 프랑스의 정치철학자, 역
   사가로 《미국의 민주주의》(임효선 역, 한길사, 2002)와 《구체제와 프랑스 혁명》(한
   국에는 《앙시앵 레짐과 프랑스혁명》(이병률 역, 박영률출판사, 2006)이라는 제목으로 출간)
   이라는 책을 남겼다. 그는 자유주의 정치를 대표하는 인물로 프랑스의 정치에
   적극적으로 참여하였다. 처음에는 7월 왕정(1830~1848)에 참여하였고, 두 번째
   는 2차 공화정(1849~1851)에 참여하였다. 나폴레옹 3세의 1851년 쿠데타 이후
   에 정치에서 은퇴하였다.

무상한 세월의 힘에도 파괴되지 않는 보물은?
_암바빨리의 진심

　　부처님의 존귀한 두 발이 닿았던 땅이 즐거워하는 듯 푸른 풀과 이름 모를 야생화를 피워 올리는 웨살리에 황금빛 태양이 떠오르는 아침이었다. 어디선가 갓난아이의 울음소리가 들려오자 한 남자가 달려간다. 남자는 망고 나무 아래에서 여자아이를 발견했다. 그는 결혼하지 않고 홀로 살아가는 왕실 정원사였다. 그는 그 여자애를 양녀로 삼고 암바빨리Ambapali라 불렀다. 망고 나무 아래에서 얻은 소중한 보물이란 뜻이었다. 그런데 아이가 성장하자 타고난 미색이 빛을 더해갔다. 소녀가 이팔청춘에 이르렀을 때 이미 온 나라에서 제일가는 미인으로 소문이

났다. 그러자 웨살리의 귀족가문인 릿차위족의 여러 왕자들이 청혼해왔다. 이것은 난처한 일이었다. 미녀를 서로 데려가기 위해 왕자들 간에 일전을 불사할 지경에 이르렀으니 말이다. 부녀가 고민하던 차에 암바빨리는 중대한 결심을 한다.

[암바빨리] "아버님, 아마도 저는 일부종사할 인연을 타고 나지 못했나봅니다. 평범한 여인의 삶은 제 몫이 아닌 것 같아요. 저는 모든 남자들이 공유할 수 있는 기생이 되겠습니다. 그러면 청혼해온 왕자들의 싸움을 그치게 할 수 있잖아요."

이렇게 하여 암바빨리는 온 나라의 귀족과 부자들이 목을 매는 여인, 나라 밖까지 소문난 미녀, 성욕의 굴레에 묶인 남자들에게 군림하는 여신이 되었다.[1]

한편 부처님은 아난다와 함께 라자가하를 떠나 날란다Nalanda와 빠딸리뿌뜨라Pataliputra(오늘날 빠뜨나Patna)를 지나 계속 북쪽으로 길을 갔다. 아마도 부처님 심중에는 닙바나를 앞두고 고향 까삘라로 돌아가려는 생각이 있었나보다. 그는 도중에 웨살리에 들어와 한 나무 그늘 아래 쉬고 있었다. 부처님께서 웨살리에 왔다는 소문이 퍼지자 제일 먼저 달려온 사람은 암바빨리다. 그녀는 새하얀 깃털로 장식된 수레를 타고 부처님을 찾아왔다. 암바빨리는 나라에서 내놓으라는 남자들은 다 접해보았겠지만 마음에 차지 않았다. 애욕에서 벗어난 초연한 남자가 있을까, 태산과 같은 평화와 바다와 같은 자애심으로 나를 온전히 사로잡을 남자는 없는가? 하늘과 같은, 아니 자신의 하늘이 되어줄 한 사람이 그리웠다. 이런 영혼의 갈망이 바로 구도의 여정으로 이어진다. 욕망의 한가운데서 피어난 연꽃과 같은 마음을 지니고 있었기에 암바빨리는 욕망을 초월하는 길을 비밀스럽게, 그러나 간절히 찾고 있었다. 그 길로 이끄는 스승이 나타났다는 소문에 암바빨리는 만사를 제쳐두고 달려갔다. 타는 목마름과 그리움으로 연꽃 만나러 가는 바람처럼 달려갔다.

[붓다] "여인이여, 편안히 앉으시오. 그대는 순수한 마음을 가진 사람이오. 자혜롭고 연륜 있는 남자가 법을 좋아하고 진리를 추구하는 것은 기특하달 건 없지만, 젊은 나이에 풍족한 재물과 아름다운 미모를 겸비한 그대 같은 이가 바른 법을 믿고 좋아한다는 것은 참 드문 일입니다." 부처님은 먼저 암바빨리의 신심을 칭찬해준다.

[붓다] "여인이여, 많은 사람들이 아름다운 몸매와 재물을 보배로 여기지만 그건 진정한 보배가 아닙니다. 매끈하던 피부도 세월이 가면 처지고, 날씬하던 다리도 어느 날 돌아보면 볼품이 없어집니다. 영원을 맹세하던 사랑도 봄날 아지랑이처럼 흩어지고, 천 겹의 성처럼 나를 보호할 것 같던 재물도 한 줌의 모래처럼 손아귀에서 빠져나갑니다. 아름다움도 건강도 사랑도 재물도 무상한 세월의 힘 앞에 무릎을 꿇고 맙니다. 여인이여, 그 날이 와도 비탄에 빠지지 않으려면 진정한 보물을 찾아야 합니다."[2]

그렇다. 부처님은 암바빨리의 심중을 꿰뚫어 본다. 그녀가 심중에 항상 품고 있었던 한 가지 의문을 바로 들추어낸다.

[암바빨리] "세존이시여, 무상한 세월의 힘에도 파괴되지 않는 영원한 보물은 무엇입니까? 모든 것이 다 떠나가도 나에게 항상 남아 있을 것은 무엇입니까? 사랑도 변하고, 약속도 신의도 깨지고, 세상인심도 변합니다. 제가 진정 믿을 수 있는 것은 무엇입니까?"

[붓다] "여인이여, 참다운 법에 따라 수행한 공덕은 세월의 힘이 감

히 침범하지 못합니다. 여인이여, 당신이 말한 것처럼 세상 일이, 세상 모든 사람들이 내 마음처럼 곁에 머물러주지 않습니다. 세상의 것들은 무상하여 믿을 수 없습니다. 하지만 바른 법만큼은 나의 뜻대로 영원히 곁에 머물며 큰 위안과 기쁨이 되어줍니다. 누구에게 의지하고, 무엇에게 의지한다는 것은 고통입니다. 그대는 천하를 다줄 것처럼 아껴주고 사랑해주고 보호해준다고 하는 남자들에게 의지하고 있습니다. 그러나 그들과 관계를 유지하기 위해서는 그들의 뜻을 따라주어야만 합니다. 이처럼 여자의 몸에는 큰 제약과 구속이 있음을 분명히 알아야 합니다. 당신이 가진 미모와 재력 역시 고통을 초래하는 덫이 될 수 있음을 분명히 알아야 합니다."

권세 있는 남자들의 구애를 받아주는 대신 황금과 보석을 요구했던 암바빨리는 부끄러웠다. 뭇 사내들의 뜨거운 시선을 조롱했던 암바빨리는 고개를 숙이고 옷깃을 여민다.

[알바빨리] "세존이시여, 천한 여인을 가볍게 여기지 않으시고 진리를 맛보게 해주셨습니다. 세존이시여, 청이 있습니다. 부처님과 대중 스님들이 저의 망고 나무 숲으로 오셔서 공양을 받아주시옵소서."[3]

부처님은 부드러운 미소로 허락한다. 이때 웨살리에서 뒤늦게 소식을 들은 릿짜위 귀족들은 부처님께 올리는 첫 공양의 기회를 기생인 암바빨리가 차지했다는 말에 자존심이 상했다. 그래서 그들은 직접 부처님께 찾아가 공양청을 드린다.

[암바빨리] "세존이시여, 저희가 내일 아침 공양을 올리고 싶습니다. 허락하소서."

부처님은 권력과 재력을 드러내는 귀족들의 공양을 거절하고 암바빨리의 공양을 선택하였다.

[붓다] "여래는 이미 암바빨리에게 공양을 허락했습니다."[4]

암바빨리의 진심과 향심向心이 부처님의 마음을 얻었다. 드디어 암바빨리는 영원한 임이 되어줄 한 남자, 하늘이 되어줄 세존을 만났다. 암바빨리는 묵은 허물을 벗어버리듯 욕망의 세계를 버리고 출가하여 비구니가 된다. 수행에 전념한 지 오래지 않아 아라한과를 얻었다. 진정한 보배를 얻었다. 그녀는 말년에 다음과 같은 깨달음의 노래를 불렀다.

옛날 저의 머리카락은
옻칠처럼 새까만 꿀벌 빛깔과 같았고, 머리끝은 곱슬곱슬했습니다.
지금은 늙어서 머리카락은 삼 껍질같이 되었습니다.
진리를 가르치신 붓다의 말씀에는 거짓이 없습니다.

잘 옮겨 심어 무성하게 우거진 숲과 같이
옛날 저의 머리는 빗과 핀으로 아름답게 다듬어져 있었지만,
지금은 늙어서 드문드문 쥐가 파먹은 형상입니다.
진리를 가르치신 붓다의 말씀에는 거짓이 없습니다.

저의 눈은 보석과 같이 윤기 도는 검은 감청색으로 서늘하니 길쭉
했지만,
지금은 늙어서 희멀거니 빛이 바래 흉하기만 합니다.
진리를 가르치신 붓다의 말씀에는 거짓이 없습니다.

옛날 저의 코는 유연한 봉우리같이 아름다웠지만,

지금은 늙어서 말라 비틀어졌습니다.
진리를 가르치신 붓다의 말씀에는 거짓이 없습니다.

옛날 저의 귓볼은 잘 만들어진 팔찌와 같이 아름다웠지만,
지금은 늙어서 쭈글쭈글하고 축 늘어졌습니다.
진리를 가르치신 붓다의 말씀에는 거짓이 없습니다.

저의 이는 마치 갓 돋아난 파초 빛깔처럼 아름다웠지만,
지금은 늙어서 부스러지고 보릿대같이 누렇게 변했습니다.
진리를 가르치신 붓다의 말씀에는 거짓이 없습니다.

우거진 숲 속을 나는 코킬라 새처럼
저는 달콤한 목소리를 가지고 있었지만, 지금은 늙어서 종종 더듬
거립니다.
진리를 가르치신 붓다의 말씀에는 거짓이 없습니다.

옛날 저의 목은 잘 갈고 닦은 소라고둥처럼 아름다웠지만,
지금은 늙어서 구부정합니다.
진리를 가르치신 붓다의 말씀에는 거짓이 없습니다.

저의 두 팔은 전에는 둥그런 빗장처럼 훌륭했지만,
지금은 늙어서 대추나무처럼 야위었습니다.
진리를 가르치신 붓다의 말씀에는 거짓이 없습니다.

옛날 저의 손은 매끄럽고 부드러웠으며 금붙이로 단장했지만,

지금은 늙어서 무 뿌리와 양파 뿌리처럼 오그라들었습니다.

진리를 가르치신 붓다의 말씀에는 거짓이 없습니다.

옛날 저의 몸뚱이는 잘 다듬어진 황금 막대처럼 아름다웠지만,

지금은 주름살로 전신이 꺼칠꺼칠합니다.

진리를 가르치신 붓다의 말씀에는 거짓이 없습니다.

옛날 저의 두 발은 솜버선처럼 희고 탱탱했지만,

지금은 늙어서 트고 갈라져 쪼글쪼글합니다.

진리를 가르치신 붓다의 말씀에는 거짓이 없습니다.

이와 같이, 여러 요소가 한데 어우러져 이루어진 몸은

찌들어져 온갖 괴로움만 가득합니다. 그것은 칠이 벗겨져 황폐한

집입니다.

진리를 가르치신 붓다의 말씀에는 거짓이 없습니다.

《장노니게》중에서

| 주 |

1) 암바빨리와 빔비사라 왕 사이에서 태어난 아들 위말라꼰다냐Vimala
   Kondanna는 나중에 출가하여 아라한이 되었다.
2)《부처님의 생애》, p.375 1행~14행 옮김.
3) 위의 책, p.375 16행~p.376 14행 옮김.
4) 위의 책, p.376 15행~p.377 3행 옮김.

마지막으로 바라보는 웨살리 성

　　깨달음을 이룬 후 45년, 부처님 나이 80살, 그해 웨살리에 심한 기근이 들어 많은 비구들이 한꺼번에 탁발하기가 어려웠다. 부처님은 대중을 각처로 흩어지게 하고 시자 아난다와 단둘이 우안거에 들어갔다. 부처님은 팔십 노구에 병까지 났다. 이에 아난다가 눈물을 머금고 읊조린다.

　　"세존의 병환을 지켜보면서 저는 앞이 캄캄했습니다. 두려움과 슬픔에 몸 둘 바를 몰랐습니다. 하지만 승가에 대한 지시가 없는 걸 보고 마음이 놓였습니다. 교단의 앞날에 대한 말씀 없이 떠나실 리가 없기 때문입니다."

　　부처님이 말한다.

　　"아난다, 승가가 여래에게 무엇을 기대하느냐? 여래는 아무 것도 감추지 않았고 이미 모든 것을 말했다. 여래만이 아는 법을 손에 움켜쥐고 너희에게 가르치지 않은 것은 없다. 여래 혼자 비밀로 간직한 법이란 없다. 나만 깨달았다고 말하지도 않는다."[1]

　　부처님은 자기를 따르는 제자들을 지도하고 감독하며 명령하는 지도자이기를 거부한다. 그는 자유로운 영혼의 동반자요 청정한 도반 되기를 원했지, 권위를 가지고 군림하는 영적 지도자가 되기를 원하지 않는다. 그는 제자들과 수직적인 관계를 가지기보다는 수평적인 관계 속에서 가슴으로 통하는 교감을 소중히 여긴다. 그리고 그 자신도 제자들의 모임인 승가공동체의 일원으로 간주한다. 부처라는 특권, 세존이라는 지위, 스승이라는 권위로 승가공동체 위에 군림하려고 하지 않는다. 왜? 승가공동체는 세존과 똑같은 깨달음을 얻은 장로비구들에 의해, 계율에 의해서 자율적으로 돌아가고 있으니까. 당신께서 평생 가르쳤던 경지를 얻은 제자들의 모임인 성스러운 승가savaka sangha야말로 바로 당신의 사랑하는 임이요, 또 다른 자신의 몸이었으며, 당신이 인류에게 물려준 위대한 유산, 살아 있는 유산이기 때문이다. 아, 승가야말로 세존의 꿈이 이루어진 증표요, 인류의 희망이라.

여래는 이렇게 말하고 싶었으리라.

인간이 노력만 하면 나 여래처럼 될 수 있다는 증표가 여기 있노라. 여기 승가를 보라! 그들은 나와 같은 닙바나의 경지를 수용하며 해탈을 누리고 있다. 너희 중 누구라도 적합한 수행을 하면 '지금 여기'에서 곧바로 닙바나와 해탈을 누릴 수 있다. 그러니 내가 이 세상을 떠난다고 해도 슬퍼하거나 서운해하지 말라. 나를 대신하는 승가가 여기 있노라. 승가가 세상의 빛, 길, 진리가 되리라.

꽃잎은 찬란해도 지고야 마는 것, 이 세상 그 누가 영원할 수 있으리. 황금의 산 같았던 세존의 육신도 팔십 정명을 맞으니……

"아난다, 내 나이 여든이다. 이제 내 삶도 끝나가고 있구나. 여기저기 부서진 낡은 수레를 가죽 끈으로 동여매 억지로 사용하듯, 여기저기 금이 간 상다리를 가죽 끈으로 동여매 억지로 지탱하듯, 내 몸도 그와 같구나."

"세존이시여, 당신께서 계시지 않는다면 저희는 누구를 믿고 무엇에 의지해야 합니까?"[2]

"아난다여, 그러므로 자신을 섬으로 삼고,

자신을 귀의처 삼아 머물고, 남을 귀의처로 삼아 머물지 말라.

법을 섬으로 삼고, 법을 귀의처로 삼아 머물고, 다른 것을 귀의처로 삼아 머물지 말라."

Tasmātihānanda, attadīpā viharatha

따스마띠하난다 아땃디빠 위하라타

Attasaraṇā anaññasaraṇā,

앗따사라냐 아난냐사라냐

Dhammadīpā dhammasaraṇā anaññasaraṇā.

담마디빠 담마사라냐 아나냐사라냐

여기에 불교의 성격이 드러난다. 부처님의 직설은 조금은 매몰차고 인정머리가 없는 듯이 보인다. 인정에 타협하지 않고 해야 할 말은 주저 없이 한다.

"네가 주인이니 네 뜻대로 살아라. 나 세존이 언제 너의 주인 노릇을 대신 해주었더냐? 너는 내가 시키는 대로 살아왔더냐? 네가 네 인생의 주인공이다. 주인공답게 너 자신을 등불로 삼고, 너 자신에게 귀의하라. 모든 가치와 권위가 네 안에서 유출한다. 네가 가치의 창조자요 파괴자이니라. 네가 묵은 가치를 파괴하고 새로운 가치를 만들어내라. 저물어 가는 세상의 우상을 파괴하라. 보라, 우상의 황혼을! 각성의 망치로 내리쳐 깨부수고, 밝은 각조覺照의 등불을 밝혀라. 너는 약하지 않다. 너는 세상을 대적하라. 모든 힘의 근원은 너에게 있다. 너는 내면의 힘을 끌어내어 환상과 우상을 꿰뚫어라. 관념과 형상에 대한 집착을 벗어버리고 '있는 그대로의 진실'을 체험하라. 이것이 법을 보는 것이다. 다르마는 보편타당한 우주의 법칙이며, 항상 참인 진리이니, 그것은 지금 그대의 눈앞에 펼쳐져 있다. 법을 볼 때 나 세존을 보는 것이요, 나를 만나는 것이다. 이것이 곧 너 자신에게 귀의한다는 말이니라."

"자신과 법을 등불로 삼고 의지한다는 것은 어떻게 한다는 말입니까?"

"아난다. 자기의 몸에서 몸身을 관찰하고, 느낌에서 느낌受을 관찰하고, 마음에서 마음心을 관찰하고, 법에서 법法을 관찰하라. 이것이 사념처四念處, 네 가지 마음 챙길 곳이라는 수행법이다. 몸에서 몸을 관찰한다는 것은 몸의 자세를 있는 그대로, 몸의 움직임을 일어나는 그대로 알아차린다는 것을 말한다. 그러면 육신이라는 물질적 과정과 몸을 관찰하는 정신활동이 분리됨을 알게 된다. 그러면 육신은 나의 것이 아니고, 나가 아니고, 나의 자아가 아님을 알게 된다. 이것이 육신에 대한 애착이나 저항에서 벗어나게 해준다. 이것이 바로 몸에서 몸을 알아차림으로 해탈을 이룬다는 것이다. 알아차림에서 길러진 통찰로 느낌과 마음을 관찰하고, 나아가 법을 숙고하라. 그러면 사성제를 완전히 이해하고 실천하게 된다. 이것이 자기와 법을 등불로 삼고 의지한다는 말이다."

이어서 세존은 비구대중을 중각강당에 모이게 하였다.

"비구들이여, 여래의 가르침을 잘 기억하고, 잘 헤아리고, 잘 분별하여 나아가도록 하여라."

비구들이 땅에 쓰러져 가슴을 치며 울부짖는다.

"눈물을 거두라. 슬퍼하지 말라. 이 세상 그 무엇 영원한 것 있겠느냐. 한 번 생겨난 것은 끝이 있게 마련이다. 그대들에게 늘 말하지 않았느냐. 은혜와 사랑은 덧없고, 한 번 모인 것은 흩어지기 마련이라고. 이 몸은 내 소유가 아니며, 이 목숨 또한 오래가지 않는다고."[3]

다음 날 아침 부처님은 가사를 걸치고 발우를 든 채 북쪽으로 길을 잡는다. 아난다와 함께 북쪽 성문의 나지막한 언덕 위에 섰다. 커다란 코끼리가 천천히 몸을 돌려 떠나온 숲을 돌아보듯, 부처님은 웨살리 성을 물끄러미 돌아보셨다.

"아난다, 웨살리를 바라보는 것도 이것이 마지막이구나."

멀리 보이는 웨살리 성.

끝없이 펼쳐진 지평선, 그 위로 드리운 회색 하늘.

천지간에 홀로 선 두 사람.

자신의 마지막을 예감하는 세존과 그것을 옆에서 느끼고 있는 아난다.

그 둘을 휩싸고 도는 깊이 모를 침묵. 지금 여기도 침묵. 침묵은 침묵으로 중첩되어 그때가 바로 지금 여기. 그대여, 오늘 당신이 자신의 눈앞을 바라보는 것이 마지막이라면 어떠할까?

| 주 |

1)《부처님의 생애》, p.378 7행~15행 옮김.
2) 위의 책, p.380 3행~10행 참조.
3) 위의 책, p.382 20행~p.383 3행 옮김.

자신의 전부를 다 주시고 가신 임
_ 쭌다의 공양

　　자신의 세연이 얼마 남지 않은 것을 아는 부처님은 아마도 열반
할 곳을 정하였을 것이다. 그는 아난다를 데리고 북쪽으로 가다가 빠와
Pava라는 작은 도시 교외의 망고 나무 동산에 머문다. 그 동산은 금속 세
공사 계급 출신인 쭌다Cunda의 소유지였다. 부처님이 온다는 소식을
듣고 쭌다는 특별한 요리를 준비했다. 그 음식이 수카라 맛다와sukara
maddava라는 것이었다. 이것은 두 가지로 이해된다. 첫째는 전단나무
에 자생하는 아주 귀한 버섯이라는 것이고, 두 번째는 부드러운 돼지고
기라는 것이다. 서양의 불자들 가운데는 채식주의자가 많기 때문에 첫
번째 견해를 선호한다. 부처님은 당연히 채식주의자이기에 돼지고기를
드시면 안 되고 버섯을 드시는 것이 합당하다고 주장할 것이다. 그러나
두 번째 견해가 더 합리적인 것으로 보인다. 부처님은 비구들이 탁발할
때 주는 대로 받으라 했기 때문이요, 엄격한 채식주의를 주장하지 않았
기 때문이다. 그리고 팔십 노구를 이끌고 유행을 다니면서 기력이 쇠진
되어 체력이 떨어진 것을 아난다도 알고 있었고, 천신들도 알고 있었다.
쭌다가 공양을 준비할 때 천신이 손을 놓고 가만히 있었겠는가? 욕계천
상인 도리천의 왕인 제석천왕이나 색계천상의 범천왕은 싯다르타가 도
솔천에서 인간세상으로 내려와, 사문유관을 하고, 유성출가逾城出家를 하
여, 육 년 고행을 거쳐 보리수 아래서 성도를 하고 천하를 유행하는 내
내 한시도 빠짐없이 지켜보고 옹호하기를 게을리 하지 않았다. 그랬는

데 하물며 늙은 육신을 이끌고 다니는 부처님에게 무엇이 제일 필요한지 몰랐겠는가? 쭌다가 돼지고기 요리를 준비하는 동안 천신은 고급 영양소가 들어간 하늘나라 음식天供을 살짝 넣었을 것이다. '오자oja(영양소)'가 다량 함유된 음식은 오직 부처님만 소화할 수 있지 다른 어떤 사람도 소화시킬 수 없다. 그래서 여래는 땅을 파고 그 남은 음식을 묻으라고 했다.

이렇게 쭌다의 정성과 천상계의 영양이 담긴 공양을 드신 부처님은 열반하기에 합당한 인연을 스스로 만들었다. 쭌다가 드린 공양이 부처님의 몸을 상하게 하여 돌아가시게 한 것이 아니다. 이것은 순전히 부처님께서 결정한 일이며 당신의 선택이었다. 열반에 들 때를 알고, 그 조건을 만든 것이다. 쭌다에게 크나큰 인연의 공덕을 지어주려고 일부러 쭌다의 망고 동산으로 찾아든 것이다. 그 마을을 그냥 지나쳐도 아무 상관이 없을 것이나, 쭌다에게로 가서 열반을 앞둔 여래에게 마지막 공양을 올릴 기회를 주었다. 그런 사정을 모르는 사람들이 쭌다가 음식을 잘못 드려 부처님을 돌아가시게 했다고 비난할까봐 아난다를 보내서 사람들의 의심을 풀어주었다.

"세상에서 더없이 큰 공덕이 되는 공양이 두 가지 있으니, 그 하나는 부처님이 도를 이루시기 직전에 올리는 공양이요, 다른 하나는 부처님이 열반에 드시기 전에 올리는 공양입니다. 수자타 여인이 첫 번째 공양을 올리는 영광을 차지했고, 이제 쭌다는 두 번째 공양을 올렸으니 얼마나 경사스럽게 희유한 일입니까? 사람들이여, 쭌다의 공덕을 칭찬할지언정 비난하지 마시오. 쭌다여, 그대는 수명이 늘어날 것이며, 튼튼한 몸을 얻을 것이며, 힘을 얻고, 명예를 얻고, 살아서는 많은 재물을 얻고 죽어서는 하늘나라에 태어날 것입니다. 쭌다에게 이와 같은 이익과 과보가 있을 거라고 부처님께서 전하라 하셨습니다."

부처님의 자상한 마음 씀을 보라. 한 번 마음을 내시면 끝까지 좋도록 완전하게 말미를 지운다. 처음도 좋고, 중간도 좋고, 끝도 좋게 마무리하는 부처님.

어찌하면 중생에게 더 도움이 되고 더 이익을 줄 수 있을까 세심하게 배려하는 분.

당신의 죽음조차도 중생에게 축복이 될 수 있는 기회가 되도록 하시는 분.

탄생부터 닙바나까지 당신의 전 생애가 우리에게 조건 없이 주어진 선물이다.

부처님은 우리에게 어떤 대가도 바라지 않는다. 하늘과 땅이 거저 주어져 있듯, 해와 달, 흰 구름과 푸른 산이 조건 없이 주어져 있듯. 아, 세존은 조건 없이 자신을 다 내주고 가셨다. 우리는 이런 분을 스승으로 모신다. 부처님을 따르는 우리는 무한히 자랑스럽고, 무한히 감사하다.

 두 그루 살라 나무 아래서
_ 법을 보는 것이 진정한 공양이다

드디어 세존은 닙바나에 들 곳을 알고 꾸시나가라Kushnagara (오늘날 인도인들은 꾸시나라Kushnara라고 한다)의 동산 위 두 그루 살라 나무[1] 사이에 눕는다. 북쪽으로 머리를 두고 서쪽을 바라보면서 두 발을 모아 오른쪽으로 누웠다. 이를 백수의 왕인 사자가 눕는 자세라 하여 사자와라 한다. 멀고도 길게 달려온 80년 주유천하의 세월이 눈앞에서 멈춘다. 이제 모든 것 내려놓고 쉬어야 할 때. 때맞춰 불어오는 시원한 저녁 미풍에 살라 나무 숲이 부드럽게 흔들리고, 높은 가지 끝에서 하늘나라 음악소리가 은은하게 울린다. 두 그루 살라 나무에서 새하얀 꽃잎이 비처럼 흩날리며 떨어져 부처님의 몸을 덮는다. 곁을 지키던 아난다가 혼잣말로 중얼거린다.

"살라 나무의 목신도 부처님께 공양을 올리는구나."

천상천하에 존귀한 스승, 한 평생을 바쳐 사랑했던 스승이 돌아가려는 마당에 무엇인들 제자의 마음을 흔들어 놓지 않을 수 있으랴. 눈처럼 떨어져 여래의 몸을 덮은 살라 나무 꽃을 보고 자기뿐만 아니라 목신도 천신도 부처님의 가심에 감정이 복받친다고 믿고 싶은 것이다. 감정이입이 이런 것이다. 아난다의 감정이 살라 나무에 투사된다.

'살라 나무야, 이 슬픔에 감동하여 눈물처럼 꽃잎을 떨어뜨려다오. 가시는 임의 몸에 떨어져 내 깊은 슬픔을 전해다오.'

그러나 자상하지만 인정에 굽히지 않는 세존은 단호하게 말한다.

"아난다야, 꽃을 뿌린다고 여래를 공양하는 것이 아니다. 사람들이 스스로 법을 받아들여 법답게 행동하는 것, 그것이 여래를 공양하는 것이다. 오온, 십이처, 십팔계에 '나의 것'과 '나'와 '나의 자아'가 없다는 것을 깨닫는 것이 여래에게 올리는 최상의 공양이란다."

꽃잎이 떨어지는 것을 보고 목신이 당신께 공양 올린다는 단순한 말 한마디도 놓치지 않는다. 인간적인 감정에서 나온 혼잣말이라 그냥 넘어갈 수도 있으련만, 우리의 스승은 그 사소한 것까지도 소홀히 하지 않는다. 아난다의 혼잣말 속에는 아난다의 공부 살림살이가 다 드러난 것이기에 스승으로서는 간과할 수 없는 일. 더구나 닙바나를 앞두고 있으니 저 제자를 저렇게 생각하도록 놓아둔다면 과연 언제 나의 진의를 깨달으랴. 곧바로 말한다.

그만두어라. 나의 부서져가는 몸을 보아서 무엇 하려느냐?
진리를 보는 자는 나를 보고 나를 보는 자는 진리를 본다.
참으로 진리를 보면 나를 보고 나를 보면 진리를 본다.

Khin te imina putikayena ditthena,
킨 떼 이미나 뿌띠까에나 딧떼나
Dhammam passati so mam passati,
담맘 빳사띠 소 맘 빳사띠
Yo mam passati so dhammam passati;
요 맘 빳사띠 소 담맘 빳사띠
Dhammam passanto mam passati,
담맘 빠싼또 맘 빳사띠
Mam passanto dhammam passati.
맘 빠싼또 담맘 빳산띠
〈왁깔리 경〉

금강경에도 같은 취지의 말씀이 울려 나온다.

만약 모습에 의해서 나를 보려 하거나 음성에 의해서 나를 찾으려 한다면, 이 사람은 빗나간 도를 행하고 있는지라 결코 여래를 볼 수가 없노라.

若以色見我, 以音聲求我; 是人行邪道, 不能見如來.

형상과 소리 등의 감각대상에 대한 정보를 이미지와 개념으로 분류하여 식별한 인식을 상相상냐sanna이라 한다. 상은 기억에 의한 재생이나 모사다. 무엇을 보거나 들을 때 기억을 기초로 하여 인식한다면, 그것은 언제나 기억의 재현이지 '지금 현재 있는 그대로'를 경험하는 것이 아니다.[2] 그러므로 진실한 의미에서 여래를 친견하려면 형상, 기억과 개념을 놓아버리고 있는 그대로를 보아야 한다. 그때야말로 진정한 공양을 올릴 수 있다. 지금 자신의 몸과 마음에 일어나고 있는 현상에 온전한 주의를 쏟을 때 선명한 앎이 일어난다. 이러한 마음챙김과 앎사띠삼빠자나sati-sampajana이 지속될 때 있는 그대로를 체험한다. 그때 법dhamma이 보인다. 무상, 고, 무아로 보인다. 그리고 말한다. 세간에서 말하는 '나'란 다섯 가지 다발五蘊이며, '세상'이란 열두 가지 인식 영역十二處이고, '세상만사'란 열여덟 가지 차원十八界이다. 그것들은 '나의 것'이 아니며, '나'가 아니며, '나의 자아'가 아니다. 그러면 어떻게 되나? 몸과 마음을 '나'라고 동일시하지 않게 된다. 몸과 마음을 멀찌감치 떼어놓고 바라보게 된다. 주시자의 관점이 된다. 주시하는 눈(이것이 빤냐panna이다)은 몸과 마음이 자연현상이라는 것을 안다. 연기緣起빠짜야paccaya에 의해서 저절로 굴러가는 하나의 과정이라는 것을 안다. 그래서 '나의 것',

'나', '나의 자아'라고 집착하지 않는다. 그래서 이렇게 말한다.

　　내가 아픈 것이 아니라, '아픔'이란 현상이 일어났네. 일어난 것은 사라지게 마련이다.

　　내가 죽는 것이 아니라, 잠시 뭉쳐 있던 오온이 흩어지려 하는군. 갈 때가 되었으니 미련 없이 가야지.

　　내 눈이 보는 것이 아니라, 보려는 것(안내입처)과 보이는 것(색외입처)이 접촉하여 봄眼識이 생겨난다. 그러니 다만 볼뿐!

　　얼마나 명쾌하고 자명한가! 바로 보면 묶임에서 벗어난다. 해탈이다. 해탈했다는 앎이 생긴다. 해탈지견이다. 계향, 정향, 혜향, 해탈향, 해탈지견향. 이것이 여래가 기뻐하시는 오분향례五分香禮이지 않은가? 해탈된 오온을 오법온五法蘊(다섯 가지 법의 쌓임)이라 한다. 오법온은 곧 오분법신五分法身이니 계의 몸, 정의 몸, 혜의 몸, 해탈의 몸, 해탈지견의 몸이다.

　　아난다는 부처님의 가르침을 가슴 깊이 새기며, 슬퍼하는 사람들에게 위로의 말을 전한다.

　　"슬퍼하지 마세요. 생겨난 모든 것은 사라지기 마련입니다. 그래서 세존께서는 인연 따라 모인 것은 흩어지기 마련이요, 만나면 헤어지고 태어나면 반드시 죽는다고 말씀하시지 않았습니까?"

　　일본의 이로하우타いろは歌/いろはうた[3]는 이렇게 노래한다.

　　　　꽃잎은 찬란해도 지고야 마는 것
　　　　우리 세상 누군들 영원하다 하리
　　　　덧없는 인생의 깊은 산 오늘 넘어서

헛된 꿈꾸지 않고 취하지도 않을테요.

그러나 아난다는 울고 있었다.

| 주 |

1) 살라 나무sala tree: 불교국가에서는 살츠리Sal Tree라고 한다. 학명은 courpita guianensis이다. 25미터까지 큰다. 꽃모양이 용머리 같다 해서 용두 화龍頭花라고 한다. 3월에 만개하면 향기가 좋아 달빛 아래서 감상하면 가히 환상적이다.

2) 의식 지체 현상Consciousness lag: 최근 뇌신경과학에 의하면 인간이 눈으로 대상을 보고 두뇌로 인지할 때까지는 아주 짧은 시간 8mili-second(백만분의 일초)가 걸린다는 것이 밝혀졌다. 지금 내 눈 앞에 보이는 것은 그대로의 실재가 아니라, 뇌회로망에 포착되어 짜 맞춰진 영상이다. 내 눈에 보이는 대로 실재한다는 생각이 얼마나 순진한 일인가? 인간의 외계에 대한 인식은 두뇌가 지어낸 이미지다. 이것을 불교에서는 상냐sanna想라 한다.

3) 이로하우타: 일본어 가나의 문자에서 'ん'을 제외한 모든 문자를 한 번씩만 사용하여 만든 노래다. 가나 문자 학습용으로도 많이 사용된다. 과거에는 이 노래의 순서대로 가나의 순서를 매기기까지 했었다. 이런 순서를 '이로하' 순서라고 하는데, 사전의 낱말을 배열하거나 극장의 좌석번호 매길 때 등에 널리 쓰이고 있다. 원문은 다음과 같다.

이로와 니호에도 찌리누루오	色はにほへど 散りぬるを
와가요 다레조 쯔네나라무	我が世たれぞ 常ならむ
우이노 오꾸야마 교코에테	有為の奥山 今日越えて
아사끼 유메미지 에히모세즈	浅き夢見じ 酔ひもせず

아난다여, 너와 함께 하여 행복했노라

아난다는 반열반이 가까웠음을 직감하고 부처님께 말했다.

[아난다] "스승님, 비구들이 우안거가 끝나면 세존을 뵈려고 왔는데, 이제 안 계시면 어떻게 해야 하는지요?"

[붓다] "아난다, 내가 없을 때 믿음 있는 제자들은 네 곳을 방문하여 예배하도록 하라. 그곳은 간절한 믿음을 일으키는 장소가 될 것이다. 첫째, 여래가 태어난 룸비니다. 이곳은 믿음 있는 제자들이 신심을 가지고 방문해야 할 첫 번째 장소다. 둘째, 여래가 깨달은 보드가야다. 이곳은 믿음 있는 제자들이 신심을 가지고 방문해야 할 두 번째 장소다. 셋째, 여래가 진리의 바퀴를 굴린 미가다야(녹야원)다. 이곳은 믿음 있는 제자들이 신심을 가지고 방문해야 할 세 번째 장소다. 넷째, 여래가 닙바나에 든 꾸시나라다. 이곳은 믿음 있는 제자들이 신심을 가지고 방문해야 할 네 번째 장소다."

아난다에게 준 부처님의 유훈이 세계 불교도가 인도 성지 순례의 길로 나서게 만드는 동기를 부여했다. 과연 인도의 사대성지에는 불교도의 순례가 끝없이 이어졌다. 그러나 그것이 그리 쉽게 이루어진 것은 아니다. 여기 한 위대한 영웅이 있었으니, 근세 스리랑카가 낸 최고의 전법자 아나가리카 다르마팔라(Anagarika Dharmapala, 1864~1933)다.

그는 영국의 식민지 정책으로 말미암아 스리랑카에서 불교가 위축되고 기독교가 번성하는 것에 위기감을 느끼며 강력한 전법의지를 불태

운다. 그러던 중 인도의 불교성지 순례의 길에 오른다. 기원정사가 마구간으로 변해 있고, 보드가야는 힌두교도의 소유로 황폐해진 것을 목격하고 그는 그 자리에서 결심한다. '내 일생 동안 부처님의 성지를 복원하리라.' 그리하여 그는 세계를 돌아다니며 불교를 홍포하며 성지 복원에 필요한 기금을 모았다. 그 결과 마하보디회Mahabodhi Society[1]를 결성하여 차례차례로 성지를 되찾았다. 그러나 보드가야의 소유권 이전 문제에 관해서는 인도정부에서 흔쾌한 결정을 얻어낼 수 없었다. 그래도 나름대로의 결실이 있었으니, 현재 보드가야 성지는 힌두 측의 큰 방해 없이 힌두교도와 공동으로 관리되고 있다. 인도 대륙에서 불교가 사라진 지 천 년의 세월이 흐르도록 부처님의 발자취가 배인 성지가 잊혀져 있다가 다르마팔라라는 선각자에 의해서 세상의 주목을 받게 된 것이다. 우리가 인도로 성지 순례를 떠나 부처님의 발자취를 찾아볼 수 있는 것이 성지 복원에 일생을 헌신했던 스리랑카의 성자, 다르마팔라 덕분임을 잊지 말아야겠다.

아난다가 여성을 어떻게 대해야 하는지를 물었다.

[붓다] "어머니 연배는 어머니처럼, 누이의 나이 또래는 누이로, 딸과 같은 이는 딸처럼 생각하되, 먼저 쳐다보지 말고, 쳐다보더라도 말하지 말고, 말하더라도 알아차림을 확립하라."

또 어떤 비구가 이런 질문을 했다.

[비구] "세존이시여, 지금까지 저희들은 부처님을 따르고 공양을 올려서 복전을 지었는데 세존이 떠나시면 누구를 따르고 누구에게 공양을 올려서 복전을 지어야 합니까?"

[붓다] "네 가지 인연으로 복전을 지어야 한다. 첫째, 굶주린 이웃

에게 음식을 주어 그 목숨을 살리는 것으로 복전을 짓고, 둘째, 병든 이웃을 정성껏 보살피고 간병하는 것으로 복전을 짓고, 셋째, 가난하고 고독한 이웃을 널리 베풀고 위로하는 것으로 복전을 짓고, 넷째, 올바른 수행자에게 옷과 밥을 공양하고 외호해주는 일로 복전을 짓는 것이다. 이 네 가지가 재가수행자들이 진정 여래에게 공양하는 것이다."

아난다가 여래의 사리를 어떻게 처리해야 하는지를 묻자 부처님은 이렇게 답했다.

[붓다] "아난다, 여래의 사리는 일체 관여하지 말라. 출가 수행자는 오직 수행에 전념하라. 그 일은 신심 깊은 재가수행자들이 알아서 할 것이다."

그래도 계속하여 아난다가 장례절차에 대해 물으니까,

[붓다] "아난다, 전륜성왕의 장례법을 따르라. 즉 먼저 향탕으로 시신을 씻고, 무명천으로 몸을 차례대로 감고, 시신을 황금관에 넣은 뒤 깨기름을 그 위에 쏟아라. 이 황금관은 다시 쇠관에 넣고 쇠관은 전단향나무관에 안치하라. 나무관 주변에는 향나무를 쌓고 그 위를 두껍게 덮은 뒤 여기에 불을 붙여 다비茶毘[2)]하라. 다비를 마친 뒤 사리를 거두거든 네거리에 탑을 세워 거기에 안치하고, 탑 표면에는 비단을 걸어 길가는 사람들이 탑을 보고 바른 법을 사모하도록 하라."

드디어 아난다는 스승의 가심이 임박했음을 직감한다. 그는 후원 사립문 뒤쪽으로 가서 문틀에 머리를 기대고 소리 없이 오열했다. "아, 나를 불쌍히 여기던 스승은 왜 나를 두고 가시려는가?" 부처님은 비구들에게 아난다를 불러오게 했다.

아난다는 흐느끼며 말했다.

[아난다] "스승님, 저는 스승과 함께 40년을 지냈습니다. 스승과 함께 걸어 다녔고, 스승과 함께 잠들었으며, 스승과 함께 음식을 먹었고, 스승의 모든 말씀을 들었습니다. 그러나 아직도 깨달은 것이 없습니다. 그런데 스승께서 떠나신다 하니, 전 아무런 희망이 없습니다."

[붓다] "걱정하지 말라, 아난다, 너의 빛은 네 마음속에 있다. 나는 너의 빛이 아니다. 만약 너를 깨닫게 하는 것이 내 손안에 있었다면 너는 벌써 깨달았을 것이다. 아난다, 깨달음은 네 내면의 능력이다.

아난다, 슬퍼하지 말라. 모든 사랑스럽고 뜻에 맞는 것과는 반드시 헤어져야 하고 나뉘게 되고 달라지기 마련이라고 내가 누차 말하지 않았더냐. 내가 오래 세상에 머물기를 원해서는 안 된다. 이 세상을 보라. 모두가 무상하지 않은가? 아난다, 긴 밤 동안 너는 나를 다정한 행동으로 보살폈으며, 또 우정 어린 말로써 보살폈으며, 다정한 마음으로 보살펴왔다. 아난다, 너와 함께 살았다는 게 나에게는 큰 행운이었다."

다시 아난다가 말했다.

[아난다] "스승님, 번창하는 짬빠, 라자가하, 사왓띠, 웨살리 같은 곳을 두고 하필 황량한 시골, 흙벽으로 둘러싸인 변방의 숲 속에서 마지막 안식에 들려하십니까?"

[붓다] "아난다, 그렇게 말하지 말라. 이곳은 조그맣고 황폐한 곳이 아니다. 이곳은 일찍이 마하수닷사나Mahasudassana 왕의 수도 꾸사와띠가 있던 곳이다. 아난다, 가서 꾸시나라의 말라족에게 오늘 밤 두 그루 살라 나무 사이에서 중야中夜에 나의 열반이 있을 거라고 알려라."

흙벽으로 둘러싸인 초라한 시골마을에서 부처님이 열반에 든다면 먼 훗날까지 순례자들이 이 마을을 찾을 것이다. 그것은 마을 사람들에게는 큰 이익을 줄 것이다. 과연 그랬다. 여래는 이런 것까지 염두에 둔 것이 틀림없다. 자신의 마지막까지 사람들의 이익을 위해서 다 주고 가신 분이다. 아난다는 말라족이 모여 있는 공회당으로 갔다. 그들에게 오늘 밤 여래가 반열반에 들어갈 거라는 소식을 전하자 모두 눈물을 글썽이며 흐느꼈다.

| 주 |

1) 대각회大覺會운동에 대해: 용성 스님(1864~1940)과 다르마팔라(1864~1933)의 생애는 놀랄 정도로 유사하다. 용성 선사는 일제 식민통치 아래 혼란에 빠진 한국불교를 부흥하려 애썼고, 다르마팔라는 영국 식민통치 하에 쇠퇴해가는 불교를 부흥시키는 데 삶을 불살랐다.
2) 다비茶毘: 시신을 태워서 그 유골을 매장하는 장법葬法. 빠알리어 '쟈페띠 jhapeti'의 음사音寫. 인도에서 행해지는 전통적인 화장법이다.

 한 사람도 버리지 않는다
_마지막 제자 수밧다

부처님은 사람을 사랑하고, 끝까지 사랑하여 한 사람도 버리지 않았다. 닙바나의 시간이 다가왔다. 살라 나무 사이에 자리를 깔고 누운 여래에게 오늘 저녁은 이 세상에서 보내는 마지막 밤이 될 것이다. 슬픔에 젖은 꾸시나라 사람들이 하나둘 숲으로 찾아왔다. 달이 높이 뜬 한밤중에도 숲으로 이어지는 행렬은 끝이 없었다. '세상의 눈'이 감기기 전에, '세상의 등불'이 꺼지기 전에 여래의 모습을 친견하고자, 손에 손에 장례에 쓸 하얀 천을 들고서 고요히 걸어왔다. 마치 티베트불교도가 하얀 비단 스카프 카타khata를 바치려고 들고 오는 것처럼. 부처님은 그들을 일일이 맞이하고 가르침을 주셨다. 세존은 죽기 직전까지 사람들을 만나 가르침을 주고 자신의 죽음 과정 전체를 가르침의 교재로 삼으라고 온통 다 드러냈다. 등불이 가물거리고, 숲은 깊은 정적에 휩싸였다.

그때 숲의 침묵 속에서 한 늙은 바라문이 찾아왔다.

"오늘 밤 여래께서 열반하신다는 소식을 들었습니다. 늦었지만 꼭 뵙고 싶습니다."

구도의 일념으로 평생을 다 바친 이 늙은 브라만. 뭇 스승을 모시며 그들의 가르침대로 수행해왔건만 안심입명安心立命(몸과 마음이 완벽히 편안한 경지, 즉 열반)을 얻지 못했다. 진정한 길을 가르치는 스승을 아직 못 만난 것이다. 바른 스승의 한 마디에 생사를 건넌다一言之下, 頓忘生死는 말이 있다. 모든 구도자의 소원이 바른 스승을 만나 바른 길을 가는 것이다. 그러나 그게 만만한 일이 아니다. 정법의 인연이 있어야 그럴 수 있다. 정법의 인연을 만난 사람을 보고 '반야의 종자'를 심은 분이라 말한다. 그렇다. 기름진 밭에다 올바른 씨앗을 심어야 올바른 결실을 얻는다. 기름진 밭은 부처님 법이요, 올바른 씨앗을 진정한 구도심, 이름 하여 신심이라 한다.

"돌아가십시오. 부처님께서는 지금 몹시 힘들어 하십니다. 세존을 번거롭게 하지 마십시오."

"여래께서 세상에 출현하는 것은 삼천 년에 한 번 피어나는 우담바라[1] 꽃과 같이 아주 희유한 일입니다. 제발 잠시라도 뵙고 한 말씀만 여쭙게 해주십시오."

일찍이 정각을 이루신 붓다가 출현하셨다는 소문을 들었을 법도 하건만 산이 높고 땅이 넓어 이제야 만나러 왔나, 귀가 멀고 눈이 어두워 지척에 두고도 한 평생을 찾아다녔나. 매화를 보려 십리 사방을 찾아 헤매다, 하릴 없이 돌아오니 담장 밑에 흐드러지게 피어 있는 매화를 보았네. 소매 속에 감춰진 보배를 찾아 한 평생을 찾아다니다가 이제야 제 손안에 있었다는 걸 깨달았네.

"아난다, 그를 막지 마라. 여래는 조금도 귀찮을 것 없다."

여래가 세상에 오신 뜻은 법을 드러내기 위함이요, 법을 설하기 위함이며, 법으로 중생에게 봉사하기 위함이니, 귀찮을 까닭이 있으랴만, 세존의 건강을 염려하는 아난다의 극진한 효심은 애잔하기까지 하다. 세존은 중생을 위해 자기 자신을 온통 내어놓은 분이니, 세상은 최고로 귀한 선물을 받았다. 부처님이란 존재는 세상의 보배다. 이제 세상의 보물이 늙은 수행자에게 말을 걸어온다.

"수밧다Subhadda(혹은 수바드라Subhadra), 세상에 있는 여러 스승들이 깨달았는지, 못 깨달았는지, 그들의 가르침이 옳은지 그른지 따지는 그런 의심은 그만두는 게 좋습니다. 그것보다 당신에게 나의 가르침을 말해주겠습니다. 주의해서 들으십시오."

"세존이시여, 말씀해주십시오."

"수밧다, 여기에 여덟 가지 올바른 길이 있습니다. 이 팔정도를 가는 사람을 사문沙門samana이라 합니다. 그런 사문들 가운데 네 가지 단계의 깨달음을 얻은 분이 있게 됩니다. 나의 가르침에 따라 수행하는 사람들은 사문의 네 가지 깨달음의 결과가 있습니다."

여기서 부처님은 확실하게 말했다. 여덟 가지가 있고, 네 가지가 있으면 불교佛教붓다사사나Buddhasasana고, 그렇지 않으면 불교가 아니라고. 여덟 가지는 팔정도, 곧 정견, 정사유, 정어, 정업, 정명, 정정진, 정념, 정정이요. 네 가지는 첫 번째 흔들리지 않는 신념에 이른 수다원(예류과豫流果), 두 번째는 생사를 한 번 더 되풀이 한 후에 깨닫는 사다함(일래과一來果), 세 번째는 이 세상에서 죽은 뒤 다시 태어나지 않고 깨달음을 얻는 아나함(불환과不還果), 네 번째는 이 세상에서 완전한 아라한이 되는 아라한(무학과無學果)이다.

임종의 자리에서 붓다는 고요하나 우레와 같은 게송을 읊는다.

> 내 나이 스물아홉에 집을 떠나
> 유익함을 찾기 어언 51년
> 계율과 선정과 지혜를 닦고
> 조용히 사색하며 살아왔네,
> 이제 가르침의 요점을 말하나니
> 이 길을 떠난 수행자의 삶이란 없네,
> 길은 팔정도가 최고
> 진리는 사성제가 최고
> 욕망을 다스림에는 법이 최고
> 두 발 가진 생명 중에
> 눈을 뜬 붓다가 최고

수밧다여, 이 길뿐 다른 길이 없다네.[2]

수밧다는 그날 밤에 구족계를 받고 붓다의 마지막 제자가 되었다. 우리는 그 마지막의 마지막의 마지막의 마지막의 …… 마지막 제자들이다. 그리고 이 '마지막'은 끝없이 이어진다. 그러므로 붓다의 법은 끊어지지 않고 무한 시공을 가득 채우며 법계를 밝힌다.

부처님 법이 오래오래 이 땅에 머물기를!

Buddha sasanam ciram titthatu.
붓다 사사남 찌람 띠따뚜

| 주 |

1) 우담바라Udumbara優曇鉢羅는 불교 경전에 나오는 신성한 꽃이다. 인도에 있다고 하는 나무로 3,000년마다 한 번, 여래나 전륜성왕이 나타날 때에 꽃이 핀다고 한다. 우담화優曇華로 쓰기도 한다. 한국의 불상이나 법당 한 구석에 하얀 팽이버섯 모양으로 핀 꽃은 진짜 우담바라가 아니고 '풀 잠자리 알'이라는 것이 밝혀졌다.
2)《부처님의 생애》, p.394 12행~p.395 11행 옮김.

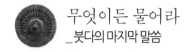

무엇이든 물어라
_붓다의 마지막 말씀

부처님은 문답을 좋아한다. 그분의 설법하는 방식은 문답이었다. 그러나 스승이 이미 내린 결론으로 제자를 몰고 가는 방식의 문답이 아니고, 스승과 제자가 문답하는 가운데 제자가 저절로 깨닫게 되는 방식의 문답이었다. 부처님은 인간이 '질문하는 존재(호모 인테로가토리우스 homo interrogatorius)'라는 것을 잘 알고 있었다. 적실한 질문을 할 수 있는 사람은 답을 찾을 준비가 된 사람이다. 그런 사람은 어미닭이 톡 건드려 주면 곧바로 껍질을 깨고 나올 준비가 된 병아리와 같다. 껍질을 깨고 나오면 신천지를 보는 눈이 생긴다. 부처님은 우리에게 세계를 보는 눈을 열어주려고 끊임없이 질문하고 답을 준다. 그분과의 대화가 곧 경전이 되고 율장이 되었다.

부처님이 이 땅에 온 지 80년, 깨달음을 이룬 후 45년, BCE 544년 음력 4월15일.

부처님은 곧 닙바나에 든다. 꾸시나라 숲에 더욱 짙은 어둠이 내렸다. 부처님이 누워 있는 자리 위로 두 그루 살라 나무에서 꽃잎이 눈처럼 흩어져 내린다. 부처님 주위로 쌓인 꽃잎처럼 오백의 비구들도 부처님을 에워싸고 앉아 있었다.

"아난다는 어디 있느냐?"

"슬픔을 견디지 못해 울고 있습니다."

천 년을 견디고도 그늘이 줄지 않는 살라 나무, 어두운 살라 나무 그늘에서 아난다는 소리 죽여 흐느꼈다.

"아난다, 눈물을 거두어라. 너는 오랫동안 나에게 정성을 다하였다. 이 세상 누구보다도 너처럼 여래를 잘 섬기진 못했을 것이다. 열심히 노력하라. 너는 곧 큰 깨달음을 얻을 것이다."

입안의 혀처럼 당신을 시봉하였던 아난다를 격려하고, 대중을 향해 물었다.

"비구들이여, 부처와 법과 승가에 대해 의심이 있는 사람은 없는가? 그런 사람이 있다면 빨리 물어라. 때를 놓치고 후회하는 일이 없도록 하라. 내가 살아 있는 동안 그대들을 위해 설명해주리라."

팔십 평생을 고구정녕하게 설법해주었기에 거기 모인 제자들은 이미 금강과 같은 신심을 확립하였다고 해도 좋으리라. 그럼에도 불구하고 부처님의 자상한 마음 씀은 죽음이 임박한 순간에도 그치지 않았으니, "내가 아직 살아 있을 때 물을 것이 있으면 무엇이든 물어라."라고 한다. 어느 스승이 이러할까? 의심이 다할 때까지 물어야 한다. 묻고, 묻고 또 물어, 물음이 끊어지면 안팎으로 명징한 신심이 확립된다. 이것이 바로 진실한 '귀의'이며, 자기 안에서 '섬'을 발견하는 것이며, 흔들리지 않는 반석을 두드리는 것이다. 부처님이 두 번이나 물어보라고 하였으나, 비구들은 침묵을 지켰다.

"부끄러워 직접 묻지 못하겠거든 벗을 통해서라도 빨리 물어라. 그때 물어볼 걸 하면서 뒷날 후회하는 일이 없도록 하라."

비구들이 여전히 침묵하자 아난다가 대중을 대신하여 대답했다.

"이 자리에 모인 대중은 모두 청정한 믿음을 가지고 있습니다. 이곳에 불법승에 대해 의심하는 비구는 없습니다."

오백 비구의 흔들리지 않은 눈빛을 하나하나 확인한 부처님이 말했다.

"이 대중 가운데 가장 어린 비구도 도의 자취를 보아 악도에 떨어지지 않을 것이며, 천상을 일곱 번 오가고 나서 마침내 괴로움에서 완전히 벗어나리라."[1]

이것이 스승의 마지막 선물이요, 축복이었다.

열반은 우리 목전에 있고 우리 손안에 있다. 부처님께서 마지막으로 말씀하셨다.

수행승들이여, 참으로 그대들에게 당부한다.
모든 형성된 것들은 부서지고 마는 것이니
방일하지 말고 정진하라.

Handa`dani, bhikhave, amantayami vo,
한다 다니 비카웨 아만따야미 워
Vayadhammā saṅkhārā appamādena sampādethā.
와야담마 상카라 아빠마데나 삼빠데타[2]

부처님이 눈을 감자 세상의 등불이 꺼졌다. 깊은 어둠과 침묵 속에서 흐느낌이 새어나왔다.

인간의 육신을 버린 부처님은 형상으로 포착할 수 없다. 하얀 눈송이 뜨거운 찻잔 속으로 떨어졌다. 흔적이 없다. 적멸이다.

법을 보는 자, 나를 볼 것이라고 하셨으니 여러분은 법을 보십니까?

부처님이 마음에 있다고 말들을 하니 여러분은 마음에서 그분을 보십니까?

여러분은 지금 여기에서 그분이 남기신 현존의 향기를 느끼십니까?

|주|

1)《부처님의 생애》, p.398 7행~16행 옮김.
2)〈완전한 열반의 경〉(DN16.126), 전재성 역.

 부처님, 불 들어갑니다!

미국의 철학자 윌 듀란트(William James Durant, 1885~1981)가 세계사를 개관하여 요약했다. "세계사는 피가 흐르는 붉은 강이다. 그 강은 유혈참사를 일으키는 왕과 정치인, 외교관 등 남자들과 그들의 사건을 담고 빠르게 흘러간다. 이 사람들은 전쟁과 혁명을 일으키고 영토와 권리를 침략한다. 그러나 세상의 진짜 역사는 보통 사람들이 사는 강가에서 벌어진다. 그들은 서로 사랑하며, 아이를 낳고, 집을 짓고 산다. 쏜살같이 흘러가는 강물에 영향을 받지 않으려고 노력하면서."

그런데 '서로 사랑하고, 아이를 낳고, 집을 짓고 사는' 것까지도 낭

만적인 상황은 아니다. 사실은 피가 흐르는 붉은 강물에 휩쓸려 피의 바다를 항해하고 있는 것이다. 이것이 인간의 삶이다.

《상윳따니까야》에는 이렇게 나와 있다.

"수행승들이여, 그대들은 어떻게 생각하는가? 그대들이 오랜 세월을 통해서 유전하고 윤회하면서 목을 잘려 흘리고 흘린 피와 사대양의 바닷물 가운데 어느 쪽이 더 많겠는가? 세존이시여, 저희들이 오랜 세월을 통하여 유전하고 윤회하면서 목을 잘려 흘리고 흘린 피가 훨씬 더 많아 사대양의 바닷물에 비할 바가 아닙니다."[1]

인간의 역사는 윤회의 거센 폭류이며, 고통의 바다를 항해하는 기록이다. 한 마디로 둑카dukkha苦의 연속이다. 여기에 한 사람이 있었으니, 그는 고의 소멸을 가르쳤고, 고의 소멸로 이르는 길을 보여주었다. 그리고 자신이 고의 소멸을 완전히 실현하고 떠났다. 그것은 빠리닙바나, 완전한 열반이었다.

우리는 그분의 삶이 남긴 마지막 흔적을 찾아서 꾸시나라를 찾는다. 꾸시나라의 열반당, 거기에 부처님이 누워계신다. 순례자는 감상에 젖어 시인이 된다. 열반에 든 부처님이 나를 부르고, 내가 열반에 든 부처님을 불러낸다. 저기 한국에서 한 순례자가 오는구나. 서로를 알아본다. 옛 사람을 만난 것이다. 나의 순례는 망망대해에 외로운 돛단배를 띄우고, 그리던 옛 사랑을 찾아가는 항해가 된다. 우리가 성지 순례를 떠나는 이유는 이것이다.

작고 평범한 인도의 시골마을, 꾸시나라에서 부처님은 완전한 평화를 누리는 경계로 들어갔다. 부처님이 닙바나에 들은 그 순간이 지금 현재 여기 우리에게 스며든다. 가슴 속에 품어 안은 그 가르침과 대화하

붓다 열반지에 세운 탑과 사원 ㅣ 꾸시나라 붓다의 열반지에 열반탑Parinirvana Stupa과 열반사
Parinirvana Temple라는 이름으로 세워진 탑과 사원. © Bpilgrim

는 듯 우리는 오늘 길 위를 묵묵히 걷는다. 부처님이 닙바나에 든 그곳
에 들어서는 순간 우리는 2,500여 년 전의 그날을 함께 숨 쉬게 된다. 신
화나 전설같이 느껴지던 일이 바로 이곳에서 펼쳐졌음을 느끼며 인간
붓다를 가슴 속에 맞이한다. '이 또한 지나가리라'는 순간적인 사건일지
라도 그 감동은 가슴을 깊이 적신다. 가슴을 젖게 만드는 일을 하라. 그
러면 메마른 삶이 윤택해지리라.

　　꾸시나라 열반당에서 나귀의 느린 걸음으로도 짜이[2] 석 잔 마실
시간이면 다비장에 이른다. 라마바르 스뚜빠Ramabhar Stupa로 불리는
이곳은 부처님의 법구가 다비된 장소다. 그 뒤로 히란야와띠Hiranyavati

강이 평화롭게 흐른다. 법구를 화장하기 위해 쌓아올렸던 장작더미인 양 붉은 벽돌로 쌓아올린 둥실한 언덕모양의 스뚜빠Stupa(탑)가 그 자리임을 알려준다. 스뚜빠의 기단에 사람의 손길이 닿는 곳이 금빛으로 반짝인다. 순례객들이 벽돌 겉에 금박지를 붙여 공양을 올린 것이다. 마하깟사빠가 부처님에게 마지막 인사를 올리듯 탑을 오른쪽으로 돌면서 순례자들은 '나모 땃사 바가와또 아라하또 삼마삼붓다싸'[3]를 합송한다.

　　살라 나무 아래에서 닙바나에 든 부처님의 법구를 이곳까지 옮기는 동안 꾸시나라 사람들은 깃발과 일산을 받쳐 들고 슬픈 음악을 연주했을 것이다. 백성들은 거리를 깨끗이 쓸고 꽃을 뿌리고 향을 피우며 부처님 마지막 가시는 길을 배웅했다. '무릎까지 쌓이는 꽃잎을 헤치며' 거리를 지나온 법구는 이곳에 놓여졌다. '부처님, 불 들어갑니다!'라고 외치는 소리가 들려오길 모두가 기다렸다. 다비장에 모인 대중을 대표하여 아난다 존자가 장작에 불을 놓으며 스승께 큰 소리로 고했다. "부처님, 불 들어갑니다!" 그러나 불이 붙지 않았다. 무슨 까닭인가? 부처님은 상수제자 마하깟사빠를 기다렸다. 세존의 입적 소식을 뒤늦게 들은 존자와 존자를 따르는 비구들과 함께 일주일 동안 빠른 걸음으로 걸어서 이제야 겨우 다비장에 도착했다. 마하깟사빠가 도착하자마자 법구를 모신 철곽이 '철커덩' 열리더니 부처님의 두발이 관 밖으로 뻗어 나왔다. 마하깟사빠는 부처님의 두발에 이마를 대고 마지막 예배를 드렸다. 두 분 사이에 무슨 교감이 오갔나? 여기에 딱 맞는 선시가 있다.

설두지감雪竇智鑑 선사의 밀어密語

라마바르 스뚜빠Ramabhar Stupa | 붓다의 법구가 다비된 장소에 세워진 탑. 인도 우타르 프라데시Uttar Pradesh 주 꾸시나라Kushinagar 소재. © Anandajoti

세존이 숨긴 말씀 있었나,

가섭은 그대로 다 알아들었나니

하루 밤비에 꽃잎은 져서

물에 떠 흐르는 온 성의 향기.

世尊有密語, 迦葉不覆藏;

一夜落花雨, 滿城流水香.

그러자 장작더미에 저절로 불이 붙어 하늘을 삼킬 듯이 솟아올랐

붓다의 사리를 분배한 장소 | 꾸시나라Kushinagar 소재. © Tevaprapas

다. 법구를 모신 철곽이 흔적 없이 녹을 만큼 거세던 불길이 식은 자리에 영롱한 사리[4]가 나타났다. 사람들은 다비를 수습해 공회당에 모시고 칠일 동안 공양 올렸다. 모든 것이 엄숙하고 법답게 진행됐다.

하지만 아직 남은 일이 있었다. 다비식이 진행되고 사리에 공양을 올리는 동안 부처님의 열반 소식을 들은 이웃나라 대표들이 속속 꾸시나르로 모여들었다. 마가다 국의 아자따삿뚜 왕, 웨살리의 릿차위족, 까삘라왓뚜의 사꺄족, 알라깝빠Alakappa의 불리Buli족, 라마촌의 꼴리야족, 웨타디빠Vethadipa의 브라만들, 빠와의 말라족이 사리 분배를 요구했다. 위대한 스승이신 부처님의 사리를 모셔 탑을 세우고 공양하고자 하는 마음은 모두 같지만 좋은 일에도 순서가 있는 법, '당신 먼저After you'라고 권하는 양보는 경쟁에서 밀려나기 쉽다. 쉽게 나눌 수 없다, 무력이라도 불사하겠다는 각국 대표들의 등등한 기세가 한 순간 꾸시나라의 공회당을 휘감는다. 다행이 사리분배 논쟁은 아자따삿뚜 왕의 사신인 도나Dona의 현명한 중재로 평화롭게 마무리되었다. 사리는 여덟 등분으로 분배되어져 각 나라에 사리탑이 세워졌다.

부처님께서는 왜 이곳에서 닙바나에 들었을까? 부처님이 이 작고 궁벽한 시골마을에 마지막 밤은 보내기로 한 데에 무슨 뜻이 있을까? 아난다 존자도 그렇게 질문하였다. 부처님의 눈에는 이곳이 궁벽한 도시도 황량한 곳도 아니다. 깨달음을 이룬 분, 지혜의 눈이 보는 세상은 과거와 현재와 미래가 평등하다. 크고 작음, 많고 적음, 풍요롭고 가난함도 영원한 것이 아니다. 그것을 비교하고 가늠해서 열반의 장소를 고른 것이 아니다. 한때의 영광이 영원한 것도 아니고, 한때의 궁벽함이 항상하는 것이 아니다. 보라, 로마의 영광을. 눈물처럼 사라진 제국이 하나둘인가? 눈에 보이는 것, 그것은 영원한 것이 아니니 집착하지 말라는 가르침이 꾸시나라에 깃들어 있다.

부처님이 이 땅에 온 지 80년, 깨달음을 이룬 후 45년의 세월, 인간 붓다는 그렇게 살다 갔다. 그의 삶은 열반으로 완성되어 우리의 가슴속에 스며들어 있다.

| 주 |

1) SN 2.187, 전재성 역.

2) 짜이chai: 인도에서 주로 마시는, 향신료 맛살라masala가 가미된 홍차.

3) Namo tassa bhagavato arahato sammāsambuddhassa.: 존귀하신 분, 공양 받아 마땅하신 분, 바르게 깨달으신 그분께 예경 드립니다.

4) 사리舍利: 부처님이나 성자의 유골을 의미한다. 현재는 그 의미가 확대되어 스님들의 시신을 화장하고 난 후 유골에서 추려낸 구슬 모양의 작은 결정체를 말한다. 불교도들에게는 신앙의 대상이 된다. 보통 사찰에 가면 한적한 숲 속에 부도가 있기 마련인데, 그 속에 스님들의 사리가 모셔져 있다. 고승이 입적하면 사리가 얼마나 많이 나왔나를 따지며 도의 높고 낮음을 말하는 경우가 있는데, 사리와 도가 꼭 일치하는 것은 아니다.

9장   세계해탈을 향해

탑돌이를 하는 비구와 신도들 | 탑돌이를 하는 두 비구의 오른쪽
에 한 부부의 남편으로 보이는 신도가 등불을 들고 있다. 간
다라 유물. 개인 소장. © World Imaging

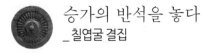
승가의 반석을 놓다
_칠엽굴 결집

부처님이 열반에 든 후 백성이 비탄에 잠겨 있는 동안 마하까삿빠는 여래의 열반 소식을 아직 듣지 못했다. 그는 넓은 인도 땅을 계속 옮겨 다녔기 때문이다. 세존이 열반에 든 지 일주일 지나서야 한 외도에게서 그 소식을 듣고, 그는 함께 다니던 비구제자들과 급히 꾸시나라로 발걸음을 재촉했다.

그런데 도중에 이상한 소리를 듣게 된다. 한 비구가 말하길 "존자들이여, 슬퍼하지 마시오. 비탄에 빠지지 마시오. 우리는 드디어 그 위대한 수행자로부터 해방되었소. 우리는 이제 '이것은 하라, 이것은 하지 마라'는 말을 듣는 괴롭힘을 당하지 않게 되었소. 그러니 이제 우리는 원하는 것을 하고 원하지 않는 것을 하지 맙시다." 말하자면 잔소리 많던 노장이 죽어서 우리 마음대로 살 수 있게 되었으니 얼마나 좋은가, 그렇게 슬퍼하지 말자는 이야기다. 참으로 배은망덕한 소리다. 부처님 당시부터 이런 제자가 있었으니 사람 사는 세상은 그제나 이제나 똑같다. 제멋대로 살고 싶은 게 중생의 심사다. 스승은 고집 센 망아지에 고삐를 매어 길들이는 목동과 같다. 대다수의 망아지는 순순히 말을 들어 그럭저럭 길들여지는 반면, 어떤 망아지는 뻗대면서 제 성질대로 날뛴다. 이런 망아지들은 목동이 없어지면 '아이구, 잘 됐다, 꼬치꼬치 간섭하는 잔소리꾼이 없어지니 속 시원하다.'고 하리라. 이런 망아지같은 비구의 입에서 나온 말을 들은 마하까삿빠는 마음속으로 세존이 돌아가신 후 교단의 앞날이 어떻게 될까를 깊이 생각하였다. 그러면서 일주일을 걸어오는 동안 아마도 교단의 장래를 위해 부처님이 평생 동안 말씀하신 가르침을 한데 모아서 확증해야겠다고 생각했을 것이다. 과연 다비의식이 마무리된 후 마하깟싸빠는 다비장에 모인 대중에게 자신의 의견을 말했다.

부처님 당시에는 전신전화나 신문, 인터넷이 없었으므로 부처님이 한 장소에서 설법하면 다른 장소에 있던 제자들은 들을 수 없었다. 당시 제자들은 세존이 어디에서 어떤 가르침을 누구에게 주었는지 다 알수는 없었다. 부처님은 계속 다니면서 각기 다른 상황에서 서로 다른 사람들에게 설법했으므로, 그 설법을 다 들은 사람은 오직 아난다 존자 한 분 밖에 없었다. 마하깟싸빠는 이제 여래가 돌아가셨으니 한데 모여서 스승이 한평생 설법하신 것을 다 들어보자, 여러 곳에서 설하신 부처님의 설법을 한데 모으자, 그래서 우리가 앞으로 어떻게 살아가야 할지를 깊이 새겨보자는 취지로 말했을 것이다. 부처님의 10대 제자 가운데 맏형의 위치에 있는 마하깟싸빠는 당연히 이런 제안을 한다.

[마하깟싸빠] "벗들이여, 우리는 가르침과 계율을 결집합시다. 가르침 아닌 것이 횡행하고 가르침은 배제되었습니다. 계율이 아닌 것이 횡행하고 계율은 배제되었습니다. 가르침이 아닌 것을 설하는 자들이 강해졌고 가르침을 설하는 자들은 약해졌습니다. 계율이 아닌 것을 설하는 자는 강해졌고 계율을 설하는 자는 약해졌습니다. 가르침이 아닌 것을 설하는 자가 힘을 얻고 가르침을 설하는 자가 힘을 잃기 전에 결집 結集을 합시다. 계율이 아닌 것을 설하는 자가 힘을 얻고 계율을 설하는 자가 힘을 잃기 전에 결집합시다. 향기로운 꽃과 아름다운 보석을 줄에

꿰듯, 부처님의 법과 율을 모아 교단의 튼튼한 반석을 만듭시다."

그러자 손뼉이 마주치듯 장로비구들이 마하깟사빠 존자의 제안에 동의하면서 결집에 나설 것을 결의했다. 장로들이 만장일치로 결집을 결정한 데는 부처님의 법과 율이 사라질 수도 있다는 위기의식 때문이다. 결집의 장소는 라자가하의 웨바라Vebhāra毗訶羅 산 칠엽굴七葉窟로 정했다. 라자가하는 마가다 국의 수도답게 물자가 풍부하여 생필품을 쉽게 구할 수 있는데다, 칠엽굴은 라자가하 가까이에 있어 탁발이 용이하며 외부와 차단할 수 있는 독립 공간이었다. 그래서 오랫동안 결집에 집중할 수 있는 환경이 된다. 결집에 참가할 장로의 자격은 아라한 과위에 오른 500명의 비구로 하였다. 그 자리에서 499명을 추천했다. 그러나 마지막 500번째 결집 참여자로 추천된 아난다는 '아직 아라한과를 얻지 못했다'는 이유로 마하깟사빠에 의해 보류되었다.

그런데 아난다 존자 없이는 결집이 불가능하다는 것을 잘 알고 있던 마하깟사빠는 왜 아난다를 뽑지 않았을까? 대중 스님들의 비난을 면하기 위해서였다. 왜냐하면 마하깟사빠와 아난다는 아주 친밀한 사이였으며, 아난다가 여래의 사촌동생이기에 만약 처음부터 그에게 결집의 참가를 허락하면 특혜를 주었다고 비난을 받을 수도 있었다. 그래서 적당한 절차를 거쳐 아난다를 뽑으리라 생각했다. 그랬더니 비구들이 마하깟사빠 장로에게 요청했다. "존자여, 아난다 존자가 수다원에 불과하더라도 그는 욕망과 분노와 어리석음과 두려움 때문에 도리가 아닌 것을 행하지는 않습니다. 더구나 그는 세존의 곁에서 가르침과 계율을 배웠습니다. 존자여, 그러므로 장로께서는 아난다 존자를 뽑아주십시오."[1]

그러나 또 다른 비구들은 '이 승단 안에 한 비구는 젖비린내를 풍기

칠엽굴Sapttaparni Cave | 인도 비하르Bihar 주 라즈기르Rajgir에 있는 칠엽굴은 붓다 열반 후 경율을 1차로 결집한 곳으로 내부에 두 개의 큰 동굴이 있다. © BPG

고 다닌다.'라는 말을 했다. 이때 아난다 존자의 나이가 이미 70이요, 머리가 허옇게 쉰 장로였으나 깨달음이 아직 수다원에 머물러 있다고 '젖비린내 나는 어린애'라는 말을 들었다. 아난다 존자는 젖비린내를 풍기고 다니는 비구가 자신을 가리킨다는 것을 잘 알고 있었다. 자존심이 상할 만도 했겠지만 어쨌든 결집행사가 있는 날까지 정진을 하여 아라한이 될 것을 다짐했다.

　　장로들은 결국 500번째 결집 참가자의 자리를 비워둔 채 40일 후 칠엽굴에서 모이기로 하고 해산했다. 한편 세존의 열반으로 깊은 시름에 잠겼던 백성들은 율장과 법을 결집함으로써 영원히 꺼지지 않을 지혜의 등불이 다시 타오를 것으로 기대하고 있었다.

|주|

1) Vin.2.285, 전재성 역 참조.

 아난다 존자의 경행

아난다 존자는 25년간 부처님을 그림자처럼 따라다니며 세존의 모든 설법을 암기했다. 그러나 수다원과를 얻게 된 것은 뿐나 만따니뿟따 Punna Mantaniputta(부루나 존자) 존자의 설법 덕분이었다. 존자는 부처님이 돌아가신 뒤에야 아라한이 되었다. 부처님을 최측근에서 모셨음에도 불구하고 다른 제자들보다 성취가 늦었던 이유는 무엇일까? 평소에 스승에 대한 존경과 애정이 너무 깊어서, 오히려 스승이 곁에 없어야 공부가 되었던 것인가? 아난다 존자는 가장 가까이서 부처님을 평생 시봉하고 싶었기 때문에, 일부러 아라한이 되지 않았던 것은 아닐까? 아난다 존자가 아라한을 이루었다면 아라한에게 시봉을 받는 부처님의 마음이 불편했을 것이다. 아난다 존자는 부처님을 오랫동안 시봉하기 위해서 아라한과의 성취를 세존의 열반 후로 미루었던 것 같다.

다음은 뿐나 존자의 설법을 듣고 아난다 존자가 수다원을 성취하는 장면이다.

아난다 존자가 제따와나 사원에 머물 때 그는 비구들을 불러 "도반들이여, 뿐나 존자는 우리가 신참이었을 때 많은 도움을 주었습니다. 그는 우리들에게 이와 같이 가르침을 주었습니다."라며 말을 시작했다.

[뿐나] "도반 아난다여, 이를 어떻게 생각합니까? 물질은 항상합니까? 무상합니까?"

[아난다] "무상합니다, 도반이여."

[뿐나] "그러면 무상한 것은 괴로움입니까? 즐거움입니까?"

[아난다] "괴로움입니다, 도반이여."

[뿐나] "그러면 무상하고, 괴로움이고, 변하기 마련인 것을 두고 '이것은 내 것이다. 이것은 나다. 이것은 내 자아다.'라고 관찰하는 것이 타당하겠습니까?"

[아난다] "그렇지 않습니다, 도반이여."

[뿐나] "도반 아난다여, 이를 어떻게 생각합니까? 느낌은… 인식은… 심리현상들은… 알음알이는 항상합니까, 무상합니까?"

[아난다] "무상합니다, 도반이여."

[뿐나] "그러면 무상한 것은 괴로움입니까? 즐거움입니까?"

[아난다] "괴로움입니다, 도반이여."

[뿐나] "그러면 무상하고, 괴로움이고, 변하기 마련인 것을 두고 '이것은 내 것이다. 이것은 나다. 이것은 내 자아다.'라고 관찰하는 것이 타당하겠습니까?"

[난다] "그렇지 않습니다, 도반이여."

[뿐나] "도반 아난다여, 그러므로 그것이 어떠한 물질이건… 그것이 어떠한 느낌이건…그것이 어떠한 인식이건… 그것이 어떠한 심리현

상들이건… 그것이 어떠한 알음알이건, 그것이 과거의 것이건 현재의 것이건 미래의 것이건, 안의 것이건 밖의 것이건, 거칠건 미세하건, 저열하건 수승하건, 멀리 있건 가까이 있건 '이것은 내 것이 아니다. 이것은 내가 아니다. 이것은 내 자아가 아니다.'라고 있는 그대로 바른 통찰지로 보아야 합니다.

도반 아난다여, 이와 같이 보는 잘 배운 성스러운 제자는 물질에 대해서도 염오하고, 느낌에 대해서도 염오하고, 인식에 대해서도 염오하고, 심리현상들에 대해서도 염오하고, 알음알이에 대해서도 염오합니다.

염오하면서 탐욕이 빛바래고, 탐욕이 빛바랬기 때문에 해탈합니다. 해탈하면 해탈했다는 지혜가 있습니다. '태어남은 다했다. 청정범행은 성취되었다. 할 일을 다 해 마쳤다. 다시는 어떤 존재로도 돌아오지 않을 것이다.'라고 꿰뚫어 압니다."(《상윳따니까야》 22:83(4-1), 〈장로품 Theravagga〉, 각묵 스님 역)

마침내 결집을 시작할 날이 하루 앞으로 다가왔다. 그러나 아직 아라한과를 깨닫지 못한 아난다 존자는 몹시 초조했다.

"아! 드디어 내일이면 결집 행사가 시작되는구나. 그러나 아직 깨달음을 이루지 못한 내가, 아라한들만이 참석하는 결집행사에 참석하는 것은 옳지 못한 일이다. 이제부터라도 열심히 수행을 해서 행사 전에 완전한 깨달음을 얻을 수 있도록 분발해야겠다." 굳은 결심을 한 아난다 존자는 주의를 집중함으로써 마음을 밝혀 깨달음에 이르도록 밤새도록 수행했다.[1) 몸에 대한 알아차림으로 온밤을 경행대經行臺 위에서 지새웠지만 탁월한 것을 얻지 못하자 '세존께서 나에게 "아난다여, 그대는 공덕을 지었으니 정진에 몰두하라. 곧 번뇌를 부순 아라한이 되리라."고 말하지 않았던가?[2] 부처님은 말씀을 함부로 하지 않는다. 나는 너무 지나치게 정진하였다. 그래서 나의 마음이 들뜸으로 기울었다. 이제 나는 정진을 쉬어야겠다.'고 생각하여 경행대에서 내려와 발 씻는 곳에서 두 발을 씻고 방으로 들어가 침상에 앉아 '쉬어야겠다.'라며 몸을 침상으로 기울였다. 알아차림의 불꽃을 밝힌 채 한 동작 한 동작 몸의 움직임에 마음을 집중하면서 침상에 눕기 위해 천천히 몸을 움직였다. 그러자 그의 발이 바닥에서 떨어지면서 머리가 미처 베개에 닿기 직전, 그때까지 남아서 깨달음을 방해하던 오염된 요소들이 마음속에서 순식간에 사라져버렸다. 두 발이 땅에서 떨어지고 머리는 아직 베개에 닿지 않은 이런 중간에 '집착이 텅 비워져버려' 그의 마음은 번뇌들로부터 해탈하였다. 용맹스럽게 정진을 시작한 지 40일째였다. 이로써 아난다 존자는 아라한이 되어 결집에 당당하게 참석할 수 있게 되었다.

드디어 결집행사가 있는 날 장로비구들은 식사를 마치고 발우와 가사를 정돈하고 법회 장소에 모였다. 아난다 존자는 기쁘고 만족한 마음으로 한 쪽 어깨에 가사를 걸치고, 줄기에서 떨어진 잘 익은 야자열매처럼, 황색 융단위에 놓인 보주처럼, 구름 한 점 없는 하늘에 떠오른 보름달처럼, 아침햇살에 닿아 반짝이는 황색 꽃가루받이를 지닌 홍련화처럼, 깨끗하고 청정하고 빛나는 길상의 훤칠한 얼굴로 자신의 거룩한 경지를 드러내듯이 갔다. 마침 이런 모습을 본 마하깟사빠 존자는 '아난다는 실로 거룩한 경지를 얻어 빛난다. 만일 스승께서 계셨더라면, 오늘 참으로 아난다를 "훌륭하다!"라고 칭찬했을 것이다. 오! 스승께서 해주실 칭찬을 내가 해주어야겠다.'라고 생각하고 "훌륭하십니다!"라고 말을 세 번 건넸다.[3]

사두 사두 사두!

Sadhu Sadhu Sadhu!

|주|

1) 이때 아난다 존자가 수행한 방법을 일러 신행념身行念, 까야가따사띠 Kayagatasati라 한다. 사념처四念處(몸身, 감각受, 마음心, 법法에 대한 알아차림을 확립함)의 첫 번째인 신념처身念處와 같다. 이는 몸의 움직임을 면밀하게 지속적으로 알아차리는 것이다. 이러면 알아차림이 동정動靜에 일여一如하게 된다. 아난다 존자는 정진하려는 열의가 강했으므로 이것이 오히려 들뜸을 일으켜 미세한 장애가 되었다. 경행을 마치고 잠시 쉬려고 마음먹었을 때 들뜸이 가라앉으면서 무명이 파해져서 아라한과를 성취하였다.
2) DN 2.144, 전재성 역.
3) DN 해제 pp.18~19, 전재성 역.

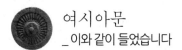

여시아문
_ 이와 같이 들었습니다

결집 장소를 정하고 40일이 지난 뒤에 칠엽굴에 모여 결집을 하기로 하고, 마하깟사빠와 아누룻다 존자는 비구들을 이끌고 꾸시나라의 말라Malla 국을 떠났다. 당시 승가에는 3개월 안거安居왓사Vassa제도가 있었다. 안거는 출가자들이 비가 자주 오는 몬순 기간에 돌아다니지 않고 일정한 장소에 머물며 수행하는 것이다. 당시 마가다 국 라자가하의 몬순 기간은 대략 6월부터 9월 사이였다. 때문에 결집 시기와 안거 기간이 겹치는 것은 적절한 일이었다. 이 사건은 불교사에서 중요한 의미를 가지고 있다. 불기佛紀의 기원이 바로 이 사건에서 시작되기 때문이다. 즉 불기의 첫 해는 위대한 스승과 함께하지 못한 첫 안거의 해부터 산정하게 된다. 그래서 올해는 공통기원(CE) 2016년+544(공통기원전(BCE) 544, 세존이 열반한 해)=불기2560년이 된다.

칠엽굴 결집에 참석할 수 있는 자격으로 500명의 아라한이 선출되었기에 500결집이라고도 한다. 마하깟사빠가 사회자가 되고 우빨리 존자는 율律위나야Vinaya을, 아난다 존자가 경經숫따sutta을 암송하여 그 내용이 불설임을 승인한다. 마하깟사빠가 먼저 우빨리에게 어느 장소에서, 누구에게, 어떠한 이유로, 계율이 제정되었는지를 질문하면 이에 대한 답변으로 외어낸頌出한 것이 율장律藏위나야삐따까Vinayapitaka이다. 마찬가지로 붓다가 어느 곳에서 누구에게 무엇을 설하였느냐고 물으면 아난다가 '여시아문如是我聞'으로 시작하여 외운 것이 경장經藏숫따삐따까Suttapitaka이다. 세존이 신참 비구들에게 계를 주며 삭발을 해주는 일을 이발사 출신인 우빨리 존자에게 하도록 했으므로 존자는 계율에 대한 설법을 다 들을 수 있었다. 아난다는 붓다를 평생 시봉하면서 설법하신 전부를 듣고 기억하였기에 경을 송출하는 역을 맡았다. 우빨리와 아난다가 율과 경을 외우면 참석한 아라한들은 진위를 심의한 후 참가자 전원이 모두 함께 합송하는 형식을 거친다. 그래서 결집을 다른 말로 합송合誦이라 한다. 결집, 상기띠saṁgīti는 당시에 유통되던 불설을 500명의 아라한이 함께 합송하면서 율과 경을 교정하여 공인하는 정전화正典化 작업이었다. 현재 상좌부불교의 율장Vinayapitaka과 경장

Suttapitaka, 나중에 결집된 아비담마 주석서의 모음인 논장論藏아비담마삐따까Abhidhammapitaka를 통틀어 삼장三藏띠삐따까Tipitaka이라고 한다.

제1차 결집이 끝난 후 대장로 마하깟사빠는 불자拂子[1])를 높이 들고 "장로들이여, 세존께서 정하지 않은 것을 우리도 정하지 맙시다. 세존께서 정한 것을 우리는 버리지 맙시다. 세존께서 정한 그대로 배우고 실천하도록 합시다."라고 말했다. 이것이 바로 결집의 정신이다. 세존이 말씀하신 대로 기억하고 그대로 실천하며 살자는 것이다.

마하깟사빠 존자가 높이 치켜들었던 불자가 한국불교의 앞날을 가리키고 있다. 결집의 정신, 부처님 가르침대로 아난다는 코끼리처럼 천천히 법상에 올라 반듯하게 허리를 펴고 앉아 정면을 응시한다. 온 대중이 일어나 마하까삿빠와 아난다의 발아래 예배한다. 미소를 머금은 아난다의 입에서 확신에 찬 음성이 흘러나온다.

이와 같이 들었습니다. 언젠가 부처님께서 사왓띠의 기원정사에서 천이백오십 명의 비구와 함께 계실 때의 일입니다.

Evam me sutam: Ekam samayam Bhagavā sāvattiyam viharati, Jetavane Anathapindikasa ārāme mahatā bhikkhusaṁghena saddhiṁ aḍḍhatelasehi bhikkhusatehi.

에왕 메 수땅 에깡 사마얌 바가와 사왓띠얌 위하라띠, 제따와네 아나타삔디까사 아라메 마하따 비쿠상게나 삿딩 앗다뗄라세히 비쿠사떼히

如是我聞 一時 佛在舍衛國 祇樹給孤獨園 與大比丘衆 千二百五十 人俱

이어서 오백 아라한의 합송하는 소리가 천둥처럼 칠엽굴 안을 울리며 메아리가 되어 천상천하로 퍼져나갔다. 뭇 생명의 가슴을 울릴 '고요한 소리'가 무한 공간에 새겨졌다. 이렇게 합송이 끝나자 대지가 진동하였다. 아난다 존자는 상아로 장식한 부채를 내려놓고 법좌에서 내려와 장로비구들에게 인사하고 자신의 자리에 가서 앉았다.

| 주 |

1) 불자拂子: 원래는 먼지나 모기, 파리 등을 쫓아내는 데 사용했던 생활용구였으나 불교에서 번뇌와 망상을 털어버리는 지혜의 상징으로 받아들였다. 소나 야크의 털 같은 것을 묶고 손잡이를 붙여서 만든 도구인데 하얀 털로 된 것을 귀하게 여긴다. 선사가 설법할 때 깨달음을 지시하는 도구로 사용한다.

세계불교의 소통과 실용주의적 접근
_ 일미법을 향하여One Taste Dharma

한국에 불교가 전해진 이래 대승경전만이 유일한 부처님의 말씀인 줄 알았다. 《아함경》이 있다는 것은 알았지만 그것이 가르치는 교리의 수준은 낮다고 여겨 깊게 공부한 적이 별로 없다.

대부분의 불자들은 《천수경》, 《금강경》, 《반야심경》이나 《화엄경》, 《법화경》의 가르침을 받들며 신행해왔다. 그러던 중 2000년대부터 젊은 구법승들이 상좌부불교 국가에서 유통되는 빠알리어 경전을 번역하여 소개하기 시작했다. 현재 전재성 님(빠알리성전협회 2002~11)과 각묵 스님, 대림 스님(초기불전연구원 2005~12)이 완전히 번역한 5부 니까야가 활발히 유통되고 있다. 그 영향으로 한국의 불자들은 대승경전으로 이해한 불교와 빠알리 경전으로 이해한 불교 사이에는 상당한 차이가 있음을 깨달았다. 그 차이가 너무도 커서 때로는 서로가 소통할 수 없을 것처럼 느껴지기도 한다. 그러나 한 아버지에서 태어난 두 형제 같은 상좌부불교와 대승불교는 서로 이해하고 소통하여 하나의 다르마一法One Dharma, 하나의 부처님 수레一佛乘에까붓다야나Eka-Buddhayana가 되어야 한다. 그렇게 되기 위해서 지금보다 더 좋은 시기는 없을 것이다.

우리는 지금 모든 정보가 인터넷의 사이버 공간에서 동시에 공유되는 통섭通涉Consilience의 시대에 살고 있다. 정보통신의 세계화로 이전에 서로 떨어져 독자적으로 발전하던 문화와 전통, 사상과 종교가 충돌하고 접촉하여 교류와 융합이 일어나고 있다. 동양문화와 서양문화가 충돌하는 가운데 비교종교학이나 인터페이스 운동Inter-faith(종교 간의 대화)과 같은 타종교간의 대화가 이뤄지고 있다.

통섭의 시대를 사는 우리 불자들은 역사상 유례없는 황금기를 만났다. 남방불교와 대승불교, 참선과 위빠사나, 미얀마의 아비담마와 티베트불교학이 한 자리에서 만나 소통할 수 있게 되었다. 남방 상좌부불교와 북방 대승불교는 지리적 위치가 다르고, 견해가 달라져 서로 다른 길을 걸어왔으나 이제는 시공간을 뛰어넘어 한 자리에서 대화할 수 있게 되었다.

　　그리고 현대를 사는 우리 불자는 남방과 북방의 차이를 넘어 서로 이해하고 공생할 수 있는 지성과 감성이 충분히 갖추어졌다. 불자들은 민족중심 불교Ethnic Buddhism와 종파불교Sectarian Buddhism를 넘어서 보편불교Universal Buddhism를 지향할 수 있게 되었다. 불교에 대한 데이터베이스가 이미 다 공개되어 사이버 디지털 창고에 들어있으니 수행자가 자기 적성과 기질에 맞는 것을 가져다 쓰면 된다. 사랑과 이해, 기쁨과 행복, 청정과 자유로 인도하는 수행이라면 어떤 전통에 속하든 무슨 상관이 있겠는가? 다만 어떤 전통의 어떠한 수행이 유익한지는 직접 가서 보고 체험해봐야 알 수 있는 것이니, 이는 수행자의 안목과 수행력에 달려 있다. 이런 자세가 실용주의적 접근Pragmatic Approach이다.

　　불교를 보는 안목을 세계적으로 넓히고 교학과 수행의 바다를 섭렵하여 일미법一味法One Taste Dharma이라는 큰 그림을 그리면서 전일적인 수행체계를 세워야 한다. 이런 의미에서 세계불교 대회통의 시대가 왔다고 하겠다. 이러한 때 한국불교의 승가대중과 불자들은 가슴을 열고 유연성을 발휘해야 할 것이다. 타종교간의 대화 이전에 먼저 이루어져야 할 것이 한국불교와 상좌부불교, 티베트불교간의 소통이라고 생각한다. 우리 불교집안끼리 서로 상통하지 못하면서 어찌 다른 종교와 상통할 수 있을 것이며, 나아가 세상과 상통할 수 있겠는가? 불교의 큰 그림을 그리면서 삼승(상좌부, 대승, 금강승)에 공통되는 자리를 밟고 가자. 이러한 시도는 불교의 기둥이 되는 승가에서 먼저 일어나야 하고 승가 내부에서 공감대를 형성해가야 한다. 이것은 불자대중의 신심과 정견을 정립하는 데 도움을 주어 세계불교의 화합을 증장시킬 것이다.

"모든 부처님의 가르침을 어느 게송 하나로 대표할 수 있는가?"라고 문는다면 나는 이와 같이 답하리라.

모든 악을 짓지 말고,
모든 착하고 건전한 것들을 성취하고
자신의 마음을 깨끗이 하는 것
이것이 부처님의 가르침이다.

Sabba papassa akaranam,
쌉바 빠빠싸 아까라낭
Kusalassa upasampada
꾸살라싸 우빠삼빠다
Sacitta pariyodapanam
사찌따 빠리요다빠낭
Etam buddhanasasanam.
에땅 붓다나사사낭

諸惡莫作, 衆善奉行;
自淨其心, 是諸佛教.

세계해탈을 위한

붓다 프로젝트

초판 1쇄 발행	2016년 3월 10일
초판 2쇄 발행	2016년 5월 30일

지은이	원담
펴낸이	윤재승

주간	사기순
기획편집	사기순, 최윤영
영업관리	공진희
표지 디자인	양은정
본문 디자인	미들하우스

펴낸 곳	민족사
등록	1980년 5월 9일 제 1-149호
주소	서울 종로구 삼봉로 81 두산위브파빌리온 1131호
전화	02)732-2403, 2404
팩스	02)739-7565
홈페이지	www.minjoksa.org
블로그	blog.naver.com/minjoksabook
페이스북	www.facebook.com/minjoksa
이메일	minjoksabook@naver.com

© 원담 2016

ISBN 978-89-98742-60-7(03220)